Theun de Vries · Rembra

Theun de Vries

Rembrandt

Roman

Dittrich Verlag

Aus dem Niederländischen übertragen
von Eva Schumann (1950)
nachbearbeitet von Heike Schwers

CIP-Einheitsaufnahme: de Vries, Theun
Rembrandt / Theun de Vries - Köln:
Dittrich, 1999

ISBN 3-920862-26-0

Druck und Bindung: Freiburger Graphische Betriebe

Erstes Buch

I

1650…

Ein unruhiges, düsteres Jahr in den Niederlanden. Ein unruhiges, düsteres Jahr in Rembrandts Haus.

Im Frühjahr ist sie über ihn gekommen, die Ohnmacht. Langsam und schleichend hat es ihn übermannt. Erst hatte er noch versucht, Widerstand zu leisten. Mit wilder Leidenschaft hat er sich auf die Arbeit gestürzt und die Pinsel gezwungen in der Hoffnung, der Arbeitsrausch werde ihn wieder mitreißen. Seine größten Leinwandstücke hat er aufgespannt – Flächen, die er mit ausgestrecktem Arm kaum erfassen kann. Die kühnsten Gedanken, die er je gewagt hat, sollen Gestalt werden; je höher der Wurf, um so herrlicher das Ergebnis. Doch als er mit dem Aufzeichnen beginnt, verflüchtigt sich das Traumgesicht; die Hand fällt mutlos nieder, und in seinem Innern ist nichts als ohnmächtige Leere.

Jetzt, im Sommer, steht alles still.

Er sitzt vor der heruntergekommenen Leinwand, auf der zwei, drei mit Holzkohle hingeworfene Linien zu sehen sind; ohne Ziel ist er und ohne Gedanken, flügellahm und einsam. Manchmal, nach stundenlangem, grimmigem Grübeln, wendet er sich mit ängstlich suchendem Blick zum Spiegel, der in der Höhe seines Kopfes hängt. Er schrickt zurück vor dem eigenen Antlitz: durchfurcht ist es und abgemagert. Und die Augen – die Augen sind matt und lichtlos; unter den ergrauten Brauen erblickt er zwei Schattenhöhlen ohne Glanz. Der Magier in ihm ist tot. Das Zauberwort ist ihm entfallen. Er wendet sich vom Spiegel ab.

Tagsüber riegelt er seinen Arbeitsraum ab und läßt niemanden herein, nicht einmal den kleinen Titus. Die Schüler bekommen ihn nur noch bei den Mahlzeiten zu sehen. Erst murren sie, dann werden sie gleichgültig. Van Hoogstraten ist kurzerhand nach Dordrecht zurückgekehrt, die Brüder Fabritius machen sich selbständig. Es ist, als bemerke der Meister es nicht. Stille und Beklommenheit erfüllen die hohen Räume in Rembrandts Haus. Hendrickje, die neue Wirtschafterin, wagt nicht mehr zu singen; Titus geht ins Freie, wenn ihm der Sinn nach lautem Spielen steht. Seltsam und unwirklich stirbt ein Tag dem andern nach.

Wenn Freunde ihn besuchen wollen, läßt er sie abweisen – selbst Frantzen, den alten, wohlwollenden Berater, oder Seghers, den er so sehr bewundert. Niemanden will er sehen, niemanden hören. Wer könnte ihm auch helfen? Nur noch abends geht er aus, und auch da immer seltener; dann schleicht er im Schatten der Häuser dahin und wählt stille Seitengrachten und Gäßchen, wohin sich nur wenige wagen. Jede Begegnung mit Menschen ängstigt ihn, vor allem mit Kunsthändlern, denn die würden sich umständlich nach seiner neuesten Arbeit erkundigen – die Heuchler! Er weiß es nur allzugut: hinter seinem Rücken zuckt man die Achseln über ihn, und in der Malerschenke von Aert van der Neer verreißen sie seine letzten Bilder.

Zu Hause, bei den Mahlzeiten, täuscht er sichere Gelassenheit vor und zwingt sich zur Ruhe, um das Kapitel aus der Bibel vorzulesen und das Gebet zu sprechen, wie es sich gehört. Später, wenn er wieder in der summenden Stille seiner Werkstatt sitzt, bekennt er sich voll Bitterkeit, daß es Heuchelei gegenüber dem Höchsten ist – und er vermeidet Titus' dunkle, fragende Kinderaugen.

Draußen weht der heiße Sommerwind und trägt den Geruch von Heu und Brackwasser in die Stadt. In den engen, düsteren Stadtgärten blühen Sonnenblumen, und Heckenrosen fristen ein bleich-kümmerliches Dasein. Dunkelblau geballt lasten bei Nacht Gewitterwolken drückend auf der Stadt. Dann liegt Rembrandt wach und starrt in das unheimlich wimmelnde, von Wetterleuchten durchzuckte Halbdunkel und seufzt und zerwühlt das Bett bis in den kurzen Morgenschlaf hinein.

Manchmal werden Erinnerungen wach:

Amsterdam. Vor Jahren. Das gleiche Haus.

Aber neben ihm Saskia, strahlend und jung. Stürmisch-zärtliche Liebesnächte und Tage, leuchtend vom Rausch der Arbeit. Keine Hemmung kennt er beim Malen, unermüdlich führt er den Stichel und fühlt sich allmächtig im Bewußtsein ihrer Liebe, im ungestümen Glück ihrer jungen Ehe. Damals war er noch gefragt, noch gefeiert und bewundert. Er war in Mode, und die Aufträge häuften sich. Doch immer mußte er zwischen Arbeiten verschiedenster Art Saskia malen; Handelsherren und Ärzte mochten warten auf ihre großen Gruppenbilder und biblischen Szenen – seine Liebe ging vor! Manchmal, wenn sie mit ihrer Hausarbeit beschäftigt war, schlich er sich leise näher und beobachtete sie bei ihrer eifrigen Tätigkeit mit glänzenden Augen durch die halboffene Tür. Rasch und treffsicher hielt er sie dann auf einem bereitliegenden Blatt oder auf silberner oder kupferner Platte im Bilde fest; es war ihm eine immer neue Freude, wenn er ihr später zeigen konnte, wie er sie bespäht hatte, und ihr Staunen und ihre Bewunderung entzückten ihn. Doch lieber noch überfiel er sie am Nachmittag in ihrem stillen Zimmer; dann hob er sie hoch, und ausgelassen lachend hing sie in erstaunter Abwehr an seiner Brust. Er trug sie in die Werkstatt, im tanzenden Goldlicht der Sonnenstäubchen setzte er sie nieder: nun sie allein waren, flogen seine Finger wie elektrisiert über ihre Gestalt; er löste die Spange an ihrem Gewand und sah sie übermütig an – ein Blick, den sie beschämt und errötend, doch mit einem Lächeln erwiderte. Jäh und feurig küßte er sie, wo die glatte, glänzende Haut nicht mehr vom Gewand bedeckt war, und dann brachte er mit leidenschaftlicher Hast leuchtende Stoffe herbei: Brokat und Atlas und rauschende Seide, goldfarben, tiefblau, smaragden und purpurn; geschickt und schnell hüllte er sie ein, bis sie exotisch und bezaubernd in ihrer sonderbaren Pracht vor ihm saß, geduldig wartend mit ihrem zärtlichen Lächeln.

Dann konnte Rembrandt ihr Lächeln erwidern: stolz und froh. Aber ihr Putz befriedigte ihn noch nicht! Er trat ein paar Schritte zurück und betrachtete sie prüfend; und dann riß er die schweren Türen des reichgeschnitzten Schrankes auf, wählte und suchte aus dem Inhalt der Schmuckkästen, der einen großen Teil von Saskias Mitgift verschlungen hatte; aber alles war auch einzig und allein dazu bestimmt, sie zu schmücken. Er suchte die Kleinode aus, die sie zieren sollten; einmal Rubine, große geronnene Tropfen eines tieffarbenen Weines; dann wieder Opale, milchbleich mit perligem Glanz; ein andermal Topase, goldgelb und schwer, oder schimmernde Korallen, in vielerlei Formen geschliffen. Seine Finger wühlten in den schweren goldenen, geschmiedeten Ketten und verwundeten sich fast an den spitzen silbernen Ziernadeln.

Er legte die Perlenschnüre um ihren weißen gewölbten Hals und wand breite Ketten in ihr blondes, duftendes Haar, bis ihr Köpfchen, bezaubernder denn je, sich fast zur Seite neigte unter seiner strahlenden Last. Dann hielt er ihr einen Spiegel vor, und in junger Ausgelassenheit lachten sie zusammen über seine wunderlichen Einfälle, die sie so verwandelten. So saß sie immer wieder vor ihm - eine blühende, jugendliche Braut - in vielerlei Trachten und Gewändern; und bei jeder mit hastigen Strichen hingeworfenen Zeichnung zitterte er vor Ungeduld, mit dem Spiel der Farben beginnen zu können.

So waren die ersten Monate ihrer Liebe.

Sie kommen Rembrandt jetzt bedrohlich schön vor, und manchmal zweifelt er, ob er es wirklich selber war, dieser Liebhaber, den er da auf seinen Bildern neben ihr sieht, mit dem funkelnden Becher in der erhobenen Hand. Aber es muß so gewesen sein. Er erinnert sich ja an alles. Weiß auch, daß dieser unwirkliche, wilde Traum von Anfang an keinen Bestand haben konnte. Kinder wurden geboren. Oft noch sieht Rembrandt sie vor sich, die kleinen kraftlosen Wesen, die nacheinander in Saskias Armen lagen. Eins nach dem andern sind sie gestorben, kaum daß sie einen Namen erhalten hatten; und mit jedem von ihnen ging ein Teil von Saskias Widerstandskraft dahin. Der einzige, der am Leben blieb, der kleine, dunkle Titus, hat ihr den Tod gebracht. - Noch ein Jahr lang hat sie ihn gehegt und gepflegt; sie war so glücklich über ihn. Noch ein Jahr lang hat sie sich heftig gegen das Ende gewehrt; sie wollte das schwache kleine Wesen nicht verlassen, seinen Vater nicht in Verzweiflung stürzen. Doch immer bleicher werdend, immer leidender ist sie dahingesiecht auf dem großen Prunkbett, in dem seither niemand mehr geschlafen hat; und endlich hat sie Abschied genommen, und er hat sie hinausgetragen.

Das ist die Vergangenheit, an der sich Rembrandt beizeiten verzweifelt betäubt.

Saskia! ... Saskia!

Ich bin einsam! Warum bin ich hiergeblieben? Was bindet mich an die Überlebenden?

Ich bin todmüde. Ich habe gesündigt, Saskia; Ehebruch habe ich begangen mit fremden Frauen. Ich habe sie nicht geliebt; nur die eine habe ich gesucht, wieder und wieder!

Saskia! ... Saskia!

Vergib mir! Ich bin am Ende. Ich kann nicht mehr arbeiten; ich kann nicht mehr beten. Rufe mich, und ich komme. Hier ist alles dunkel, schwarz!

Saskia ... Saskia!

II

Als sich die vorige Haushälterin, eine grobe Trompeterswitwe, noch Rembrandts Gunst erfreute, war Hendrickje Stoffels schon Herrscherin in der Küche; dann stellte es sich heraus, daß die Vorgängerin ihren Meister bestahl, und nachdem sie unter großem Aufsehen der ganzen Breestraße von den schwarzen Männern des Arbeitshauses abgeführt war, ist Hendrickje die Verwalterin des ganzen Hauses geworden.

Hendrickje Stoffels ist klein, blond und noch keine dreißig. Den kleinen Titus liebt sie abgöttisch. An ihm stillt sie ihre eigene Sehnsucht nach Kindern. Manchmal preßt sie den zarten braunen Jungen heftig an sich, wie ein warmes Tier sein Junges, und auch Titus liebt sie über alles und nennt sie »Mutter«, als ob sie ihn wirklich geboren hätte.

Mit dem Vater spricht sie selten oder nie. Sie weiß, ihre Vorgängerin hat mit ihm gelebt und ihn dabei betrogen, hat sein Geld, seine Ehre und seine Vergangenheit angetastet. Das macht sie dem Meister gegenüber schüchtern. Sie ist froh, daß er an andere Dinge zu denken scheint, wenn er ihr zerstreut einen Auftrag gibt. - Zuweilen sieht sie, daß Sorgen ihn quälen und daß es ihm schwerfällt, alles allein zu überwachen; aber sie wagt nicht, ihm ihre Hilfe anzubieten. Das Geld, das sie für den Haushalt bekommt, verwaltet sie, als wäre es ihr eigenes. Sie sucht zu sparen und paßt bei allen Ausgaben und Einnahmen genau auf. Ab und zu verschwinden erhebliche Summen. Aber sie weiß, es ist der Meister selbst, der seinen Haushalt bestiehlt. Nie kann er der Versuchung widerstehen, alles, was er bewundert, zu kaufen, zu besitzen; einmal, bei Besorgungen in der Stadt, hat sie ihn auf einer Versteigerung gesehen, wo er mit einem Mann, den sie auch schon bei ihm zu Hause gesehen hatte, um die Wette bot. Wie von einer inneren Wut besessen, hatten die beiden Männer Summen gegeneinander ausgerufen, die Hendrickje verwirrt und entsetzt hatten. Sie sieht, wie in der Werkstatt die Kostbarkeiten sich häufen: seltene Waffen, Helme, wunderlich gefärbte, ungeheuerliche Muscheln, glitzernde morgenländische Stoffe, Juwelen und Gemälde; und Stiche, einzeln und stapelweise.

Manchmal empfindet Hendrickje Beklommenheit und Abscheu. Sie ist einfach erzogen und von Herzen fromm. Am Sonntag geht sie dreimal in die Kirche, und sie fürchtet die dunklen ernsten Männer in den hohen Bänken der Ältesten fast noch mehr als die Donnerworte von der Kanzel.

Zweifel bedrängen sie – darf sie in einem Haus wie dem von Rembrandt bleiben? Das Betragen des Meisters scheint ihr so oft sündig und voller Verfehlungen, und sein Geldverprassen leichtsinnig und heidnisch; die Bilder mit den sonderbaren, halbnackten oder gespenstisch aufgeputzten Gestalten, die Gespräche der Schüler, die prächtigen Möbel im Hausflur und Empfangszimmer betören und ängstigen sie. Wenn es sie überwältigt, faßt sie in ihrer kleinen Bodenkammer wieder und wieder den Entschluß, heimzuflüchten in ihr Dorf. Doch immer läßt sie sich zurückhalten; anfangs durch ihre Liebe zu Titus und jetzt in diesem Sommer durch ein Gefühl, das sie sich nicht eingestehen mag, nicht eingestehen kann.

Sie bemerkt, daß die Schweigsamkeit des Meisters zunimmt, daß er immer einsilbiger und weltfremder wird. Er schläft unter ihrem Gemach. Welch ein seltsames Leben! Was weiß sie eigentlich von ihm? Ist er wirklich solch ein Freigeist, wie alle Leute behaupten? Zwei-, dreimal am Tage bekommt sie ihn nur flüchtig zu sehen; sonst ist ihr all sein Denken und Tun ein Rätsel. Doch hat sie Ehrfurcht vor ihm und bewundert ihn im stillen, trotz ihrer heimlichen Angst. Sie weiß, er ist ein berühmter Mann, mit eigenen Augen hat sie die großen, merkwürdigen Bilder gesehen, die er gemalt hat; auch im Flur hängen einige verwirrende, düstere Darstellungen, die sie längst nicht alle begreift und die sie oft erschrecken; abends, wenn das fahle Licht von oben einfällt, wagt sie nicht hinzusehen; dann regen sich spukhaft die großen goldenen Gestalten, sie weiß es ganz genau - und sie flieht in das helle Licht ihrer Küche.

Ein seltsames und einsames Leben muß der Meister führen!

Doch bei den Mahlzeiten – wie milde und einfach ist er da! Er betet und liest mit gedämpfter Stimme, und sie hört es tausendmal lieber als das schallende Wortgedröhn, mit dem der trockene Vorleser in der Kirche den Gottesdienst einleitet.

Und nun, seit einigen Wochen, ist die dunkle, gedämpfte Stimme des Meisters schleppend geworden; noch geistesabwesender, noch mürrischer als sonst scheint er. Sie hört und sieht es wohl. Niedergeschlagen ist er und tief bedrückt, als hätte er etwas Kostbares verloren. Was mag ihm fehlen? Worunter leidet er? - Hendrickje fühlt zu ihrer eigenen Verwunderung, wie Mitleid und Zärtlichkeit für Titus' einsamen Vater in ihr wachsen. Mehrmals ertappt sie sich dabei, daß sie die breite, niedere Stirn mit den wilden, schon ergrauenden Haarsträhnen mütterlich an sich ziehen und streicheln möchte; und manchmal muß sie eine weiche Gebärde zurückhalten, wenn sie sieht, wie müde er die braunlederne Bibel zuklappt und sich schweigend mit gefalteten Händen über seinen Teller beugt. – So still und zurückhaltend beträgt sich ein Freigeist nicht, das weiß Hendrickje bestimmt.

Immer öfter kommt es vor, daß sie sich morgens halb unbewußt länger im Spiegel betrachtet. Groß ist sie nicht, doch auch nicht plump; ihre Formen sind voll und rund; das rosige Gesicht ist jung und fröhlich, und das volle braune Haar von schönem Glanz. – Sie hat noch nie geliebt. In ihrem Heimatdorf hat keiner ihr so recht gefallen.

Doch jetzt?

Jeden Morgen, ehe sie sich anzieht, legt sie sich eine Weile nackt auf das schon ausgekühlte Laken, reckt sich und sinnt.

Mit ihrer Zärtlichkeit ist das Verlangen erwacht.

III

Monate dauert es, ehe die beiden einander näherkommen.

Und inzwischen spielt sich das große Ereignis ab, das die ganze Stadt in Aufregung versetzt.

Statthalter Willem II. versucht, Amsterdam überraschend zu nehmen – aber sein Vorhaben mißlingt.

Von Zorn und Empörung ist die Stadt erfüllt, und dann von zügelloser Freude. In den Schenken und an der Kornbörse, in den Wandelgängen am Damm und in den Schützenhäusern wird von nichts anderem gesprochen. Noch tagelang ziehen Abteilungen der Bürgerwehr über die Wälle. Waffenprunk herrscht in der Stadt, Erregung und viel Gerede.

Rembrandt hat fernab von diesen Geschehnissen gelebt. Im stillen hat er sich gesagt:

Amsterdam ist für mich nicht das Amsterdam der Regenten, die stolze Hochburg der Republikaner. Ob die Familien Tulp und Bicker hier herrschen oder die Freunde von Oranien, kümmert mich wenig. Amsterdam ist Amsterdam, eine freie Republik innerhalb der Republik - die schönste Stadt für Maler und Dichter. Amsterdam verdankt seine Größe nicht seinen Herrschern, und Frederik Hendriks Sohn irrt sich, wenn er meint, er könne durch den Sturz von ein paar Bürgermeistern die Macht der Stadt einschränken.

Aber andererseits – warum muß eine freie Stadt, ihres Ansehens so sicher wie Amsterdam, bei jeder Gelegenheit sich so laut ihrer Macht rühmen, die auch ohne großen Aufwand überall spürbar ist? Warum dieser Starrsinn, diese Anmaßung, wenn es darum geht, ob der Generalkapitän der Union eine Handvoll Reiter und Landsknechte halten darf? Bei den gewaltigen Abgaben, die Amsterdam leistet, bedeutet der Sold dieser Truppen so gut wie nichts. Und gilt nicht auch für die Bicker, daß man die von Gott bestellte Obrigkeit anerkennen muß?

Seine Hoheit ist ein kühner, stattlicher Offizier; sein Vater und sein Vatersvater haben das Land aus unseliger Tyrannei errettet. – Vielleicht denkt Rembrandt noch an die Tage, als Frederik Hendrik den höflichen, samtweichen Huyghens mit Aufträgen zu ihm schickte, der in der Werkstatt vor einem neuen Bild vor Bewunderung bisweilen plötzlich fluchen konnte (freilich auf französisch!). Jene Zeiten waren ruhmvoller und ruhiger; zwischen Amsterdam und dem Statthalter herrschte Frieden, und die Stadt kannte noch nicht den tollen, zügellosen Ehrgeiz von heute und ließ dem Prinzen, was des Prinzen war …

Ja, alles ist anders geworden. Schon in Frederik Hendriks letzten Jahren regte sich der eigensinnige Widerstandsgeist der Stadt. Sie, die früher stolz und bereitwillig die schwersten Lasten getragen hatte, murrte jetzt und verlangte mitzureden, nun der alt und kindisch gewordene Prinz sich kaum noch um Holland kümmerte. Die Bicker und die Six hatten ihren Einzug gehalten – und mit ihnen waren Ränkespiel und kühle, berechnende Herrschsucht in die Stadtverwaltung eingezogen. Die Bürgerkönige!

In wenigen Jahren hatten sich Macht und Einfluß der Stadt verdreifacht; die Vorherrschaft in den »Generalstaaten« wurde durch Drohungen einfach erzwungen; es war, als wolle Amsterdam die Führung der Republik übernehmen.

Doch wer Willem II. einmal gesehen hatte, wie er lächelnd und fürstlich, die schlanken, starken Finger um den Schwertknauf gepreßt, mit nachlässigen, stolzen Bewegungen seiner langen Reiterbeine das widerspenstige Pferd bezwang und zähmte, der konnte ihm seinen Ehrgeiz nicht nachtragen ... Er hätte ein König sein können! Im Vergleich zu ihm waren die Bicker weiter nichts als maßlos eingebildete Bürger, die mit dem geborenen Herrscher einzig und allein das Streben nach Macht gemeinsam hatten.

Solche und ähnliche Gedanken mögen Rembrandt an einem der schwülen Sommerabende durch den Kopf gegangen sein, als noch der Schrecken über die Belagerung auf Menschen und Dingen lastete. Titus schläft dann schon, und die Schüler, noch immer versessen auf Neuigkeiten, schwärmen durch die Stadt, ohne daß er sie von diesem losen Treiben zurückhalten kann.

Aber niemand vermag zu sagen, was der Meister denkt. Ohne Aussprache fließt sein Leben vorüber.

Vorüber, wie die Zeit.

Es ist Oktober geworden; goldener träger Herbst.

Tagsüber hängen formlose Nebelfetzen über dem Wasser der Grachten. Dürre Blätter wirbeln blutrot an den dunklen

Fenstern vorbei und häufen sich an den Mauern. Aus Amsterdam verschwinden die Fremden. Torfschiffer laufen ein. Oft regnet es nachts, und die Morgen sind kalt und weiß; bisweilen verzieht sich der Nebel den ganzen Tag nicht.

Drei, vier unvollendete Bilder stehen in Rembrandts Werkstatt herum. Die Kupferplatten verschmutzen; auf Radiernadeln und Geräten liegt eine dünne Staubschicht. Der Meister ist ruhiger geworden; er versucht, sich mit dem Schicksal abzufinden. Die Zucht unter den Schülern hat er wiederhergestellt, auch Freunde empfängt er wieder. Manchen Abend sitzt er mit Seghers, de Decker, Asselijn, Frantzen oder anderen um den schon brennenden Kamin. – Gespräche über den vergangenen Sommer werden vermieden, aber alle sehen den Stillstand und fragen sich voll ängstlichen Mitleids, wohin diese künstlerische Ohnmacht führen wird.

Zuweilen treffen sie Rembrandt wieder in blinder, wilder Verzweiflung an. Kein ermutigendes Gespräch kann die Düsterkeit und den wütenden Kummer des Meisters verwischen. Da lassen sie ihn lieber allein; sie wissen, daß die Einsamkeit, die Gift für ihn ist, ihn auch wieder zur Besinnung bringt.

Und Rembrandt gewinnt seine Ruhe zurück, nachdem sich die unheilvollen Gedanken in ihm ausgerast haben. Wenn er nachdenkt, sagt er sich ja, daß diesem Zusammenbruch zwei Jahre leidenschaftlicher Arbeit vorausgegangen sind. Die Bilder sind ihm nur so aus der Hand geflogen. Jeden Nachmittag ratterten die kleinen eichenen Pressen Schlag auf Schlag, rasch und ohne Verzögerung vollzog sich die Geburt des Werks; ein Stich nach dem anderen fiel von der Kupferplatte. In den wenigen Monaten hat er mehr zustande gebracht als vier oder fünf seiner Zeitgenossen zusammengenommen.

Auch die Schüler haben sich unter seinem nie nachlassenden Drängen tüchtig angestrengt. Maes ist ein Meister geworden, und Mayr befindet sich auf gutem Wege.

War es zu verwundern, daß nach solch wahnsinniger Anspannung, nach so viel Arbeit und so vielen Sorgen der Zusammenbruch kam? Schon denkt er nicht mehr so oft an Saskia. Er ersehnt nur noch Ruhe – tiefe, kühle heilende Ruhe; doch nicht eine Ruhe für immer, sondern einzig und allein Ruhe, um mit neuer Kraft beginnen zu können. Denn sein Ehrgeiz wütet und drängt mit derselben Heftigkeit wie einst. – Ruhe, Stille, Einkehr. Es ist das erste Mal in seinem Leben, daß er sie ersehnt ... Er sinnt und blickt wieder in den Spiegel.

Vierundvierzig ist er jetzt.

Er preßt die Zähne aufeinander.

Kommen nun die Jahre des Abstiegs?

Er will es nicht! Er will von neuem aufsteigen!

Aber wer gibt ihm die Stille und den Frieden, wer ebnet ihm den Weg zu diesem leidenschaftlich erflehten zweiten Leben?

IV

Mitten in der Nacht hört Hendrickje Gepolter im Hausflur. Sie setzt sich im Bett auf und lauscht.

Schleppende Schritte, dumpfes Gemurmel.

Es ist Rembrandts Stimme, die sie vernimmt.

Sie wirft die Decke ab und entzündet eine Kerze. Vor Angst und Unruhe sind ihre Bewegungen unsicher. Warum irrt wohl der Meister um Mitternacht durch sein eigenes Haus? Ist er krank? Droht Gefahr? Sie muß selbst nach dem Rechten sehen. Furcht und Entschlossenheit beschleunigen ihre Schritte. Rasch läuft sie die Treppe hinunter.

Im Hausflur sieht sie ihn. Er trägt einen Leuchter in der erhobenen Hand und läßt mit zitternder Gebärde das Kerzenlicht über die Bilder gleiten, die hoch an den Wänden hängen. Es ist, als suche er etwas. Seine Augen flackern fiebrig. Talg tropft ihm auf Finger und Kleider. Hendrickje preßt die Hand auf ihr klopfendes Herz.

Plötzlich unterdrückt sie einen Schrei. Rembrandt hat den Leuchter fallen lassen und sinkt mit einem unverständlichen Laut in die Knie. – Hastig stellt Hendrickje ihre Kerze hin und eilt die letzten Stufen hinab, auf ihn zu. Der Meister lehnt mit dem Kopf gegen den Wandteppich, zusammengekauert, mit geballten Fäusten; sein Körper wird von lautlosem Schluchzen geschüttelt.

Hendrickje weiß nicht mehr, was sie dazu treibt; all ihre Scheu ist verschwunden; schon ist sie bei ihm, kniet neben ihm, beugt sich über ihn und nennt seinen Namen. Sorge, Liebe, Erschütterung – in warmen Wellen durchflutet es sie. Sie streckt die Hände nach ihm aus, und weich und stark schließt sie sie um seine Schläfen und zieht ihn an ihre Schulter. Und zum ersten Male, zum ersten Male streichelt sie diesen dunklen Männerkopf, nähert sie ihre nie geküßten Lippen dem wirren, ergrauenden, widerspenstigen Haar. – Er leidet, er leidet; wie kann sie ihm helfen?

»Du, – Hendrickje!«

Beim Hören ihres Namens schrickt sie zusammen. Wie oft hat er sie so genannt - aber jetzt, jetzt ist es doch das erste Mal! - So hat sie es früher nicht gehört. In seiner Stimme ist Unsicherheit, Staunen und Zärtlichkeit. Sie kann nicht antworten. Sie kann nur ihre Arme um seinen Hals schlingen. Und dann erfährt sie das seltsame, unwirkliche Entzücken, daß dieser Mann, dieser Einsame und ihr Unbekannte, an ihrer Brust liegt und sich kraftlos ausweint; er streichelt sie, nennt fassungslos immer wieder ihren Namen, aber doch so unendlich liebevoll! – Sie spürt, wie seine Tränen auf ihren nackten Hals fallen; im schwachen Licht sieht sie das breite, braune Antlitz, das sich in maßlosem Staunen und glücklicher Gelöstheit zu dem ihren hebt; und sie küßt diese Furchen, die der Schmerz hineingezogen hat; die beiden sind glücklich im Leid, glücklich mit Augen voller Tränen. Sie gehört zu ihm; seine Arme haben sie umfaßt; sie ist Teil geworden seines schweigsamen, dunklen

Lebens; in dieser einen Umarmung ist die Scheidewand von Furcht und Fremdheit für immer gefallen.

In dem warmen breiten Bett beginnt aufs neue sein leidenschaftliches Flüstern:

»Hendrickje - meine Frau, meine Hendrickje.« -

Sie lächelt. Sie sieht ihn nicht, aber sie weiß, daß er ihr Lächeln bemerkt. Dieser erste Schmerz - sie hat ihn gelitten um seinetwillen; zu hundert Malen würde sie ihn aufs neue leiden, wenn es um seinetwillen wäre; seine Dankbarkeit, sein Entzücken sind viel, viel mehr als die kurze Angst eines Augenblicks. Wie männlich und groß ist seine Zärtlichkeit; Worte hat er gesprochen, die sie für immer an ihn binden; das Glück, das sie gab, kehrt ihr verzehnfacht zurück.

»Rembrandt, mein Mann.«

Küsse, Liebkosungen, Wärme, Kosenamen. Und wieder die innige Umschlingung der Leiber, die alles vergessende Glückseligkeit.

Seine Lippen streifen über ihre Augen.

Wange an Wange erwachen sie im dämmerbleichen Morgen. Leiser Regen rauscht gegen das Fenster.

Lächelnd betrachten sie einander. Nun sieht sie seine Augen, dunkel und glänzend. Sie zittert vor Erwartung, als er sich mit einem langen Kuß über sie beugt.

»Hendrickje, Liebste.«

»Mein Rembrandt.«

Sein Arm liegt um ihre Schulter.

»Bleibst du nun bei mir, Hendrickje? Bleibst du nun immer bei mir?«

»Immer, mein Liebster, mein Mann.«

»Aber ich bin so viel älter als du.«

Ihre Umarmung sagt ihm, wie jung er selbst wieder geworden ist.

Die Tür geht auf, und Titus schlüpft herein, eine zarte weiße Gestalt. Auf der Schwelle bleibt er schlaftrunken stehen. Dann kommt er langsam näher.

Er ist nicht erstaunt, Hendrickje bei seinem Vater zu finden. Rembrandt hebt ihn über den Bettrand, und behaglich nistet er sich zwischen den beiden ein.

Über ihn hin nicken Rembrandt und Hendrickje einander zu.

V

Draußen fängt es jeden Abend von neuem zu schneien an. Aber drinnen flackern rote Flammen im Kamin, die Holzklötze knistern, und an den dunklen Wandteppichen tanzen die Schatten. Das Kind liegt in seinem Bett, und die beiden sitzen zusammen; über ihrem Gemach hören sie die Schüler lachen und reden; mitunter ergreift einer die Laute und singt ein wildes altes Lied.

Rembrandt sagt wenig, und Hendrickje sieht bewundernd und ehrfürchtig schweigend zu ihm auf. Glück macht in sich gekehrt und schweigsam. Dann und wann nehmen sie sich bei den Händen und schauen einander in die Augen. Die schweren Balken und die dunklen Wände bilden ein geborgenes, sicheres Haus. Das Licht ist warm und vertraut. Draußen stürmt und schneit es. Ab und zu heben sie lauschend den Kopf. Dann liegt Rembrandts Hand wieder um ihren Hals oder gleitet über ihr Haar. Hendrickje lächelt und sagt wohl ein Wort, leise und wie von fern, ein Wort aus lang vergangener Zeit, das Rembrandt nachdenklich macht... War es früher nicht auch einmal so? Wenn er die Augen schließt, kehrt manches längst Vergessene zurück. Einst war da eine Frau, deren Hand in seiner lag und deren liebkosender, junger Körper nah an seinem lag. Kann man in einem Erdendasein viele Male leben?

Und doch hat nun alles eine innigere Bedeutung.

Morgens erwacht Rembrandt kräftig und verjüngt. Am schmalen Fenster blühen harte, silberne Blumen. Die Frau lächelt kindlich leise im Schlaf. Behutsam küßt er das Haar auf dem Kissen. Hendrickje ... ein schlichter Name, den man still und andächtig für sich wiederholen muß. Hendrickje ... Er stört ihren Schlaf nicht. Still geht er in die Werkstatt.

Mit prickelndem Wohlbehagen empfindet er die Kälte. Die Kraft kehrt zurück. Das Blut kribbelt und drängt; die Nerven zittern vor Lust. Taten will er! – Wenn der Ofen kaum brennt, steht Rembrandt schon wieder vor der Leinwand. Die Wintersonne hängt hinter einem der Fenster wie eine große, blasse, glutlose Scheibe. Träge vergehen die Eisblumen, die am Fensterglas erstarrt sind.

Herausfordernd spannt sich vor dem Meister die straffe, leere Leinwand. Er reinigt die Pinsel, große und kleine, und mischt die Farben. Träume und Gleichnisse sollen zum Leben erwachen. Er ertappt sich dabei, daß er vor sich hin summt oder durch die Zähne pfeift. – Das Leben kehrt wieder! – O Trunkenheit der Genesung!

Neue Gedanken wecken alte, schlummernde Träume; es stehen Gestalten vor ihm auf und flehen um Verwirklichung. Zu lange schon haben sie gerufen. Die Leinwand widerstrebt nicht mehr. Die Hand folgt kräftig dem Willen des Traumes. Der Körper gehorcht fernen, unkritischen Befehlen. Er lebt in einem anderen Land, wo das Licht strahlend aus schweren Finsternissen bricht; das Licht ist da, hinter allen Nebeln und Schatten; das Dunkel bebt und zerreißt; goldener Schimmer erfüllt die Dämmerung; und plötzlich treten Erzväter und Engel heraus und neigen sich und knien. Doch schließlich richten sie sich auf in ihren rauschenden Gewändern und stehen lebensgroß vor dem Meister, lebensgroß zwischen Himmel und Erde.

Wenn die Hand müde ist, tritt er zurück und atmet tief. Plötzlich hört er das helle, metallene Ticken der Wanduhr. Er blickt sich um; er ist in der Werkstatt, vor sich die grobe Leinwand, darauf schwer und feucht die Ölfarben glänzen.

Der Morgen ist halb vorbei. Die Eisblumen sind geschmolzen; dünne Rinnsale laufen an den Fenstern herab.

In der Küche singt Hendrickje. Titus stürzt herein und wirft sich in Vaters Arme.

In einem leichten, glücklichen Fieber geht Rembrandt in die Küche. Die Schüler warten auf das Morgenmahl. Er nickt ihnen zu, und sein braunes Gesicht lacht in hundert Falten und Fältchen. Er betet und bricht das Brot. Mit bewegter Stimme und bewegten Händen.

O Trunkenheit der Genesung!

VI

Für den kleinen Titus wurde das Leben größer und bedeutsamer. Er hatte den begrenzten Umkreis des elterlichen Hauses nun schon mehrere Male überschritten; an Rembrandts Hand oder unter Hendrickjes Obhut war er durch die nächste Nachbarschaft gewandert, die Häuserinsel im düsteren Wasser der Grachten; auch auf dem Damm war er gewesen, und mit den Schülern seines Vaters hatte er den Irrgarten besuchen dürfen, der ihn mit seinen Wundern und ausgeklügelten Überraschungen entzückt hatte; ab und zu wagte er sich wohl auch einmal unbegleitet in das Judenviertel, aber nie weit, aus Furcht, sich zu verirren.

Wenn der hohe, bunte Sommer vorüber war, sollte er in die Schule kommen, die ein paar Straßen von der Breestraße entfernt lag. Er hatte das Haus mit den hohen, beinahe fensterlosen Mauern nun schon öfter gesehen. An einem schmalen Fenster hing ein weißes Schild, beschrieben mit Bibelsprüchen in verschnörkelten, schwarzen und roten Buchstaben. Titus wußte, daß es Sprüche waren, denn Rembrandt hatte ihm, sooft sie vorüberspazierten, vorlesen müssen, was auf dem vergilbten Papier stand.

Und jedesmal hatte Titus geseufzt und sich im stillen gefragt, ob er je imstande sein würde, auch solche schönen

Schnörkelbuchstaben hinzumalen. – Außerdem würde er dort noch mehr lernen müssen: lesen wie sein Vater und rechnen wie seine Mutter … Was das letztere war, verstand er eigentlich nur halb. Es gehörten kleine, wunderliche Figuren dazu, und man zählte dabei bis ins unendliche …

Oft ängstigte sich Titus bei dem Gedanken an das dunkle, düstere Schulgebäude, und sein beklommenes Herz klopfte vor bangen Ahnungen.

Jedoch die dunkle Scheu vor diesem Unbekannten, das langsam näher kam, gab auch oft anderen, helleren Gedanken Raum. – Den ganzen Frühsommer hatten er und Rembrandt bei der Großmutter auf dem Lande verbracht. Wenn Titus die Augen schloß und sich alles wieder vorstellte, lebte er in der herrlichsten Welt. Dann sah er wieder die sonderbare kleine Frau vor sich: ihre Wangen waren wie weiche, welke Äpfel, und das graue, dünne Haar sprang in einzelnen Locken unter einem runden, schwarzen Häubchen hervor. Sie nahm seine Hände sehr vorsichtig in die ihrigen und lachte und sprach genau so fremdartig wie die Bauern, die Titus manchmal an den Grachten entlangziehen sah, wenn sie ihr Gemüse lauthals anpriesen. Titus fand die Großmutter amüsant, vor allem, weil er sie nun zum ersten Male in seinem Leben sah und ihm dabei klar wurde, daß dies die Mutter seiner »Mutter« Hendrickje war. Die Welt war voll von unergründlichen Dingen und das Leben wunderbar.

Schon den ganzen Winter über hatte Rembrandt zu ihm gesagt: »Wenn du brav und artig bist, fahren wir im Frühjahr ins Waterland.«

Und er war artig gewesen – das sagten alle im Hause -, und das Frühjahr war gekommen; für Titus' Begriffe waren Ewigkeiten vergangen, ohne daß von der Reise zur Großmutter etwas verlautete. Titus wußte nicht, weshalb; wohl sah er, daß sein Vater zärtlich besorgt um Hendrickje war, und er dachte, vielleicht sei sie krank; doch das kam ihm wieder sonderbar vor, denn sie lag nie im Bett und sah blühend und glücklich aus. Aber schließlich hatte sie zu

Rembrandt gesagt: Mach dich nun auf; drüben wissen sie noch nichts von der frohen Kunde; vor dem Herbst ist es noch nicht so weit. – Und sie hatte Rembrandt zugelächelt, und er hatte ihre Stirn geküßt. Und dann hatte er lange reglos am Fenster gestanden, als sähe er den Möwen zu, die in silbernen Kreisen um die Sankt-Antons-Schleuse spielten. Aber in Wirklichkeit hatte er *gedacht*, wie es Erwachsene immer tun, wenn sie lange Zeit still sind und etwas anstarren. Und später hatte Titus noch gesehen, wie Rembrandt die Familienbibel aufschlug, ganz vorne, wo auf einem der grauen Vorsatzblätter viele Namen standen. Titus wußte, daß er die untersten, kleinsten betrachtet hatte: die Namen dreier Kinder, mit denen er nun hätte spielen können, wenn sie nicht gestorben wären; und als er seinen Vater die Namen betrachten sah, merkte er, daß dieser wieder dabei »dachte«.

Am Nachmittag waren sie dann doch aufgebrochen. Einer der jüngsten Schüler hatte die Reisetasche zum Postschiff getragen. Weil es in der Kajüte stickig war, durfte Titus bei seinem Vater und dem Schiffer am Steuer stehen. Von dort hatten sie Ausschau gehalten nach den Türmen von Holland, die Rembrandt alle kannte; helle Wassergräben schnitten gradlinig und stahlblau durch die smaragdenen Wiesen; darüberhin flogen die Schatten der lichten Wolken bis an den Horizont, der bald im Halbdunkel lag, bald wieder feucht glänzend in vollerem Licht hervortrat. - Abends hatte das Schiff sie in einem kleinen Dorf an Land gesetzt. Titus war müde und schläfrig gewesen, und Rembrandt hatte ihn getragen, wenn die Straße sandig und ausgefahren war. Ein krummer alter Bauer hatte sie ein Stück Wegs mit einer Laterne begleitet. Den hatte Rembrandt noch am Abend aus der Erinnerung in das nicht vergessene Skizzenbuch gezeichnet; Titus hatte ihn gleich wiedererkannt. – Auf diesem Abendgang waren sie durch die Weidewiesen gegangen, wo nah an den Wassergräben Kühe lagen, schwer schnaufend im Schlaf. Ringsumher war die Luft warm und voll von jenem Tiergeruch, den Titus später so gut kennenlernte – von demselben Geruch, der in Scheunen und Ställen hängt und den die Milch ausströmt, wenn sie frischgemolken aus Eimern und Gefäßen dampft. – Schließlich hatten sie über einen schmalen Holzsteg Großmutters Haus erreicht. Zuerst hatte Titus Angst gehabt vor den drei Knechten in ihrer groben Wollkleidung, die mit Schmutz- und Schlammspritzern bedeckt war. Die Männer dünsteten Schweiß aus und hatten Stoppelbärte und schwielige, behaarte Hände. Aber die Magd hatte ihn geküßt, und bei ihr fühlte sich Titus geborgen, genau so wie bei Großmutter, die ihm warmes weißes Brot mit Butter und duftendem Honig strich und stillvergnügt lachte, als er es bis zum letzten Krümel aufaß. – An diesen ersten Abend erinnerte sich der kleine Titus gut. Rembrandt hatte ihn eine Leiter hinaufgetragen, zu einem niedrigen Dachboden im Giebel des Bauernhauses. Dort war ein Bett aufgeschlagen, in dem er mit seinem Vater schlafen sollte. Allerlei alter Hausrat stand herum, auch eine Wiege mit zerrissenen Vorhängen. Hatte seine Mutter darin gelegen, als sie ganz klein war? Trotz seiner Müdigkeit war Titus nicht gleich eingeschlafen; all das Ungewohnte hielt ihn neugierig wach.

Unten redete sein Vater mit Hendrickjes Mutter. In der Helligkeit des goldenen Laternenscheins beugte sich die alte Frau mit dem Bauernhäubchen ins volle Licht; Rembrandts Kopf und Oberkörper lagen im tiefen Schatten eines Balkens. – Über sich roch Titus feuchtes Stroh: das Dach. Schwarze, breite Balken kreuzten sich über seinem Kopf und begegneten sich im Dachfirst, wo sie durch kürzere Balken verbunden waren; ihre Schattenbilder warfen mächtige Vierecke auf das hell beleuchtete Stroh. Vögel nisteten unter dem Dach. Titus hörte leises Zwitschern und unaufhörliches Flügelrascheln; aber er fürchtete sich nicht.

Sonnig und sorgenlos waren die Tage auf dem Bauernhof gewesen. Anfangs wagte Titus noch nicht, mit den Knechten allein zu sein. Lieber begleitete er Rembrandt auf seinen Ausflügen in die Umgebung. Die ganze Gegend durchwanderte der Meister, aber durch sein sonderbares Verhalten ermüdete er Titus. Zuweilen blieb er stehen, wenn sich in der Tiefe des Wassers eine zweite Welt sonder Fehl widerspiegelte oder wenn im Wiesenwinkel oder an einem Graben voll Entengrütze eine knorrige alte Weide ihre jungen Zweige säuselnd dem Himmel entgegenhob. Dann wieder war er wie besessen von Unruhe. Nirgends hielt es ihn, und manches Mal lief er, ohne aufzublicken, ohne umzusehen, an kleinen Polderdeichen entlang, durch feuchte Wiesen, wo grüne Eidechsen und braune Frösche erschreckt fortsprangen und Titus gern den ganzen Tag geblieben wäre; an klappernden kleinen Mühlen vorbei, die Rembrandt »Spinnenköpfe« nannte – ein Wort, das Titus' Heiterkeit erregte. Ohne aufzublicken, ging der Meister weiter. Und obgleich seine starke Hand Titus beinahe den halben Tag mitzog, war der kleine Junge nach diesen ruhelosen, hastigen Wanderungen müder als sonst. Da blieb er lieber auf dem Hof und legte sich der Länge nach ins Gras, während sein Vater nach einem raschen Mittagsmahl von neuem loszog.

Wenn man langhingestreckt auf der Erde lag, war die Welt über alles schön! Der Himmel erschien wie eine riesige Halbkugel, die die Weite umspannte. Kühl und voll kräftigen Duftes strömte der Wind durch das Eichenunterholz. Zwischen den niedrigen Stämmen hindurch sah man violett das Land mit dunkelblauen Furchen und Schollen. Meist segelten Wolken am Himmel, denen Titus andächtig nachschaute. Langsam wandelten sie ihre Form, und er suchte die wunderlichen Bildungen zu deuten und zu benennen. Er konnte die Stimmen der Knechte hinter den Scheunen hören. Zuweilen drang der feine, süße Duft des warmen Heues bis zu ihm hin, um gleich wieder von dem stärkeren der Erde und des Himmels vertrieben zu werden. In der Ferne zwischen dichtbelaubten Ulmen standen andere Höfe. Kleine blaue Gestalten gingen dort hin und her. Hell klangen Messingeimer herüber, das Stoßen einer Pumpe und zornige Knabenstimmen.

Allmählich überwand Titus seine Scheu, als er erfuhr, daß der Knecht, der nur noch einen Zahn hatte, Krijn hieß und daß Jakob hin und wieder mehr trank, als gut für ihn war, und infolgedessen etwas schwach im Kopf wurde; und Petrus, der jüngste, war katholisch, aber von außen sah er wie ein gewöhnlicher Mensch aus. Bald folgte der kleine Titus den drei Männern überallhin und fragte bei allem, was sie taten, nach dem Wie und Warum, wenn er auch nicht immer ihre Erklärungen gleich verstand. Das Schönste war für ihn, wenn die Männer ihn zwischen sich auf den Wagen setzten und er die Zügel halten durfte – freilich durfte es nicht gerade um eine Biegung oder am Wasser entlanggehen. Nachmittags wurden die Kühe gemolken. Dieuwertje hatte nur anderthalb Hörner; Filippine war störrisch und wollte nicht ruhig stehen, aber Titus sagte sich hinterher, daß die Bremsen sie vielleicht ärger stachen als die anderen; Maus war graubunt, mit gelben Flecken: so eine Kuh hatte der kleine Titus noch nie gesehen. Auch die anderen Tiere und ihre Namen lernte er kennen. Einmal erlaubte ihm Krijn, das Euter zu halten, aber wie er auch drückte, er konnte keinen Tropfen Milch herauspressen und begriff nicht, wie die Knechte den weißen Strahl spielend in die Eimer spritzen ließen.

Hinter dem Haus war ein großer Misthaufen, auf dem eine Schar Hühner herumwühlte. Der Hahn flößte Titus großen Respekt ein; er war grün und rot und gelb; und wenn er seinen kupferfarbenen Schnabel aufriß und gewaltig loskrähte, blieb Titus in ehrfurchtsvoller Entfernung stehen; am liebsten machte er einen Umweg um den Misthaufen zum Schweinepfuhl; hier erwarteten drei schwerfällige Säue die Geburt ihres Nachwuchses und verkürzten sich die Zeit, indem sie sich in der schwarzen Feuchtigkeit wälzten oder gierig und laut aus einem schmutzigen Trog tranken, der von Zeit zu Zeit von den Knechten nachgefüllt wurde. Die Schweine grunzten kurz und grell, wenn man einen Stein nach ihnen warf, und ihre Ringelschwänzchen brachten Titus zum Lachen.

Im Hause wurden in einem Eckschrank - von Großmutter Spind genannt – Honigkuchen, Äpfel und goldgelbe Birnen aufbewahrt; manchmal blieb Titus mit verlangenden Blicken davor stehen, bis die Magd oder Großmutter sich seiner erbarmte, ihm schnell Mund und Hände vollsteckte und ihn eilig wieder hinaustrieb. Es gab nur wenige andere Kinder. Einmal, als Titus aus Wanderlust den Grund des Nachbarhofes betrat, hatte ein plötzlich knurrend hochspringender Hund ihn zu Tode erschreckt; glücklicherweise lag das ungebärdige Tier an einer Kette, und Titus kam heil davon; aber die Lust zu solchen Entdeckungsreisen war ihm vergangen. Doch hatte er die Kinder vom Nachbarhof an dem breiten Graben getroffen, der Großmutters Grundstück von dem ihrigen trennte; sie hatten Schiffe aus ihren Holzschuhen gemacht. Seitdem flehte Titus, der leichte Schuhe trug, seinen Vater fortwährend an, ihm Holzschuhe zu kaufen. Wieder war es Großmutter, die sich seiner annahm. Sie schickte Petrus ins Dorf, um den Holzschuhmacher kommen zu lassen. Es war ein ältlicher Mann mit einem Schifferbart. Mit einem Stöckchen nahm er das Maß von Titus' Fuß, kerbte die richtige Länge mit einem Messer ein und versprach, ein Paar feste Weidenholzschuhe zu bringen. Aber Titus wollte sie lieber selbst holen; und so geschah es, daß er mit Petrus ins Dorf ging und zuschaute, wie die letzte Hand an die plumpe Fußbekleidung gelegt wurde. Gegenüber dem offenen Schuppen des Holzschuhmachers setzte der Stellmacher ein Rad an eine Kutsche; rotglühend zischte das Eisen; drin in der Werkstatt wurde über einem Feuer von Spänen Pech geschmolzen; der Stellmachergeselle stand hobelnd an der Bank, bis an die Knie in den blanken Spänen. Bewundernd betrachtete Titus das alles.

Voll Stolz kehrte er in seinen Holzschuhen zur Großmutter zurück. Doch schon am nächsten Tag ermüdete ihn das ungewohnte Schuhwerk; die Last war zu groß für seine kleinen beweglichen Füße, und die Holzschuhe wurden abgestreift und durch die alten Schuhe ersetzt. Aber nun hatte Titus zwei Schiffe, die er schwimmen lassen konnte, ein Handelsschiff, beschützt von einem Kriegsschiff, belehrte ihn Rembrandt. Zwar hatten sie kein Segel, doch schaukelten sie feierlich auf dem Wasser; keinen Augenblick verletzten sie Titus' lebendige Phantasie durch ihre plumpe Gestalt.

Abends sah Titus manchmal von seinem Bett im Dachboden aus zu, wie sein Vater Großmutter oder die Knechte zeichnete. Dort unten im Hof war eine große, sanfte Glut, in der die Gesichter der Männer im Spiel von Licht und Schatten beinahe beängstigend wurden. Die Großmutter strickte bedachtsam mit knochigen Fingern und schlug bisweilen die Hände zusammen vor Staunen über die geschickte Feder des Meisters.

Petrus und die Magd waren oft zur gleichen Zeit verschwunden. Warum sie fortblieben, begriff Titus nicht; ebensowenig, warum sie im Vorübergehen immer so dicht aneinander vorbeistrichen, daß der Knecht die Magd greifen konnte, und warum sie miteinander rangen, bis sie ganz rot und außer Atem waren.

Es kam dem kleinen Titus unerklärlich vor, daß sie die Gelegenheit dazu suchten; er bemerkte sehr wohl, daß sie Freude an diesem Ringen und Raufen hatten... aber warum? Warum?

Viele Dinge waren noch unbegreiflich. So hatte Jakob einmal den großen Stier aus dem Stall losgemacht und auf die Weide gebracht, wo das wilde Tier die Kühe besprang, als wollte es sie umbringen. »Er tut ihnen was zuleide, Jakob!« hatte er gerufen; aber Jakob lachte blöde; und auch Krijn, der Titus' Rufen gehört hatte, grinste von weitem mit zahnlosem Mund; doch wehrte er hastig ab, als er sah, daß Jakob etwas sagen wollte. Später sah Titus den Stier wieder friedlich und majestätisch mit seiner Herde grasen. Dies alles war seltsam und stimmte zum Nachdenken; aber der kleine Titus sah, daß die Erwachsenen nichts Verwunderliches dabei fanden, und so tröstete er sich mit dem Gedanken, daß auch er einmal erfahren würde, warum Petrus und die Magd einander so gerne anfaßten und warum der schwarze Stier sich auf die fügsamen Kühe stürzte, ohne daß sie in wilder Angst davonliefen...

Dann kam die Zeit, da von der Rückkehr nach Amsterdam geredet wurde. Es war Hochsommer; die Störche klapperten auf den üppigen Wiesen. »Aber wir dürfen Mutter nicht länger allein lassen«, sagte Rembrandt. Die alte Frau nickte, und Titus, der ein sanftmütiges Wesen hatte, fügte sich willig in Vaters Entschluß.

Am letzten Abend, den sie auf Großmutters Hof verbrachten, durfte Titus länger aufbleiben. Großmutter erzählte, und Titus konnte die ganze Nacht vor Aufregung darüber nicht schlafen. Fortwährend sah er Erdmännchen vor sich, Zauberer und eigentümlich geflügelte Nachttiere mit Eulenköpfen, die krächzend und furchterregend sprachen. Hexen auf Besenstielen und Drachen auf feurigen Wagen zogen ihre Schlängelspuren durch die Luft. - Dem kleinen Titus wirbelte der Kopf. Neben sich hörte er seinen Vater schlafen; der große, dunkle Körper atmete leicht. Er schmiegte sich dicht in dessen schützenden Arm, zitternd vor Furcht und Sicherheit zugleich. Gegen Morgen vielen ihm die Augen zu. Als er aufwachte, versetzte ihn der Gedanke an die Rückreise, das Postschiff und das Haus in Amsterdam in eine derartige Spannung, daß er sich nachher kaum ordentlich verabschieden konnte. Die Holzschuhe blieben zurück; er zog sie nicht mehr an.

Diesmal schleppte Petrus Rembrandts Reisetasche, als sie zum Postschiff gingen. Seine Zeichnungen und das Skizzenbuch wollte der Meister selbst tragen. Voll Befriedigung und Spannung sah er der Zukunft entgegen, denn er hatte auf dem Lande Hunderte von Landschaften und Figuren gezeichnet. Bei der Komposition der großen neuen Bilder, an die er schon sehnsüchtig dachte, würden ihm diese Skizzen von unschätzbarem Nutzen sein.

Die Stadt. –

Nach der Stille der hellen grünen Landschaft war es dem kleinen Titus, als betrete er eine völlig neue, völlig unbekannte Welt. Das Leben hier war überwältigend. Er hatte es vergessen; nun übermannte es ihn. Beinahe ängstlich schob er seine Hand in die des Vaters, die sich mit kurzem, starkem Griff um die Kinderfinger schloß. Strenger und höher erschien ihm die Häusergruppe über dem spiegelnden Wasser; noch höher hoben sich die runden Kuppeln und Türme mit spitzen, glitzernden Helmen in die Julisonne. Glockenspiele teilten klingend den Tag in Stunden. Durch die Grachten, die nun nicht mehr so grün und trübe schienen, fuhren die Obstkähne mit ihrer roten und gelben Last von Früchten. Rufe und Signale flogen über das blitzende Wasser. Aus den Seitenkanälen kamen langsam und schaukelnd die flachen Schuten. Feierlich legten sie neben den großen Handelsschiffen an, die, bronzefarben, mit gehißten Fahnen ihre Ware löschten, die Fracht übernahmen und unter hohen Brückenbogen entschwanden. An den Kais ging es laut und lärmend zu. Aus den Kontoren kamen eilige Schreiber mit Ladelisten und Frachtbriefen; Befehle sprangen vom Schiff zum Kai hin und her oder auch Worte des Tadels. Zwischen aufgeschichteten Waren trieben sich Straßenjungen herum, mißtrauisch beobachtet von den Hütern des Gesetzes, die an den Häusern entlangschlenderten und scharf aufpaßten. Einen Augenblick herrschte Stille, als aus einer Nebenstraße eine ratternde Kalesche – ein seltener Anblick! – über das Pflaster holperte und an der Gracht entlang verschwand; doch kaum ertönte ein Befehl aus einem der kleinen Kaufmannshäuser, so kam das lebende Räderwerk von neuem in Gang.

Auf den großen Plätzen waren die Fassaden der Häuser breit und achtunggebietend, dunkel und verwittert die abgetretenen Stufen, die zur Haustür führten. Über vielen Türen bemerkte der kleine Titus Wappenschilder und Sprüche in wichtigtuerischem Latein, das sogar Rembrandt ihm nicht übersetzen konnte; oft blieb Titus' Blick auch an riesengroßen, in Gold gemalten Jahreszahlen hängen. Je mehr man sich der Breestraße näherte, desto roter und kleiner wurden die Häuser; nur an vereinzelten Straßen ragten sie noch mit dem Treppengiebel in die Sonne. Die Bäume standen schwer bestaubt, das Laub zu einer dichten Hecke verschlungen. Die Leute auf der Straße waren hier älter, gesetzter und bedachtsamer, alle Laute gedämpfter und friedlicher. – Als Titus in die Höhe blickte, bemerkte er, daß auch über Amsterdam die Wolken strahlend dahinsegelten. Doch schienen sie ferner und kleiner als auf Großmutters Hof.

VII

Ein blauer Schleier lag über den Sommerabenden jenes Jahres, sternenhell waren sie und windstill. Oft ging Rembrandt abends spazieren, und zuweilen nahm er den kleinen Titus mit. Dann liefen sie die schmalen Wälle entlang, auf der einen Seite das Wasser, auf der anderen große alte Mauern, in deren ehemals hellem Verputz dunkle, feuchte Stellen schimmerten. Hier und da hatten Holunderbüsche ihre weißen Blütentrauben über die Mauern gehängt. Wo dicht beschattete Gärten bis an die Mauern reichten – eine dunkelgrüne Finsternis, nur erkennbar an den schweren, trägen Nachtdüften, die in die satte Sommernacht aufstiegen –, stand hier und da ein Gartenhaus wie ein Wachtturm oder eine Bastion gegen den bleichen Sternenhimmel. Es war beängstigend und übermächtig schön. Die Grillen zirpten. Ein unsichtbarer Kahn glitt mit spukhaftem Geräusch durch das stille Wasser. Im Dämmerlicht wurde alles leiser, selbst der Laut der Schritte; es war, als hörte man einen anderen als sich selbst gehen. Liebespaare standen im Schatten, und aus ihren weichen Küssen klangen unausgesprochene Verheißungen. Geheimnisvolle Häuser, über den Wall hinausgebaut, reichten bis zum Wasser. Alte Treppen schlängelten sich, die nirdendwo anders münden konnten als in der Nacht; kleine Brücken, die vom Ufer zu den Häusern führten, schienen im Halbdunkel zu schweben.

Bei Vollmond hüllte sich alles in einen durchsichtigen, milchweißen Schimmer. Schärfer wurden die Schatten: aber wo das Mondlicht hinfiel, zitterten zahllose unirdische Blüten auf den verwitterten Steinen, auf Händen und Gesichtern der Vorübergehenden. In den Gärten seufzte es; überall wurden Laute vernehmbar, Atemzüge, Worte ohne Sinn, die unergründlichen Zeichen der lebendigen Erde, die den kleinen Titus bald unerklärlich beschwerten, bald unerklärlich beglückten.

VIII

Wenn Titus von Hendrickje zu Bett gebracht worden war, hörte er, noch hellwach, von unten oft dunkle Stimmen heraufklingen. Rembrandt empfing Besuche. Er hatte viele Freunde gehabt, aber nur wenige waren ihm geblieben. Die meisten begriffen seine wechselnden Stimmungen nicht; manche Abende lang sprach er kein Wort, und ein andermal war er gesprächig, schlug mit der flachen Hand auf den Tisch und erzählte tolle Streiche aus seiner Lehrzeit bei Lastman, oder er ließ die Krüge klingen.

Nein, die kleinen Maler und die beschränkten Bürger, die er großmütig in seiner Wohnung empfing, sie verstanden ihn nicht. Sie sahen andere Meister, andere hart Arbeitende, die sich immer gleich blieben; am Abend warfen sie mit dem Malkittel auch die Sorgen und Träume von sich und verstanden es, ganz in ihrer Gesellschaft aufzugehen; da gab es für sie nichts weiter als den Rausch, den Becher, die wüsten, ungezügelten Männergespräche. So war Frans Hals, so war van der Helst, die beiden großen Nebenbuhler Rembrandts; so waren alle, die abends in den Weinhäusern saßen oder in der eigenen Werkstatt mit Freunden und Schülern laute, lärmende Gelage feierten. - Kein Ernst? Da sollte man sie nur mal am Tage sehen! Zu stören brauchte man sie nicht, man konnte sich hinter sie stellen und das Blaue vom Himmel herunterschwatzen - von Frauen, von den Neuigkeiten der

Kegelbahnen, selbst von den Bildern anderer, die in irgendeiner Kunsthandlung Schau- und Kauflustige anzogen -, sie gaben kaum Antwort, arbeiteten, arbeiteten unentwegt, angestrengt; sie waren von ihrer Leinwand nicht fortzureißen. Oder man mußte sie sonntags sehen! Keine frommeren Kirchgänger gab es als die Ritter vom Pinsel! Alle Chorbänke waren mit andächtigen Malern besetzt. – Das waren doch ganz andere Leute als Rembrandt, den man nie recht ergründen konnte. Alles an ihm war sonderbar. Keine Kirche sah ihn mehr in ihren Mauern. In diesem Rembrandt wütete die Unrast. Es gab selbst Tage, an denen er gar nichts tat, still und zusammengesunken vor seiner Staffelei saß oder in alten Folianten blätterte. Ein Maler ist doch kein Gelehrter? Er gab sich mit Dingen ab, die sich für einen schlichten Christenmenschen nicht schicken. Man verdächtigte ihn sogar der Freigeisterei. In Broek fänden merkwürdige Zusammenkünfte statt, sagte man; Wiedertäufer, die ewigen Unruhestifter, Remonstranten und Freigeister, das ganze Ketzergesindel, schlimmer als Türken und Pfaffen, versammelte, beriet und versündigte sich dort. Sogar der Jude Uriel Acosta, der aus seiner eigenen Greuelsekte ausgestoßen war, wurde, so hieß es, von diesen Ketzern mit offenen Armen empfangen. – Das wäre etwas für Rembrandt! In tiefster Nacht, wenn Feuer und Licht gelöscht sind, einen stillen Kai entlangschleichen, ein Boot losmachen, mit verhaltenem Schlag fortrudern, in die Waterlande hinein, unter dem Deckmantel der Finsternis, selbst ein Finsterling und Bruder der Nacht. - Das wäre etwas für Rembrandt: während alle guten Bürger schlafen, mit Ungläubigen verkehren, sich mit dem Gift falschen Glaubens anstecken, dort draußen in einem Bauernhaus im Waterland seine Seele verspielen oder gar in einer Scheune, unter einem Dach mit dem Vieh! - Warum haben unsere Väter für einen eigenen Glauben gekämpft? Wozu stehen die Gotteshäuser offen, wenn man sie meidet und lieber im Dunklen wühlt? Nein, dieser Rembrandt ist nicht der rechte Freund für den Mann, der von sich selbst sagen möchte:

Ich und mein Haus, wir wollen dem Herrn dienen. – Dieser Rembrandt ketzert. Dieser Rembrandt hat sich selbst und seine Kunst weggeworfen. Früher, ja früher hat er manches schöne Bild gepinselt; aber jetzt hat Beelzebub ihn in seiner Macht, und es ist aus mit ihm. Das kann jeder sehen, der sich auf Bilder versteht - und das tun wir. Von Kindesbeinen an gehen wir bei den Kunsthändlern aus und ein, oder wir versuchen uns selber an Leinwand und Natur. Aber Rembrandt? – Seine Hand tut nicht mehr mit. Ein Kind könnte so malen! In schweren Streifen tropft die Farbe von seinen Bildern, und dicke Krusten sind darauf, wenn es getrocknet ist. Ein Sonderling ist er, ein Narr! Und dabei verlangt er noch, daß man das für bare Münze nehmen soll! Dieses Dunkel, diese Eigenwilligkeit! – und gar die biblischen Szenen, die er malen will! Alles verliert sich im Schatten, im schwarzen Nebel! Eine tagscheue Eule ist er geworden - ein Sohn der Nacht. Und wenn man dann das zuchtlose Leben bedenkt und die Ausschweifungen, die dort im Hause vor sich gehen, – schon zum zweiten Male lebt er mit einer Dienstmagd! Es graust einem. Eine verlorene Seele ist er, von der man sich mit Abscheu wegwendet ...

Aber der kleine Titus weiß nichts von all dem. Er weiß nur, daß es einige Getreue gibt, die seinen Vater gern besuchen. Die reden da unten mit warmen, gedämpften Stimmen. Nicht laut, nicht aufgeregt und mit schrillem Gelächter, jenem Gelächter, von dem Titus früher als kleines Kind zuweilen beängstigt erwacht ist. Manchmal sieht er sie noch, ehe es Schlafenszeit für ihn ist. Ein scheuer, schweigsamer Mann ist darunter, ärmlich gekleidet, der immer am liebsten im Schatten des Kamins sitzt. Herkules Seghers heißt er. Titus blickt von seinem Vater auf Seghers. Sie sehen einander ähnlich, aber sein Vater ist größer, gebieterischer, mächtiger. Sein Vater sitzt unter dem brennenden Deckenleuchter, in der Mitte seines Freundeskreises, mitten im Gemach. Seghers beugt den Kopf, hört zu, spricht wenig, doch mit heller Stimme und ohne Zögern. Er ist gut. Er streichelt Titus im Vorübergehen übers Haar und drückt beim Eintreten Hendrickjes Hand mit einer kleinen höflichen Verbeugung, die sie erröten läßt und auf die sie stolz ist. Alles in Rembrandts Haus ist ihm lieb. Für alles hat er ein warmes Auge und eine zärtliche Gebärde. Titus sieht, daß seine Blicke manchmal lange und bewundernd auf Rembrandt ruhen. Titus liebt die Männer, die seinen Vater schätzen und verehren. Und sein Vater ist freundlich zu allen. Es kommt Titus vor, als würde der Vater bisweilen jünger zwischen den alten Freunden. Dann lacht er so strahlend, so ohne Runzeln, daß Titus selber bezaubert ist und mit stillem, kindlichem Entzücken zu seinem Vater hinsieht. Sie alle umschwebt die Erinnerung an die gemeinsame Jugend, die Erinnerung, in der sie sich sonnen und wärmen. Das Gute dieser Freundschaft durchdringt auch den kleinen Jungen. Behaglich und zufrieden sitzt er mäuschenstill im Hintergrund und schaut die Erwachsenen an, bis es Hendrickje plötzlich einfällt, daß er schon zu lange aufgeblieben ist, und sie ihn nach oben bringt, wo er mit Mayr in einem Bett schläft.

Ab und zu erschien auch ein junger, unruhiger Mann mit flottem Schnurrbart und kurzem französischem Spitzbärtchen, der rasch, befehlend und von oben herab redete. Dann bemerkte Titus, daß sein Vater stiller wurde und den Platz im Licht dem anderen überließ. Es war Jan Six, Herr auf Wimmenum und Vromade. - Wenn er zum Essen eingeladen war, stand nicht Zinn, sondern Kristall auf dem Tisch und Messingleuchter mit hohen, schönfarbigen Kerzen. Bei der Mahlzeit herrschte dieser Junker Six unbestritten. Er duldete keine Widerrede; nach den ersten Gläsern wurde er laut und zanksüchtig. Seine Hand, die klein, muskulös und sorgfältig gepflegt neben Rembrandts kurzer, kräftiger Tatze auf dem Tisch lag, ballte sich bebend und schlug endlich herrschsüchtig und anmaßend auf das Tischtuch, daß die Kelche auf ihren zarten Füßen zitterten. Nach der Mahlzeit ging er, die gepflegten Hände auf dem Rücken, durch das ganze Haus, bewundernd und musternd, erkundigte sich nach den Preisen von Möbeln und Bildern, legte mißtrauisch die Hand auf Sachen, die er früher nicht gesehen hatte, schalt Rembrandt einen Verschwender und redete dann wieder mit breiter, schmeichelnder Stimme auf den Meister ein, der so gut wie nie antwortete, sondern in einsilbigem Schweigen verharrte. Später wandte Six sich den Schülern zu, schlug ihnen auf die Schulter und verlangte, ihre Arbeiten zu sehen. Dann wählte er das Beste aus und ließ es nach ein paar Tagen von einem Diener abholen. Obgleich die jungen Leute keinen Pfennig bekamen, gehorchten sie seinen Winken und waren entzückt, wenn er mit ihren Bildern oder Stichen »einigermaßen zufrieden« war, wie er es selbst wohlwollend ausdrückte. Denn er war in Amsterdam der große Schirmherr aller, die weiterkommen wollten, mochten es Dichter sein oder Maler. Wenn er sie ihrer besten Werke beraubte, fühlten sie sich geschmeichelt und sahen ihre zukünftigen Bilder in Gedanken schon in einem der Schauräume von Clemens de Jonghe ausgestellt, und fiebernd träumten sie von den hohen Summen, die demnächst auf den Versteigerungen für ihre Arbeit geboten werden würden!

Junker Jan Six blieb selten einen ganzen Abend. Für Titus brachte er bisweilen Süßigkeiten mit - runde, glasierte Früchte mit viel buntem Zucker, verpackt in ein weiches Seidenbeutelchen. Aber diese Freigebigkeit freute Titus nicht recht, und er aß die Früchte mehr mit Scheu als mit Genuß. Denn er hatte Angst vor dem Spender. Manchmal sah er, wie Jan Six seinen Vater in ein kleines Nebenzimmer winkte. Dann hörte er, wie der Junker drängend und hart zu seinem Vater sprach; und als die Tür einmal nur angelehnt war, hatte er gesehen, daß sein Vater mit gebeugtem Kopf demütig vor dem erregten kleinen Herrscher stand. Auf dem Tisch lagen Papiere, groß, weiß, beängstigend. Es gab ein Geheimnis zwischen den beiden - ein Geheimnis wie zwischen allen Erwachsenen. Aber das Geheimnis zwischen seinem Vater und Jan Six war ein unheilverkündendes Geheimnis, ganz anders als das mit Seghers oder Menasseh. Das spürte der kleine Titus ganz deutlich, wenn er es auch in Worten nicht hätte sagen können. Nachdem sie sich eine Zeitlang im Zimmer eingeschlossen hatten, kamen sie wieder heraus. Junker Six mit grellroten Flecken auf den Backen und einem feindlichen Glanz in den Augen; sein Vater schulterzuckend, müde und sorgenvoll, aber anscheinend doch auch erfreut, daß die Unterhaltung zu Ende war. Denn dann blieb Jan Six keine Minute länger.

Hendrickje wurde von Six offenbar nie bemerkt; geschah es doch einmal, so behandelte er sie wie eine unbekannte Dienstmagd. Wenn sie sich nach solchen Gesprächen später besorgt an Rembrandt wandte und sich erkundigte, wie weit sie gekommen wären, sah der Vater zu Boden. Die Frage schien ihm immer gleich peinlich. Dann seufzten beide. In Rembrandts Seufzer klang eine gewisse gutmütig spottende Gelassenheit mit, in Hendrickjes ein leiser Vorwurf und mutlose Furcht.

Titus spielte gern auf dem Fußboden. Da gab es geheimnisvolle, dunkle Winkel im Zimmer, in denen man sich allerlei Wunderliches vorstellen konnte; unter den Tischen und Stühlen kroch man in einem kleinen Reich von Barrikaden und Zäunen umher: der große Teppich war ein Gewässer oder eine Wiese, die dunklen Stellen darin Brücken oder Gräben, wie es eben kam. Titus spielte mit wilder Phantasie; Kameraden oder Spielzeug brauchte er nicht; allein war er unbeschränkter Herrscher im Reich dieser Träume. – Aber er spielte auch gern auf dem Fußboden, weil er dort hören konnte, was die Erwachsenen redeten. Er lauschte nicht auf den Sinn ihrer Reden, den begriff er nur halb oder gar nicht; ihn reizte der ernste Ton, den er in den Gesprächen wahrnahm; ihn fesselten die Rätsel der schwierigen, großartigen Worte, die plötzlich über der Eintönigkeit dieses Ernstes schwebten, ein fernes und neiderregendes Leben, das Titus anzog und das Lauschen zu einem verborgenen Fest machte. Und so hörte er dann auch oft nach den Besuchen von Six ein still-bekümmertes Zwiegespräch, Klänge voll Kummer, voll Unruhe und Klagen, die dann wieder im täglichen Leben untergingen.

»Wann will er das Geld?«

Und meist kam Rembrandts Antwort widerwillig:

» Das Geld! Mit dem Geld kommt es schon in Ordnung! Er will nur von keinem Aufschub wissen, das ist alles ... Alle bekommen Aufschub von ihm - außer mir! Er sitzt mir auf den Fersen. Mir ... «

Hendrickje mahnte sanft:

»Aber es geht schon so lange, Rembrandt... Warum kaufst du dann wieder allerlei Dinge, wenn du das Geld schon bereitliegen hast?«

Sein Vater brauste auf.

»Und die andern? Kauft van der Helst etwa nicht, oder Ruysdael? Warum sollten sie wohl kaufen dürfen und ich nicht? Bin ich denn geringer als sie? Und wenn ich mal viel Geld habe, soll ich dann mit ansehen, wie Seghers Mangel leidet, nur weil die Dummköpfe meinen, Hobbema male bessere Landschaften?«

Und sorgenvoller, doch mit unterdrücktem Groll:

»Wenn ich Six den Willen täte, könnte ich mein ganzes Hab und Gut verkaufen. Ich kann doch auch nicht Tag und Nacht durcharbeiten, um ihn auszuzahlen. Es ist schließlich eine Abzahlung, die über Jahre verteilt werden sollte... Und Clemens hat noch eine ganze Menge Stiche von mir, von denen höre ich überhaupt nichts mehr. Ein paar Dutzend unbezahlter Bilder stehen bei mir gebucht.... Keiner zahlt, jeder schiebt auf ... Hundert Gulden mehr oder weniger machen uns unglücklich... Immer die Not ums Geld... Früher, früher... «

Ja, noch führen unsichtbare Fäden von Rembrandts Haus in alle Gegenden der Stadt – Fäden, die in nie vermuteten Knotenpunkten enden. Fäden nach der hellen und nach Krauseminze duftenden Apotheke von Abraham Frantzen, der Rembrandt immer wieder berät, wenn auch der Meister den guten Rat jedesmal in den Wind schlägt; Fäden zu den Rabbinern der Breestraße, die mit moschusduftendem Haar, in lange seidene Talare gehüllt, das Buch Zohar auslegen und über den Talmud nachgrübeln; Fäden zu den ärmlichen Stuben jüdischer Studenten auf Vlooyenburgh, die Rembrandt als Modell dienen; Fäden zu armseligen, unansehnlichen Häusern, wo kleine Kaufleute wie Jeremias de Decker im Verborgenen ihre Verse schreiben und ein Coppenol für wenige Groschen seine Schönschrift liefert; Fäden in die Innenstadt hinein, wo gerissene Aufkäufer das Ende des Ruhms abwarten, ehe sie Rembrandt bezahlen; Fäden zu den Palästen der Keizersgracht, in die Wohnungen der mächtigen Geldverleiher Harmen Becker, Hertsbeek und anderer, denen sich der Meister in einer unbedachten Stunde der Geldnot verschrieben hat; Fäden zu entlegenen Bodenkammern, wo, den Kunsthändlern unbekannt, alte Hände und Augen sich über den Ätztisch beugen, um den Traum eines zur Neige gehenden Lebens in Linien einzufangen – durch das ganze unruhige Labyrinth der Stadt Amsterdam führen die geheimen Verbindungen, die wortlosen Botschaften – drohende und gute Botschaften der Gedanken – und er, bei dem all jene Fäden zusammenlaufen, er beachtet sie kaum, sondern schließt sich in seiner Werkstatt ein und liest die Evangelien und weiß, daß er dem allen entfliehen wird, sobald er die scharfe Nadel und die ätzende Säure zur Hand nimmt, sobald er an die Arbeit geht, um von seinen ewigen Schulden loszukommen und über dieser Arbeit die Schulden vergißt. Und neben ihm leben die Ehrgeizigen, die Unbesonnenen, die Jungen, die Zukünftigen, die sich stark genug wähnen oder stark genug wissen, um der Welt zu widerstehen; die sich in die Raserei der Welt, in ihren Neid, ihren Glanz, ihren Rausch und ihre Enttäuschung stürzen möchten. Govert Flinck und Fabritius, van Hoogstraten und Renesse: zu kühnen, selbstbewußten Männern sind sie in Rembrandts Haus geworden.

Und so ist es immer gewesen: eines schönen Tages muß Rembrandt sehen, daß er ihnen nichts mehr zu sagen hat; sie wollen nicht länger zuhören … Sie haben alles genommen, was er ihnen geben konnte. Sie sind reif, die Mutterpflanze, die sie genährt hat, zu verlassen, reif, im starken Wind wegzuwehen und in fremder Erde zu wurzeln, um selbst zu neuer, reicher Blüte zu kommen.

So ist es immer gewesen: plötzlich müssen sie ihn verlassen. Wenn er an sie denkt, sieht er in ihnen noch immer die unreifen jungen Menschen, die einst zu ihm kamen, begierig, von seinen Händen geknetet, geformt zu werden; und wenn sie gehen, merkt er, daß er sie kaum mehr kennt. So gehen sie fort, alle, alle. Manche bleiben treu, besuchen ihn ab und zu oder geben ihm Nachricht. Andere vergessen ihn, sobald sie selbst irgendwo gefeiert werden. Und wenn er von diesen noch etwas hört, geschieht es durch Kunsthändler oder durch gemeinsame Freunde, die ihm der Zufall in den Weg führt... Einmal wird er einsam sein... Denkt er daran...? Einmal wird niemand mehr zu ihm kommen - alle werden fern von ihm leben in anderen Städten, in anderen Ländern vielleicht - o verfluchte Ruhmsucht, die da meint, die Grenzen des eigenen Landes seien zu eng! –, und sie werden ihn und ihre Jugend vergessen. - Dies ist das Schicksal. Das Schicksal eines Meisters. Geben, ohne etwas zu empfangen. Alle nähren mit dem Überfluß, den seine Kräfte geschaffen haben... Ein schönes, aber einsames Los. – Einmal wird er allein sein. – Denkt er daran?

Der Meister arbeitet.

IX

Im Herbst wurde der kleine Titus von Hendrickje in die gefürchtete Schule gebracht.

Während des Spätsommers hatte er kaum mehr an die dunkelroten Mauern mit den schmalen Fenstern und ihren schönen, rot und schwarz beschriebenen Schildern gedacht, sondern an den langen regenlosen Tagen auf der grau gepflasterten Gracht gespielt. Doch als er nun wieder in die Nähe der Schule kam, die sein Kinderherz stets klopfen ließ, und schon aus der Ferne eine Schar halbwüchsiger Burschen auf dem holprigen Straßenpflaster herumtoben sah, während sie auf das Glockenspiel warteten, das Zeichen zum Betreten des Schulhauses, da packte ihn die dunkle, beklemmende Angst stärker als je zuvor. - Er ging langsamer und beantwortete nur noch flüsternd die heiteren Worte der Mutter. – Sollte er nun ganz allein diesen großen Rüpeln ausgeliefert sein? Bedrohlich erschienen ihm die ungezügelten Kräfte dieser Größeren, die sich ungestüm in wüstem, lärmendem Spiel austobten, dessen mitleidlose Roheit er sofort begriffen hatte. Nur die Starken und Kräftigen würden hier geduldet werden. Als hätte es ihn selbst getroffen, erschrak er, als er sah, wie ein kleiner Junge, etwas älter als er, im wilden Spiel der Älteren zu Boden gestoßen wurde und hilflos mit großen, bangen Augen liegenblieb, bis ein Mädchen, seine Schwester wahrscheinlich, herbeilief und ihm tröstend aufhalf. Sah Mutter denn nicht, was kleinen Jungen hier zustoßen konnte? – Seine Angst wuchs: groß, dunkel, voll Schreckensbilder, die sich ihm schwer aufs Herz legten. Seine Lippen zitterten.

Hendrickje beugte sich zu ihm. »Warum bleibst du stehen?«

Seine Stimme war schwach, flehend. »Sie werden mir was tun.«

Er empfand es als Grausamkeit, daß Mutter nun lachte! »Hast du Angst?«

Er schwieg. Ja, er hatte Angst. Aber wie konnte er sagen, was ihn quälte und bedrückte, wenn Mutter ihn auslachte? Er drängte die Tränen zurück und versuchte, an ferne, seltsame Dinge zu denken, um die Angst zu vergessen. Aber die Angst war überall, wohin er sich auch wandte. Er verstand es selbst nicht. Andere Kinder balgten sich und lachten, wie er es gestern noch getan hatte. Warum war die Welt auf einmal voller Gefahren und Schatten? Und warum fürchtete er allerlei Erniedrigungen und Quälereien, während die anderen jauchzend herumsprangen?

Aber schon zog Mutter ihn mit sich über den kleinen Spielplatz, und sie gingen an der hohen blinden Mauer entlang, hinter der noch mehr beängstigende Geheimnisse verborgen waren. Der Lehrer, plump und dick, schaute, auf die Untertür gelehnt, wie aus einem Fenster zum Hause heraus. Einen Augenblick verdrängten Ehrfurcht und Neugierde Titus' Angst, und er faßte den interessanten Mann genau ins Auge. Die scharfen, stechenden Augen verbargen sich in runden Höhlen, über fleischigen Tränensäcken; der Kopf war mit einem glanzlosen schwarzen Hut bedeckt und steckte ohne Hals tief eingetaucht in einem langen Talar. Auf dem Rand der Untertür lagen die kurzen Finger, zu glatten runden Fäusten geballt. Als Titus dem Lehrer wieder ins Gesicht blickte, bemerkte er, daß ein kaum spürbarer Zug - war es Mißachtung? war es Spott? - um den breiten Mund spielte, während er Hendrickje von Kopf bis Fuß musterte. Was war denn Auffälliges an Mutter? Titus sah fragend zu ihr auf; auch sie mußte den hochmütigen Blick des Lehrers gesehen haben, denn sie wurde verwirrt, und ihre Wangen röteten sich vor Scham.

»Hier bringe ich Titus«, sagte sie, leiser und unterwürfiger, als er es je von ihr gehört hatte. Eben noch war ihr Lachen mitleidlos gewesen; aber nun hatte Titus auf einmal Mitleid mit ihr, und augenblicklich haßte er den Lehrer mitsamt seinem stumpfen, hochnäsigen Gesicht.

Schweigend hatte Hendrickje das Schulgeld überreicht; schweigend und unsicher ging sie davon. Aber plötzlich kehrte sie um, kniete neben Titus und küßte ihn lange. Beschützend schlang er die Arme um ihren Hals. Zum ersten Male war er Mann, Tröster. Es war, als ob Mutter seine tapfere Ermutigung tief spürte; sie lächelte und sah den Lehrer stolz und gerührt an. Doch der hatte sich mit einem Achselzucken abgewandt.

Nun ging Hendrickje rasch fort. Titus folgte ihr mit den Augen, solange er konnte; aber nach wenigen Sekunden stand er hilflos und allein vor dem groben, dicken Mann. Der ergriff seine Hand und zog ihn mit sich hinein.

»Wir werden deinen Namen eintragen«, sagte die weiche, unangenehme Stimme.

Nun stand Titus in der Schule. Zum ersten Male in seinem Leben stand er in der Schule. Er sah um sich. Es war ein länglicher Raum mit düsteren Ecken. Die Decke war niedrig, die Fenster waren noch schmaler, als Titus gedacht hatte. Vorn erhob sich das Katheder. Es erinnerte Titus an die Kanzel in der Kirche, wohin die Schüler Rembrandts ihn manchmal mitnahmen, aber es war niedriger und nicht so schön geschnitzt. Etwa zehn niedrige Bänke mit schmalen Lehnen füllten den übrigen Raum. Die Lehnen waren hier und dort zerbrochen und ungenügend ausgebessert; im Holz waren Kerben, die Farbe abgekratzt; die bunt gewordenen Bretter waren überall mit schwarzen Tintenflecken verunziert. – Auf einem Wandbrett lagen Bücher mit herausgerissenen Seiten; die Rücken baumelten verknüllt und lose daneben. Titus sah, daß es Bibeln und Psalmbücher waren. – Hinter dem Katheder war ebenfalls ein Wandbrett angenagelt, darauf stand eine staubige Kanne, die in Titus' Augen Tinte enthielt, nach den Spuren zu urteilen, die dunkel und in Streifen von der Tülle hinunterliefen. Auch ein paar Haufen kleinerer Bücher lagen dort, deren Zweck Titus noch verborgen blieb.

Schwerfällig und geräuschvoll hatte der Lehrer auf dem Katheder Platz genommen. Titus wartete bescheiden am Fuß des Gestühls. Er sah und hörte, wie der Lehrer ein dickes raschelndes Papier hervorholte und dann mit einem Federmesser langsam und kunstvoll eine Gänsefeder anspitzte. Darauf beugte sich das grobe Gesicht über das Blatt, die runde, feiste Hand bewegte sich mit unerwartet schwungvollen Strichen, die Augen glänzten zufrieden und selbstbewußt über den Schnörkeln.

Feierlich las er vor:

»28. Septembris. Titus, Sohn des Rembrandt van Rijn, aus der Breestraße. Acht Jahre alt. Bezahlt: drei Schillinge.«

Hier ließ der Lehrer seinen Blick durch den ganzen Raum schweifen, als suche er Titus in einer der entfernten dunklen Ecken; endlich heftete er ihn voll Selbstgefälligkeit auf die kleine demütige Gestalt zu seinen Füßen. Titus fühlte, wie die Angst wiederkehrte.

Der Lehrer räusperte sich.

»Du scheinst ein guter Junge ...«, sagte er. »Wenn nur nicht geschrieben stünde: Die Sünden der Väter sollen heimgesucht werden an den Kindern bis ins dritte und vierte Glied!«

Ächzend und hastig zwängte er sich aus seinem Sitz und schritt zur Tür.

Von neuem überkam Titus Verwunderung. Was hatte der dicke, salbungsvolle Mann mit seinen Worten gemeint? - Die Sünden der Väter? Der kleine Titus hatte es schon öfter gehört. Er wußte, daß es in dem dicken Buch stand, in der Bibel. Aber traf das auf ihn zu? Was waren die Sünden, und wer die Väter? Er hatte doch nur einen Vater? Beunruhigt blickte er um sich. Der Lehrer wandte sich zu ihm.

»Setz dich auf die vorderste Bank«, befahl er.

Titus gehorchte schnell. Als er sich an den schmutzigen Sitzen entlangschob, setzte das Glockenspiel ein; aus allen Richtungen erklang Antwort. Der Lehrer riß die Tür weit auf. Im nächsten Augenblick kam die wilde Schar hereingestürzt. Titus kroch, soweit er konnte, in seine Ecke. Zu seiner unaussprechlichen Erleichterung bemerkte er, daß die großen Bengel ganz hinten saßen und seine Nachbarn ungefähr in seinem Alter waren.

Drängelnd und schlagend schob man sich in die Reihe. Fortwährend erklang die böse, feiste Stimme des Lehrers, begleitet vom ungeduldigen Klopfen eines Rohrstockes, den er plötzlich hervorgeholt hatte. Titus erzitterte vor all dem Krach. Auf einmal schwieg alles. Alle Kopfbedeckungen wurden abgenommen, wie auf ein unsichtbares Zeichen hin. Der Lehrer betete.

Hinten im Raum begannen spöttische Stimmen leise mitzubrummen. Der Lehrer unterbrach sein Gebet keinen Augenblick; als aber das Brummen zu störend wurde, klopfte er im Takt seiner Worte kurz und schreckerregend mit dem Rohrstock auf den Boden. Als er fertig war , richtete er einen Blick voll unterdrückter Wut auf die hintersten Bänke, wo es nun wieder vorbildlich still war, dann begannen zwei der vorn sitzenden Jungen eine Prügelei. Neben Titus schrie einer auf: ein kleiner Junge war mit einem spitzen Gegenstand gestochen worden. Über den Fußboden rollte polternd ein Apfel. Der Lehrer hob die Hand, befehlend und grimmig. Zwei der größeren Schüler verließen ihre Bank, trennten die Kämpfenden, die vor Ärger weinten, und verteilten dann die Psalmbücher, indem sie sie über die Bänke warfen. Zerfetzt und zerfleddert wanderten die Bände durch die unbarmherzigen Fäuste, bis sie in die Hände der Stärksten und Geschicktesten gelangt waren. - Wieder klopfte des Lehrers Rohrstock zornig auf den Boden; der Psalm wurde angesagt; eilig wurden die Seiten umgeblättert; zuweilen hörte Titus, wie das Papier zerrissen wurde.

Der Lehrer hatte den flachen, jetzt wieder bedeckten Kopf in den Nacken gelegt und öffnete langsam und finsterfeierlich den Mund. Mit Befremden beobachtete Titus, wie die rote, kurze Zunge in der runden Öffnung zappelte, ehe sich Laute bildeten. Da platzte schon von allen Seiten ein ohrenbetäubender Lärm aus den gellenden Jungenkehlen; der weiche Baß des Lehrers brummte wie von fern. Bebend erwartete Titus das Ende.

Nachdem die Helfer des Lehrers die Psalmbücher wieder auf ihren Platz gebracht hatten, schritten sie zum Katheder, in das sich der Lehrer, unförmig und geräuschvoll, wieder hineingezwängt hatte. Abwechselnd beantworteten sie mit dröhnender Stimme die Fragen aus dem Katechismus, die der Lehrer, gleichfalls mit dröhnender Stimme, ihnen stellte.

»Was fordert das zweite Gebot?«

»Daß wir nicht nur mit Fluchen oder mit falschem Eide, sondern auch nicht unnötig schwörend den Namen Gottes weder lästern noch mißbrauchen, noch durch unser Stillschweigen und Zuschaun solcher schrecklichen Sünden teilhaftig werden. Und in summa, daß wir den heiligen Namen

Gottes nicht anders als in Furcht und Ehrerbietung gebrauchen, auf daß Er von uns richtig bekannt, angerufen und in allen unseren Worten und Werken gepriesen werde.«

»Ist es denn eine so große Sünde, Gottes Namen mit Fluchen und Schwören zu lästern, daß Gott auch denjenigen zürnt, die dieses Fluchen und Schwören nicht nach bestem Vermögen einzudämmen und zu verbieten helfen?«

»Ja, gewiß, denn es gibt keine größere Sünde, die Gott mehr erzürnt, als das Lästern Seines Namens: darum hat Er auch befohlen, die Lästerer mit dem Tode zu bestrafen.«

Nachdem die beiden Knaben schnell und ohne Stocken - aber so schnell, daß der kleine Titus die Hälfte des Gesagten nicht verstand und noch viel weniger begriff – die Fragen des stimmgewaltigen Lehrers beantwortet hatten, gingen sie an ihre Plätze zurück, und die anderen kamen in Paaren an die Reihe. Aber unter ihnen gab es nur wenige, die ohne Fehler aufsagen konnten; die meisten blieben stecken; fortwährend schlug der harte Stock seine Wut und Mahnung gegen den Kathederrand. Allmählich wurde es Titus klar, daß die ersten zwei dem Lehrer als Helfer und Musterschüler zur Seite standen; den übrigen war es gleichgültig, ob sie die Aufgaben konnten oder nicht.

»Was ist denn das, was sie immer wieder aufsagen?« fragte er leise einen kleinen Nachbarn.

Um ihn herum erhoben sich zischende Stimmen.

»Da sitzt einer, der noch nie vom Katechismus gehört hat!«

Aufgeregt und laut klopfte der Stock.

»Titus van Rijn, nicht schwatzen! Ruhe!«

Das Blut schoß Titus in die Wangen, als er seinen Namen so öffentlich nennen hörte. Er versteckte sich tief in seiner Ecke. - Aber nun fingen die summenden Stimmen hinter ihm von neuem an.

»Der Sohn von dem Maler?«

»Ist das der, dessen Vater nie mehr in die Kirche kommt?«

»Laß dich mal angucken, Muttersöhnchen!«

Die Worte verloren sich in einem allgemeinen Lärm. Titus fühlte sich verlegen und wie zur Schau gestellt. Er hätte weinen mögen, aber nur die Angst in ihm schwoll dunkel und drückend zu einem dicken Kloß in seiner Kehle an. Er fühlte sich beschämt und erniedrigt: was hatten sie von seinem Vater gesagt …?

Titus wollte sich verstecken; da war keiner, der sich seiner angenommen hätte. Überall sonst, wo er hinkam, wurde er geküßt und verhätschelt; aber in der Schule war er machtlos und schaurig verlassen.

Er sah noch einmal schweigend zum Lehrer hin; aber der kleine dicke Mann beantwortete seinen fragenden Blick mit hochgezogenen Lippen und kalten, herzlosen Augen, während seine Fragen weiterdröhnten.

»Was fordert das zweite Gebot?«

Eine Hand stieß Titus gegen die Schulter. Er zuckte zusammen.

»Bring mal ein Bild für uns mit! Ihr habt so viele!« – Titus regte sich nicht.

»Sonst verhauen wir dich nachher«, zischte die unsichtbare Stimme. Titus tat, als hätte er nichts gehört. Vielleicht vergaß dann auch der andere seine Drohung. Mit aller Kraft zwang sich der kleine Titus, den Fragen und Antworten zuzuhören, die noch immer zwischen Katheder und Bänken hin- und herwechselten.

»… nicht mit Fluchen oder Schwören …«

»… Oder mit falschem Eide«, verbesserte der Lehrer, ungeduldig, weil er immer dasselbe wiederholen mußte.

»… oder mit falschem Eide, sondern auch nicht unnötig schwörend den Namen Gottes weder mißbrauchen …«

»… Lästern!« -

Schwer und hart stieß der Stock auf den Fußboden. Die Faust des Lehrers fiel auf das Katheder. Im gleichen Augenblick bekam Titus einen Stoß in den Rücken, daß er von der Bank fiel. Schrecken und Entsetzen durchbrachen den Damm der Furcht; er brach in Tränen aus. Da erhob sich in den Reihen hinter ihm ein wildes, unbezwingbares Gejohle.

Lärmend pfiffen die Jungen, schlugen mit den Händen auf die Bänke, und das schrille Lachen der Halbwüchsigen übertönte spöttisch scharf das Getöse. Durch das Ostfenster fiel das schräge Licht der Morgensonne spottend auf das braune krause Haar des kleinen Titus. Er kroch wieder tief in seine Ecke. Der Lehrer lachte nicht ohne Schadenfreude, verließ das Katheder und berührte seine Schulter. Wenn ein Neuer weint, mischen sich alle ein.

»Wer war es?« fragte der Lehrer.

Titus schüttelte den Kopf. Er wagte nicht aufzusehen, er wollte nur, daß der Lehrer fortginge und die Aufmerksamkeit von ihm abgelenkt würde; und unterdessen rollten ihm die salzigen Tränen über die Wangen in die Mundwinkel. Der Lehrer zog Titus am Ärmel.

»Sag doch mal was!«

Titus schüttelte weiter hartnäckig den Kopf. Angst, Angst, Angst. Nun fing es schon an, jetzt, da er die Schule noch kaum betreten hatte! Verzweifelt schluchzte der kleine Titus. Der Lehrer zog geringschätzig die Schultern hoch und befahl:

»Weiter!«

Das Johlen flaute allmählich ab. – Der Lehrer schob sich auf seinen Sitz. Der Rohrstock nahm das regelmäßige Klopfen wieder auf. Der Singsang der Fragen begann von neuem. Die Worte strotzten von bösen, unverstandenen Schrecknissen. Und es erschien Titus in seiner Hilflosigkeit, als wären sie alle gegen ihn gerichtet. Er wollte nicht länger zuhören.

»... so große Sünde, Gottes Namen mit Fluchen und Schwören zu lästern ...?«

Und dann die Jungenstimmen, die eintönig und schrill die Antwort gaben:

»... keine größere Sünde, die Gott mehr erzürnt ...« Der kleine Titus zitterte. Die Tränen strömten von neuem. Oh, diese fürchterlichen Worte! - Zorn, Sünde, Gott. – Drei große, namenlose Schattenbilder wuchsen in ihm auf: Gott, Sünde, Zorn. – Gestaltlos und beängstigend kehrten sie immer wieder. Mutter, Mutter – warum hast du mich in diese Schule gebracht? Ich fürchte mich so, Mutter, ich fürchte mich so sehr; und niemand will mir helfen ... Mutter! –

Das Dröhnen der Fragen und Antworten hörte auf. Wieder hatte das Glockenspiel draußen gebimmelt. Eine kühle, klare Sonne stand in dem kleinen viereckigen Fenster über dem Kopf des Lehrers. Die Unruhe der Knaben hatte sich gelegt. Sie langweilten sich. Schon hatten sie genug vom Wispern und Flüstern und spielten lustlos mit Messern oder tauschten Murmeln unter den Bänken, die hart gegen das Holz klangen.

Der Lehrer selbst teilte nun die Bücher aus, die auf dem Brett hinter seinem Katheder lagen. Sie standen voll kleiner winziger Wunderzeichen, die wie Ameisen über die Seiten kribbelten. Und Titus wußte, daß die anderen nun rechnen mußten ...

Verstohlen hatte er den Kopf wieder aus den Händen befreit, und heimlich beobachtete er von der Seite die Knaben, wie sie die Schiefertafeln auf die Knie legten und sich stirnrunzelnd über die winzigen Zeichen beugten ... Plötzlich fiel ein breiter Schatten über ihn; der Lehrer tauchte vor ihm auf, in der Hand ein Buch, das alt und abgegriffen und voller Flecke war. Auf dem Umschlag war ein gewaltiger Hahn abgebildet. Er erinnerte Titus an den furchterregenden Hahn bei Großmutter, und er fühlte sich beklommen, doch gleichzeitig voll Erwartung.

Der Lehrer winkte einen der großen Jungen herbei, die die Psalmbücher ausgeteilt hatten.

»Geerten, du hast die Aufsicht, solange ich Titus helfe.«

Geerten kam nach vorn, streckte die mageren Handgelenke aus den zu kurzen Ärmeln seines Rockes und ergriff feierlich den Rohrstock. Anmaßend überblickte er die Reihen der anderen, die sich das Lachen verbissen. Aber kaum hatte der Lehrer sich umgewandt, machte er hinter seinem Rücken eine lange Nase. Dann ging er eifrig vor der Klasse auf und ab.

Mühsam schob sich der Lehrer neben Titus in die Bank und schlug das Hahnenbuch auf.

Titus sah eine Menge noch unbekannter Buchstaben neben kleinen Bildchen, die, wie er meinte, viel schöner gewesen wären, wenn einer der Schüler oder sein Vater selbst sie gezeichnet hätte.

»Nun paß auf!« sagte der Lehrer streng.

Seine feiste Hand zeigte auf einen Buchstaben.

»Aaaaa« – sagte er mit tiefer Kehlstimme.

Titus wiederholte, halb spaßig, halb ernsthaft und suchte sich den Buchstaben einzuprägen.

»Beee« – der zweite Buchstabe folgte.

Beim fünften Buchstaben ging es zum Anfang zurück. Titus hatte sie alle behalten; dabei halfen ihm auch die häßlichen Bildchen, die neben jedem Buchstaben standen. Mit breitem Lachen hörte der Lehrer ihm zu und grunzte vor stiller Zufriedenheit, froh, daß er mit dem Neuen keine Schwierigkeiten haben würde.

Als die Glocken wieder läuteten und die Kinderschar, langsamer und matter als beim Hereinkommen, sich nach draußen gekämpft hatte, kannte der kleine Titus das ganze Alphabet, sogar rückwärts; aber wann brauchte man nun Q oder X? Einigermaßen getröstet ging er an dem Lehrer vorbei ins Freie und vergaß fast die Schmach, daß er vor der ganzen Klasse geweint hatte, bei dem Gedanken, daß er nun einen Buchstaben vom anderen unterscheiden konnte und damit in die Fußstapfen der Erwachsenen trat...

An der Straßenecke bemerkte er etwa fünf größere Jungen. Er hörte, wie sie lachten, abwartend und herausfordernd. Und sofort war ihm klar: auf ihn, den Neuen, hatten sie es abgesehen! Augenblicklich kam in ihm die alte, unerträgliche Angst auf, und zitternd blieb er stehen, nicht imstande zu überlegen, ob er zurücklaufen und auf einem Umweg nach Hause gehen könnte.

Die Jungen kamen näher. In ihren Augen glomm dumme List; ihre dreckigen Hände bewegten sich unruhig – quälen wollten sie, ihn unterkriegen! Denn sie waren gewohnt, einen

Stock zu umklammern oder einen anderen zu würgen. Drohend bildeten sie einen undurchlässigen Kreis um den kleinen Titus. Sie blinzelten einander zu, übertrieben und furchterregend, damit Titus sah, daß sie nichts Gutes im Schilde führten. Ihre finsteren Visagen näherten sich dem arglosen Titus.

»Du bist der Sohn von diesem Maler, nicht?«

Titus sah sie der Reihe nach an. Da gab es keine Gnade! Er nickte stumm.

»Ich habe dir vorhin gesagt, du sollst mir mal ein Bild mitbringen«, sagte der eine, und Titus erkannte am scharfen Klang die zischende Stimme, die ihm schon in der Schule solche Angst eingeflößt hatte. Verzweifelt sah er sich um, ob Hilfe nahte. Aber auf der Straße waren nur wenige Menschen, Lastträger und ein paar alte Leute, zu sehr vertieft in ihre Arbeit oder ihre Gedanken, um sich um die Kinder zu kümmern.

Die Jungen kamen noch näher. Fäuste drohten vor Titus' entsetzten Augen.

»Kannst du nicht den Mund auftun? Oder hast du mich nicht verstanden!«

»O ja!« Schon zitterten Tränen in Titus' Antwort.

»Das möchte ich dir auch geraten haben«, drohte der grobe Frager. - »Na also, bringst du was für uns mit? Für jeden von uns natürlich. Verstanden?«

Titus sah keinen Ausweg.

»Gut«, flüsterte er.

Der Kreis lockerte sich; ein paar Jungen, anscheinend befriedigt oder auch durch Titus' Angst gelangweilt, traten zurück. Auf einmal hatte Titus Bewegungsfreiheit. Wie ein Pfeil vom Bogen schoß er zwischen seinen Quälgeistern durch. Seine Füße berührten kaum den Boden.

Verblüfft blieben die Jungen stehen, obgleich sie, viel größer und kräftiger als Titus, ihn leicht hätten einholen können. Nur der Wortführer rannte ihm ein paar Häuser weit nach.

»Denk dran! Heute nachmittag müssen sie dasein! Sonst ... «

Titus hörte es deutlich. Aber er rannte davon, ohne sich umzusehen, ohne zu antworten, in Todesangst, und nicht eher hielt er inne, als bis er die Gracht und die Brücke erreicht hatte, von wo er die Breestraße sehen konnte. Da blieb er keuchend stehen; und zum dritten Mal stürzten ihm Tränenfluten aus den Augen.

Kleinlaut und gedemütigt ließ er den Klopfer auf die Tür fallen; als Hendrickje, in Gedanken versunken, ihm öffnete, schlich er an ihr vorüber, die Treppe hinauf. Er ging zu Maes und Mayr hinein.

Sie arbeiteten gleichmütig weiter, denn sie pflegten sich durch seine unregelmäßigen Besuche nicht stören zu lassen. Beiläufig erkundigten sie sich nach der Schule und achteten kaum auf seine Antworten. Langsam kam der kleine Titus näher. Endlich drängte er sich an das Knie des Augsburgers, zögerte eine Weile und bat dann:

» Zeichne mir was, Ulrich.«

Der Augsburger sah lächelnd auf und drohte mit dem Pinsel.

»Sieh mal an! Wozu denn?«

Titus schaute ihm nicht in die Augen, sondern sah zum Fenster hinaus, wo sich über einem Dach eine kleine Wolke zeigte.

»Nur so.«

Nicolaes Maes hatte sein Gerät hingelegt und zog Titus zu sich.

»Was soll es denn sein?«

Er hatte schon ein Stück Papier aufs Knie gelegt und ließ den Bleistift spielerisch darüber schweben.

Ulrich Mayr lachte.

»Na ja, verwöhnst ihn gründlich.«

Doch auf einmal schien auch er Lust zu verspüren, die Studie, an der er saß, mit einer lustigen Skizze zu vertauschen, und schon glitten zwei schnelle Hände über das Papier; die weiße Fläche füllte sich zusehends mit Schnörkeln und Linien, Schraffierung und Beschriftung; und die beiden jungen Maler lachten über die eigene wilde und plötzlich erwachte Phantasie.

Mit einem Arm voll Skizzen stieg Titus die Treppe hinunter. Er legte sie vorsichtig in den Saal, dann trat er ins Eßzimmer, wo Rembrandt schon auf seinen Sohn und dessen Bericht über die Schule wartete.

X

Und dann wiederholte sich jeden Tag in diesem grauen Herbst der Gang zum dunklen Schulgelände. Morgens immer die würgende Angst, die unbestimmte, kaum aufflackernde Hoffnung, daß man ihn in Ruhe lassen würde, das Zögern beim Gejohle in der Ferne, die dumpfe Furcht wie am ersten Tag, die ihn manchmal fast zu spät kommen ließ. Und dann im Laufe des Tages die langsame Gewöhnung an die feindliche Umgebung, ein Anflug von Mut, ein kleiner Schelmenstreich hinter Nachbars Rücken, der Stolz beim zustimmenden Jubel der anderen. Aber dann gleich wieder die Ernüchterung: das Ertappt- und Bestraftwerden durch den Lehrer, Hohn und Gelächter der Mitschüler, wenn er vorm Katheder am Pranger stehen mußte - unerträgliche Erniedrigung nach den kurzen Augenblicken der Größe. - Und draußen? Ab und zu fand er einen Beschützer unter den Jungen, denen er komische, seltsame Bildchen verschaffte oder denen er sich als fügsamer Anhänger anschloß; doch ebensooft wurde er nicht beachtet, weggeschubst, geschlagen und seinem Schicksal überlassen, wenn andere es auf ihn abgesehen hatten. Angst, Verzweiflung, wilde Phantasien, leichtsinniger, unbegreiflicher Mut wechselten in ihm ab mit einem bitteren Gefühl von Machtlosigkeit und Minderwertigkeit. Zwischendurch überkam ihn auch die Langeweile der langen Nachmittage, der ewig gleichen Stunden; das eintönige Rechnen, das langsame Lesen, das seine Zauberkraft schon zu verlieren begann, und das Hersagen des Katechismus, das er spielend bewältigte und mit dessen dröhnendem Singsang er – trotz Rembrandts tadelnden Blicken und Hendrickjes mißbilligendem Kopfschütteln – mittags bei Tisch die Schüler des Vaters zu lautem Lachen brachte... Und dann der heimliche, fortwährend genährte Haß gegen den Lehrer, der feister und mitleidloser war denn je; Haß auch gegen die größeren und stärkeren Mitschüler, deren Gunst man erkaufen mußte mit Äpfeln, Griffeln und erbettelten oder heimlich aus Skizzenbüchern herausgerissenen Bildchen... Kam der kleine Titus dann nach Hause, so war er nach aufregenden, wilden Schulfreuden oder den Quälereien der Mitschüler oft zu müde, um noch zu spielen. Matt schlich er sich in Rembrandts stille Werkstatt, doch die Wunder, die dort vor sich gingen, ließen ihn gleichgültig; gedankenlos ließ er die rein gewaschenen Pinsel durch die Finger gleiten oder trieb sich am Fenster herum und schaute hinaus, ohne etwas wahrzunehmen, und die schwermütigen dunklen Locken lagen still auf seiner Stirn, die kleinen Hände preßten sich schmal und reglos gegen das kalte Fensterglas.

Kein Mensch erkundigte sich mehr nach der Schule wie am Anfang. Kein Mensch wollte sehen, wie schön er schreiben oder hören, wie gut er lesen konnte. Es war, als lebe jeder im Hause in seiner eigenen Welt. Die Schüler gingen schweigend ihres Weges. Hendrickje dachte an das Kind in ihrem Schoß. Und Rembrandts Hand glitt über die rauhe Leinwand mit breiteren und entschlosseneren Strichen denn je, und seine Augen suchten bezaubert und traumbefangen nach dunkel glühenden Farben, nach Visionen von Nacht und Gold.

XI

Die Kunsthändler Cornelis und Danckert Danckerts hatten in diesem Spätsommer die Blätter, die Rembrandt im Waterland gezeichnet hatte, sowie eine große Anzahl von Stichen nach biblischen Geschichten vom Meister zum Verkauf übernommen. Einen Teil davon hatten sie nach Paris geschickt, wo sie seit etwa zwanzig Jahren mit der Kunsthandlung von M. Chiartres regelmäßige Geschäftsverbindungen unterhielten. Ganz gegen ihre Erwartungen verkauften sie im Laufe einer Woche den größten Teil des gesamten Vorrats, und aus Paris kamen, außer Bankwechseln, auch Berichte mit der dringenden Nachfrage nach weiteren Zeichnungen des »grand maître hollandais«; um seine Stiche schlugen sich die Leute beinahe, und von Tag zu Tag wurden höhere Preise dafür gezahlt.

Die Herren Danckerts hatten einander vielsagend angesehen und nicht versäumt, eine weitere, wenn auch beschränkte Anzahl von Blättern nach Paris zu schicken, »die sie erst nach vielen Bemühungen von dem Künstler hatten erlangen können«. – Zur selben Zeit suchten sie Rembrandt wie zufällig auf und fragten beiläufig, ob er noch andere Zeichnungen fertig habe, es schiene merkwürdigerweise in Paris eine gewisse Nachfrage danach zu bestehen.

»Le grand maître hollandais« erkannte nicht, daß ein arges Spiel mit ihm getrieben wurde. Hocherfreut nahm er die paar hundert Gulden, die sie ihm überreichten – schon seit langem erwog er den Ankauf einer Mappe Zeichnungen von Michelangelo, die Hugo Allardt anbot –, und versprach, bald mehr zu schicken.

Die Brüder Danckerts versäumten nicht, jede Woche nach den versprochenen Zeichnungen fragen zu lassen - freilich in Wendungen, die darauf berechnet waren, Rembrandt in seiner Arglosigkeit zu bestärken. Der Maler arbeitete mit angespannter Willenskraft, froh, wieder etwas verkaufen zu können. Er hatte eine neue Presse aufgestellt und ließ die jüngsten Schüler tüchtig beim Abdruck helfen. Jeder im Hause mußte bei den neuen Auflagen Hand anlegen.

Unterdessen kamen die Kunstliebhaber Tag für Tag im Laden der Danckerts zusammen, fieberhaft gespannt warteten sie auf Rembrandts letzte Schöpfungen; sogar Ausländer, die sich in Amsterdam aufhielten, wußten davon und liefen den Kunsthändlern die Tür ein. Über Rembrandt wurde ebenso leidenschaftlich und eifrig gesprochen wie vor zwanzig Jahren!

Das ging so weiter, bis eines Abends Herkules Seghers beim Meister erschien und ihn warnte.

Draußen fiel ein schwerer Herbstregen. Der alternde Landschafts-Radierer, abgezehrter denn je, fröstelte in seinem abgetragenen Mantel und mußte sich in der Werkstatt erst aufwärmen und ein Glas Wein trinken, bevor er sich verständlich machen konnte.

»Sie prügeln sich um deine Zeichnungen.«

Rembrandt blickte auf – er war gerade damit beschäftigt, ein Bild zu firnissen. Seine Stimme klang befremdet. »Wie meinst du das?«

»Deine letzten Arbeiten sind sehr begehrt!«

»Ja, die Danckerts haben einige hundert Blätter von mir zur Ansicht.«

»Alles ist verkauft!«

Rembrandt zuckte die Schultern.

»Gewiß nur gegen schöne Versprechungen? Ich habe so gut wie nichts bekommen – obwohl man ja jetzt mit allem gern vorliebnimmt.«

»Nein, nicht gegen Versprechungen. Gegen bar, bar! Heute abend ist wieder Auszahlung! Das letzte Mal war ich dabei. Das Geld flog nur so über den Ladentisch. Hunderte, vielleicht auch mehr ...«

Der Meister packte den alten Freund an den Schultern. »Seghers! Du irrst dich! Du wirst alt. Das müssen Arbeiten von einem anderen gewesen sein – von einem Ausländer, einem Flamen, einem Italiener.«

Herkules Seghers schüttelte den Kopf.

»Es waren deine Radierungen. Ich kenne doch deine Hand!«

Rembrandt ging hin und her.

»Warum gehst du auch nicht selbst zu den Versteigerungen? Man sieht dich überhaupt nicht mehr in der Stadt. Du machst es ihnen leicht, dich zu betrügen!«

»Betrügen?«

Ein kleiner wilder Funke glomm in Rembrandts Augen auf. Der Raum war plötzlich zu klein für seine langen, dröhnenden Schritte.

»Und wurde auch über Chiartres gesprochen?«

»Es heißt, die Danckerts hätten bestimmt schon Tausende von ihm gekriegt.«

Totenstille. Nur Rembrandts rasches Atemholen wütete gegen das Schweigen. Endlich sprach er wieder.

»Und Clemens de Jonghe?«

»Hat der dir denn auch noch kein Geld gebracht?«

Rembrandt sprang auf.

»Geld! Geld! Jahrelang habe ich kein Geld mehr gesehen!« Er lachte gequält, voll Hohn.

»Er hat doch beinah alles verkauft. Wer bei den Danckerts nichts mehr erwischen konnte, der ging zu Clemens. Er hat sofort bekanntgegeben, daß er noch viel von dir hätte. Du bist in begehrt, mehr denn je!«

»Begehrt?«

Die beiden Freunde sahen einander an. Seghers kopfschüttelnd, Rembrandt mit hochgezogener Oberlippe: ein Wolf, der gleich losheulen wird, gereizt und herausgefordert.

»Und die nennen sich Freunde!«

Plötzlich brach Rembrandt los.

» Und die nennen sich Freunde! Beim Geld hört ihre ganze Freundschaft auf! Aber - auch bei mir kann es einmal ein Ende haben!«

Hastig ging er in den Vorsaal; in Hut und Mantel kam er zurück. Seghers wollte aufstehen, um ihn zu begleiten, doch seine Knie zitterten. Rembrandt drückte ihn zurück in den Stuhl.

»Du wartest hier auf mich. Ich bin gleich wieder da. Ich sage nur noch Hendrickje, daß sie das Abendessen zurechtmacht.«

Seghers hörte ihn in der Küche reden. Hendrickjes singende Stimme antwortete. Gleich darauf fiel die Haustür ins Schloß.

In seinem weiten, dunklen Mantel verborgen, stand Rembrandt ganz hinten in dem lärmenden Gedränge, dem Ausstellungsraum der Danckerts. Er schaute sich um und erkannte die Radierungen und Federzeichnungen, die in Mappen und Portfolios oder in hölzernen Behelfsrahmen überall hingen und herumlagen. Vor wenigen Wochen war das alles noch in seiner Werkstatt in der Breestraße gewesen. Er erkannte die sich drängenden Maler, Käufer und Schaulustigen, die freien Zugang hatten. Er atmete jetzt tief und entschlossen: er erkannte sich selbst.

Betrogen.

Eine Weile wartete er und sah zu. Der weiß und schwarz gewürfelte Estrich des Fußbodens war schmutzig von den Fußspuren und naß vom Regen, der aus den Mänteln troff. In dichten Trauben gesellten sich Freunde zu Freunden; ein einzelner Bürger wagte sich in einen Kreis von Malern. Die Käufer sammelten sich vor dem Schreibtisch, der an der Seite stand. Auch Engländer waren dabei: Rembrandt erkannte sie an ihren steifen Hüten und an dem fremdländischen Schnitt ihrer langen Mäntel.

Hinter dem Schreibtisch saß Cornelis Danckerts, vor sich ein aufgeschlagenes Kassenbuch. Die Käufer gaben die Nummern ihrer Erwerbung an, und er nannte den Preis, den sie ihm hinzählten. Danckert Danckerts prüfte das Geld und verschloß es in einem Wandschrank im Nebenzimmer.

Es war ungewöhnlich voll. – Ein leises, halb erstauntes Stimmengewirr erfüllte den Raum und machte es Rembrandt unmöglich, einzelne Gespräche zu belauschen; doch ab und zu fing er ein paar Worte auf.

»Was wird Rembrandt dazu sagen?«

»Eine unerhörte Ausbeute - selbst für ihn.«

»Laß nur. Das holen sich die Gläubiger. Er ist den Schmarotzern ebenso ausgeliefert wie wir.«

»Müssen wir denn alle für andere schuften?«

»Wer hätte das gedacht?«

»Nicht zu glauben! Vorigen Sommer schien es aus mit ihm.«

»Ach, wer so viel junges Blut im Hause hat, und eine Frau im Bett ... «

»Wie neugeboren ist er, das steht fest.«

»Ist das alles wirklich von ihm selbst?«

»Zweifellos! Es ist seine Hand!«

»Ich weiß es nicht ... Man hört sonderbare Geschichten ... Mit so vielen geschickten und gehorsamen Schülern ...«

»Ausgeschlossen! So arbeitet kein junger Mensch! Das ist seine Hand! Das ist Rembrandt!«

Langsam kam der Meister näher, schob die dicht gedrängte Menge beiseite. Altbekannte Gesichter – einige welker, bekümmerter, grauer an den Schläfen; andere aufgedunsen vom üppigen Leben, von frühzeitigen Altersbeschwerden. »Wie bin ich selbst geworden?« Dunkel regte sich in ihm die Frage, und unwillkürlich suchte sein Blick einen Spiegel. Aber schon schritt er eilig zwischen den Besuchern durch. Da standen sie und redeten über ihn! Govert Flinck – Flinck, sein Schüler! – jetzt der sklavische Nachahmer von van der Helst; und Flinck redete über ihn ... und neben ihm stand Campo Weyerman, einst sein Schüler! ... und Campo redete über ihn ... Und da war auch der hagere van Ruysdael und lachte mit dünnen Lippen; er wußte nicht recht, was er von dem plötzlich wieder auferstandenen Phönix denken sollte; dort stand der Kunsthändler Hugo Allardt, blaß vor Neid und Eifersucht auf die Danckerts – und alle, die Fremden und die Freunde und die Kinder von einst, sie steckten die Köpfe zusammen und redeten über ihn …

Jetzt bemerkten sie ihn. Er sah sie an. Ihre Augen weiteten sich vor Staunen und blickten dann zu Boden. Er grüßte niemand. Er schlug den Mantel auseinander und schritt an ihnen vorbei – geradewegs auf die beiden Brüder zu.

Ein Spalier des Schweigens entstand, wo er vorbeikam. Ein Mann mit einem kleinen Jungen an der Hand flüsterte dem Kind etwas zu. Und plötzlich rief die helle Knabenstimme, bestürzt und erfreut zugleich:

»Ist das Rembrandt?«

Und nun drehten sich alle um, neugierig und bewundernd. Die unerwartete, ehrfurchtsvolle Scheu, die nun fühlbar wurde und sich im Lüften der Hüte und dem verlegenen Scharren der Füße kundtat, steigerte nur Rembrandts innerlich lodernden Zorn. Feiglinge! dachte er, – Feiglinge … und grüßte niemanden.

Geradewegs auf die beiden Brüder ging er zu.

Sie hatten ihn kommen sehen und warteten bestürzt und reglos. Nie hätten sie ihn hier erwartet.

Cornelis hatte noch, einer dunklen Eingebung folgend, das Kassenbuch zugeklappt und zwischen andere Papiere geschoben; doch merkte er an Rembrandts festem Blick, daß es vergeblich war. Der Meister blickte nach dem verborgenen Kassenbuch, blickte auf den Tisch, wo sich Gold und Silber mit bleichem Geglitzer vom flammenden Mahagoni abhoben, blickte in die weißen Gesichter der beiden Danckerts.

Noch geschah nichts. Die anderen traten näher. Sie begriffen nicht, was zwischen dem Meister und seinen Kunsthändlern vorgefallen war. Die Engländer hatten sich, als sie den großen Namen hörten, mit Knien und Ellbogen die vordersten Plätze gesichert, denn sie wollten das Gesicht des »most famous painter« sehen.

Es war dunkelrot. Das erste war, daß Rembrandt die Hand zu einer steinharten Faust ballte. Doch dann besann er sich und entspannte die Finger. Plötzlich packte er den Stoß Papiere, zog das Kassenbuch darunter vor, ohne Cornelis' schwachen Einwand zu beachten, schlug es auf und blätterte, bis er gefunden hatte, was er suchte. Mit einer innerlich zitternden Ruhe, mit einer Selbstbeherrschung, die ihm abwechselnd Hitze und Kälte durch die Adern jagte. Schufte! heulte es in ihm.

Aber seine Stimme war leise, durchdringend leise und langsam:

»Fünfundneunzig Zeichnungen, Skizzen, Entwürfe ... am ersten Oktober ...«

Wieder blickten er und die Danckerts einander an, forschend, drohend. Die Kunsthändler hatten sich einigermaßen gefaßt und versuchten, sich unbefangen zu geben, um den Eindruck zu erwecken, daß Rembrandts sonderbares Betragen nicht ihre Schuld sei.

Der Meister blätterte weiter, verlas andere Zahlen:

»Hundertundsechzehn Stiche und große Radierungen am dreiundzwanzigsten Oktober ...«

Er blickte sich um.

Alles sei verkauft, hatte Seghers gesagt.

Alles! Sogar die Arbeiten, die bei Clemens im Vorverkauf waren. Heute abend war Auszahlung.

Hier hingen die letzten Blätter. Die Schufte!

Dreihundert Gulden hatten sie ihm gebracht – und er hatte sie mit Bücklingen zur Tür begleitet!

Jetzt fiel seine Faust auf den Tisch.

Klirrend sprang das Geld durcheinander; ein Goldgulden rollte davon und fiel mit zitterndem Widerhall über den Tischrand zu Boden.

»Dreitausend wären noch nicht genug gewesen!«

Und Paris! Paris!

Chiartres!

Die Schufte!

Deswegen hatte er monatelang die Vorwürfe von Six, die Drohungen Beckers anhören müssen!

Im nächsten Augenblick stand er im Nebenzimmer. Danckert Danckerts, der vor den Wandschrank gesprungen war, flog, von einem Stoß gegen die Brust getroffen, zur Seite. Rembrandt riß die Türen des Schreins weit auf. Da lag das Geld. *Sein* Geld, sorgfältig geborgen in kleinen Säcken zu je hundert, die das Monogramm D. & C. D. trugen. Da lagern die Bankwechsel. *Seine* Bankwechsel – »payables au premier de Novembre chez M. M. les banquiers ...«

Es wurde ihm schwarz vor Augen.

Dann fand er seine Selbstbeherrschung wieder.

Mit kühlen Bewegungen zählte er kaltblütig das Geld; mit schneidender Ruhe ließ er die Säcke in seine großen Manteltaschen gleiten, faltete die Wechsel zusammen und steckte sie ein.

Als er in den Laden zurückkam, herrschte drückendes Schweigen. Doch es richtete sich gegen die Danckerts; sie hatten sich in eine Ecke zurückgezogen und wandten sich ab, als Rembrandt wieder eintrat.

Der Maler aus der Breestraße lachte kurz und bitter.

»Besten Dank«, sagte er dann. »Besten Dank für den flotten Verkauf, für die gute Verwaltung des Geldes.«

Er deutete auf das verstreute Gold und Silber auf dem Schreibtisch.

»Da habt ihr euren Anteil.«

Der Meister wendete sich zu den anderen, die ihm sprachlos vor Staunen Platz machten.

»Meine Herren! Solltet ihr zufällig, so wie ich, mal etwas aus eurer Werkstatt entbehren können ... ich kann euch die Gebrüder Danckerts nur empfehlen. Von ganzem Herzen!«

Sein Gesicht war totenbleich, seine Stimme von gemessener Strenge, wie sie noch keiner von ihm vernommen hatte. Und jeder sah, fühlte, begriff, daß hier etwas Ernstes vor sich ging. Plötzlich umringten sie den Meister, sprachen ihre

Teilnahme aus, wünschten ihm Glück, fragten ihn nach Einzelheiten seines Besuchs. Die Engländer lüfteten dauernd ihre steifen Hüte, ohne irgend etwas von dem Vorgefallenen zu begreifen; Hugo Allardt erbot sich, trockene Kleider für den Meister holen zu lassen, und wollte einen Diener mit einer Laterne mieten, der ihn nach Hause geleiten sollte. Schweigend wehrte Rembrandt ab. Mit einem letzten vernichtenden Blick auf die Kunsthändler verließ er den Ausstellungsraum; alle, die nichts gekauft hatten, machten sich ebenfalls eilig auf den Weg und zerstreuten sich in alle Richtungen der Stadt, um voll Schadenfreude die große Neuigkeit gleich überall auf den Straßen, in Schenken und auf Kegelbahnen zu verbreiten.

Der Regen floß in Strömen.

Ach, der Regen! Der Regen, der von fernher kam und nicht teilhatte an der Verlorenheit der Sterblichen.

Zu beiden Seiten der Straße gluckste das nächtliche Wasser. Der Himmel war tiefschwarz, die Steine glänzten feucht. Starr und gespenstisch hingen die Äste über den Straßen; von jedem Zweig tropfte Wasser. In den Rinnsteinen schoß es dahin, in den Grachten gurgelte es. Große Silberkringel brachen sich an den Ufern.

Der Regen, der Regen! Die Schatten von Vorübergehenden, der Umriß eines Turmes, der sich in der dunklen Höhe verlor, die weite Nacht über den offenen Plätzen, das Gemurmel unsichtbarer Grachten in Schleusen und an Brücken, die verloren im schwarzen, strömenden Regen hingen …

Ziellos irrte Rembrandt umher. Gegen seine Brust schlug das Geld. Auch in seinen Manteltaschen wog das Geld schwer. In seinen Kleidern knisterten die Bankwechsel. Er hatte alles gezählt. Er wußte: Tausende waren wieder in seinem Besitz.

Er hatte dafür gearbeitet.

Ein Jahr lang hatte er wieder gearbeitet. Mit gewaltiger Ausdauer. Mit unermüdlicher Geduld. Mit Einsatz aller Kräfte. Stöße, Stöße von Blättern.

Jetzt erst fühlte er die Müdigkeit dieses ganzen Jahres. Eine wohlige, selige Müdigkeit. Die wohlige Müdigkeit des Baumes, der Früchte in Fülle getragen hat; die wohlige Müdigkeit der Frau, die geboren hat; die wohlige Müdigkeit feuchtschwerer Wolken, die sich in strömendem Regen entladen.

Der Regen, der Regen.

Der Regen war ewig. Die Verlorenheit und Nichtigkeit der Sterblichen gingen vorüber. Ihnen mangelten die Einfalt und die Größe des Regens, der ohne Umwege kam und sich ergoß und sich wieder in Nebel verflüchtigte und sich zu Wolken ballte, um in aller Einfalt und Größe aufs neue zu den Menschen zu kommen.

Der Regen strömte. Der Regen tröstete.

Im Inneren des Meisters wurde es langsam still.

XII

Wieder gehen die dunklen Monate dahin, Tag um Tag. Regen und Wind. Fahle Herbstsonne auf den Häusergiebeln der Grachten. In den Bäumen totenbleiche und bronzene Vergänglichkeit. Der harte Winter mit seinem endlosen Schnee. Die stürmischen Monate des frühen Jahres.

Im Spätherbst hat Hendrickje ihr Kind geboren.

Es war tot.

Mit verhaltenem Weinen hat Hendrickje Abschied von ihm genommen. Rembrandt hat wenig gesagt. Die Familienbibel ist verschlossen geblieben. Er hat nicht wieder sinnend am Fenster gestanden und den Möwen zugeschaut. Er hat die Tür seiner Werkstatt verriegelt und eine heilige Familie radiert - o die zärtliche Hingabe der säugenden Mutter, die stille Fürsorge des Vaters - o die Liebe rings um das heilige Kind, das in seinen Windeln greint!

Rembrandts Zeichnungen fliegen ihm nur so aus den Händen.

Aufs neue wird er als Bildnismaler gesucht. Fremde, die sich in Amsterdam aufhalten, kennen nur den einen Namen: Rembrandt. Wieder wagt Rembrandt, hohe Preise zu verlangen und seinen Kunden gegenüber selbstherrlich aufzutreten. Van der Helst schimpft insgeheim, erhält aber die Aufträge der Schützengilde, die Rembrandt einst durch seine ungestüme wilde »Nachtwache« verstimmt hat. Ruysdael preist sich glücklich, daß er keine Bildnisse malt, und hetzt die kleinen Maler, die er kennt und die auch bei Rembrandt verkehren, heimlich gegen den Meister auf. Neid und Haß überall. Aber die Machtlosen, die ihn verleumden, sind gleichzeitig von ihm abhängig. Keiner kann sich der düsteren Gewalt seiner neuesten Werke entziehen; alle ahmen sie Rembrandt nach, oft, ohne es zu wissen. Aufträge. Geld. Verschwendung.

Wieder häufen sich die Kostbarkeiten und auserlesenen Kunstschätze in den Räumen des Hauses: Zeichnungen von Dürer und Michelangelo; türkische Krummsäbel; makellose Straußenfedern; eine Harfe mit goldener Einlege-Arbeit; kleine Bronzestatuetten, vollendet in Form und Material; kostbar beschriebenes Pergament mit Miniaturen in Himmelsgold und -blau.

Und diesmal macht Hendrickje ihm seine Verschwendungssucht nicht zum Vorwurf. Nichts macht sie ihm zum Vorwurf, wenn sie auch zusehen muß, wie das Geld wieder wegfliegt. Mit einer neuen Zärtlichkeit umfängt sie den Meister. Wieder beginnen ihre winterlichen Liebesnächte, ungestüme Erinnerungen an die Tage, da sie einander - angstbefangen die eine, von seiner Ohnmacht gequält der andere - gefunden haben. –

Reif und üppig ist die junge Frau, und ihr blühender Schoß lockt. Mehr denn je liebt Rembrandt diesen liebenden Leib. Es ist, als sei sie nach der Schwangerschaft schöner geworden als einst, da sie noch unberührt war; als hätten die Erschütterungen der Lust und der Liebe, des

Glückes und des Leides ihre Schönheit mit einem berauschenden Hauch von Begehrlichkeit umzaubert, der den Feststunden ihrer Liebe eine unsagbare Innigkeit verleiht. Manchmal des Nachts, mitten im rauschenden Glück, erhebt sich Rembrandt von ihrer Seite, wirft eine Decke zurück und holt Leinwand und Pinsel. Dann malt er sie in ihrer vollen, geliebten Nacktheit zwischen den schweren purpurnen Bettvorhängen, im goldenen Flackerlicht einer schüchternen Lampe. - Die kleine Dienstmagd aus Ransdorp ist scheu und ängstlich. Diese sonderbare Art zu lieben geht über ihr Verständnis. Und selbst im verhaltenen Licht des Schlafzimmers zieht sie das Laken um sich und schlägt die Augen nieder im Gedanken an die vielen fremden Blicke, die ihr Bildnis betrachten werden. Fast möchte sie Rembrandt anflehen, die Leinwand und die Malgeräte beiseite zu legen und sie nicht den Augen Unbekannter preiszugeben, die doch wissen, daß sie nicht mit ihm verheiratet ist. Aber Rembrandt ist so versunken in ihren Anblick, so versunken in die Arbeit seiner Hände, daß sie kein Wort zu sagen wagt und schweigend nachgibt. Und so malt er sie auf dem Rand des Hochzeitsbettes, in ihrer Scham und Verwirrung, das leichte Rot der Sinnenfreude noch auf Schultern und Brüsten. Und er küßt das lebendige Modell - er umklammert ihr Bild mit starken, herrschsüchtigen Fingern; und er weiß nicht, welche von beiden er in diesem Augenblick heißer liebt: die Frau, die ihm alles gab, oder das Bild, das ihre Hingabe verewigt.

Doch dann kommt wieder eine Zeit, da sie ihn sanft abwehrt, wenn er sich ihr nähert mit spielerischem Begehren, mit übermütiger Gebärde. Dann sieht Rembrandt aufs neue den tiefen sinnenden Goldglanz in ihren Augen; die Mutterschaft, die in ihren Gliedern schwillt und sich in ihrem Gang und ihrem Gebaren verrät; die Einkehr der Leidenschaften, die nun anderes, geheimeres Leben nähren. Zum zweiten Mal ist Hendrickje schwanger. Aber diesmal ist es das Glück. Denn wenn auch keiner von beiden je ein

Wort darüber verlauten läßt – ihre schweigenden Blicke, ihre wortlosen Zärtlichkeiten besagen, daß sie es wissen: dieses Kind wird leben. Dieses Kind ihrer leidenschaftlichsten, reichsten Liebe; einst wird es bei ihnen sein und ihnen zulachen und spielen und aufwachsen in dem Haus, wo es empfangen und geboren wurde.

XIII

Eines Abends erhält Rembrandt die Nachricht, daß es schlecht um Seghers stehe.

Eilig geht er in die ärmliche Stadtgegend, wo der alte Freund wohnt; dort hört er von ein paar schlampigen, geschwätzigen Frauen, daß Seghers im Dunkeln die Treppe heruntergestürzt ist. Er findet ihn tot in der Werkstatt auf dem Boden. Die Leiche ist abgezehrt und kaum bedeckt. Auf einem Wandbrett schimmelt ein Stück Brot. Durch das zerbrochene Dachfenster weht Regen herein und frißt an den letzten Radierungen des Toten. Sorgfältig sucht Rembrandt alles Wertvolle zusammen und nimmt es als kostbares Erbe mit nach Hause. Er und seine älteren Schüler sind die einzigen, die den Sarg zum Armenfriedhof begleiten.

XIV

Seit kurzem hat Rembrandt einen neuen Schüler ins Haus genommen. Heiman Dullaert heißt er – ein zarter junger Mensch, Patriziersohn, mit langen, feingeäderten Händen und schmalem, ovalem Gesicht, auf dem bereits Flecken der Schwindsucht brannten. Seine Stimme ist leise und melodisch, sein Benehmen höflich, doch zurückhaltend und unauffällig. Still tut er seine Arbeit. Er hat einen kleinen Raum für sich allein bekommen. Über seinem Bett hat er ein Brett befestigt und Bücher daraufgestellt, die er in seinem Koffer mit nach Amsterdam gebracht hat. Abends kommt er nicht nach unten wie die anderen Schüler, sondern bleibt oben in seiner Stube, zündet eine Kerze an und liest. Die Dienstmagd, die den Schülern die Betten macht und ihre Zimmer sauberhält, betrachtet jedesmal mit ängstlicher Verwunderung die braunen Buchrücken über dem Bett. In Rembrandts Haus sind nicht viele Bücher zu finden. Rembrandt liest nichts außer der Bibel, einem großen, in zähes Schweinsleder gebundenen Band, der schon durch viele Hände gegangen ist. Auch Reisebeschreibungen besitzt er und ein Buch über Anatomie; ein mythologisches Werk voll Fabeln und Legenden; eine Beschreibung des Künstlerlebens von Vasari, und schließlich einen Abdruck der portugiesisch geschriebenen theologischen Abhandlungen des Rabbi Menassehben-Isroël, zu denen er vier Kupfer gestochen hat. Dullaert aber bringt die ersten merkwürdigen Bücher ins Haus. Die anderen Schüler, die ihn anfangs in seiner Stube besuchten, haben sie schon von innen und außen beguckt. Gedichte: Vondel, Cats, du Bartas. Daneben lesen sie, halb spöttisch, halb ehrfurchtsvoll, die großen ausführlichen Titelblätter: »Das wahre Christentum«, »Die Stufen des geistlichen Lebens«, »Satans Faustschläge«, »Ergötzliche Wanderung gen Himmel« – sie lesen Namen, die sie kaum je gehört haben oder die für sie unzugängliche Welten bedeuten: Tauler, V. Bunjan, Arends, Brakel, Borstius … Verwirrt und überwältigt stellen sie die Bücher wieder auf ihren Platz und dehnen den Besuch nicht allzulange aus, um schließlich ganz wegzubleiben. Sie verstehen nicht, daß jemand, der ein Gelehrter ist oder werden will, auch malen muß. Sie wollen es auch nicht recht dulden. Der Meister ist zuweilen sonderbar, und sein Verhalten gibt manches Rätsel auf – aber jedenfalls hält er sich an die Malkunst. Doch was soll man mit so einem jungen Gesellen anfangen, der ihnen allen an Weisheit weit überlegen ist?

Sonntags kleidet Dullaert sich sorgfältig in Schwarz – er hat Kleider für jede Gelegenheit: seine Eltern sind angesehene, wohlhabende Leute in Dordrecht –, legt weiße Beffchen und Spitzen an (doch nicht zu breit und zu weltlich) und begibt sich dreimal zum Gottesdienst der reformierten Kirche. Hat ihm die Predigt besonders gut gefallen, so schreibt er sie aus dem Gedächtnis in ein dafür bestimmtes Heft. Kein Hauch von Gefallsucht oder Heuchelei trübt seine ernste, andächtige Aufmerksamkeit, wenn er mittags bei Tisch dem Verlesen von Gottes Wort lauscht.

Die ersten, mit denen Dullaert sich befreundet, sind Diener des hohen Amtes: die Pastoren Waterloos, Schellinks und van Petersom. Er liebt es, in ihren stillen Studierstuben lange Abende zu verbringen und sich mit ihnen in die unerbittliche, gewaltige Dogmatik des Genfer Reformators zu vertiefen; dann neigen sie die Köpfe über alte Schriften und grübeln tiefsinnig über die Mysterien von Dogma und Gewissen, von Menschen und Engeln, vom Sündenfall und vor allem von der Auserwählung, decretum horribile …

In Rembrandts Werkstatt schließt Dullaert nicht so rasch Freundschaft. Obwohl er wie Maes aus Dordrecht stammt, läßt der ältere Schüler, ebensowenig wie die anderen, den Wunsch nach Annäherung erkennen. Wohl mögen sie einmal beiläufig über die Angelegenheiten ihrer Geburtsstadt gesprochen haben – doch das ist auch alles. Er ist gut, doch auch ein bißchen dumm, Nicolaes Maes; eitel und ehrgeizig, doch auch ein wenig grob. Es paßt ihm nicht, einen Mitschüler, der so jung schon so viele Bücher gelesen hat, in seinen täglichen und nicht sehr anregenden engeren Kreis einzubeziehen. Und so denken auch die übrigen Schüler.

So denken alle, mit Ausnahme eines einzigen. Dieser eine ist ein schon Dreißigjähriger, der noch immer bei Rembrandt ist, obwohl er das Schüleralter längst hinter sich hat. Filips de Koninck ist der Sohn eines Juweliers. In seiner Jugend, als es ihm an Geld nicht fehlte, ist er in Frankreich und Italien gewesen. Er hat große Landschaften gemalt und Porträts, die Rembrandt begeistern. Allerdings nur Rembrandt. Die anderen betrachten sie ohne Teilnahme, die Dümmsten lachen darüber. Six, der große Mäzen, will von de Koninck nichts wissen und befördert die Jüngeren, Unbedeutenderen. Nur einmal oder zweimal hat Filips de Koninck – und auch da nur auf eifriges Zutun Rembrandts hin – ein Bild verkauft. Sein väterliches Erbe ist längst aufgebraucht. Oft ist er mißmutig, weil er Rembrandt kein Entgelt zahlen kann wie die anderen, sondern sogar fortwährend von ihm unterstützt werden muß. Sind seine Kleider abgetragen, so findet er neue in seinem Schrank, und ebenso geht es mit dem Schuhwerk, mit der Wäsche. Leinwand und Farben darf er sich nehmen, soviel er will. Es bedrückt ihn, daß er Wohltaten annehmen muß, obwohl er jung und stark ist; empört und verärgert wendet er sich zuweilen ab, wenn er sieht, wie Fortuna seine Mitschüler begünstigt. Jahr um Jahr läßt sie ihn unbeachtet stehen, die blinde, launische Göttin. Was soll aus ihm werden, wenn er einmal nicht mehr bei Rembrandt lebt? Er kann doch nicht ewig im Hause des Meisters bleiben und ihm auf dem Beutel liegen? Aber seine Arbeiten finden keine Abnehmer; es ist, als stecke eine Absicht dahinter. – Und anders malen? In der glatten, glänzenden Art der beliebten und begehrten Meister? – Das will er nicht. Filips de Koninck will er selbst bleiben. Noch immer wächst in ihm die dunkle Hoffnung, daß er eines Tages doch siegen wird und Rembrandt alles vergelten kann, was dieser an ihm getan hat. – Fortwährend sucht er sich durchzusetzen. Aber wer Six gegen sich hat und von Clemens de Jonghe abgewiesen worden ist, der verliert allmählich den Mut. Filips de Koninck wird älter, in sich gekehrt und schweigsam. Er geht seinen Mitschülern aus dem Weg; streift auf abgelegenen Wegen durch die Gegend, wo er unbekannten Menschen begegnet oder wo er einsam ist im Wind und im Grünen.

Aber seitdem Heiman Dullaert, der stille Siebzehnjährige, im Hause ist, lebt Filips auf aus seiner abgeschiedenen und abweisenden Einsamkeit. Mit gespannter Aufmerksamkeit, mit einer neu erwachten Sehnsucht nach menschlicher Verbundenheit verfolgt er das Tun und Lassen des jungen Dordrechters. Die höfliche Zurückhaltung des großen, schlanken Neulings steht im schärfsten Gegensatz zu der weitschweifigen Selbstgefälligkeit eines Maes oder der lauten deutschen Fröhlichkeit des Augsburgers, die ihn beide abstoßen. Er weiß: wenn einer sein Freund werden kann, dann nur dieser um so vieles jüngere, liebenswürdige Jüngling. Und eines Abends redet er ihn an.

... Und nun sitzen sie oft abends in Heimans Stube, und de Koninck erzählt dem begeistert lauschenden Jüngeren von seinen Reisen. Traumgesichte aus dem Süden umstrahlen sie: die Städte und die Malerschulen, die Palazzi mit ihren Schätzen, die Meister aus der Fremde, ihre Werke und ihre Schüler, die Filips gesehen und gesprochen hat. Er erzählt von all den heiligen und weltlichen Orten, wo Geist und Kunst die Herrschaft haben, wo eine heiterere Lebensauffassung herrscht als unter dem grauen, eintönigen Himmel Hollands. Und es kommt ihm sogar so vor, als erlebe er beim Erzählen die Freude, den Stolz und das Glück über soviel irdische Herrlichkeit tiefer und gewaltiger als in jenen Tagen, da er noch leiblich und greifbar mitten darin lebte und sein Geld achtlos verschwendete. – Die Kraft dieser beglückenden Erinnerungen verleiht seinen Worten einen fast wollüstigen, schmeichelnden Unterton; verhaltene Schwärmerei bricht sich Bahn und äußert sich in jubelnden, kühnen Bildern, mit einer viele Jahre im stillen gehegten, nie eingestandenen Liebe. – Atemlos lauscht Heiman. Also das ist der heidnische Süden ...? Auf einmal merkt Filips, daß seine Erzählungen den anderen mit einer süßen, verzehrenden Sehnsucht nach einer Welt erfüllt haben, von der er nie zu träumen gewagt, und die sich ihm nun in ihrer blühenden Schönheit offenbart. Ein ganz anders geartetes Leben ist es, von dem Heiman seinen Freund berichten hört. Der Zauber dieses Lebens ist gefährlich und verderblich – und doch vermag Dullaert sich ihm nicht zu entziehen. Filips de Koninck bemerkt es wohl, und es erschreckt ihn, wie unbekümmert er sein Herz ausgeschüttet hat. Er hätte daran denken müssen, daß jemand ihm zuhörte, der alles begierig aufgriff. Wenn Heiman es ihm auch nie offen eingestehen wird, so verraten doch seine fiebernden Fragen, seine Seufzer und Ausrufe dem Älteren genug. Der junge Schüler ist aufs tiefste beunruhigt. Reue übermannt Filips de Koninck, er bedauert seine unvorsichtige Übereilung. Wenn Liebe zum heidnischen Leben sich so offenbart wie bei Dullaert, dann ist sie schlimmer als die Liebe zu einer sinnlichen, unersättlichen Frau. Und langsam und umsichtig löscht Filips de Koninck die Glut seiner Erinnerungen, mildert er den bunten Glanz, der hinter seinen Worten lockt und tanzt; nun spricht er auch von den Schattenseiten, die das Leben in der Sonne kennt, er fällt scharfe, geringschätzige Urteile über Maler und Dinge. Und diese Bemerkungen wirken wie Arznei, heilsam und reinigend. - Filips wird sich klar darüber, nun er Dullaert aufmerksam ansieht, daß er auf bestem Wege war, den anderen für den Rest seines Lebens unglücklich zu machen. Dullaert gehört in eine Welt, wo angeborener Ernst und verhaltene Frömmigkeit zu Hause sind, in die graue Eintönigkeit und starre Farblosigkeit des holländischen Himmels. Er darf dieser sich entfaltenden Seele keine Gewalt antun, darf keinen frühzeitigen Zwiespalt wecken. Und schließlich versteht er es, durch klug gewählte Übergänge den Inhalt ihrer Gespräche auf den Norden zurückzuführen, auf Angelegenheiten der Stadt und Menschen ihrer eigenen Umwelt. Mit heimlicher Genugtuung bemerkt er, daß Heimans Ruhe und Gelassenheit wiederkehren; die Flecken der Auszehrung brennen nicht mehr auf seinen Wangen, seine sehnsuchtsvollen Fragen sind verstummt. Er hat den Süden kennengelernt: ein Land voll Sonne und Schatten, doch entkleidet vom Zauber des Überirdischen, von den Verlockungen des heidnischen Paradieses.

XV

Nur selten noch kam Rembrandt in die Innenstadt von Amsterdam - und dann an Tagen, da wichtige Versteigerungen stattfanden. Er suchte nun wieder alle Kunsthändler auf, obwohl er sie und ihren Beruf gründlich zu verabscheuen gelernt hatte; nur bei den Danckerts, die ihm einen heimlichen, rachsüchtigen Haß entgegenbrachten, ließ er sich nicht mehr blicken.

Auch zeigte sich Rembrandt ab und zu auf der Herengracht, um dem Sammler Harmen Becker, der mit baltischen Häfen Handel trieb und sich in seinen Mußestunden als Bildersammler betätigte, eine Abzahlung auf eine früher abgeschlossene Anleihe zu bringen. Diese Abzahlungen bestanden nach gegenseitiger Übereinkunft immer aus neuen Bildern und Radierungen, die der Sammler zumeist mit hohem Gewinn verschacherte.

Doch nur selten unternahm Rembrandt solche Gänge; ebensoselten ging er nach draußen, um Wolken und Bäume zu betrachten oder alte Häuser, die sich hinter niedrigen Sträuchern verbargen, oder stille, von Binsen und dunklem Schilf umwucherte Gräben, in denen sich der Himmel düster spiegelte. Eine fruchtbare Einkehr begann sich in ihm zu vollziehen.

Einst hatte er sein Haus nicht mehr verlassen, weil Scham und Unvermögen ihn jede Begegnung im Tageslicht fürchten ließen. Jetzt hielt ihn eine ungestüme Entfaltung seiner Schaffenskräfte Tag um Tag in der stillen Werkstatt fest. Und nur wenn die Abenddämmerung oder die Müdigkeit ihn zum Aufhören zwangen, suchte er wieder Verbindung mit dem Leben, das sich um ihn herum abspielte: Hendrickje, Titus, die Schüler, die wenigen Freunde.

Seghers war gestorben, Coppenol, von Gicht gekrümmt, ein Gefangener in seinen vier Wänden; und Six mit seinen Vorurteilen und seinen vornehmen Beziehungen begann, das Haus des Meisters zu meiden – es hieß sogar, er werbe um die Hand der Bürgermeisterstochter Margaretha Tulp.

So wurde Rembrandt immer einsamer. Er selbst merkte es kaum, so stark ergriff und fesselte ihn die neue, gewaltige Kraft, die er in sich entdeckte. Und kaum entdeckt, setzte er sie auch schon in Taten um. Dünkel und Stolz auf das Vollbrachte lagen ihm fern. War ein Werk fertig, so bedeutete es ihm nur noch wenig. Allein was er erst im Traum vollendet hatte, woran seine Hände noch arbeiteten und sein Geist sich abmühte, allein das hatte Wert für ihn. Er kannte nicht die klug eingeschobenen Pausen eines Leonardo, der sich dauernd mit verzücktem Staunen in die Wunder des eigenen Daseins vertiefen mußte, in das vollendete Zusammenspiel all der Kräfte, die sich in einem einzigen Menschenleben äußern können. – Rembrandt arbeitet unbekümmert, ohne die unersättliche Lust, das Verborgene der Natur zu ergründen. Nie fragt er nach tieferen Ursachen, nach den heimlichen Ursprüngen von Taten und Gedanken. Sondern er stürzt sich auf die Natur, wie sie sich ihm darbietet, mit ihren Rätseln und ihren Offenbarungen; die Natur fragt auch nicht nach Ziel und Herkunft, sondern schafft unentwegt an der eigenen Vollendung; und Rembrandt erschafft Natur. - Dann wieder verliert er sich völlig, ohne zu zweifeln oder zu fragen, in das ewige Wunder der heiligen Schriften, die Leidensgeschichte des Herrn, die Apostel und die Erzväter, die Heiligen, die apokryph und kanonisch in den vergilbten Blättern seiner Bibel leben.

Der Mensch soll nicht fragen, nicht forschen, nicht denken bis an die Grenze des Wahnsinns. Das Unbegreifliche kann man nur hinnehmen. Ruhiges Hinnehmen macht alle Dinge zur Wirklichkeit. Rembrandt erschafft Wirklichkeit, Himmel und Erde umfassen die Wirklichkeit, und die Wirklichkeit trägt Himmel und Erde in sich. Jerusalem und Amsterdam sind weder durch Zeit noch durch Raum voneinander getrennt. Die Erzväter und die Schriftgelehrten werden in den bärtigen Juden der Breestraße und des Holzmarkts wieder lebendig. Bathseba trägt die Züge von Hendrickje Stoffels.

Überall ist Wirklichkeit. Im Licht und im Dunkel. Macht man ihm seine unwahren Nachtbilder zum Vorwurf? »Ich habe stets die Natur gesucht.« – Nein, besser als ihr alle weiß ich: es gibt keine Grenzen; für Gott und Seine Ewigkeit gibt es keine Grenzen; auch nicht zwischen euren kühlen, matten Farben, die ihr einem stillen Frühlingsabend abgesehen habt, und dem verborgenen Feuer, das hinter meinen Nächten glüht und der Welt in mir entstammt. Wir sind gebunden an die Welten in uns und um uns; und das alles gehört zu der einen Natur. Und alles, was sich darin kundtut, ist Wirklichkeit: das Gesehene und das Ungesehene, das Greifbare und das Geträumte – – – und alles fesselt mich und zieht mich an; und alles muß ich im Bild festhalten: mit diesen Farben und mit dieser Hand …

Träume und Pläne beschäftigen den Meister, erfüllen seine Tage und durchfiebern seine Nächte oder belasten sie mit dem bleiernen Schlaf der Übermüdung. Fortwährend macht er Entwürfe und Skizzen, aber die dauernden Bestellungen von Einheimischen und Fremden hindern ihn an der Ausführung. Dann versucht er, beinah verstohlen und fast unwillkürlich, in die bestellten Porträts einen Schimmer dessen zu legen, was er einst schaffen möchte; und seine Auftraggeber stehen vor ihrem Konterfei und erblicken mit Staunen ein plötzlich hinter ihrem Bildnis aufstrahlendes Licht oder geheimnisvoll umflorte Landschaften, aus deren Dämmer sie heraustreten, oder düstres Geglitzer von Schmuckstücken und das Glühen von purpurnen Mänteln und goldbrokatenen Schärpen, die sie in Wirklichkeit nie getragen haben; wer zu beschränkten Geistes ist, den Meister darin zu verstehen, den packt der Zorn, der schimpft und schmäht und weigert sich zu zahlen – was Rembrandt schulterzuckend hinnimmt, mit einem spöttischen Lächeln in seinen kleinen flackernden Augen, verwirrt und erbost, was schließlich die Verärgerten davon abhält, seine Werkstatt jemals wieder zu betreten.

Doch nun ist vor einigen Tagen der Kaufherr Cornelis Ysberts van Goor mit einem italienischen Geschäftsfreund zu Rembrandt gekommen. Sie haben ihm einen Brief von Marchese Antonio Ruffo aus Messina überbracht. Der sizilianische Edelmann ist unlängst in Rom gewesen und hat dort in einer Kunsthandlung Radierungen entdeckt, die von Chiartres aus Paris stammten. Rembrandts Blätter haben die höchste Bewunderung des Marchese erregt, und sein größter Wunsch ist es, ein Bild von der Hand des holländischen Meisters zu besitzen. Als er nun hörte, daß sein Mitbürger di Battista im Sommer eine Geschäftsreise nach Amsterdam machen würde - wo ja der Künstler wohnen soll -, hat er sich beeilt, ihm einen Auftrag für Rembrandt mitzugeben.

Rembrandt ist hocherfreut. Lange ist es her, daß man im Ausland nach seinen Bildern verlangt hat. Die Zeiten von Saskia ... doch nicht allzulange verliert er sich im Grübeln. In dem Auftrag steht, der Marchese wünsche einen »Filosofo«. Rembrandt geht an die Arbeit, nachdem er im Judenviertel einige eilige Studien gemacht hat. Es wird ein großes Bild, doch der Meister läßt sich durch großen Umfang nicht abschrecken. Es ist, als könne er sich in größeren Maßen bedeutender ausdrücken.

Die Schüler sehen das Werk voranschreiten. Oft lassen sie das eigene Bild, die eigene Zeichnung im Stich, umringen den Meister und sehen ihm zu. Es ist das erste Mal, daß Dullaert seinen Lehrer an einer freien Schöpfung arbeiten sieht. Das beeindruckt ihn tief. Fieberhaft und doch mit strenger Selbstbeherrschung, suchend und ändernd und doch wundersam zielbewußt, getrieben und doch richtunggebend - so steht oder sitzt Rembrandt jeden Tag, wenn das Licht ungetrübt auf die Leinwand fällt, vor seinem neuen Bild. Stundenlang kann er arbeiten, ohne daß er oder einer der Schüler ein Wort verliert. Nur die Leinwand raschelt unter den starken Pinselstrichen, und Heiman denkt: es ist wie das Ächzen leiser Wollust; genießerisch saugen sich die Fasern voll mit der beseelten Liebe der Farben, die Rembrandt mischt und aufträgt.

Als das Bild halb vollendet ist, beginnt Rembrandt, sie auf einige Dinge hinzuweisen.

»Es ist nicht der Stoff oder das Wissen von dem Stoff, was den guten Maler ausmacht. Es nützt wenig, wenn man die Maße und Verhältnisse des menschlichen Körpers aus einem Buch auswendig lernt. Das sind bloße Begriffe. Jeder Menschenkörper ist anders, ist neu. Bei jedem muß man von vorn anfangen. Da hilft nur das scharfe Auge, dasBeobachtungsvermögen, das zwar angeboren ist, das ihr aber durch genaues Wahrnehmen selbst entwickeln und anzuwenden lernen müßt ...«

Und ein anderes Mal:

»Sitzt nicht zuviel in der Werkstatt herum, solange ihr eure eigene Art noch nicht gefunden habt. Verschwendet eure Zeit nicht mit Sinnen und Grübeln über leblose Regeln! Betrachtet die Natur! Achtet auf Dinge, die euch umgeben! Seht euch den Mann an, die Frau; beobachtet, wie sie sich bewegen, wie sie sich im Alltagsleben verhalten. Paßt auf, was die Hände tun und wie die Augen blicken. Prägt euch ein, wann der Mensch vor Freude weint oder im Elend lacht. Die natürlichsten Ausdrucksbewegungen sind das wichtigste für den Maler ...«

Und einmal mit einem kurzen Seitenblick auf Filips de Koninck, der den leichten Scherz mit einem Lächeln beantwortet:

»Reisen ist etwas Wunderschönes. Aber man braucht nicht nach Italien zu gehen, um die Alten kennenzulernen. Es genügt nicht, daß man sieht, was sie zustande gebracht haben. Jeder, der den Pinsel führt, kann lernen nachzumalen. Für euch ist es das Wichtigste, daß ihr lernt, ihnen mit euren eigenen Mitteln nachzustreben. Nachahmen und sinnloses Nachfolgen haben noch keinen zum Meister gemacht. Den Alten könnt ihr es nur gleichtun, wenn ihr euch, jeder auf seine Weise, ihre umfassende Naturkenntnis aneignet ...«

Und mit einem Blick auf Nicolaes Maes: »Malt nie nach der Regel und dem Vorbild eines anderen.

Lernt, aus euch selbst zu schöpfen. Laßt nie das Skizzenbuch zu Hause, wenn ihr ins Freie geht oder durch die Stadt wandert. Der Botaniker hat sein Vergrößerungsglas bei sich, der Soldat sein Seitengewehr, der Gelehrte seinen Vergil oder seinen Erasmus …

Überall seht ihr natürliche Ausdrucksformen; die lernt ihr nicht kennen, wenn ihr sie in der Werkstatt sucht. Skizziert: Kinder, Greise, Tiere. Geht an die Amstel oder ans Y, euer Gang wird nicht vergeblich sein: da findet ihr Perser und Russen, Seeleute aus allen Weltteilen, leichte Frauen und Musikanten, Wirte und Trödler.

Unser eigenes Stadtviertel nicht zu vergessen, wo die Propheten und Hirtenfürsten noch in Fleisch und Blut herumzulaufen scheinen …«

»Und das Ideal der Alten? Die Schönheit?« wagte Dullaert in Gedanken an Michelangelo und Ronsard ihn einmal zu fragen.

Rembrandt lächelte abweisend.

»Nichts ist schön. Schönheit ist ein Trugbild. Schön macht ihr die Dinge nur durch eure Art zu sehen, die ihr euch selbsst erobern müßt, durch die Art und Weise, wie sie auf eurem Bild leben. Ich selbst habe immer die Natur gesucht, niemals die Eitelkeit auserlesener Formen. Natur, Natur. Ein großer Maler wird man nicht durch das, was man darstellt, sondern durch die treue Wiedergabe der Natur ... Vergafft euch nie in den Schein ... Leben ist alles.«

Der Philosoph war vollendet.

Und Maes und Mayr, de Koninck und Dullaert sind der starken, braunen Hand gefolgt, die unermüdlich über die Leinwand glitt; sie haben dem geheimnisvollen Atem des Meisters nachgespürt, der sich lebenweckend über tote Formen ergießt.

Und nun steht der Philosoph vor ihnen. Groß, ernst, voll Leben. Noch ein Pinselstrich, denken sie alle, und er wendet den Kopf mit dem Barett zur Seite, öffnet den Mund und spricht zu uns … die Hand, die jetzt auf der Homerbüste ruht, wird zärtlich über den kühlen Gips gleiten; mit der anderen wird er eine kurze, vielsagende Rednergebärde machen … So malt der Meister.

Tagelang scheuen sich die Schüler, einen Pinsel anzurühren. Rembrandts Worte und vor allem seine Taten haben sie mehr als sonst an die eigene Durchschnittlichkeit ihres Könnens gemahnt. Nur Nicolaes Maes arbeitet weiter an einem großen, braunen Bild, das mit dem eben vollendeten Philosophen Rembrandts eine täuschende Ähnlichkeit aufweist; voll stolzer Geltungssucht zeigt Maes es den anderen. Hat er es nicht verstanden, seine Schülerzeit bei dem Meister fruchtbar anzuwenden? »Nicht die Alten, nicht die toten Regeln - Natur!« sagt er zu Filips de Koninck, den er ein wenig herablassend behandelt, weil dieser seine Bilder nicht verkaufen kann.

»Aber auch nicht Nachahmung«, entgegnet Filips kurz und trocken. »Weder der Alten noch der Neuen!«

Bestürzt sieht Maes ihn an.

»Beinah ein Rembrandt«, sagt de Koninck und deutet auf Nicolaes' Bild; »aber es fehlt etwas dran.«

»Ja? Was fehlt denn deiner Meinung nach?« fragt Maes, durch die Sicherheit des anderen aus der Fassung gebracht.

»Das, was ihn zum Rembrandt macht«, meint Filips mit stillem Spott.

Maes versteht nichts von alledem. »Ich werde mich noch mehr üben müssen«, sagt er schließlich.

»Nicht nötig. Übung hast du genug. Jetzt mußt du herausfinden, was dich zum Nicolaes Maes macht.«

Und während de Koninck die Treppe hinaufgeht und der Dordrechter ihm hilflos nachsieht, denkt er: Dummkopf! Wenn du wüßtest, daß du in Wirklichkeit noch nichts gelernt hast!

XVI

An einem Frühlingsabend stehen die Fenster an Rembrandts Haus weit offen. Die Luft ist still und kühl. Wesenlose Wolkenschleier hängen am Himmel, darüber stehen rötliche Streifen. Scharf gezeichnet schwebt eine kleine Mondsichel über der nächsten Häuserinsel. Die Juden aus der Nachbarschaft gehen leise redend mit gerafftem Kaftan durch die Straßen – es ist Freitag – in ihre Synagoge Beth Jakob. Alles hält den Atem an. Nur aus den breiten Wasserrinnen ringsum strömen starke Gerüche in die Abendluft, Teer und Taue und Fisch. Der süße Duft blühender Linden weht flüchtig vorbei. In der Ferne wiegt sich der Mastenwald der Schiffe. Die Schleusentore unten ächzen leise in ihren Angeln. Nur zögernd sinkt die Dämmerung herab.

Filips de Koninck ist zu Dullaert gegangen. Er findet seinen Freund am Tisch sitzend, umgeben von beschriebenen Blättern. Vor ihm liegt ein kleines, in rotes Leder gebundenes Buch, das er nun zuschlägt. Filips de Koninck schaut auf den eingeprägten Namen. Joachim du Bellay. – Er lächelt; er selbst hat Heiman das Büchlein geschenkt, als ihm eingefallen war, daß er es einst in Paris gekauft hatte, hauptsächlich des schönen Einbandes wegen; vergessen hatte es in seiner Kleidertruhe gelegen. Er kennt Heimans Liebe zur Dichtkunst, die seiner Vorliebe für theologische Streitfragen nicht nachsteht. Schon seit langem fleht Heiman ihn an, er möge ihn doch zu Vondel mitnehmen. Filips de Koninck kennt den alten Dichter von klein auf, doch er besucht ihn selten. Er weiß, daß Govert Flinck, sein früherer Mitschüler, Vondel das Haus einläuft; und da er Flinck weder bewundert noch achtet, vermeidet er es, ihm zu begegnen. Doch hat er Heiman versprochen, ihn früher oder später dem Dichter in der Warmoesstraat vorzustellen. Und diesem Ereignis sieht Heiman mit wachsender Sehnsucht entgegen. Er verehrt und bewundert Vondel aufs höchste und schreibt ein Gedicht nach dem anderen in seinem Stil, das Filips dann anhören muß. Aber Filips lacht darüber …

Während Heiman seine verstreuten Blätter ordnet, steht Filips am Fenster und blickt auf die Stadt nieder, die in fahlvioletten Tönen verschwimmt. Es wird kühler. Die Schiffsmasten über den fernen Häusern liegen schon fast still. Im

Raum nebenan hören sie Ulrich vor sich hinsummen, ab und zu unterbrochen durch ein Wort von Maes. Sonst ist es still im Haus. Und draußen beginnt der Sabbat.

Filips de Koninck wendet sich wieder zu seinem Freund und betrachtet ihn lange. Es ist, als käme ihm im milden, träumerischen Abendlicht zum ersten Male die bleiche, dunkle Schönheit des Jüngeren ins Bewußtsein. Große Locken fallen Heiman über Schläfen und Stirn, als er sich über den Tisch beugt. Seine Hände sind lang und schön geformt, zarte Röte bedeckt sein ovales Gesicht, rot und voll lacht der kleine Mund. »Ein Mädchen«, denkt es auf einmal in de Koninck; und bei dieser Bezeichnung, die ihm ganz unwillkürlich in den Sinn gekommen ist, erfüllt ihn ein heimliches Glücksgefühl, daß er gleich wieder dem Freund in die offenen, leuchtenden Augen schauen darf, über denen lange, weibliche Wimpern zittern. Er wirft einen Blick auf die Papiere.

»Was ist das?« fragt er und deutet auf das Blatt, das Heiman in der Hand hält.

Heiman lacht, und seine wohllautende Stimme erfüllt den Raum mit einem hellen Widerhall.

»Ich habe etwas nachgedichtet. Aus dem Französischen; aus dem Büchlein von du Bellay.«

Er nimmt das Papier wieder vom Tisch, streicht es glatt und schiebt das Tintenfaß zur Seite. Wieder sieht Filips de Koninck ihn an; er kann sich kaum zurückhalten, die Mädchenhände, die geliebten schmalen Hände des Freundes, in die seinen zu nehmen und an die Brust zu drücken.

Seltsam. Filips de Koninck hat niemals Frauen geliebt. In Italien nicht und ebensowenig in Frankreich. Und in Holland verabscheut er sie fast; diese Geschöpfe mit den derben roten Wangen, den schweren Hüften und den allzu üppigen Busen. Alles verabscheut er, was mit Frauen zu tun hat: die Männergespräche, die derben Späße, die Possen und Scherzlieder. Nicht wegen ihres Inhalts. Filips de Koninck ist nicht besser als andere. Doch ihn ekelt es bei dem Gedanken, der beim Anhören solcher Lieder jedesmal wieder in ihm aufsteigt, bei der Erinnerung an die körperliche Berührung mit einer steif geschnürten, auffallend gekleideten, schwitzenden Frau, die ihm, dem Halbwüchsigen, einst auf einer schmutzigen, abschüssigen Gasse den Weg abschnitt; mit schmachtenden Schmeichelworten drängte sie ihn an die Mauer, mit ihren unzüchtigen Händen versuchte sie... Später erst hat er erfahren, in welch berüchtigtes Viertel er an jenem Abend geraten war, und daß nur wenige Frauen den üblen Mut hätten aufbringen können wie diese eine, der er begegnet war. Aber da war es zu spät. Seit jenem Geschehnis sah der Fünfzehnjährige in allen Frauen weiter nichts als schmachtende, schlecht riechende Wesen, eingezwängt in zu enge Kleider, ekelerregende schamlose Geschöpfe, die kein besseres Los verdienen, als daß man sie alle zusammen in einer wie die Pest zu meidenden Gegend von der bewohnten Welt absonderte. Und wenn er sich der Frauen enthalten hatte, so war es nicht aus Angst oder Schüchternheit geschehen, nicht einmal aus sittlichen Gründen, sondern einzig und allein aus Ekel und Abscheu, weil sie für ihn niedrige, abstoßende Wesen waren.

Nur wenige Ausnahmen ließ er gelten.

Eine war seine Mutter, die stille, liebevolle Frau, die er als Kind durch den Tod verloren hatte.

Eine andere war seine kleine Freundin Isabel le Blon, das Töchterchen des schwedischen Gesandten, bei dem sein Vater häufig verkehrte; Isabel, das zarte, jungenhaft schlanke Nachbarskind, dem er so oft über das seidene Haar gestrichen hatte, ehe sie jung gestorben war.

Und als dritte Ausnahme galt ihm Frau Saskia van Uylenburgh; er hat sie noch gekannt, als sie mit Meister Rembrandt durch Amsterdam schritt: schlank, blond und zart; so wäre Isabel geworden, wäre sie je zur Frau herangewachsen. – Und auch diese sanfte Friesin, vor deren Bildnissen de Koninck oft grübelnd stehenbleibt, ist jung dahingegangen.

Ferne, früh verstorbene Frauen - die verehrt er; aber den lebenden geht Filips de Koninck mit Abscheu und heimlichem Haß aus dem Wege.

Und nun ist er dreißig Jahre alt, und sein Blick ruht auf Heiman Dullaert. Ein warmer Strom ungekannten Glücks durchflutet sein Blut. »Ein Mädchen, ein Mädchen.« Dunkel ist Heiman, mit großen Augen und feinen Händen; edel und schlank steht er da in seiner schwarzsamtenen Tracht mit dem schmalen Spitzenkragen, der am Hals offen ist.

Und Filips de Koninck spürt, wie ihn das drängende, dunkle Entzücken des Liebenden überkommt, als nun Heimans Stimme die Stille des Raumes bricht:

Ich bringe Rosen euch als Gaben,
Violen auch und Lilien dar,
Die sich am frischen Tau erlaben,
Beglänzt vom Morgen, demantklar,
Und streue sie mit reiner Hand
Auf euren Altar gelinde,
Ihr Brüder, die ihr Meer und Land
Durchreist, o flügelschnelle Winde!
Die ihr mit lichten Ätherschwingen
Das Laub bewegt, das schattenreiche,
Daß flüsternd leise Laute klingen ...

Filips de Koninck hat nicht auf die Worte hören wollen. Er glaubt nicht an die Dichtergabe seines Freundes. Nur an der hellen Musik von Heimans Stimme hat er sich betäuben wollen. Doch nun?

O Schönheit der Erde – o Herrlichkeit des Lebens – o ewige Sehnsucht der Jugend! – Ich bringe Rosen euch als Gaben, Violen auch und Lilien dar ... Tausend Stimmen werden in dem Lauschenden wach, tausend Stimmen rauschen im Einklang mit dieser wundersamen, ungehörten Melodie, und jede Stimme ruft, machtvoll und drängend, ein Heimweh in ihm wach, nicht anders als jenes, das ihn mit achtzehn Jahren in den Süden trieb. O die italienischen Nächte, das Flimmern des Mondlichts auf Azurblau, auf Silber, auf Bronze – der Wind, der durch die Gärten seufzt ... ihr Brüder, die ihr Meer und Land druchreist, o flügelschnelle Winde ...

Und auf einmal ergreift er Heimans Hände.

Verwundert sieht der Freund ihn an. Filips' Augen scheinen zu flehen: Noch einmal ... lies es noch einmal - doch ist das möglich? Heiman ist nicht gewohnt, daß der Freund seine Gedichte bewundert. Im Gegenteil. Doch er sieht an Filips' Blick: diesmal hat er etwas von bleibendem Wert geschrieben. Er hat mit einem Gedicht einen Menschen glücklich gemacht. Zum ersten Male in seinem Leben hat er mit einem Gedicht einen Menschen glücklich gemacht. Und mit freudeweicher Stimme liest Dullaert noch einmal das singende, seufzende Lied des Kornschwingers an die Winde; noch einmal überströmt die himmlisch-irdische Musik Filips de Koninck. Und als Dullaerts Stimme schweigt, ist er aufgestanden. Noch immer hält er die Hände des anderen in den seinen. Er zieht Heiman an sich. Und der widerstrebt nicht – mit staunenden, zärtlichen Augen überläßt er sich dem Freund. Filips de Koninck ist sanft und ungestüm wie ein Liebender. Wie ein Liebender umfängt er den Freund. »Ein Mädchen, ein Mädchen.« Und wie ein Liebender sucht er den kleinen roten Mund des Freundes, der seine Küsse mit scheuer Leidenschaft erwidert.

Beseelt und erfüllt gehen sie die Treppen hinab und hinaus in die Frühlingsnacht. Amsterdam schläft; leise, ohne Widerhall rauscht das Dunkel. Die Häuser liegen im nebligen Mondenschein. Wasser und Licht und tiefhängende Wolken fließen zur Dämmerung zusammen. Sie gehen, wie Liebende gehen: mit verschlungenen Armen, der Kopf des Jüngeren ruht geborgen an Filips' Schulter. De Konincks Hand gleitet liebkosend über Heimans Schläfen und sein dunkel flatterndes Haar. Ziellos wandern sie dahin, ganz ineinander versunken. Ab und zu, wenn sie über eine Brücke kommen, wo das Licht vom Schatten der Häuser nicht eingesogen wird, blickt Filips dem Freund tief in die Augen. Dann liegen sie wieder lange einer an des anderen Brust.

Und als Heiman sich des Nachts aufrichtet und auf seinen Freund blickt, der, die Arme unter dem Kopf verschränkt, halb wachend, halb schlafend neben ihm liegt, hört er ihn wieder die Worte des geliebten Liedes murmeln, die er in Andacht vor der eigenen Schöpfung wiederholt - oder summen sie nur tief in seinem Blut?

Ich bringe Rosen euch als Gaben,
Violen auch und Lilien dar ...

Noch kommen Düfte über das Wasser hereingeströmt. Linden und Kastanien blühen. Eine Grille zirpt unterm Dach.

XVII

Der Sommer glühte auf staubigen, sonnigen Straßen. Über den Grachten hing der totenstille, brütende Schatten der Linden; aber draußen glitzerte das Wasser, bis einem die Augen davon weh taten.

Wer Geld hatte und es sich leisten konnte, verließ die Stadt. Die Schüler hatten um ein paar Wochen Urlaub gebeten; doch obgleich Rembrandt hätte verreisen können, zog er es vor, zu Hause zu bleiben.

An diesem Nachmittag wollte es mit der Arbeit nicht vorwärtsgehen. Die Stille und Wärme im Haus machten ihn unruhig. Fortwährend mußte er auf das Ticken der Wanduhren hören, das aus zwei, drei Räumen mit metallischem Widerhall herüberkam. Um seinen Kopf summte eine Fliege und peinigte ihn ununterbrochen. Er konnte seine Aufmerksamkeit nicht auf die Radierung sammeln, an der er gerade arbeitete.

Verstimmt sah er sich um. Irgend etwas in seiner Umgebung schien ihm verändert. Doch das Zimmer war nicht anders als sonst. Groß und vollgestopft, an allen Seiten durch Fensterläden und Vorhänge gegen die betäubende Hitze abgeschlossen. Nur durch die obersten Scheiben, die kein Vorhang verdeckte, wirbelten breite Bahnen von Sonnenstäubchen herein und zeichneten zwei zitternde Kringel von weißem Feuer auf den roten Teppich.

Der Tisch war übersät mit allerhand Gegenständen. Stiche und Kunstblätter lagen herum. An der Wand lehnten leere Rahmen und breite Holztafeln. Eine Landkarte hing an einer der Wände über den eichenen Handpressen. Starker, beißender Säuregeruch erfüllte den Raum; den ganzen Vormittag war Rembrandt am Ätzen und Probedrucken gewesen. Überall lagen Kupferplatten, Radiernadeln und Wachsreste.

Wieder beugte er sich über die Radierung, fest entschlossen, sich nicht ablenken zu lassen. Seine Hand wurde ruhig und bedacht; die mürrischen Sorgenfalten wichen von seiner Stirn. In seinen Augen erglomm ein Nachspüren. Er hielt die Radierung gegen das Fenster, gegen die Sonne. Dann schüttelte er den Kopf.

Der Meister war enttäuscht. Er hatte sich die Wirkung ganz anders vorgestellt – er war unzufrieden mit sich. Warum mißglückte es ihm heute immer wieder? Aufs Neue betrachtete er die Zeichnung. Dem Anschein nach war alles in Ordnung. Auch am Mißlingen der Einzelheiten lag es nicht. Er arbeitete nun schon seit Jahren nach seiner freien Eingebung; sorgfältiges, ängstliches Erwägen der Möglichkeiten und Schwierigkeiten hielt ihn nicht mehr auf, wie früher, als er noch jünger war. Schwanken und Suchen hatte er längst überwunden. Aufs schlichteste und schnellste warf er die Linien auf das Papier, auf das Metall, und nur selten mißlangen ihm diese lockeren, gelenkten Zeichnungen.

Aber heute versagte er.

Plötzlich trieb ihn die Angst vor den Spiegel; das Alter ... Er fürchtete das Alter. Es bedeutete die Rückkehr des Unvermögens. Mußte er wieder damit anfangen, scharfe, berichtigende Striche einzufügen, tagelang sich mit einer einzigen Radierung zu beschäftigen, wenn sie gelingen sollte? Er betrachtete sein Spiegelbild. An den Schläfen lichtete sich sein Haar. Die Falten um Mund und Augen hatten sich tiefer eingegraben. Die Wangen fielen ein. Er setzte sein Barett auf, wandte den Kopf zur Seite, gefallsüchtig wie ein junges Mädchen. Er strich den Schnurrbart hoch. Er seufzte ... Ehe er sich versah, hatte er sich schon wieder gezeichnet. Nur dieses Selbstbildnis war ihm heute gelungen. Sechsundvierzig Jahre. Die Tage der Zügellosigkeit waren vorbei, überlegte er, während er sorgfältig die Runzeln auf seiner Stirn studierte. Nun wurde jedes Werk mit einer innigeren, gelasseneren Ruhe empfangen. Das Mutwillige, Ungezügelte mußte dem Kraftvoll-Feierlichen weichen ... Er fühlte, daß er unaufhaltsam weiter mußte, daß jeder Rückzug ihm vom Leben selbst abgeschnitten wurde. Solange er das fühlte, durfte er nur vorwärts schauen. Jetzt kamen die Tage des großen, feierlichen Schaffens ...

Sorgfältig tat er das Selbstbildnis in eine Mappe. Dann betrachtete er wieder die erste Radierung. Plötzlich übermannte ihn der Zorn. Er schleuderte die Kupferplatte in eine Ecke auf einen Haufen wertlosen Plunders, den die Magd wegräumen würde; den Abzug zerriß er mit seiner dunklen Arbeitshand.

Dann hob er lauschend den Kopf. –

Da ging doch irgend etwas vor im Hause!

Er vernahm eine scharfe Männerstimme unten, und es kam ihm zu Bewußtsein, daß er diese Laute schon seit geraumer Zeit gehört hatte, ohne darauf zu achten. Er spitzte die Ohren. Jetzt erklang Hendrickjes Stimme; nicht die Stimme, die er kannte, sondern schüchterne, Einwand erhebende, bange Klänge. Was mochte das alles bedeuten?

Er tat ein paar Schritte zur Tür hin und lauschte wieder. Und jetzt hörte er es deutlich: ein Fremder war im Haus, ein Fremder schrie Hendrickje an!

Eine unbestimmte Wut überkam Rembrandt. Er lief zur Treppe und begann, sie mit lauten Tritten hinabzugehen. Plötzlich vernahm er hastige Schritte im Vorsaal; und noch ehe er die Drehung nach unten machte, war die Tür schon aufgerissen und wieder zugeworfen worden. Es wurde totenstill. Der Besuch war verschwunden.

Rembrandt eilte in das grüne Zimmer, wo sich Hendrickje an warmen Nachmittagen gern aufhielt. Er stieß die Tür auf. Sie saß am Fenster. Als er eintrat, stand sie auf und ging ihm mit hilflosem, bangem Blick einen Schritt entgegen. Ihre Schultern zuckten vor nicht länger zu bezwingender Spannung.

Schnell war er bei ihr. Ihr Kopf glitt an seine schützende Schulter. Da brach sie in ungestümes Schluchzen aus.

Eine demütige, schluchzende, schwangere Frau. Was war geschehen? Wer hatte sie so zur Verzweiflung gebracht?

Schon flüsterte er ihr alle Trostworte zu, die er sich ausdenken konnte. Langsam beruhigte sie sich in seinen Armen. Er hielt den Arm um sie geschlungen, führte sie zu einem Stuhl und zwang sie, sich zu setzen. Stiller wurde nun ihr Weinen, ohne daß sie seine Hand losließ. Dann, unter Küssen und Tränen, vernahm er, was vorgefallen war.

Schon zweimal war jemand vom Kirchenvorstand dagewesen; zweimal hatte man sie drohend ermahnt, die sündige Verbindung, in der sie mit Rembrandt lebte, zu lösen. Die beiden ersten Male hatte sie sich verzweifelt zur Wehr gesetzt. Jetzt aber war unerwartet und zum dritten Male einer der Schwarzröcke zu ihr gekommen; sie war eine Dienstmagd und hätte ihren Herrn nicht verführen dürfen. Auf den Frevel folgte die Strafe: Ein Jahr lang würde sie nicht zum Tisch des Herrn gehen dürfen.

Ihre Stimme wurde erregter, von Schluchzen durchschüttelt: »Ich kann es kaum aussprechen, Rembrandt - Hurerei haben sie es genannt. Und auch der heute war so streng, so hart. Sie kennen kein Erbarmen – ach, warum hab' ich es getan, warum? - Ich habe Angst, Rembrandt, ich hab' Angst – ich schäme mich.«

Ihr dunkles Haar zitterte unter dem Spitzenhäubchen gegen seine Wange.

Rembrandt fühlte, wie es ihm in den Fäusten prickelte. Wie ein Unwetter war die Nachricht über ihn gekommen, und doch fühlte er sich nicht niedergeschmettert. Grollender Haß schrie in seinem Innern empört und entrüstet nach Genugtuung. Eine Schwangere zu bedrohen - Männer in Übermacht gegen eine einzige Frau!

Dann jagten seine Gedanken weiter. Schon zweimal waren die Mahner bei ihr gewesen? – Und sie hatte ihm nichts davon gesagt, hatte ihn mitten in seinem Rausch von Arbeitsglück nicht beunruhigen wollen. Schweigend hatte sie alles auf sich genommen und ihn geschont.

Fester schloß er sie in seine Arme.

»Hendrickje, Liebste – warum hast du mir nichts davon gesagt? Du hättest mich mit ihnen reden lassen müssen! Du hättest es nicht tun dürfen.«

Sie schüttelte den Kopf.

Mit seiner freien Hand streichelte er die ihre, die weich geblieben war, obgleich sie in seinem Hause so viel grobe Arbeit verrichtet hatte.

»Meine Hendrickje ... gab es denn gar keinen anderen Ausweg ...?«

Sie sah ihn an. Seine ungewohnte, besorgte Erregung rührte sie bis zur Hilflosigkeit. Tränen brannten an ihren Wimpern.« Es ging nicht anders ... Alles wußten sie ... auch von dem toten Kind.« Wieder klang Schluchzen in ihrer Stimme.

Die alte, wilde Rachsucht loderte in Rembrandt auf. Immer, immer schien man es auf ihn abgesehen zu haben! Wenn seine Freunde ihn nicht verrieten, legte man ihm auf andere Art Hindernisse in den Weg; und warum? Lebte er zuchtloser und ungebundener als irgendein anderer aus der Malergilde? Hatte er nicht wie alle das Recht auf Frieden, auf Glück? Er zischte die Worte hervor:

»Wenn du auch vor Kirche und Obrigkeit nicht meine Frau bist, wenn ich dich auch nicht nach einer dummen Hochzeit ins Haus geholt habe ...«

Seine Küsse und Liebkosungen steigerten sich zur Verzweiflung und sagten ihr mehr als die Worte, die er nicht finden konnte.

»Schande über sie!« brach er los. »Eine schwangere Frau! Alle Bücher der Bibel behaupten sie zu kennen, und jeden gewünschten Spruch sagen sie mit verdrehten Augen her - aber die Evangelien haben sie vergessen zu lesen. Heuchler sind sie, jedes Wort legen sie auf die Goldwaage... Einem andern wissen sie Schritt für Schritt den Weg vorzuschreiben... Diese Pharisäer! In der Öffentlichkeit fasten und beten sie und halten Gottes Gebote! Aber ich kenne sie, Hendrickje, ich kenne sie... Wie oft habe ich früher auf den kahlen Holzbänken in den kalten, weißen Kirchen vor ihnen gezittert und vor dem Gottesgericht, mit dem sie mich bedroht haben. Aber jetzt bin ich klug geworden. Jetzt verachte ich sie. Jetzt spucke ich auf sie und ihre starren Gesetze, ihre armselige Barmherzigkeit, ihre harte Lehre, ihre Auserwählung...«

Erschrocken legte ihm die kleine Frau die Hand auf den Mund; doch ihre scheue Gebärde erstarb, als sie Rembrandts Antlitz sah, das dunkel war von Liebe und Zorn.

»*Das* können sie: Sonntags dreimal dem Wort Gottes lauschen, einer Botschaft, die sie nie verstehen werden; und in der Woche als heimtückische Schleicher die Vergehen ihrer Mitmenschen ausspionieren – wehrlose Frauen vor ihr Gericht fordern – fromme, harmlose Menschen auf Irrwege führen, mit Hölle und Verdammnis drohen! Aber frag sie, wie sie heimlich mit ihren Dienstmägden reden, wie sie die Waisen der Kirche behandeln, so sie sich nachts und im Dunkeln herumtreiben... Bin ich je in so einer Höhle gewesen, begehe ich heimlich Sünden wie sie? Vermummte Schufte sind sie, weiter nichts! Aber unsere Liebe, Hendrickje, braucht den Tag nicht zu scheuen; zwischen uns ist keine Sünde, und das Kind, das du unterm Herzen trägst, gehört dir und mir.«

Beängstigt durch seinen zügellosen Ausbruch, hatte sie wieder zu weinen angefangen. Augenblicklich wurde Rembrandt ruhig. Mit zitternden Fingern streichelte er ihre Hand und sah sie bewegt und unschlüssig an.

»Ich geh' zu ihnen«, sagte er dann fest entschlossen, beinah drohend; »das lasse ich mir nicht gefallen. Rechenschaft will ich von ihnen fordern. Sie versündigen sich an der Liebe, am vornehmsten Gebot Christi.«

Wieder überschlug sich seine Stimme vor Zorn; von neuem übermannte ihn die Verzweiflung:

»Hendrickje, Hendrickje, habe ich dich denn weniger lieb, als wenn ich dich geheiratet hätte? Hendrickje, sag mir, ob es recht war, daß ich alles so weit habe kommen lassen? Sag mir, ob es recht war, daß ich dich für mich wollte? Ich bin es, der an allem schuld ist – und doch sind sie über dich hergefallen…«

Er war vor ihr niedergekniet, den Kopf an ihrer Brust, die Augen in ihrem Kleid verborgen. Ein Gefühl von Reue und Schuld, wie er es noch nie empfunden hatte, wallte beängstigend in ihm auf. Aber die Frau, die er eben noch hatte trösten müssen, legte mit einem unbeschreiblichen Lächeln die Hände um seinen Kopf und strich ihm mütterlich sanft das Haar aus der Stirn.

»Es war recht so, Rembrandt.«

Rembrandt hob den Kopf und sah sie an. Ihre Augen leuchteten verzeihend. Wie hatte er zweifeln können an ihr und an sich selbst?

Plötzlich umschlang er sie wild und zog sie an sich. Und in diesem Verzeihen eines beiderseitigen Unrechts fanden sie einander von neuem, wie verjüngt von neuem Glück.

Sie begann zu flüstern:

»Geh lieber nicht zu ihnen, Rembrandt. Wir wollen die Strafe auf uns nehmen. Alles ist gekommen, wie es kommen mußte.«

Und mit dieser neuen Leidenschaft, in der kein Begehren mehr fühlbar war, beinah in einem Atem mit ihrer Stimme, kam seine Antwort:

»Ich gehe nicht hin. Ich bleibe bei dir. Jetzt und immer. Niemand kann mich dir entfremden.«

Bebend vor Glück bemerkte Hendrickje, daß seine streichelnde Hand die Stelle berührte, wo das ungeborene Kind in ihrem Schoße schlief. Und ohne Furcht erkannte sie, daß ihre Liebe zu diesem älteren Manne schenkender sein müsse denn je. Es war eine Erinnerung an jene erste Nacht, die sie nun zusammenbrachte; sie bot ihm ihren Mund, und in einem langen Kuß preßte er seine Lippen darauf.

Die Zeit versank. Sie wußten nicht, wie lange sie reglos dagesessen hatten. Als Rembrandt endlich den Kopf hob, sah er, daß die weißen Lichtkreise, die sich im Laufe des Nachmittags allmählich verschoben hatten, auf ihren verschlungenen Händen ruhten.

Er warf die Vorhänge zurück. Schon war der Abend in der Luft zu spüren, aber noch leuchtete der Tag silbern und blau. Glocken klangen. In den dichtbelaubten Linden vorm Haus erwachte der Wind. Wolken und Schiffe zogen langsam dahin.

XVIII

Der kleine Titus war in diesem Frühjahr beängstigend rasch hochgeschossen. Er wurde lang und mager, ein schneller Läufer und Springer, ein behender Kletterer. Doch er ermüdete bald und war lange nicht so kräftig wie andere Jungen. In der Schule wurde er noch immer unterdrückt, obwohl man sich schon an ihn gewöhnt hatte und ihm deshalb weniger Aufmerksamkeit schenkte. Doch wenn sie ihn wieder einmal quälten, so rächte er sich dadurch, daß er seine Lektion tadellos lernte. Dann hatte er den Lehrer auf seiner Seite und wagte es, seinen Quälgeistern wenigstens innerhalb der Schulmauern mit grausamer Überlegenheit und Verachtung zu begegnen, wenn sie in ihren Aufgaben steckenblieben. Meist wurde ihm das später blutig heimgezahlt. Zu Hause sprach er nie darüber, aber schließlich speicherte er Haß und Demütigung mit einer gewissen Wollust in sich auf, so daß er im Umgang scheu und einsilbig schien, während er in Wahrheit maßlos stolz und herrschsüchtig war.

Die Schule hatte ihn in vieler Hinsicht klüger gemacht - freilich nicht nur im Lesen und Schreiben. Was früher unbegreiflich gewesen war, lichtete sich allmählich. Seinen

Augen war es anzumerken, daß er anfing, die Dinge zu verstehen. Mit seiner Arglosigkeit war es vorbei. Unruhig und forschend glitt sein Blick von seinem Vater zur Mutter, von einem Erwachsenen zum anderen. Sah jemand ihn an, so schlug er die Augen nieder und schien vollkommen gleichgültig. Rembrandt, der ihn nicht mehr so oft als Modell gebrauchte, nun er älter wurde und sein kindliches Wesen abstreifte, nahm die zunehmende Verschlossenheit nicht wahr. Wenn er ein Porträt malte, war es, als verfüge er über ein weiteres Sinnesorgan, mit dem er die verborgensten Winkel der Gedanken und Begierden zu durchforschen wußte; aber für alles andere war er blind. Und so sah er nicht, daß Titus ihm mehr verheimlichte, als ihm je in den Sinn gekommen wäre. Und da er in letzter Zeit immer öfter im Freien spielte, verlor auch Hendrickje ihn aus den Augen. Sogar Ulrich Mayr, mit dem er noch immer das Bett teilte, kannte den kleinen Jungen nicht mehr.

So lebte er denn in seiner Einsamkeit. Wohl hatte er in der Schule Freunde genug, Altersgenossen - doch obwohl alle dieselben Fragen bedrückten, fiel es doch keinem ein, darüber zu sprechen. Und wer hätte den Kindern auch eine Antwort geben können? Selbst waren sie außerstande dazu. Sie verstanden sich besser auf andere Dinge: auf Streifzüge in der Dämmerung und Dummejungenstreiche. An Türen und Fensterläden klopften sie, wo Licht durch die herzförmigen Ausschnitte schimmerte und die arglosen Menschen dahinter auf keinerlei Ruhestörung gefaßt waren; Vorübergehende erschreckten sie zu Tode, wenn sie in engen Gassen plötzlich losbrüllten, an Querstraßen oder Kreuzungen, wo man sich verstecken oder etwaigen Verfolgungen entziehen konnte, die oft nicht ausblieben. Straßauf, straßab trieben sie sich herum, am liebsten bei sinkender Dämmerung, an den unendlichen Häuserreihen entlang, im Banne der nahenden Nacht und des unübersehbaren Wohngebietes, das sie durchstreifen konnten. »Räuber und Soldaten« spielten sie in engen, dunklen Winkeln und erzitterten vor Genuß und Furcht, wenn betrunkene Matrosen und schimpfende Stimmen das Gefühl von Gefahr und Unwirklichkeit noch steigerten. Eine neue Welt tat sich den Kindern ringsumher auf. Geheimnisse aus früheren Tagen wurden gelöst. Innenhöfe und Sackgassen, die man früher von außen sehnsüchtig bestaunt hatte, wurden nun erobert und ausgekundschaftet. Die Schleier des Unbekannten rissen auseinander: Titus erfuhr, wie die Gebäude in der Nachbarschaft hießen, die Türme, Tore und Gildenhäuser, er sah die Versammlungsräume der verschiedenen Gilden, die Schlachthäuser und die Ballspielplätze. Eine Verzauberung löste die andere ab. Die Spannung nahm kein Ende. Was mochte hinter dem Wasser des Hafens sein, in dem sich mittags die Sonne spiegelte? Ein Meer? Und war dahinter wieder Land, oder war dort die Welt zu Ende? Wohin führten die Straßen hinter dem St.-Antons-Tor? Und welche Dörfer sah man von der Weteringsschanze? Titus erinnerte sich an das Postschiff, an den Besuch bei der Großmutter im Waterland, an das Gehöft und die Holzschuhe, und er fing an, vor den andern damit zu prahlen. Jeder schöpfte aus seiner Erinnerung. Und wem es nicht an Phantasie fehlte, der erfand irgend etwas, eine Reise oder irgendein Erlebnis, mit dem er die Gefährten verblüffen konnte.

Spiele in der Dämmerung. Mit Reifen und mit Murmeln. Versteckenspielen. Und alles mit einem leisen Gefühl von Angst - oh, eine ganz andere Angst als vor den Raufbolden in der Schule! Nein, in der Dämmerung wurde man beinahe traurig. Der Himmel war so dunkelgrau über dem letzten gelben Streifen im Westen; die Geräusche verflüchtigten sich, die Häuser wurden zu Schatten, und die Türme verloren ihren Glanz. Dünne Glockentöne klangen durch die Stille. Glatt und ohne Kräuselung lag das Wasser. Die Fußgänger schienen langsamer zu gehen und verloren sich im Nebel. Nur die Kinderstimmen tobten und johlten auf dem Spielplatz unter den hohen Kastanienbäumen. Seltsam war es, bevor es ganz finster wurde. Eigentlich wollte man gern draußen bleiben und das Gruseln genießen. Aber schließlich war man doch ganz froh, wenn eine Magd oder

Mutter selbst oder einer von den Lehrlingen kam und einen ins Haus holte.

Streifzüge in der Dämmerung. Wo kamen sie nicht überall hin? Da gab es viele verlockende Orte, wo man herumspionieren und seine Neugier befriedigen konnte. Hinter der Breestraße wohnten die Juden; die ärmsten in engen Fluren, auf Treppenabsätzen und in Kellerwohnungen. Titus kannte manche von ihnen, denn er hatte sie bei seinem Vater gesehen. Die hatten freilich größere und schönere Häuser als die meisten. Einer davon war Rabbi Menasseh-ben-Isroël, ein anderer Ephraim Bonus. Der letztere war erst kürzlich bei seinem Vater in der Werkstatt gewesen, gerade als Titus dort herumspielte.

»Welche Schule besucht er?« hatte er Rembrandt gefragt. Rembrandt nannte den Namen des Lehrers.

Ephraim schüttelte den Kopf.

»Das ist keine Schule«, hatte er gesagt. »Dort lernt er nichts.«

»Den Katechismus«, antwortete Rembrandt stirnrunzelnd. Ephraim Bonus schaute Titus halb mitleidig, halb spöttisch, aber doch gutmütig an.

»Kannst du denn den Katechismus?«

Titus hatte die Hände auf den Rücken gelegt und den Kopf in den Nacken geworfen, wie der Lehrer in der Schule, wenn gesungen werden sollte. Und mit schallender Knabenstimme hatte er losgedonnert, bis dem gelehrten Juden vor Lachen die Tränen über die Wangen liefen. Selbst Rembrandt, der sonst in diesen Dingen keinen Spaß verstand, mußte mitlachen.

»Ihr seht, Meister«, hatte Ephraim endlich herausbringen können, »Euer Sohn hat ausgelernt.«

Und mit einem kleinen Klaps hatte er Titus zur Tür hinausgejagt.

Worüber hatten sein Vater und Bonus damals sonst noch gesprochen? Über ihn selbst? Ob er etwa nicht mehr in diese Schule zu gehen brauchte, die er von der ersten Stunde an gehaßt hatte? Er hoffte es so sehr und erging sich in

Vermutungen und Prophezeiungen. Aber am nächsten Tag hatte er es schon wieder vergessen.

Ephraim Bonus wohnte zur Straße heraus. Manchmal sahen Titus und seine Spielgefährten, daß abends ein siebenarmiger Leuchter in der Stube brannte. Und über der Tür hing ein silberner Stern. Der Gelehrte saß am Tisch, ein schwarz-weiß-gestreiftes Tuch um die Schultern, und bewegte langsam, in Gedanken versunken den Kopf. Und ein andermal, in der Osterzeit, war das ganze Haus mit Grün geschmückt, es roch nach seltsamem Gebäck, und drinnen wurde leise gesungen – unbekannte Worte zu unbekannten Weisen. Das alles gehörte zu den neuen Geheimnissen, die noch ungelöst, wie ein süßes Versprechen, das Leben der Kinder umschwebten.

Doch war es, als sei etwas aufgebrochen im geschlossenen Zusammenhang der Dinge. Das Bollwerk um die Welt der Erwachsenen bröckelte langsam ab. Überall erhielt man Einblicke in ihr Leben, an das man nur neiderfüllt denken konnte. Männer und Frauen. Väter und Mütter. Verwirrend war das alles. Früher waren sie für Titus gleich gewesen: es hatte für ihn nur Kinder und Erwachsene gegeben. Aber jetzt wußte er, daß es anders war. Die Erwachsenen suchten einander. Auf einmal mußte Titus an den Knecht und die Magd auf Großmutters Hof denken. – Männer und Frauen lagen beieinander. »Dein Vater hat vor deiner Geburt bei deiner Mutter gelegen, und dadurch bist du entstanden ... « Wann war das? Wie ein schwarzer Abgrund erschien ihm die Vergangenheit, wenn er zurückzublicken versuchte. Was war er gewesen vor seiner Geburt und wo? – Schwindel und Angst überfielen ihn bei diesen Gedanken. Vor einem halben Jahr war bei ihnen ein Kind geboren worden, aber das war tot. Warum war das Kind tot? Hatten seine Eltern ein totes Kind haben wollen?

Der kleine Titus litt. Er wußte sich keinen anderen Rat, als zu seinen Spielgefährten zu laufen und laut und lange mit ihnen zu spielen, bis er die quälenden Fragen vergaß und das Unbegreifliche ihn nicht mehr beunruhigte. Doch in der Nacht war es plötzlich wieder da. Gegen seinen Willen mußte er daran denken – es ließ sich nichts dagegen tun. Das Unbekannte hing in der Luft; es zitterte im blauen Nachtwind, es wehte herein, es nahm ihm den Atem, es klopfte in seiner Kehle. Voll Angst fuhr er auf. Ulrich neben ihm wollte schlafen; ärgerlich brummte er:

»Lieg doch still!«

Dann verkroch sich Titus tief ins Bett und versuchte einzuschlafen. Meistens gelang es auch. Sein vom Spielen müder kleiner Körper wollte Ruhe. Er glitt in die Kissen und suchte sich eine kühle Stelle für seinen Kopf. Die Laken waren warm, warm wie Ulrichs junger Körper, der laut schnarchend atmete. Müde Mattigkeit überkam den kleinen Titus, erbarmte sich seiner und entführte ihn ins weiße Land der Träume.

Doch blieben Tage genug, da er über Toben und Herumtreiben das Unbegreifliche und seine Ängste vergaß. Die Jungen liefen am Wasser entlang, ließen sich an den Kaimauern niedergleiten, sprangen auf die Schuten und Flöße und riefen vorbeifahrende Schiffer an. Ab und zu trafen sie es gut: dann durften sie ein Stück mitfahren, wurden vor der Stadt an Land gesetzt und liefen spielend an den Kanalufern entlang wieder nach Hause. An solchen Abenden schlief der kleine Titus tief und gut, und still stellte sich im Dunkel sein Gleichgewicht wieder her.

XIX

In diesem Sommer schloß sich Titus immer mehr an einen Jungen an, der Jeroen hieß. Der war groß und stark, und in seiner Gesellschaft fühlte man sich geborgen. Oft wünschte Titus, Jeroen wäre in dieselbe Schule gegangen wie er, doch das war nicht der Fall. Jeroen ging dann und wann einmal in die Schule an der Holzgracht; öfter aber blieb er weg, und kein Mensch kümmerte sich darum. Was Titus besonders zu dem Älteren hinzog, war dessen Wissen über das Unbegreifliche, von dem er schon öfter etwas hatte verlauten lassen. So suchte er häufig seine Gesellschaft.

Jeroens Vater war Tuchwalker, und sein Verdienst hing von der Jahreszeit ab. Nur selten war Titus, der in Jeroens Augen ein reicher Junge war, in dessen Elternhaus gewesen. Er war Jeroen als Rembrandts Sohn angekündigt worden. Die Mutter, eine dicke Frau mit bloßen, feuerroten Armen, schien noch nie etwas von Rembrandt gehört zu haben; nur flüchtig sah sie von ihrer Wäsche auf; bei seinem zweiten Besuch gab sie Titus in rauher Gastfreundschaft ein Butterbrot mit Sirup. Titus betrachtete ein Kellerloch, in dem ein Kaninchenstall stand; auch auf den Boden durfte er, wo allerhand Abfall herumlag, Lumpen und zerbrochene Werkzeuge, mit denen die Jungen an einem verregneten Nachmittag spielen durften. Im ganzen Haus war ein dumpfer, säuerlicher Geruch, der Titus so widerlich war, daß er es kaum verbergen konnte. Er war froh, daß der Tuchwalker nur selten zu Hause war. Das einzige Mal, das Titus ihn nach seinem ersten Besuch zu sehen bekam, war der Mann halb betrunken gewesen und hatte kindisch und stotternd am Tisch gesessen. Seine großen, wäßrig blauen Augen hefteten sich langsam auf Titus und fingen matt und böse zu funkeln an, und Titus fühlte mit kurzzeitiger Scham, daß er selber gut gekleidet und gepflegt war im Gegensatz zu Jeroen, der in seinem Wams und seinen Hosen aus grauem Stoff und Strümpfen aus dunkelblauer grober Wolle sich gleichgültig und hungrig gegenüber seinem betrunkenen Vater an den wackligen Tisch setzte.

Jeroen hatte auch noch andere Freunde, mit denen er Titus bekannt machte. Die meisten waren etwas älter als Jeroen, manche schon fünfzehn oder sechzehn, Herumtreiber und Botenjungen, zukünftige Müßiggänger und Betrüger – derbe, grobe Gesellen, die eine Sprache führten, welche Titus sogleich von ihnen übernahm, aber nur in ihrer Gesellschaft zu gebrauchen wagte. Wenn er nicht mit seinen

Mitschülern spielte, trieb er sich mit diesen Jungen herum, halb ängstlich und halb neugierig, erpicht, wie er nun einmal war auf alles, was älter war als er selbst. Sie behandelten ihn gönnerhaft, aber dafür mußte er ihnen ab und zu ein paar Kupfermünzen mitbringen, die natürlich vernascht wurden. Etwas Geheimnisvolles haftete dem Verhalten dieser Größeren an; was es eigentlich war, hätte Titus nicht zu sagen vermocht; eben dieses Geheimnisvolle lockte ihn unwiderstehlich an. Dieselbe Spannung erfüllte ihn, wenn er Jeroen über Mädchen reden hörte. Von den Gesprächen dieser Älteren verstand er so gut wie nichts, nur das eine: es drehte sich um das Geheimnis, dasselbe Geheimnis von den Frauen in nächtlichen Gassen, das Geheimnis von den Vätern und Müttern, die beieinanderlagen.

Titus war noch zu klein für ihre Gespräche, obgleich er danach gierte, etwas davon zu erhaschen. Er schämte sich jetzt schon nicht mehr beim Anhören bestimmter Worte, und wenn sie in den Geschichten der Jungen wiederkehrten, spitzte er die Ohren und versuchte vergeblich, Sinn und Zusammenhang zu erfassen. War er dann später mit Jeroen allein, so fragte er ihn zuweilen schüchtern, was die Jungen denn gemeint hätten. Aber Jeroen war ein Junge von wenig Worten. Er machte eine unanständige Gebärde und sagte: »Mädels …«, und damit mußte sich Titus zufriedengeben. Es steigerte nur seine verzehrende Sehnsucht, alles zu erfahren.

Manchmal, wenn Titus abends im Bett lag – nur selten noch brachte Hendrickje ihn hinauf und blieb bei ihm, bis er eingeschlafen war –, ging ihm durch den Kopf, daß seine Eltern nichts von seinem Umgang mit diesen Jungen wußten. Er fühlte wohl, daß sie ihm den Verkehr mit ihnen verbieten würden; aber weil diese Begegnungen verlockender und ungewohnter waren als alles andere, schwieg er darüber. Das Böse … Titus wußte: es war nicht gut, was er tat. Dieser Umgang brachte eine beklemmende Spannung mit sich, die seinen Schlaf unruhig machte und seine Gedanken verwirrte. Aber er konnte nicht eher davon lassen, bis er mehr erfahren hatte. Schon dämmerte ihm manches.

Doch fand er neben dieser Unruhe auch Ablenkung und Genesung. Mit gierigen Augen nahm er die Welt in sich auf, er bemerkte Unterschiede in Kleidung, Gang und Alter der Menschen, lernte Städter und Bauern auf den ersten Blick unterscheiden. Er hatte wahrgenommen, daß man die Toten über die Straßen trug, um sie zu begraben, und der feierliche Prunk der Leichenbitter – »Krähen« nannte sie Jeroen – hatte ihn düster berührt. Einmal hatte er dabeigestanden, vorn in der ersten Reihe, als man eine Frau ins Irrenhaus brachte. Frühmorgens an Markttagen sah er Bauern und Fischer aus der Umgebung zu Markte ziehen, zu Fuß oder auf Planwagen, mit Körben und Kannen, Tragkörben und Schubkarren. Er sah Dudelsackspieler, Fidler und Zigeuner mit Affen und Schlangen. Einmal tanzte ein Bär vor dem Haus. Die Unruhe und bunte Vielfalt des Lebens beschäftigten ihn immer mehr. Er bat um Papier und begann zu zeichnen. Die Abende verbrachte er nun wieder daheim, in Rembrandts Werkstatt. Sein Vater richtete ihm einen kleinen Tisch am Fenster ein und gab ihm Kreide und Farbstifte. Es wunderte ihn, daß er früher nie ans Zeichnen gedacht hatte, als er sah, daß es gar nicht schwer war. Er zeichnete alles, was er kannte und sah. Den Lehrer und die Betschwestern aus dem benachbarten Kloster, die er am frühen Morgen wie eine gehorsame Gänseherde zum Gottesdienst trippeln sah; seine Mutter; seinen Vater mit einem Barett; die Schüler vor ihren Staffeleien; Juden mit großen Kopftüchern, Ephraim Bonus und seinen siebenarmigen Leuchter; Bauern mit runden Hüten; Mädchen in eckig ausgeschnittenen Miedern und Puffärmeln. In der Schule kritzelte er in seine Schreibhefte. Die andern umdrängten ihn und sahen zu, seufzend vor Bewunderung. Auf ihre Bitten zeichnete er jedem etwas in sein Heft. Es verlieh ihm ein stolzes Gefühl der Überlegenheit, und er vertrieb sich nun lieber die Zeit im Hause, statt mit Jeroen die Gesellschaft der Älteren zu suchen.

XX

Es war im Sommer, als er eines Tages aufgeregt aus der Schule kam; mit fliegendem Haar und hochgeschwenkter Mütze stürmte er in den Vorsaal und schrak zurück vor der unerwarteten Erscheinung einer alten Frau, die aus dem grünen Zimmer trat. Sie blieb stehen und legte ärgerlich und mahnend den Finger auf die Lippen. Verwirrt sah Titus sie an. Ein wenig ähnelte sie der Großmutter, doch sie war es nicht. Was hatte sie hier im Hause zu suchen?

Auf einmal vernahm er klägliches Kindergeschrei. Seltsam froh wurde ihm plötzlich zumute. Ein Kind!? Ein Kind war geboren worden! Das war ja dieselbe alte Frau, die voriges Jahr auch im Hause gewesen war, als das tote Kind gekommen war!

Die Überraschung auf seinem Gesicht schien sie zu rühren. Sie winkte ihm, ihr zu folgen. Vorsichtig auf Zehenspitzen schlich Titus hinter ihr her, zitternd vor Aufregung. Ein Kind! Sein Vater und seine Mutter hatten ein lebendiges Kind! Freilich schrie es, es mochte Hunger haben oder Durst, oder es fühlte sich nicht heimisch in der Welt – aber es lebte!

Er fand seinen Vater über das Bett gebeugt, darin die Mutter lag. Sie war totenbleich, und ihr dunkelbraunes Haar lag gelöst auf dem Kissen. Ob sie sich über die Ankunft des Kindes so erschrocken hatte? Wahrscheinlich, dachte Titus, aber er stellte keine Frage. Er warf einen Blick auf seinen Vater, der ihn hatte hereinkommen sehen. Keiner fragte, wo Titus so lange gewesen sei – niemand dachte auch nur daran. Alle hatten nur Augen für das Neugeborene. – Er sah seine Mutter an. Sie lächelte ihm kurz zu, und er lächelte zurück, besorgt und froh. Dann fiel sein Blick auf das weiße Bündel in ihrem Arm. Ein kleines rotes Köpfchen guckte heraus, ohne Haare und voller Runzeln. Das Kind.

»Das ist Cornelia«, sagte sein Vater.

Cornelia! Ein Mädchen. Titus fühlte sich groß und männlich. Er hatte eine kleine Schwester. Er konnte sie beschützen. Das rote Köpfchen bewegte sich. Cornelia fing wieder zu schreien an. Die Hebamme nahm Titus bei den Schultern und schob ihn zur Stube hinaus.

Er lief, noch immer verwirrt, die Treppe hinauf. Da kam ihm Ulrich schon entgegen und winkte ihn nach oben. Es roch nach Wein und Backwerk. Die Schüler feierten die Geburt des neuen Kindes. Sie beglückwünschten Titus – fast hätte er darüber lachen müssen –, nahmen ihn in ihren Kreis, und Maes gab ihm einen Honigkuchen. Er durfte auch einen kleinen Schluck aus Filips' Becher probieren, aber es schmeckte ihm nicht: bei seinem drollig verzogenen Gesicht mußten sich die anderen das Lachen verbeißen.

Alles ging schnell und unerwartet. Er hatte seinen Kuchen erst halb aufgegessen, da kam Rembrandt herauf, zog ihn aus und brachte ihn zu Bett. Heftige Neugier verzehrte ihn. Als sein Vater gehen wollte, hielt er ihn am Ärmel fest.

»Wo ist Cornelia hergekommen?«

Erstaunt sah sein Vater ihn an, dann lächelte er.

»Vom Himmel.«

Titus war allein. Lange lag er wach und überdachte Vaters Antwort. Vom Himmel? Titus konnte sich unmöglich vorstellen, daß ein Kind aus den Wolken auf die Erde fiel. In der Bibel war alles möglich – aber jetzt geschehen keine Wunder mehr. Es mußte etwas anderes sein. Aber was – ?

Dann kam ihm wieder zu Bewußtsein, daß er nun der Ältere war und kein »kleiner Titus« mehr. Das Gefühl der Freude und des Stolzes und leichte Wehmut kehrte zurück und verließ ihn auch nicht während der nächsten Tage.

In der Schule prahlte er mit dem neuen Schwesterchen. Die andern zuckten die Achseln. Sie waren längst daran gewöhnt, daß jedes Jahr ein Neuling dazukam, und sahen darin durchaus keinen Anlaß zur Freude. Aber Titus ließ sich durch ihre Gleichgültigkeit nicht entmutigen und meinte, das sei nur Neid. Mit wachsender Liebe ging er nun jeden Tag nach der Schule in die Wochenstube, wo Cornelia jetzt in einer Wiege neben Mutters Bett lag. Er setzte sich neben sie, betrachtete das komische alte Gesicht und verjagte die Fliegen, die sie plagten. Es tat ihm leid, daß sie noch keine Süßigkeiten essen konnte. Gern hätte er alle Äpfel und Birnen, die ihm die Jahreszeit reichlich bescherte, mit ihr geteilt! Er beschloß feierlich, seine Eßgier bezwingen zu lernen, damit er später imstande wäre, Cornelia immer die größere Hälfte von allem abzugeben. Vorläufig wußte er nichts Besseres, als sich diese Zukunft auf dem Papier vor Augen zu halten. Er zeichnete Cornelia als fünf- oder sechsjähriges Mädchen, in fliegendem Röckchen mit tanzenden Locken, beim Murmel- oder Ballspiel und in einer Reihe mit anderen Mädchen. Er zeichnete sie in der Schule oder mit Hendrickje und sich selbst zusammen und verschloß die Blätter zu unterst in einem Schrank. Jetzt konnte sie ja noch nichts davon verstehen, aber später einmal würde sie die Zeichnungen finden und sehen, wie lieb er sie schon damals gehabt hatte.

XXI

Die vier Vorstände der Sankt-Lukas-Gilde, die sich erst kürzlich von der Gilde der Glaser und Buchdrucker abgesondert hatte, um eine selbständige Körperschaft von Malern und Bildhauern zu bilden, saßen nach einer langen Sitzung noch im Gildezimmer beisammen.

Das Gebäude stand im schiefen Winkel zur Breestraße, so daß die Fenster nach verschiedenen Richtungen gingen. Es war ein altes Haus mit schwerem Balkenwerk und gemalten Decken. Jetzt, da es der Versammlungsort der Maler geworden war, prangten überall Bilder und mythologische Darstellungen.

Man war müde vom vielen Reden und saß noch bei einem Glase Wein zusammen. Bartholomeus van der Helst hatte sich in einen Lehnstuhl geworfen und die Füße auf einem zweiten Sessel ausgestreckt. Nicolaes de Held Stockade verstaute umsichtig seine Papiere in den Gilde–Mappen. Maerten Cretzer, der reiche Kunsthändler, der als Schirmherr vieler Maler zum Vorstand gewählt worden war, strich bedächtig über seinen Spitzbart und blickte zu Jacob Meurs hin, der zum Fenster hinausstarrte und dabei mit seinem Nagel gegen den Römer tickte, so daß ein feiner Widerhall von Kristall erklang. Der Gildediener saß im Schatten des hohen Kamins, stets bereit, jedes geleerte Glas von neuem zu füllen.

Lange blieb es still. Rasch drang die Dämmerung in den Raum; es war, als würde eine Wolke feinen grauen Staubes über die Dinge geblasen; aller Glanz erstarb. – Draußen ertönten kriegerische Schritte. Ein Fähnlein der Bürgerwehr kehrte vom Schützenhof zurück und wurde an der Ecke aufgelöst. Halbwüchsige Jungen und sogar Erwachsene liefen in großer Zahl nebenher. Bartholomeus van der Helst betrachtete mit neuerwachtem Interesse die Abzeichen und Fahnen der Bürgerwehr und erkannte den Hauptmann und seine Korporalschaft. Gerade wollte er etwas über sie sagen, als Jacob Meurs, der Kupferstecher, der zum gegenüberliegenden Fenster hinaussah, in die Breestraße deutete.

Alle Augen wandten sich sogleich nach dem hohen rötlichen Giebel des ersten Hauses. Hinter einem der oberen Fenster wurden Kerzen angezündet. Man sah einzelne Gestalten hin und her gehen, doch ließ sich nicht erkennen, wer es war. Im Gildezimmer herrschte plötzlich eine frostige Stimmung. »Rembrandt«, sagte van der Helst, und in seinem Munde hatte das Wort einen sonderbar bissigen Beiklang.

Die andern nickten schweigend.

Der große Nebenbuhler, der sich nirgends sehen ließ, der es sogar verschmäht hatte, Mitglied der mächtigen neuen Gilde zu werden – er zog wie auf geheimen Befehl alle Aufmerksamkeit auf sich. Vielleicht war er es, der hinter jenem hellen Fenster hin und her ging. Vielleicht war er an der Arbeit oder sprach mit seinen Schülern. Er lebte ein abseitiges, durch nichts unterbrochenes Leben – und doch richteten sich alle Augen auf ihn, zog er alle Gedanken an sich, wie grelles Licht die Nachtfalter. In van der Helsts Augen glomm es feindselig auf, unruhig tat er einen heftigen Schluck.

Nicolaes de Held setzte sich zu seinen Kunstgenossen an den Tisch. Noch fiel kein Wort, aber es lag etwas Beunruhigendes in diesem plötzlichen Zusammenrücken der drei Maler. Maerten Cretzer bemerkte es wohl, und es fiel ihm unangenehm auf. Forschend und erwartungsvoll sahen sie einander an, wer wohl das erste Wort sagen würde. Jacob Meurs leerte langsam und bedächtig sein funkelndes Glas.

»Habt ihr von dem italienischen Auftrag gehört?« fragte er dann und fuhr sich mit der Lippe über den Schnurrbart.

Cretzer nickte. Nicolaes de Held und van der Helst schüttelten verneinend die Köpfe.

Meurs berichtete. Als er fertig war, bemerkte Cretzer aufs neue, daß seine Vermutung zutraf. Drückendes Schweigen herrschte, nur durch van der Helsts unregelmäßige, zornige Atemzüge unterbrochen. Der Neid hing wie unsichtbarer Giftdunst im Raum. Jacob Meurs klopfte gereizt mit den Spitzen seiner Schuhe auf den Boden.

»Eine Schande!« brach van der Helst plötzlich los.

Er war von seinen beiden Stühlen aufgesprungen und begann, auf und nieder zu gehen. Cretzer lächelte mitleidig.

»Ich kann nichts Beleidigendes dabei finden. Neider wird es immer geben, mein Lieber. Ich dachte nicht, daß ihr Rembrandt diesen Erfolg mißgönnen würdet…«

»… der vielleicht sein letzter ist«, sagte Jacob Meurs und winkte dem Diener, daß er ihm einschenke. Auch van der Helst hielt seinen Römer hin.

Cretzer tat, als hätte er die letzten Worte nicht gehört. Er sah van der Helst an, der rastlos weitertrank. Sein Gesicht begann anzuschwellen; die sonst gutmütigen Augen lagen klein und stechend in ihren Höhlen. Es war ihm anzusehen, daß ihn Gefühle beherrschten, denen er sonst nie und nimmer nachgegeben hätte.

»Ihr denkt, Meister Cretzer, daß ich ihn beneide? Ich habe, bei Apelles, keinen Grund dazu, und soviel ich weiß, auch keiner der anderen anwesenden Herren … Aber ich habe es satt mit Rembrandt! Es ist eine Schande für einen ehrlichen Maler, seinen Betrieb mit ansehen zu müssen! Betrug ist es, was er tut!«

Mit der Faust schlug er vor Cretzer auf den Tisch.

Nicolaes de Held war aufgestanden und gab dem Diener die Kanne, um sie nachfüllen zu lassen. Van der Helst tobte weiter.

»Betrug, sag' ich! Warum hat er dieses italienische Bild nicht erst ausgestellt, wie es jeder andere tun würde und wie es sich gehört? Warum spielt sich alles, was er macht, im Verborgenen ab? Ist das Brüderlichkeit? Ist das Aufrichtigkeit? Und der ahnungslose ausländische Vogel fliegt willig ins Netz.«

Cretzer machte ein erstauntes Gesicht.

»Wie meint das unser geehrter Konfrater?«

Meurs und de Held blickten einander vielsagend an. Van der Helst zischte verächtlich.

»Ihr stellt euch dumm, Sinjeur Cretzer! Sonst wißt ihr verteufelt gut, wo in der Gilde was zu holen ist …«

Maerten Cretzer zuckte die Achseln.

»Ich weiß schon, was ihr meint. Ist es noch immer die alte Geschichte mit den Schülern?«

Cretzers ruhige Geringschätzung machte van der Helst rasend.

»Jawohl! Seine Schüler! Ich nehme kein Blatt vor den Mund, verstanden? Ich sag' es frei heraus, was wir alle wissen und wovon keiner zu reden wagt … Seine Schüler! Was sollte denn aus ihm werden ohne seine Schüler? Und wer bürgt uns dafür, daß der Philosoph, der aus seiner Werkstatt stammt, wirklich von ihm selber stammt? Ein ehrlicher Maler schämt sich seiner Arbeit nicht, das sag' ich noch einmal. Er hält nicht damit hinterm Berg und ist ebensooft beim Kunsthändler zu finden wie in seiner Werkstatt. Aber dieser Rembrandt?«

Der Diener kam zurück. Van der Helst war der erste, der sein Glas füllen ließ.

Cretzer merkte, daß das Gespräch gefährlich wurde. Er winkte dem Diener, ließ sich einschenken und schickte den Mann nach Hause, nachdem er ihm versprochen hatte, das Haus abzuschließen. Der Diener lächelte mit einem Seitenblick auf van der Helst; doch er gehorchte ohne weiteres. Cretzer atmete erleichtert auf, als er den Mann gleich darauf über den Platz gehen sah.

»Es ist richtig«, sagte er dann, »Rembrandt hält sich abseits wie sonst keiner. Aber« – er sprach langsamer und strich über seinen Spitzbart – »das braucht noch kein Grund zu sein ...«

Nicolaes de Held sprang seinem Gildebruder bei.

»Ich sehe, daß ihr zur Partei der Vorsichtigen gehört, Sinjeur Cretzer. Aber ich fürchte, van der Helst wird recht behalten ... ein höchst merkwürdiger Betrieb ist das bei Rembrandt ... Seine Schüler kommen zwar in die Stadt, und man trifft sie überall, aber sie scheinen einer wie der andere ebenso hinterhältig und schweigsam ausgefallen zu sein wie ihr Meister. Das ist ja die reine Verschwörung! Rembrandt scheint einen Einfluß auf sie auszuüben, der zu schlimmstem Verdacht Anlaß gibt ...«

Er hielt inne, denn Cretzers Augen funkelten drohend und mißbilligend, und Nicolaes de Held wollte sich mit dem reichen Kunsthändler nicht überwerfen.

Aber van der Helst blieb vor ihm stehen. Sein Gesicht glühte vom Wein und vom Ärger.

»Sprich es nur aus«, rief er. »Sag es offen heraus, daß sie seine Lustknaben sind. Er lehrt sie Päderastie! Man braucht ja nur diesen de Koninck zu sehen, wie er mit seiner Dirne von einem Dullaert herumläuft, und schon weiß man genug! Und das Allerärgste: die Obrigkeit duldet es! Es wird geduldet! Man läßt es zu, daß er die Jugend mißbraucht und zugrunde richtet!«

Cretzer wehrte verärgert ab.

»Laßt das, van der Helst! Ihr habt euch was weismachen lassen, oder ihr bildet euch etwas ein. Es weiß doch jeder Mensch in Amsterdam, wie sehr Rembrandt die Frauen liebt und daß er mit seiner Haushälterin zusammenlebt. Der

Kirchenvorstand belästigt ihn deswegen und fordert ihn dauernd zur Rechenschaft. Das sieht doch ganz und gar nicht nach euren Beschuldigungen aus!«

Van der Helst ging wieder auf und ab. Seine Arme schlenkerten unbeherrscht hin und her wie grobe Windmühlenflügel. »Ein unzüchtiger Mensch ist nicht zu sättigen! Es ist euch doch wohl bekannt, daß auch König David den Jonathan lieber hatte als alle Frauen ...!«

Cretzer fing laut zu lachen an, und auch die anderen, wenn auch gedämpfter, stimmten ein.

»König David! Das ist mir zu lange her, werter Konfrater! Damit könnt ihr nichts beweisen ... Beweise aber werdet ihr zu allen Zeiten bringen müssen. Auch wenn ihr etwa die Absicht haben solltet, Rembrandt bei der Obrigkeit anzuzeigen«, fügte er scharf und mit Nachdruck hinzu.

Meurs und de Held schwiegen. Sie standen ganz und gar auf Seiten van der Helsts; ihr Neid und ihr Ehrgeiz ließen ihnen gar keine andere Wahl. Aber Cretzers vernünftige, kühle Worte verfehlten nicht ihre Wirkung. Sogar bis zu dem angetrunkenen van der Helst waren sie durchgedrungen. Er hatte eine wütende Antwort geben wollen, aber das verlegene, tödliche Schweigen der andern mahnte ihn, sie zurückzuhalten. Ihm war, als müsse er ersticken. Er riß ein Fenster auf und sog die frische Nachtluft ein. Allmählich beruhigte er sich. Ohne daß seine verworrenen Gedanken den Grund erkannten, sah er ein, daß er zu weit gegangen war. Cretzers letzte Worte waren eindeutig genug gewesen. Er wandte sich um und machte einen ungeschickten Versöhnungsversuch.

»Es scheint mit eurem Bibelglauben auch nicht zum besten bestellt, wenn ihr an der Wahrheit der Geschichten vom König David zweifelt«, sagte er in plumpem Scherz. »Lassen wir's gut sein. Ich will meine Worte nicht mehr an Rembrandt verschwenden ... Trinken wir noch eins. Es ist für jeden noch ein Glas da.«

Er schob die Kanne näher, aber Cretzer erhob sich und lehnte kurz ab.

»Ich muß weg«, sagte er kühl.

Auch Nicolaes de Held und Jacob Meurs hatten begriffen, daß die Unterhaltung zu Ende sei, und machten Anstalten zu gehen. Van der Helst biß sich beleidigt auf die Lippen. Plötzlich haßte er die anderen aus Gründen, die ihm nicht klar wurden; er empfand, daß ihm Unrecht geschehen war, wie ein Kind, dem eine Rüge erteilt worden ist.

»Ihr geht? Wie spät ist es denn?«

Die Turmuhr der Westerkirche brachte die Antwort. Elf Schläge hallten herüber.

»Elf, ihr habt recht. Wartet einen Augenblick, ich gehe mit.« Flüchtig überlegte er, ob er nicht lieber doch allein gehen solle; sein Ärger über die anderen hatte ihn verbittert. Aber dann beschloß er trotz allem, mit ihnen zu gehen; einsame Spaziergänge waren, selbst in der Sommernacht, nicht sein Fall. Die Männer schlugen die Mäntel um und stiegen die Treppen hinunter. Umsichtig schloß Cretzer die Türen zum Sitzungszimmer ab und übergab die Schlüssel Nicolaes de Held, der morgen seine Aufzeichnungen über die Sitzung hier ausarbeiten wollte. Langsam gingen sie in die Innenstadt zurück. Van der Helst warf noch einen Blick auf das hohe goldene Fenster vorn in der Breestraße. Dann folgte er den anderen.

Laut und weitschweifig fing er zu reden an, als sei nichts vorgefallen, und seine Gefährten beantworteten seine groben Sprüche und Späße ebenso laut und lärmend. Cretzer war der erste, der sich verabschiedete. Er grüßte und schlug eine Seitenstraße ein. Die drei übrigen gingen schweigend weiter.

Van der Helst stieß einen Stein weg, der ihm im Wege lag. »Der alte eingebildete Narr«, fuhr er dann los. »Gildenvorstand will er sein, und dann verteidigt er jemanden, der ein Feind der Gilde ist?«

Nicolaes de Held zuckte gleichsam mitleidig die Achseln. Er sah noch den drohenden Blick in Cretzers Augen, fühlte wie einen Stich die peinliche Demütigung und lachte höhnisch und herzlich, als Jacob Meurs plötzlich Vater Cats anführte:

O saget mir, ihr Freunde all,
Was meint ihr wohl zu diesem Fall?
Aus Liebe, seht, zum Kerzenschmer
Umschleckt die Katz den Leuchter sehr.

»Umschleckt die Katz den Leuchter sehr«, brummte van der Helst mit unheilkündendem, trunkenem Lallen. »In der Tat, Meurs, das hast du gut gesagt. Er hat den Rembrandt nötig; *noch* hat er ihn nötig, darum ...«

Er blieb stehen und packte jeden mit einer Hand am Mantel. »Aber es wird Zeit, höchste Zeit, daß man diesem Rembrandt die Lektion erteilt, die er nötig hat – da seid ihr hoffentlich mit mir einig?«

Jacob Meurs hätte ihm noch vor einer Stunde begierig zugehört; doch jetzt versetzte de Held ihm einen mahnenden Rippenstoß, und unwillig wandte er sich ab.

»Recht hast du, Bartholomeus. Aber warum sollen wir der Zeit vorgreifen? Die wird schon selber ihr Urteil fällen!«

Van der Helst lachte grimmig.

»Aha, das hatte ich mir gedacht. Angst habt ihr. Ihr denkt, da könnte noch hier und da ein Machthaber sitzen, der ihm die Stange hält?«

Nicolaes de Held legte dem zürnenden van der Helst die Hand auf den Arm.

»Wir haben reichlich getrunken, Bartholomeus«, sagte er bestimmend. »Wir müssen schlafen gehen. Der Rausch spielt uns allerhand Streiche ...«

Van der Helst hob die Hand.

»Euch vielleicht!« rief er wütend.

Ruhig fuhr de Held fort:

»Laßt uns nichts unternehmen, was unsere Gilde ins Gerede bringen könnte ... Laßt uns nichts tun, was wir später bereuen könnten ...«

Dieselbe kühle Ernüchterung, die van der Helst bei Cretzers Worten empfunden hatte, stellte sich auch jetzt ein. Er ließ den anderen los und hüllte sich einsam und unnahbar in seinen Mantel.

»Das dachte ich mir. Angst. Tja ...«

Er machte eine Märtyrergebärde, eine Geste der Selbstaufoperung, und grüßte schwungvoll, höflich und kühl, wie man Fremde grüßt. Die anderen lüfteten gleichfalls die Hüte, und man ging auseinander.

Die Luft war lau, und leiser Wind wehte. In den Sommernächten wird es kaum dunkel. Hier und da glühte ein Licht, das der matte Wasserspiegel zurückwarf. Der Nachtwächter machte bedächtig die Runde. In einer Gasse flüsterte ein Liebespaar.

Bartholomeus van der Helst hörte und sah nichts; er dachte abwechselnd an die Demütigungen, die er von Cretzer und seinen Gildegenossen erfahren hatte; dann wieder erfüllte ihn der dumpfe, unklare Haß gegen Rembrandt. In seinem Kopf spukten tolle, verworrene und unausführbare Rachepläne. Schreien hätte er mögen, sich herumschlagen ...

Plötzlich fuhr er mit einem Fluch zurück. Vor ihm gähnte schwarze Tiefe: Wasser. Er hatte sich im Weg geirrt und war geradewegs auf die Gracht zugelaufen. Er verwünschte den starken Wein, der ihn auf diesen Irrweg geführt hatte, und ging, noch zitternd vor Entsetzen, den Weg zurück, den er gekommen war. Nun paßte er besser auf. Stolpernd stieg er die Stufen zu seiner Werkstatt hinauf. Er keuchte, als er oben angelangt war. Mit einem Seufzer warf er den Mantel ab und fiel taumelnd auf das Bett in der Ecke.

Doch bevor er die Augen schloß, blieben sie an einem hohen Gestell haften. Van der Helst brummte. Da stand die Staffelei; den ganzen Abend über hatte er nicht an sein neues Schützenbild gedacht. Er warf die Decken wieder zurück und richtete sich mühsam auf. Schlürfenden Schritts suchte er die Stube ab. Endlich fand er Kerzen, einen Schwefelstock, Zunder. Er machte Licht. Das Laken um die Schultern, trat er zu seinem Bild. Beinah erschrak er vor der Naturwahrheit seiner eigenen Schöpfung. Hell und feucht glänzten die Farben. Er brummte leise, zufrieden vor sich hin, ging um das Bild herum und bewunderte zum soundsovielten Male die Maße. Dann hielt er die Kerze hoch und ließ das Licht von rechts nach links fallen; sein Stolz und seine Zufriedenheit steigerten sich immer mehr. Er glaubte, noch einen Mangel zu entdecken, suchte Palette und Pinsel und wollte sofort die Sache verbessern. Da merkte er, daß seine Hand verräterisch zitterte. Er hatte zuviel getrunken. Seufzend legte er das Malgerät weg, warf einen letzten zärtlichen Blick auf das fast vollendete Bild, ließ sich müde ins Bett fallen und blies die Kerze aus.

Die Erinnerungen an den vergangenen Abend: die Sitzung – Cretzer – die Demütigungen – der Haß gegen Rembrandt – alles hatte sich tief in seinen Gedanken beruhigt. Er war ganz erfüllt von seinem Gemälde, sah es im Geist schon ausgestellt, bewundert und besprochen. Wie ein Kind, das von einem neuen Spielzeug träumt, lag Bartholomeus mit entspanntem, friedlichem Antlitz in den Kissen – und schlief.

XXII

Doch obwohl van der Helst in den nun folgenden Monaten seine Drohungen gegen Rembrandt im Rausch der alles fordernden Arbeit völlig vergaß und die anderen ebensowenig irgend etwas unternahmen – das Übel wucherte weiter.

Man konnte nicht sagen, daß bestimmte Pläne geschmiedet wurden. Man konnte nicht von einer Verabredung sprechen, nicht einmal Quellen nennen, aus denen das Gift aufbrodelte. Wie eine unsichtbare Verschwörung von Haß und Neid war es, die jahrelang im Verborgenen gewartet und sich in vielen Herzen eingenistet hatte und da unterdrückt worden war. Aber die Stimmung schlug um. Irgendwo war eine Lunte entzündet worden. Es schwelte. Wo Maler zusammenstanden, wurde von Rembrandt gesprochen. Und doch verriet sich noch nichts. Rembrandt selbst war sich am wenigstens von allen einer Veränderung bewußt, die sich um ihn herum vollzog. Er war nach wie vor gutgläubig und vertrauensvoll, wo es sich um die Gesinnung seiner Kunstgenossen handelte; wenn man ihn ruhig bei seiner Arbeit ließ, dachte er an nichts Arges und hätte sich selbst dem Teufel anvertraut.

Seine Arbeit und seine Kinder. Hendrickje, Titus und Cornelia. Die Schüler. Es gab genug zu tun, zu denken, zu beraten. Er hatte sowieso nie genug Zeit. Sollte er etwa auch noch in die Stadt gehen und bei allen Gelegenheiten danach fragen, was man von ihm dachte?

Rings um ihn herum wucherte das Übel.

Noch hatte er nicht darunter zu leiden, und das war vielleicht sein Unglück. Seine Radierungen waren begehrt; mit dem Verkauf hatte er – nach dem Verrat der Danckerts – Cretzer und Clemens de Jonghe betraut. Aus Italien war ein begeisterter Brief von Marchese Ruffo gekommen. Die Ausländer wollten von ihm gemalt werden. In seinem Hause empfing er an vielen Abenden einen kleinen Kreis von Getreuen; viele von ihnen waren arm, und Rembrandt half ihnen so gut er konnte mit Geld. Oft dachte er an die vergangenen Wintermonate, an den Tod des ausgehungerten Seghers. Armut und Alter erschienen ihm als die grauenhaftesten Übel, welche die Menschen treffen konnten; dann verspürte er beinahe einen Hang zur Sparsamkeit, und er dachte daran, etwas zurückzulegen für spätere, vielleicht ungünstigere Jahre. Er fühlte, daß er entweder verschwenderisch oder geizig sein mußte; einen Mittelweg gab es für ihn nicht. Das würde dann so etwas sein wie die Bürgertugend, die empfahl, daß man sich nach der Decke strecken soll; und nichts war ihm so zuwider wie der Unsinn, daß man das für den Umlauf bestimmte Geld beiseite legte und aufhäufte, dieser Unsinn, den selbstgerechte Kaufleute Fleiß nannten, mit dem sie die besten Jahre ihres Lebens verbrachten, ohne sich den geringsten Genuß zu gönnen.

Die neue Sorglosigkeit, die Rembrandt dem Leben gegenüber genoß, gewöhnte ihn auch rasch an eine neue Verschwendung. Kein Monat im letzten Jahr war vergangen, ohne daß Kunsthändler und Kunden ihm Silber und

Gold ins Haus gebracht hatten. Kummer und Sorgen, die eine Zeitlang ihn und die Seinen mit ihrem tödlichen Griff bedroht hatten, waren vergessen; die Wunden, die sie geschlagen hatten, zu kleinen Narben geworden, die ab und zu noch an den alten Schmerz erinnerten. – Aber doch nur vorübergehend. Man konnte wieder unbesorgt sein und sich dem widmen, was einem alles bedeutete: die Arbeit. Fortuna ließ sich wieder herbei, ihm ihre Gunst zu schenken. Und so kam es, daß Rembrandt keinen Augenblick bestürzt war, als er Hendrickje einmal um ein paar hundert Gulden bat und von ihr zu hören bekam, daß sie so gut wie nichts mehr im Hause habe. Als sie es ihm sagte, wäre sie fast in Tränen ausgebrochen. Ihre sparsame ländliche Art kam immer wieder zum Vorschein. Nur mit Mühe und Selbstüberredung konnte sie sich an die beinahe leichtsinnige Verschwendungssucht des geliebten Mannes gewöhnen. – Sie hatte jetzt ihr Kind. Sie dachte an die Zukunft der kleinen Cornelia. Ein uneheliches Kind. Rembrandt liebte es über alles. Doch hatte er selbst seinen Sohn von Saskia. Man *mußte* einmal an die Zukunft denken. Aber Rembrandt lachte sie aus. Wußte sie denn nicht, daß gerade jetzt alles ausgezeichnet stand? Clemens würde Gelder abführen, und Cretzer bekam bald wieder neue Mappen. Und dann gab es ja noch die Porträts, für die man jetzt Bezahlung fordern konnte. Doch Hendrickje sah ihn vorwurfsvoll an: »Du rechnest falsch. Cretzer hat auf die nächsten Mappen schon Vorschuß gegeben, und Clemens hat vor einem Monat mit dir abgerechnet ...«

Einen Augenblick war Rembrandt betroffen gewesen, doch sein Lachen, sein wiedergewonnenes Jugendlachen, ließ sich nicht verjagen. Er spitzte den Mund. Da blieben immer noch die Porträts, für die das Geld noch ausstand, und die waren doch auch Tausende wert ...

Es war nichts im Hause. Das kam in diesem Jahr öfter vor. Das Geld, das in den vergangenen Monaten hereingeströmt war, war wie Quecksilber durch die Finger geronnen, dahingeschmolzen wie Schnee in einem Frühlingstal.

Man hätte, wenn man es im nachhinein betrachtete, in diesem und jenem sparsamer sein, hätte sich manches besser überlegen können ... Hätte nicht leichtsinnig und unbedacht kaufen, kaufen, kaufen dürfen, was sich verlockend dem Auge bot. – – – Glücklicherweise blieben die Freunde. Glücklicherweise blieb seine Arbeitskraft, es blieben die Schüler, die außer Wohnungs– und Kleidergeld auch etwas von ihren Einnahmen abgaben. Ein Leben ohne Sorgen war eigentlich für den Künstler noch verderblicher als ein mühseliges, sorgenvolles Dasein. Man wurde eitel und vernachlässigte seine Gaben; doch jetzt wurde aus Spannung und Zwang Ungekanntes geboren. Es blieben ihm noch viele Jahre, so Gott wollte. – Verstohlen blickte er bei solchen Gedanken in den Spiegel. – Nein, von weitem sah man die Falten nicht. Die Hand spannte sich straff, und die Muskeln taten ihre Arbeit. Das Herz schlug stark und ruhig. Er diente der Liebe wie ein junger ... Seine Hendrickje ... Rembrandt lächelte immer wieder. Er war ja der Vater eines einjährigen Kindes, ein Junger, zuweilen ausgelassener Vater, der vergaß, daß sein Haar an den Schläfen ergraute; daß Nebenbuhler dabei waren, ihn von seinem begünstigten Platz zu verdrängen ... Nein, alles stimmte ihn glücklich. Das Leben war groß, voller Versprechungen. Das Leben mußte noch die Erfüllung vieler Träume bringen. Geldsorgen – ? Alles würde gut werden. Geld war nicht das Wichtigste. Freilich mußte das Haus noch abgezahlt werden; das ging nun schon seit Jahren, Jahren.

Er hatte es gekauft, als Saskia noch bei ihm war, in jenen fernen, unwirklich blonden Tagen eines fast unbewußten Glücks ... Ja, es mußte Geld her. Und Rembrandt ging zu Six, der ihm noch kürzlich einen Schuldschein nach dem anderen hatte zurückgeben können, und er schloß eine neue Anleihe gegen hohes Pfand ab. Er ging zu Becker, mit dem er ebenfalls so gut wie quitt war, und schloß eine Anleihe gegen hohe Sicherungen ab. Alles würde gut werden. Er malte ein schönes Bild für Becker – eine Schildwache in goldenem Harnisch vor Einfall der Nacht – , und Six schickte er sein großes Porträt, das er nach einer kleinen Skizze ausgeführt hatte. Aus Dankbarkeit, aus Zuneigung, und weil er nicht wollte, daß seine Gläubiger gering über ihn denken sollten. Selbst in ihm kam der Bauernsohn manchmal unerwartet wieder zum Vorschein.

Nun lagen wieder etliche Tausende in seiner Truhe. Jetzt wollte er erst für die Abzahlung des Hauses sorgen, das noch immer nicht ganz sein Eigentum war. Er machte ausführliche Pläne, nahm an einem Regennachmittag Papier und Feder zur Hand und bezifferte sorgfältig die Bestimmung der geliehenen Summe. Er war sehr zufrieden mit sich und sah alles in rosigem Licht. Wie ein übermütiger Liebhaber küßte er Hendrickje, und dann tollte er eine halbe Stunde mit Titus herum. Den ganzen Sommer über bewahrte er sich seine gute Laune. Seine Fröhlichkeit ging auf die Schüler über; alle wurden heiter und ausgelassen, das Pfeifen und Singen wollte kein Ende nehmen. Es war ein frohes Jahr in Rembrandts Haus. Filips hatte seine kostbare Laute wieder hervorgeholt und sang alte Lieder: voll barbarischer Kraft und Wehmut das Lied von Herrn Halewijn und »Es taget im Osten«; laut und scherzend das Liedchen von Harbalorifa und »Das Frauchen zu Köln«. Oft machten sie abends noch einen Spaziergang und kehrten am Rande der Stadt in einer ländlichen Schenke ein, um sich auszuruhen und zu erfrischen, ehe sie wieder durchs Stadttor heimwärts zogen.

Jetzt, da für Titus' Betreuung nicht mehr so viel Zeit vorhanden war, schien die Natur sich seiner anzunehmen. Er wuchs weiter, wurde braun und schlank, groß und ebenmäßig von Gestalt. Mit seinem Samtbarett glich er einem Edelknaben. Schon sahen sich große Mädchen nach ihm um, obwohl er erst zwölf Jahre alt war. Von seinen Altersgenossen unterschied er sich auffallend: sie waren derber, gedrungener als er und äußerlich viel kindlicher – doch blieb Titus in Gesellschaft noch lange linkisch und schüchtern, und erst nach Stunden konnte er seine Verlegenheit überwinden. Auch in seinem Denken war er anderen Kindern nur wenig voraus. Wohl schaute er nach den Mädchen, die mit forschendem Blick den seinen suchten, doch es entging ihm, welch ein Wunder sich an ihnen vollzog: wie junge Busen sich wölbten, wie kleine Hüften frauenhaft und fest wurden und wie zarte Kinderarme sich rundeten.

Doch wußte Titus nun, was er schon so lange vergeblich zu erfahren gesucht hatte. Er trieb sich nicht mehr mit unbekannten Gassenjungen herum, sondern suchte Zuflucht bei den Schülern seines Vaters: weniger derb, aber ebenso eindeutig wie die Straßenlümmel belehrten sie ihn über die Geheimnisse, die ihn so lange mit brennender Unruhe erfüllt hatten. Jetzt wußte er, warum der schwarze Stier auf Großmutters Hof den Kühen nachsetzte, warum der Knecht mit der Magd herumschäkerte, was Jeroen und seine Spießgesellen einander einst auf einem knarrenden Speicher »beigebracht« hatten. Die Enthüllungen hatten Titus weder erschüttert noch überrascht. Sie waren auch allmählich gekommen, stückweise den Älteren abgezwungen. Einmal ließ Maes, dann wieder Ulrich etwas verlauten, und Titus lernte, solche bruchstückhaften Mitteilungen miteinander in Verbindung zu bringen und sich mit der neuerworbenen Weisheit allerlei bisher Unverstandenes zu deuten.

Mit Heiman Dullaert sprach Titus fast nie. Der große, blasse junge Mensch mit den fiebrigen, dann wieder verträumten Augen, den langen schwindsuchtsweißen Händen war für ihn von kalter Unnahbarkeit; nie sah ihn Titus mit anderen Schülern zusammen; wenn er ausging, trug er häufig ein Buch unterm Arm und war sorgfältig in einen langen samtenen Mantel gehüllt. Er glich eher einem Gelehrten als einem Maler; in seinem ganzen Auftreten hatte er mehr von Ephraim Bonus als von Maes und den anderen.

Titus sah nach den großen Mädchen – aber nur, wenn er es unbemerkt tun konnte; dabei erfüllte ihn ein unbestimmtes Gefühl von Haß. Noch immer waren sie geheimnisvoll und fremd, obgleich er doch jetzt alles über sie wußte. Sie lachten und flüsterten viel; und Titus hatte stets die Vermutung, daß es ihm und den anderen Jungen galt, denen sie auf der Straße begegneten. Wenn er die hohen, girrenden Stimmen hörte, kämpften Zorn und Scham in ihm. Er fühlte unklar, daß er sich an ihnen rächen müsse, rächen wegen irgendeines Unrechts, das er nicht erklären konnte; es war, als bestehe eine Feindschaft zwischen ihm und den Mädchen, aber eine Feindschaft, von der er allein wußte, unter der er litt. – Er hätte sie schlagen mögen, demütigen. Die stolz vorgereckten kleinen Brüste, die jeden Mann zu Liebkosungen verlockten, weckten bei Titus einen unklaren, gereizten Zorn. Was bildeten diese Mädchen sich ein? Es war ihm eine tiefe Genugtuung, wenn er an ihnen vorbeiging und sich dachte: »Lacht ihr nur. Ich weiß doch alles. Von euch und von mir. Tut nicht, als hättet ihr Geheimnisse vor mir. Seid nicht so stolz!« Solche Gedanken halfen ihm, das demütigende Mädchengegirr männlich und selbstbewußt hinzunehmen. Und obwohl er in Wirklichkeit weniger von ihnen wußte, als er sich einbildete (denn er sah ihre Schönheit nicht und wußte noch nicht, warum sie ihn feindselig stimmten), steigerte sich sein Hochmut, und sein Ehrgeiz wurde für einen Augenblick zutiefst befriedigt. Ein deutliches Vorgefühl sagte ihm, er würde früher oder später eine natürliche Überlegenheit über sie erlangen, die ihn ein für allemal über die Narreteien der Frauen erhaben machen würde. Er legte sich selbst ein Gelöbnis ab, daß er sich nie mit ihnen einlassen würde – daß sie in seinem Leben weniger bedeuten sollten als Luft. Und mit diesem Entschluß im Herzen gelang es ihm einige Male, einen kühnen, vernichtenden Blick in ein lachendes Mädchengesicht zu schleudern, das dann sogleich in seltsamem Ernst erstarrte und nachdenklich in das seine sah. Doch er ging an ihnen vorbei – einsam, töricht und hochmütig.

Seine Eltern hatten ihn jetzt aus der Schule des verhaßten dicken Lehrers genommen. In wenigen Jahren hatte er alles gelernt, was der Mann, ein früherer Hausverwalter, der Jugend beibringen konnte. Er besuchte nun mit einigen Söhnen angesehener Familien eine Schule in der Stadt, wo man ihn zugelassen hatte, weil seine Mutter aus der Patrizierfamilie der Uylenburghs stammte. Die Jungen lernten Geographica, Historia, Mathematica, ein wenig Latein und leidlich Französisch. Titus war begeistert von den neuen Wissensgebieten, die er entdecken durfte, und schrieb an jedermann im Hause – wenigstens in den ersten Monaten – Briefe, die mit höflichen Redensarten und französischen Worten nur so gespickt waren. Diese Schule war im Vergleich zur ersten ein wahrer Himmel. Quälgeister gab es hier nicht. Die Jungen waren einträchtiger und aufeinander angewiesen; der eine war in diesem Fach besser, der andere in jenem; man sagte einander vor, half sich gegenseitig bei den Aufgaben, verlieh Feder und Papier.

Die Streifzüge mit den einstigen Freunden waren gänzlich vorbei. Meist war Titus jetzt bei den Schülern seines Vaters zu finden. Er fing auch an zu malen, mit unsicherer Hand und in allen Stilrichtungen; zunächst nach Vorbildern, die sich in seiner Umgebung in großer Zahl finden ließen. Rembrandt lobte und ermutigte seinen Sohn, obwohl er sah, daß es Titus an jedem eigenwüchsigen Talent fehlte. Der Meister dachte an die Zeichnungen und Bilder, die er selbst mit zwölf Jahren gemacht hatte. – Es wäre auch ein Wunder gewesen, wenn sein Sohn es ihm gleichgetan hätte …

In der Zeit, die ihm übrigblieb, las Titus allerlei geliehene Bücher, alles bunt durcheinander: Geschichten von van Meteren, Fabelbücher, Coornherts »Lustige Geschichten«, die von Boccaccio nacherzählt waren und die er meist falsch verstand, und alles, was ihm sonst in die Hände fiel. Und dann war ja auch noch die kleine zappelige Cornelia da; sie wuchs und gedieh und schien jeden Tag auf die Stunde zu warten, da Titus zu ihr kam und ihr seine lustigen Sprüche und Späße vormachte. Dann lachte sie hellauf, und Titus freute sich an diesem hellen, langgedehnten Kinderlachen. Ein großer Teil seiner Gedanken drehte sich um Cornelia. Das Fieber, als die die ersten Zähne kamen, erlebte er wie am eigenen Leibe. Über ihr erstes Gestammel, ihr erstes Wort war er außer sich vor Freude. Er stellte fest, daß Cornelia die dunklen Augen seines Vaters hatte, sonst aber das Ebenbild ihrer Mutter war.

Hendrickje war sehr stolz auf ihr Kind von Rembrandt und zeigte sich öffentlich mit Cornelia auf der Straße. Auch versäumte sie keine Gelegenheit, von ihr zu sprechen, und vergaß nie zu berichten, wie alle im Haus in das Kind vernarrt seien. Kirchenälteste und Sittenapostel beunruhigten das Haus längst nicht mehr. Manchmal dachte Hendrickje, daß Rembrandt damals trotz ihrer Bitte doch zum Kirchenvorstand gegangen sei und den Schwarzröcken gedroht und die Wahrheit vor die Füße geschleudert hätte. Wie dem auch sei – sie wurde nicht mehr belästigt, sie wurde als Herrin des Hauses anerkannt, als Rembrandts ungetraute Frau. Und überall wurde sie »Joffer« genannt, wie die angesehensten Frauen der Stadt.

Hendrickje fühlte ihr Leben reifen wie einen fruchttragenden Weinstock. Sie wußte, wie dankbar und entzückt Rembrandt nach dem Geschenk ihrer Liebe gegriffen hatte – wie ein Sterbender nach einer neuen Lebensmöglichkeit; daß er durch ihre Herzensgüte wieder ein neuer Mensch geworden war: in so vielen Liebesnächten hatte er es ihr bekannt und mit seiner uneingeschränkten Liebe vergolten. Sein Kind, ihr Kind war das schönste Band ihrer Liebe. Kein Abend verging, ohne daß Rembrandt, ehe er sich selbst zur Ruhe legte, an die Wiege trat, ob Cornelia wohl schon schlafe. Dann wurden seine Augen weich wie Samt, der starre Mund entspannte sich, und er flüsterte über dem kleinen Kinderkopf Koseworte.

XXIII

Als Filips de Koninck erfuhr, daß Govert Flinck verreist sei und somit keine Gefahr bestünde, ihm zu begegnen, hat er seinen jungen Freund Heiman mit in die Warmoesstraße genommen. Sie haben an der Tür des Strumpfhändlers angeklopft, der Holland und Amsterdam zum höchsten Ruhm gereichte: bei Joost van den Vondel, dem Vorbild und Meister aller jungen Dichter.

An jenem Abend haben sie das seltene Glück, daß keine anderen Besucher da sind. Der Dichter kennt Filips seit Jahren und nötigt ihn lächelnd ins Zimmer. Er ist sehr gealtert, doch sieht er gesund aus, und seine Stimme klingt voll und fest. Heiman Dullaert schweigt in stummer Bewunderung; schon seit Jahren verehrt er ihn aus der Ferne. Beinahe verschlägt es ihm den Atem, den Dichter, der sich wieder an seinen Schreibtisch gesetzt hat und lächelnd mit Filips spricht, so aus der Nähe zu betrachten. Eine Reihe milder Kerzenflammen bescheint ihn. Als er sich endlich mit dem höflichen, einnehmenden Wesen, das schon so viele ermutigt hat, zu dem jungen Dordrechter wendet, wird Heiman noch verlegener. Joost van den Vondel freut sich über die kindliche Verehrung, die Filips' Begleiter ihm entgegenbringt. Er nimmt einen Stoß Papier vom Schreibtisch. – Heiman spitzt die Ohren. Er weiß, daß Vondel an einem neuen Trauerspiel arbeitet. Schon mehrere haben ihn daraus vorlesen hören und preisen es mit hohen Lobesworten. Kaum kann Heiman die Bitte zurückhalten, auch ihnen vorzulesen. Er brennt vor Verlangen. Doch eine abwehrende Gebärde von Filips mahnt ihn, seinen Eifer nicht zu weit zu treiben. Doch siehe da: der Dichter beginnt schon zu lesen ...

Die Pracht der Verse erfüllt Heiman mit Bewunderung und heimlicher Selbstverachtung. Was bedeuten all seine Gedichte gegen so eine einzige glühende Zeile, wie sie nun mit Regenbogenfarben vor ihm auffunkelt:

Schilde erschimmern, neue Sonnen erschaffend ...

Über der Herrlichkeit der Worte verfällt er ins Träumen. Seine Blicke schweifen ab und bleiben irgendwo hängen. Als Vondel schweigt und er aus himmlischen Höhen wieder auf die Erde zurückfindet, sieht er plötzlich, daß es ein Kruzifix ist, worauf er blickt. Eine peinliche, unwillkommene Entdeckung, auch wenn es im Halbdunkel hängt. Davor stehen eine halbabgebrannte Kerze und eine kleine Vase mit Rosen. Es erinnert ihn plötzlich wieder daran, daß der Dichter zum römischen Glauben übergetreten ist – ein Ereignis, das schon einige Jahre zurückliegt. Am liebsten hätte Heiman sein Wissen um die Tatsache verdrängt. Er steht auf, und Filips, der seinem Blick gefolgt ist, erhebt sich ebenfalls. Der Abschied ist rasch vorüber. Schweigend verlassen sie das Haus. Als sie ein paar Straßen durchwandert haben, legt Filips die Hand auf Heimans Arm.

»Und wie war's?«

Die Knabensehnsucht langer Jahre ist erfüllt. Aber nicht so, wie Heiman es sich erträumt hat. Seine Antwort klingt halb unwillig.

»Er ist katholisch … Man denkt nicht immer dran, daß er bei Bilderdienst und Aberglauben Frieden gefunden hat … Ich fühle mich abgeschreckt – «

Filips' Stimme klingt scharf.

»Marnix' ›Bienenkorb‹ ist beinahe hundert Jahre her! Vergiß das nicht!«

Heiman fährt auf.

»Was soll das?«

Filips zuckt die Achseln.

»Das, mein Junge: nicht jeder Priester bedeutet dasselbe wie geheime Wollust, Verschlagenheit und grobe Lügen; ein Jesuit braucht nicht die Verkörperung von Verrat, Heuchelei und geheimen Verbrechen zu sein … Du hörst zuviel auf deine Pastoren.«

Heimans Zorn bringt ihn zum Schweigen.

»Meine Pastoren! Kein Wort über sie! Du beneidest sie, du beneidest sie um meine Freundschaft!«

Totenbleich stehen sich die beiden Freunde gegenüber. Filips' Lippen zittern. Heimans Worte haben eine alte Wunde in ihm aufgerissen, die nicht heilen will, er bebt bis in die Fingerspitzen. Aber er kann den anderen nicht schlagen; nicht einmal harte Worte kann er finden – er hat ihn zu lieb.

Es ist, als schäme sich Heiman seines Ausbruchs. Er nimmt Filips' Hand. Der Juweliersohn fühlt, wie er weich wird. Er schlingt den Arm um Heiman. Einen Augenblick ist es, als wolle der Dordrechter abwehren, dann läßt er sich mitnehmen, nach Hause, der Nacht entgegen.

Während sie durch die Stadt gehen, hängt jeder seinen Gedanken nach. Filips de Koninck denkt an den Verdruß seines Freundes nach dem Besuch in der Warmoesstraße. Er nimmt sich vor, nie wieder davon zu reden. Nichts ist schmerzlicher für einen jungen Menschen, als wenn er nicht mehr bewundern kann; das überwindet man nur langsam. Die Jugend zerschmettert sich selbst an ihren eigenen Abgöttern. Er weiß, daß Dullaert das alles noch durchmachen muß. Jeder Sterbliche muß wieder von vorn anfangen. Und jetzt war es Heiman geschehen. – Er seufzte. Dagegen gab es kein Heilmittel. Nur die Zeit. Und Heiman war noch so jung.

Es war nicht die erste Uneinigkeit, die sie durch einen Händedruck überwanden, Filips und sein wie eine Geliebte angebeteter Heiman. Immer stärker quälten Dullaert die Gewissensbisse wegen der ungewöhnlichen Form der Liebe, die zwischen ihm und dem anderen gewachsen war. Verehrt, ja beinahe vergöttert von dem älteren Freund, hatte er den seltsamen Trieben und Leidenschaften des anderen willig nachgegeben. Doch in Stunden der Einsamkeit und der Einkehr, in der Gesellschaft von Schellinx und van Petersom, der strengen Sittenmeister, stieg ihm oft die Schamröte in die Wangen, und sein Herz verzehrte sich in Angst. Er dachte an das Gericht, das der Herr an Sodom und Gomorrha vollzogen hatte, und Reue marterte ihn. Dann mied er seinen Freund tagelang, bis Filips Rechenschaft forderte. Doch Heiman verwünschte die Spitzfindigkeit des Freundes; und als ihm die Sache über den Kopf wuchs, zögerte er nicht länger und weigerte sich, mit Filips weiter zu verkehren. Dann lachte Filips ihn aus und spottete in ruhiger Überlegenheit, bis es zu Vorwürfen kam und zu bitteren, verletzenden Worten. Es gab Filips einen Stich ins Herz, wenn er die Namen von Heimans Pastoren nur hörte. Bitterer Neid erfüllte ihn gegen diese strengen älteren

Freunde Heimans, deren Einfluß der junge Dordrechter sich nicht entziehen wollte. Immer wieder mußte er erfahren, daß die Anziehungskraft von Schellinx und den anderen sich für Dullaert als stärker erwies als die seine; und in den kurzen Stunden der Uneinigkeit machte sich so viel Groll Luft, wurden so viele Vorwürfe laut, daß ein dunkles Vorgefühl ihnen beiden sagte, die Freundschaft könne nicht mehr lange dauern.

Wohl kam es in den Nächten der Schwäche zu einer Versöhnung. Aber Heiman widerstrebte immer mehr. Am Anfang, als er noch keine Sehnsüchte kannte und seine Sinne schliefen, hatte das Erwachen unbekannte Beseligung mit sich gebracht. Aber jetzt wußte er, daß er dem weiblichen Geschlecht längst nicht so abgeneigt war wie Filips. Wenn er durch die Stadt ging, sah er die Frauen, denen er begegnete, schärfer, verlangender an. Was Filips ihnen auch Böses nachsagen mochte: die Frau war die Gefährtin, die Gott für den irdischen Mann geschaffen, aus seiner Rippe gebildet hatte; die einzige, die berufen war, seine Liebe zu teilen. Alles andere war ein Vergehen gegen die Natur.

Und überdies blieb Filips ein Heide, mochte sich Heiman noch soviel mit ihm herumstreiten. Er hatte Freunde unter Juden, Katholiken und Protestanten. Er sieht sich Schauspiele an – nie und nimmer würde Heiman es wagen, den Fuß über die Schwelle eines Theaters zu setzen; und er las die neuen Philosophen, die in der christlichen Welt mit Recht »Belialskinder«, Teufelskinder, genannt wurden. Sein Leben war beherrscht von Wollust und von der Freude an der menschlichen Vernunft. Er war ein Sohn der Erde und hätte in Italien leben müssen. Wenn Dullaert sich das alles überlegte, begriff er manchmal selbst nicht, wie er sich je von Filips zu dieser widernatürlichen Liebe hatte verführen lassen. Und so mußte es zur Trennung kommen, früher oder später.

Die neue Sankt-Lukas-Gilde wollte trotz der Not der Zeit ihr wachsendes Ansehen auch nach außen hin erhöhen. Schon waren Gerüchte im Umlauf, es sei ein großartiges Fest geplant. Im Spätsommer des Jahres 1653 wurde öffentlich bekanntgemacht, daß die Gilde im Oktober desselben Jahres im Gebäude der Sankt-Georgs-Gilde ein glänzendes Bankett geben würde, ein Bankett jedoch, an dem nicht jeder gewöhnliche Bürgersmann, sondern nur Maler, Bildhauer, Dichter und ihre erlauchten Gönner sollten teilnehmen dürfen.

Die Pläne für das Fest stammten zum Teil von Thomas Asselijn, einem jungen, ruhmsüchtigen Dichter, der schwülstige Verse und Dramen schrieb, sich bei Vondel und Jan Vos anzubiedern versuchte und bei jeder Gelegenheit seinen Rat und vor allem seine Tat für unentbehrlich hielt. Sein wichtigtuerisches Auftreten und seine äußere Erscheinung täuschten die meisten und weckten den Eindruck eines bedeutenden Mannes – und eben das bezweckte der junge Poet. Diesmal hatte er den Einfall, in einem allegorischen Spiel das Lob der Dichter und Maler zu singen; und weil es ihm gelungen war, Vondel für seinen Plan zu gewinnen, hatten Cretzer und die anderen Gildevorstände sofort zugestimmt; nun konnte Asselijn ohne viel Mühe auch die Maler dazu bewegen, die von ihm aus diesem Anlaß verfaßten Verse und allegorischen Dichtungen anzunehmen; sie lagen schon seit langem bereit, und er hatte nur auf die Gelegenheit gewartet, sie zu verwerten …

Für Rembrandt und die Seinen hatte das Fest keinerlei Bedeutung. Der Meister selbst zuckte die Achseln und meinte, ein Maler hätte wohl Besseres zu tun, als Bankette auszurichten und Dichter zu verherrlichen, nur um dann das eigene Lob durch die Dichter ausposaunen zu lassen. Darum hatte er die Einladung, die er von Cretzer erhalten hatte, achtlos in den Wind geschlagen. Maes war stronggläubig und mied schon deswegen alle heidnische Lustbarkeit; und Mayr als Deutscher fühlte sich unter lauter geborenen Amsterdamern nicht recht heimisch.

Nur Filips de Koninck hatte die Einladung angenommen. Von seiner Elternseite her entstammte er einer Patrizierfamilie, und da er seine Jugend in Amsterdam verbracht hatte, kannte er viele Maler und Dichter, er würde also die Malerschule der Breestraße vertreten.

Aber Filips wollte, daß Heiman das Fest mit ihm besuchen solle. Es war eines Tages spät am Abend, als er ihn endlich auf seinem Zimmer antraf. Er sprach von dem Fest. In der Dämmerung sah er nicht, daß Heimann sich entrüstete. Filips war leicht erregt und pries überschwenglich die klassische Vereinigung von Apelles und Apollo.

In Heiman kochte es. Zum soundsovielten Male zeigte sich sein Freund – war er wirklich noch sein Freund? – als Heide. Ein Heide, und weiter nichts! Ein sündiger, weltlicher Verstand, der ihn zu furchtbarem Leichtsinn verführen wollte ...!

Als Filips sich zu ihm neigte, war sein Abscheu vollkommen. Er hob die Hand und schlug dem anderen mitten ins Gesicht. Filips taumelte zurück; es war das Letzte, was er erwartet hatte. Er wollte aufbrausen – doch er bezwang sich, obwohl das Herz sich ihm zusammenkrampfte. Er nahm die Abweisung hin, aufrecht und ohne sich etwas anmerken zu lassen. Als er zu Dullaert hinsah, der sich voll Entsetzen über seine rasende Tat abgewandt hatte, fand er keinerlei vernichtende Worte; schweigend und beherrscht verließ er Heimans Zimmer.

Am nächsten Tag ging Filips aus und kehrte am Abend nicht zurück. Jeder im Haus war wie erschlagen, alle beunruhigten sich sehr. Überall wurde nach ihm geforscht. In der Malergilde herrschte Erregung und Schrecken. Denn mochte man auch Filips als Talent nicht geschätzt haben, so bewunderte man ihn als weitgereisten Plauderer; sein weltmännisches Auftreten und seine vornehme Eleganz hatten ihn beliebt gemacht.

Als Dullaert einige Tage darauf in seinem Schrank ein Bild fand, fühlte er sich gebrochen und schuldig; es war sein eigenes Porträt, gemalt von Filips. Aus jedem Pinselstrich sprachen Bewunderung und Liebe.

Wochen vergingen. Da hörte Rembrandt von einen Kunsthändler, Filips lebe in Gouda. Er hatte bei einem Fährmann Dienst genommen. Der Sohn des Juweliers, der Mann, der Frankreich und Italien bereist hatte, der Maler, dessen Bilder vom Meister so sehr bewundert wurden – er war Schiffersknecht geworden; die feine Hand, mit der er Heiman liebkost hatte, führte nun Reisende über den Strom.

Dullaert suchte die Einsamkeit, als er die Nachricht vernahm. Niemand wußte, warum er abends in seiner Stube blieb. Aber ihn peinigten seine Gedanken, und er betrachtete das Bild, das Filips ihm zurückgelassen. Jetzt erst kam ihm zum Bewußtsein, was Filips de Koninck ihm gewesen war. In seiner Verzweiflung warf er sich aufs Bett und weinte die letzten heißen Tränen seiner Jugend.

XXIV

Seit dem plötzlichen Verschwinden Filips de Konincks ging es in Rembrandts Haus still und ernst zu. Über viel sorglose Freude war ein Schatten gefallen. Die Mahlzeiten wurden ohne Filips bedrohlich still; keiner wagte mehr, den alten scherzenden Ton anzuschlagen. Es wurde im Hause nicht mehr so häufig gesungen und gespielt. Filips' Lieblingslieder erklangen überhaupt nicht mehr. Seit er fort war, merkten sie erst, wie lieb ihnen seine Anwesenheit gewesen war. Nur Nicolaes Maes, der ihm nie hatte folgen können, empfand eine stille Genugtuung. Jeder zog sich wieder auf sich selbst zurück. Keiner sprach offen aus, ja vielleicht ahnte keiner der Hausgenossen, von welcher Art die Freundschaft zwischen dem ältesten und dem jüngsten Schüler gewesen war, und doch empfand Heiman Dullaert die Stille und Verdüsterung, die in den folgenden Wochen das Haus überschatteten, als ein unausgesprochenes, gerechtfertigtes Urteil.

Rembrandt war vielleicht am stärksten von allen anderen durch Filips' Fortgehen getroffen. Das Erlebnis hatte ihn aus einem Rausch von Glück, aus Träumen von Reichtum und Wohlstand in eine bitterharte Wirklichkeit zurückgestoßen. Mit einem Male erkannte er, daß er sich wie ein Halbwüchsiger der Wonne seiner Gefühle hingegeben und darüber alles andere vergessen und vernachlässigt hatte. Es war nicht nur die Bestürzung über den Verlust eines geliebten Schülers, die ihn aus seinen abseitigen Träumen wachrüttelte. Dieses überstürzte Verschwinden lehrte ihn ein Gefühl kennen, das ihm zu sagen schien: über Nacht kann alles anders werden. Sorglosigkeit ist eine große menschliche Schwäche. Nie bleibt das Glück beständig.

Drohend beinah überfiel ihn die Erkenntnis, wie leichtfertig er alles betrachtet hatte; er war ja weiter nichts als ein Maler, der mit ein paar Schülern und seiner Familie allein stand inmitten von Neid und Eigennutz seiner Zeitgenossen! Rauhe Hände hatten ihn aus dem Traum gerissen. Seine Lage war äußerst unsicher. Er griff sich an den Kopf: wenn nun Six oder Becker oder Cretzer plötzlich ihre wohlwollende Gesinnung aufgaben, wenn sie – wozu er ihnen schließlich das Recht gegeben hatte – mit Forderungen kamen und gar mit Zwangsmaßnahmen ... was dann?

Rembrandt war wachgerüttelt worden. Mit überempfindlichem Sinn spähte er nun und forschte ... Es war, als wittere er Unrat. Argwöhnisch und gehetzt war er wie ein Tier, das, durch ein fernes Unwetter geängstigt, umherirrt und Geborgenheit sucht.

Obwohl Rembrandt halbe Nächte lang wach lag und gegen die drückende Übermacht dieser Zwangsgedanken ankämpfte, obwohl er sie auf kurze Zeit zu besiegen vermochte, kehrten sie wieder, wenn er es am wenigsten erwartete – sie wurden zu einem Bestandteil seines Daseins, sie durchdrangen sein ganzes Wesen wie der Saft den Baum. In seine Augen kam ein matter Glanz, seine Hände konnten plötzlich vor Angst zittern. Dann mußte er eiskaltes Wasser trinken oder ruhen oder spazierengehen, ehe er weiterkonnte. Und wenn er dann wieder an die Arbeit ging, sah er, daß sich auch auf seinen Bildern Zeichen verbissener Angst und nahenden Unheils bemerkbar machten. Wie jemand, der im dunklen Zimmer sitzt, umgeben von Feinden, und nicht weiß, von welcher Seite der erste Schlag kommen wird, so duckte sich Rembrandt, gehetzt und gespannt; denn daß früher oder später ein Schlag kommen würde, das fühlte er mit schlafwandlerischer Sicherheit. Beinah ersehnte er, daß irgend etwas geschehen möge, um den Druck zu entweichen. Die Unsicherheit martert ja mehr als jedes andre Übel.

Doch blieb ihm manches, was ihn weiter beglückte; seine Schaffenskraft litt nicht unter den dumpfen Gedanken, die ihn heimsuchten. Vielleicht wandelte sie sich, wurde verhaltener, schwermütiger – aber zu einem Stillstand wie einst kam es nicht. – Und dann die Abende, da er seine alten Freunde bei sich sah, die armen, unbekannten Maler, die von Jugend auf mit der Welt und der eigenen unzureichenden Begabung gekämpft hatten: im guten, vertrauten Gespräch mit ihnen fand er immer wieder neue, lebenspendende Gedanken; vergaß er die dunklen Stunden, die Augenblicke der Verzweiflung; vergaß er Filips, die Schulden, das unbezahlte Haus; vergaß er seine eigenen Pläne; war er ein Mensch, der sprach und trank und lachte und sich Scherze und Späße ausdachte, um die anderen zum Lachen zu bringen.

Eines Novembertages, als Rembrandt nach einem geselligen Abend diese Freunde zur Haustür begleitet hatte, bemerkte er, als er in den Vorsaal zurückkam, daß einer von ihnen dageblieben war. Ein kleiner, gedrungener Mann, ein Blumenmaler, der es nie zu etwas gebracht hatte, obschon seine kleinen Sachen flott und geschmackvoll hingepinselt waren. Mehr als einmal hatte Rembrandt ihm in der Winterszeit geholfen, wenn keine Blumen zu beschaffen waren und er sich gezwungen sah, entweder sich selbst zu kopieren oder betteln zu gehen. Auch diesmal war der Blumenmaler wohl zurückgeblieben, weil die Not ihn drängte und er sich von Rembrandt Hilfe erhoffte. Es rührte den Meister stets, wenn sich jemand vertrauensvoll an ihn wandte; und obwohl er schon öfter am eigenen Leibe erfahren hatte, daß Wohltun keinen Vorteil bringt, konnte er keinen Menschen abweisen. Er lächelte; Arm in Arm gingen sie in die Werkstatt. Rembrandt schob einen Stuhl ans Fenster, wärmte seine von der winterlichen Nachtluft starr gewordenen Finger und vermied es so, den Blumenmaler anzusehen – er würde schon von selber sprechen!

Aber das Schweigen wollte kein Ende nehmen. Rembrandt wandte sich zu dem anderen, der mit gebeugtem Kopf und aufgestützten Ellenbogen vergrämt und sorgenvoll am Tisch saß.

Plötzlich brach der Mann in Tränen aus. Der graue Kopf fiel auf die Hände, und seine Verzweiflung machte sich in ersticktem Schluchzen Luft.

Rembrandt war tief erschrocken.

Der Blumenmaler faßt sich ebenso plötzlich, wie er die Beherrschung verloren hatte. Er richtete sich auf. Eine kurze, drohende Falte stand senkrecht zwischen seinen Augen. Seine Hände ballten sich zu Fäusten. Er fing eine Träne in seinem Bart auf, der bösartig nach vorne zu stechen schien. »Es ist aus«, sagte er mit zitternder Stimme; aber in seinem Ton lag mehr Zorn als Niedergeschlagenheit.

Erregt fuhr Rembrandt auf.

»Hinausgeworfen?«

Der Blumenmaler nickte.

»Morgen. Wenn ich nicht zahlen kann. Und meine ganzen Sachen werden beschlagnahmt.«

Er stand auf, lachte laut und verächtlich – aber Rembrandt hörte das Schluchzen darin nachklingen – und begann, auf und nieder zu gehen.

In Rembrandt zerbrach etwas. Er verlor seine Sicherheit, seine Ruhe. Mitleid schrie in ihm auf. Doch nicht in erster Linie Mitleid mit dem anderen, nicht in erster Linie, weil ein Mitmensch, ein Kunstgenosse, von den Mächtigen der Erde an den Bettelstab gebracht worden war. Nein, Rembrandt hätte auf einmal um seiner selbst willen schreien mögen.

Größeres Mitleid hatte er jetzt mit sich selbst als mit irgend jemand anderen. Wie der Blitz durchzuckte es ihn: Das ist es, was ich seit Tagen fürchte.

Und er sah eine Winternacht vor sich, Schnee und eisiger Wind; Hendrickje preßte das Kind an die Brust, Titus klammerte sich an ihm fest… Er dachte an Becker, an Six. Er dachte an alle, die ihn beneideten und haßten, an die Schar der Unbekannten, die auf seinen Sturz warteten. Auch er fing an, hin und her zu gehen. Das Blut stieg ihm zu Kopfe. Er schlug mit den Fäusten auf den Tisch. Wilde Raserei überkam ihn. – Er blickte zu dem anderen hin, der wie er auf und ab lief, verzweifelt und gejagt. Er blieb neben ihm stehen, packte ihn an den Armen. Kreischend beinahe hielt er ihn an:

»Die Bluthunde!«

Bestürzt starrte der Blumenmaler ihn an. Rembrandts Nasenflügel bebten heftig, sein Hals war angeschwollen; die Augen, weit aufgesperrt, zeigten das Weiße. Rembrandt zitterte wie ein Schilfrohr im Winde. Er blickte den anderen nicht an, aber er sah über seine Schulter weg einer unsichtbaren Mauer von Feinden entgegen.

»Noch halten wir stand!«

Er blickte sich um und ließ den Blumenmaler los. Der Mann hatte sich ganz fassungslos wieder hingesetzt und folgte den Bewegungen des Meisters mit ängstlichen Augen. Rembrandts Blick flog durch den Raum, von einem Gegenstand zum anderen. Er betrachtete die Kostbarkeiten, blieb vor Leuchtern stehen, vor Vasen und Seidengeweben.

Plötzlich riß er einen kleinen Perserteppich von der Wand, warf ihn auf den Boden und häufte darauf, was ihm in die Hände fiel und irgendeinen Wert hatte. Aus einem Schrank nahm er Weinkannen und Becher heraus, Treibarbeit, die Hunderte einbringen würde, und warf sie dem ängstlichen Maler vor die Füße. Er lief ins Nebenzimmer; plötzlich war ihm eingefallen, daß er noch tausend Dukaten in bar hatte. Rache mußte genommen werden, Genugtuung wollte er haben im Namen der gedemütigten Kunstgenossen, im Namen aller Verfolgten – blindlings stapelte er die Werte auf dem Teppich auf. Er keuchte.

»Nimm, nimm! Mach alles zu Gelde! Kauf dir ein Haus dafür! Sag niemand, daß das Geld von mir ist! Das bringen wir später in Ordnung. Kauf dir ein Haus, ein anständiges Haus in der Stadt! Geh an die Arbeit! Tu, als sei nichts vorgefallen! Trotze der ganzen Bande!«

Und die letzten Worte schrie er beinahe heraus:

»Wir werden's ihnen zeigen!«

Der Blumenmaler murmelte etwas Unverständliches und blickte wie verzaubert auf den Teppich, die Kostbarkeiten, das Geld. Er drehte den Hut zwischen den Händen und regte sich nicht. Rembrandt hob den Teppich auf und hieß ihn mit einer kurzen, gebietenden Handbewegung anfassen. Dann schob er den Mann aus der Werkstatt, durch den Vorsaal, öffnete die Tür, stieß den anderen auf die Straße. Die Winternacht blies in ihre glühenden Gesichter. Der Blumenmaler sagte nichts mehr. Er drückte die kostbare, die teuerste Last, die er je getragen hatte, an die Brust, und mit vorsichtigen, tastenden Schritten verschwand er im Dunkel der Schneenacht...

»Sag niemand, daß das Geld von mir ist!«

Der Blumenmaler hatte nicht schweigen können.

Sobald seine Vertrauten es wußten, machte das Gerücht die Runde in der ganzen Malerwelt. Überall hörte man spöttische und giftige Bemerkungen über Rembrandts Edelmut, der ein Haus für einen Kunstgenossen kaufte, während noch nicht einmal sein eigenes bezahlt war. Eine Herausforderung war das, eine unerhörte, aufreizende Herausforderung! Rembrandt selbst wußte am besten, daß es stimmte. In seiner unbeherrschten, zornigen Raserei hatte er es so und nicht anders gemeint. Er selbst hatte den Sturm entfesseln wollen, das Unwetter, das vielleicht mit all seinen Schrecken über ihn hereinbrechen, doch dann auch den Druck und die Angst mit Gewalt wegfegen würde.

Doch es blieb ruhig. Wochen vergingen, ohne daß sich ein unheilkündendes Anzeichen einstellte. Rembrandts

Unruhe und Reizbarkeit nahmen zu. Wagte man wirklich noch nicht, den Handschuh aufzunehmen, den er den Neidern und Verleumdern freiwillig vor die Füße geworfen hatte? Wagte man, sich seine verwegene, unbedachte Tat nicht zunutze zu machen? Sollte man ihn noch fürchten, hatte er selbst die Lage zu schwarz gesehen? – Mit langen Schritten ging Rembrandt durch die Werkstatt; er arbeitete voll Unruhe und mit Unterbrechungen, stets gefaßt auf irgendeine Hiobsbotschaft. Doch nichts geschah. Es war zum Verrücktwerden.

Fast bereute Rembrandt seine unbedachte Handlungsweise. Nicht, daß er dem bettelarmen Kunstgenossen in seiner Not geholfen hatte, obgleich der Mann bei seiner geringen Begabung es nie würde zurückzahlen können; auch der Spott kränkte ihn nicht, den seine unerklärliche Tat gewiß hervorgerufen hatte. Doch er bereute den unvernünftigen Zorn, mit dem er an jenem Abend, als der Blumenmaler seine Hilfe erbat, alles Wertvolle im Hause leichtsinnig verschenkt hatte. Vielleicht hätte es noch einen anderen, verständigeren Weg gegeben, ihm zu helfen. Jetzt war es zu spät. Mit jedem Tag wurde Hendrickjes Haushaltsgeld knapper; es blieb ihm nichts weiter übrig, als wiederum zu Becker zu gehen und neue Schuldscheine zu unterzeichnen. Es gelang ihm jedoch, diese Anleihe ohne Hendrickjes Wissen abzuschließen und ihr das Geld vorzuzählen, als wäre es ehrlich verdient. Wenigstens die eine Genugtuung hatte er, ihr strahlendes Gesicht zu sehen. Der Meister begriff nicht, daß er nicht nur sie, sondern vor allem sich selbst grob betrogen hatte. Immer größer wurde der Rückstand. Das eine ließ sich nicht mehr durch das andere decken.

Und nun kamen die Ereignisse in rascher Folge.

XXV

Ein Schatten fiel auf das Bild, an dem der Meister arbeitete. Es mußte jemand ins Zimmer gekommen sein. Rembrandt blickte auf. Hinter ihm stand Nicolaes Maes. Der Schüler sah zu Boden. Mit *einem* Blick erkannte Rembrandt, daß er für eine besondere Gelegenheit gekleidet war. Sein gekräuselter Kragen, der große braune Hut, den er zwischen den Fingern drehte, die sorgfältig straffgezogenen Strümpfe und die blankgeputzten Schuhschnallen deuteten darauf hin, daß er entweder einen Besuch in der Stadt machen oder vielleicht verreisen wollte. Aber verreisen mitten im Winter ...? Rembrandts Blick war mehr als eine Frage.

Nicolaes Maes zuckte verlegen die Achseln, lächelte, führte die Hand an den kleinen Schnurrbart und machte eine Bewegung, als könne er nun einmal nicht anders. Dann sagte er und scharrte dabei mit seinem spitzen Schuh auf dem Teppich herum:

»Es ist an der Zeit für mich, Meister.«

Rembrandt legte den Pinsel hin.

»Zeit ... wofür, Nicolaes?«

Maes ließ die Augen durch die Werkstatt schweifen, aber Rembrandt ins Gesicht sehen konnte er nicht.

»Fünf Jahre lang bin ich hier gewesen ...«

Mit einem Ruck warf Rembrandt seinen Stuhl um; Maes erschrak. Es war, als habe der Meister plötzlich begriffen. Er stand auf. Nicolaes Maes sah, daß er unter der braunen, durchfurchten Haut blaß wurde. Der Schüler fühlte sich beschämt und schuldig. Nie hätte er gedacht, daß sein Weggehen Rembrandt irgend etwas bedeuten könne. Nun hatte er ein Gefühl, als habe er es an irgend etwas fehlen lassen. Es peinigte ihn, daß er mit einer Bitte kam, und doch wußte er gleichzeitig, daß er diese Bitte nicht länger aufschieben durfte.

Rembrandt machte ein paar Schritte, seine Fäuste ballten sich im Arbeitskittel. Nicolaes Maes wollte ihn verlassen. Seltsam, daß er bei manchen nie an ein Fortgehen gedacht hatte. Von Maes hätte er es sich nie vorstellen können. Und doch… warum nicht? Obwohl zwischen ihnen kein Wort über Trennung gefallen war, obwohl niemand von Weggehen gesprochen hatte, wußten sie beide, daß sie einander nichts zu verheimlichen hatten. Aber es war zu ungewohnt – es tat so gut, noch einen Augenblick zu zweifeln und zu tun, als sei es etwas ganz anderes, weshalb Maes hier zu ihm kam…! Nicolaes und er sahen einander in die Augen. Der Schüler bemerkte, daß Rembrandts Blick angstvoll und trübe war. Rembrandt sah die bestürzten, gutmütigen Augen eines jungen Mannes, Augen, die in die Ferne blickten und ihn gleichzeitig zu bedauern schienen… Es war wie immer, wie immer. Aber obgleich er wußte, daß es unvermeidlich war, fragte er doch: »Warum?«

Nicolaes Maes hatte in seiner Verwirrung und Unsicherheit den großen braunen Hut wieder aufgesetzt. Es war, als mache er sich schon reisefertig. Wie einen Stich fühlte Rembrandt, daß mit dieser Gebärde die Bande von einst und jetzt zerrissen wurden. Und noch einmal stellte er klagend die jetzt sinnlos gewordene Frage:

»Warum?«

Nicolaes Maes nahm den Hut wieder ab. Er wollte sich zwingen, großmütig und entschlossen aufzutreten. Ein Mann. Er legte die Hand auf die Brust und wollte nun seine Gründe darlegen. Doch Rembrandt wartete keine Antwort, keine weitläufige Erklärung ab. Der eine gab die, ein anderer jene – aber der Kern war bei allen der gleiche: ich will ich selbst sein, nicht mehr abhängig ... Und er fragte:

»Zurück nach Dordrecht?«

Nicolaes Maes nickte verdutzt und ließ die Hand wieder sinken. Von neuem begann er an seinem Hut zu drehen, dann trat er einen Schritt vorwärts:

»Meister, ich bin zu alt geworden…«

Rembrandt wehrte ab. Er war nicht böse. Sie sagten es ja alle, und alle mußte er zurückweisen:

»Zu alt? Zu alt? Um Schüler zu sein, meinst du? Dachtest du wirklich, Nicolaes Maes, man könne zu alt werden, um Schüler zu sein? Bin ich etwa kein Schüler mehr? Nimm dich in acht! Erkenne dich selbst. Wenn du so sprichst, so beweist du damit nur, daß du eine zu hohe Meinung von dir selbst hast. Du bist ein guter Maler, und solange du gut auf dich aufpaßt, kannst du es weit bringen ... Aber das kannst du nur, wenn du ein Lernender bleibst, ein Schüler. Ein Schüler der ganzen Gotteswelt, der ganzen Welt außerhalb und in dir, Nicolaes Maes.«

Er hielt inne.

Nicolaes trat näher.

Rembrandt drehte sich um und setzte sich wieder vor die Staffelei. Nur so konnte er vor dem Jungen verbergen, wie gebrochen er war. Seine Hand machte eine Gebärde des Abschieds. Nicolaes Maes sah, daß der Meister nicht zornig war; nicht oft erriet der Dordrechter, wie anderen zumute war, aber jetzt ergriff ihn ein heftiges Verlangen, die winkende, halb abweisende Hand zu ergreifen und mit Küssen zu bedecken. Dieselbe Hand, die alles hatte schaffen helfen, was Nicolaes von klein auf an großer Kunst bewundert hatte, die Hand, die die »Nachtwache«, die großartigen Porträts und den »Philosophen« geschaffen hatte ... Rembrandts Hand. Aber Maes wagte nicht, näher zu kommen. Er trat ehrerbietig zurück, als ob er bei einem Fürsten zur Audienz empfangen worden sei und sich nun entfernen müsse. Von Leid zerrissen ging er.

Als er die Türklinke in der Hand hatte und das Eisen klirrte, vernahm er die Stimme des Meisters:

»Leb wohl, Nicolaes. Alles Gute für deine Zukunft!«

Nicolaes Maes wandte sich um. Rembrandt saß in der gleichen Stellung wie vorher. Maes fühlte heiße Tränen. Er blickte wieder nach der Hand, die jetzt herabhing und sich noch ein wenig bewegte. Aber es war schon zu spät. Das Band war zerrissen. Und doch sagte Nicolaes Maes, so warm, so von ganzem Herzen, wie er in seinem kühlen, selbstsüchtigen Leben noch nicht gesagt hatte:

»Lebt wohl, Meister. Nie werde ich vergessen ...«

Die Tür fiel ins Schloß.

An diesem Abend arbeitete Rembrandt nicht mehr. Die Hausgenossen hörten ihn unruhig auf und ab gehen. Am nächsten Morgen saß er schweigend beim Frühmahl, dunkle, verräterische Ringe um die Augen. Hendrickje hatte ihn nachts nicht zu sehen bekommen. Er blickte nach den Stühlen der Schüler. Wo früher vier und noch mehr gesessen hatten, saßen jetzt nur noch zwei. Seine Augen gingen von Ulrich zu Heiman, und er sprach kein Wort.

XXVI

In den Tagen, die nun folgten, blieb Rembrandt zerstreut und arbeitete nur in seltenen kurzen Aufwallungen. Geistesabwesend blätterte er in alten Büchern, kramte in seiner Waffensammlung oder versuchte, sich beim Betrachten kostbarer, zierlicher Einlegearbeiten selbst zu vergessen. Doch seine Unruhe und Ziellosigkeit wurden dadurch nicht geringer.

Manchmal – die Dämmerung fiel ja noch frühzeitig ein – ging er aus und schlenderte in der Nähe umher. Die Winterabende waren voll seltsamer Farben; schwerer blauer Dunst hing über weißen Grachten; die Bäume standen dunkel und hart wie schwarzer Kristall. Äste und Zweige bildeten ein bizarres Spitzengewebe; braun und grau lehnten die Häuser aneinander. Auf diesen Gängen war Rembrandt immer allein. Titus wäre auch jetzt gern mit ihm gegangen in Erinnerung an die Abende früherer Jahre, als er seinen Vater begleiten durfte. Doch obgleich er zu wissen glaubte, daß Rembrandt es ihm nicht abschlagen würde, wagte er nicht, ihn darum zu bitten. Er begriff – wenn er auch den Grund nicht wußte –, daß sein Vater allein sein wollte; daß nach dem Fortgehen von Maes irgend etwas ihn quälte und daß er auf einsamen Spaziergängen davon loszukommen versuchte.

Eines Abends – es schneite leise, und eine dämmrigweiße Hülle sank auf Häuser, Bäume und Wasser herab – wurde Rembrandt auf einem seiner Spaziergänge angehalten. An der Stimme des Mannes, der seinen Mantel ergriffen hatte, erkannte er van Ludig, einen Winkeladvokaten, der den Amsterdamer Notaren schon manchen Klienten abspenstig gemacht hatte. Van Ludig war entfernt verwandt mit Rembrandt. Der Meister konnte ihn nicht leiden; van Ludig war langsam reich geworden, und man erzählte sich, daß er sein Vermögen nicht auf die anständige Art erworben habe. Doch darüber wußte Rembrandt nichts Sicheres; sein Leben lang hatte er sich um den Mann seiner Base nicht gekümmert, und wenn er einmal mit ihm zusammengetroffen war, hatten sie nur ganz im allgemeinen über Familienangelegenheiten gesprochen.

Daß van Ludig so plötzlich vor ihm auftauchte – es war, als hätte er Rembrandt aufgelauert –, empfand der Meister als böses Vorzeichen. Van Ludig tat, als sei er angenehm überrascht, seinen Vetter zu sehen. Sie schüttelten einander die Hand: Rembrandt matt und zurückhaltend, van Ludig mit lautem Wortschwall. Er fragte nach Hendrickje, nach Titus und allerlei geschäftlichen Dingen, die Rembrandt ihm nur ungern anvertraute. Van Ludig mußte doch merken, daß ihr Leben zu verschiedene Wege ging, als daß sie ungezwungen miteinander plaudern konnten! So waren seine Antworten kurz angebunden, in der Absicht, der Begegnung rasch ein Ende zu machen.

Schon lag Rembrandt eine abschließende Abschiedswendung auf der Zunge, als van Ludig in seiner fast ununterbrochenen Wortflut den Namen Six nannte. Ein unangenehmer Argwohn zuckte Rembrandt durch den Sinn, und aufmerksam hob er den Kopf. – Van Ludig schien die plötzlich geschärfte Aufmerksamkeit seines Vetters bemerkt zu haben. Sie waren stehengeblieben, setzten sich aber nun langsam wieder in Bewegung; unwillkürlich richteten sie ihre Schritte nach der Breestraße. Jetzt nahm das eigentliche Gespräch seinen Anfang.

Van Ludig seufzte, während seine Füße mit leise knirschendem Laut durch die immer höher werdende Schneeschicht wateten. Es war nicht bitter kalt, wie es manchmal an Spätwinterabenden sein kann, wenn die ersten leisen Anzeichen für den Umschwung der Jahreszeit spürbar werden. Die Vettern trugen die Mäntel offen. In kleinen Wölkchen stieg ihr Atem in die Luft.

Nun gab van Ludig halb brummend, halb murmelnd einige Laute von sich, die Rembrandt kaum verstehen konnte; doch wußte er mit Sicherheit, daß wieder der Name Six gefallen war. Das beunruhigte ihn, denn es lag etwas Drohendes in diesem stillen Gebrumm und Gemurmel. Er konnte seine unklare Neugierde nicht länger bezwingen und tippte dem anderen auf den Arm.

»Was ist denn los mit Six, daß du so häufig seinen Namen nennst?«

Van Ludig machte mit dem Zipfel seines Mantels eine Gebärde der Verzweiflung – ein seltsames schwarzes Zeichen inmitten der bleichen Schneenacht.

»Zahlen tun die großen Herren nicht mehr! Weder Silberstücke noch Goldgulden kriegt man von ihnen zu sehen… Schuldscheine – damit fertigen sie einen ab…«

Eine böse Ahnung jagte Rembrandt das Blut in die Wangen.

»Bezahlt Six deine Forderungen mit – Schuldscheinen?«

Van Ludig seufzte. Aber Rembrandt fühlte die teuflische Freude in diesem Mitleid heraus. Wieder faßte er den anderen am Arm.

»…Zahlt er vielleicht mit *meinen* Schuldscheinen, van Ludig?«

Van Ludig schwieg einen Augenblick. »Jetzt tut er so, als wolle er mich schonen«, dachte Rembrandt, und Haß und Verachtung regten sich in ihm. Er sah den anderen an, der demütig nickte. Seine Betrübnis und Besorgtheit waren gespielter als bei einem vollendeten Schauspieler. Und plötzlich ging es Rembrandt durch den Sinn: das Geld – das Geld macht sie alle gleich; die verfluchten Pfennige lehren sie heucheln… lehren sie Mitleid heucheln… selbst zwischen Verwandten steht die diamantharte Mauer.

Aber er sagte noch nichts, denn van Ludig begann mit quälender Langsamkeit, in den Taschen seines Überrockes zu suchen. Sie waren jetzt nahe der Breestraße. Van Ludig suchte noch immer mit kleinen, gleichsam mitleidweckenden Seufzern und sorgfältigen Bewegungen. Als sie vor der Tür von Rembrandts Haus standen, hatte er gefunden, was er suchte: ein längliches, versiegeltes Stück Pergament.

Rembrandt hatte den Klopfer schon wiederholt ungeduldig gegen die Tür fallen lassen. Ulrich Mayr öffnete. Rembrandt stieß den Vetter beinah ins Haus, ohne den Schüler eines Wortes zu würdigen, der schulterzuckend und keineswegs erstaunt hinter seinem Meister und dessen Gast die Tür wieder abschloß.

Schnell ging Rembrandt seinem Vetter voran in das Kunstzimmer. Er hatte das Papier ziemlich unsanft aus van Ludigs Händen genommen und breitete es nun beim Licht hastig entzündeter Kerzen auf dem Tisch aus. Dann betrachtete er es. Er kannte es wohl: der letzte Schuldschein, noch keine sechs Monate alt, den er Six ausgestellt hatte. Rembrandt glitt in einen tiefen Stuhl, das Papier in seinen Händen, und sah van Ludig an.

Dieser, der jahrelang nicht bei Rembrandt gewesen war, schaute neugierig und mit prüfendem Blick im Zimmer umher. Er sah eine Menge Bilder – die Maler kannte er nicht; er sah chinesische Kannen und Schalen; Gipsabgüsse von Köpfen und Armen; kleine Porzellanfiguren, alt und gebräunt. Helme; eine Rüstung mit silbernem Brustschild; in gläsernen Behältern allerhand Merkwürdigkeiten: Seesterne, Muscheln, Krebse, Quallen, Korallen. Es war, als versuche er, leicht vornübergeneigt, den Wert all dieser Dinge abzuschätzen und das Ganze zu berechnen. Aus seiner Haltung sprachen gleichzeitig Staunen, Arglist und Neid.

Rembrandt wandte sich zu ihm hin, müde und mutlos.

»Nun?«

Van Ludig drehte sich um, wie einer, der nicht weiß, was er tun soll, und wiederholte seine klägliche Handbewegung.

»Du hast es selbst gesehen ... das Papier ist in meinen Händen ... Es ist ein schlechtes Jahr ...«

Rembrandt machte eine Gebärde des Unmuts, aber van Ludig quengelte weiter:

»Die Kriege ... Alles geht zurück ... Die Zinsen werden immer weniger ...«

Rembrandt stand auf.

Van Ludig ließ sich nicht abschrecken.

»Du hast ein wertvolles Haus ... In den Kaminen ist Feuer ... Die Stuben sind voll wunderlicher Dinge, die viel wert sein müssen ... Hier herrscht kein Mangel ... Du verdienst mit deiner Kunst. – Ich verstehe nicht, Rembrandt, daß jemand wie du Geld borgen muß.«

»Du verstehst es nicht? Begreifst du auch nicht, daß ich ohne Geld nicht malen kann? Daß ich Hände voll Geld brauche, um das alles zu unterhalten? Daß ich und meine Hausgenossen auch leben müssen?«

Van Ludig sah ihn kopfschüttelnd an.

»Aber warum lebt ihr denn nicht anders, wenn dieses Sammeln so viel Geld verschlingt? Wenn du mit deinem Geld nicht auskommst, warum dann so viel Kuriositäten aufhäufen und große Summen hineinstecken ...?«

Rembrandt lachte höhnisch.

»Du meinst, nicht wahr, daß nur reiche Leute das Recht haben, edle und seltene Dinge zu kaufen. Du meinst, daß jemand wie ich, der schlechte Geschäfte macht, mit dessen Ruhm es aus und vorbei ist ...«

Van Ludig hatte es plötzlich sehr eilig, Rembrandt zu unterbrechen:

»Du täuscht dich. Ich kenne keinen Menschen in ganz Amsterdam, der sich wie du darauf versteht, das Schöne ausfindig zu machen, und der würdiger wäre, es zu besitzen. Aber«, (er zögerte einen Augenblick) »wenn ich in Geldnot bin, und man bezahlt mich mit Forderungen an dich, dann frage ich mich in meiner Einfalt, ob du das Recht hast, andere zu unterstützen mit dem, was mir zukommt … «

Rembrandt stellte sich vor ihn hin.

»Endlich rückst du mit der Wahrheit heraus. Nun wohl! Deswegen bist du hergekommen. Deswegen spielst du dich als Bettler auf: Geld.«

Van Ludig antwortete wiederum mit einer kläglichen Gebärde, daß man sah, er hatte sie den Handelsmännern abgeguckt:

»Auch ich muß leben, mein lieber Rembrandt … Auch ich habe meine Verpflichtungen, und ich wünsche ihnen auch nachzukommen … «

Das letzte sagte er beinahe hochmütig.

Rembrandts Augen wurden klein und boshaft.

»Wieviel ist es?«

Er neigte den Kopf über das Pergament und ließ die Arme am Körper entlang herunterfallen.

»Nein, ich habe es nicht. Soviel besitze ich nicht …«

Wieder warf er einen Blick auf das Papier, wieder sah er die Summe; er erinnerte sich an den Tag, an die Stunde, da diese Anleihe zwischen ihm und Six abgeschlossen worden war … Jetzt erschrak er selbst über deren Höhe. Fünftausend Gulden ist keine Kleinigkeit. In großen, langen Ziffern stand es geschrieben und daneben noch einmal mit unentrinnbaren spitzen Buchstaben: fünftausend Gulden.

Van Ludig kam näher. Vorsichtig, doch fest entschlossen. Er streckte die Hand aus. Er faßte den Schuldschein an. Plötzlich riß er ihn dem Meister aus den Fingern, faltete ihn dreifach zusammen und steckte ihn umsichtig ein. Das Mißtrauen, die Beschränktheit und die dumme Arglist, die sich in diesem Schachzug ausdrückten, versetzten Rembrandt in Wut. Fast hätte er sich an dem anderen vergriffen – doch er hielt sich zurück. Er schritt nur zur Türe, riß sie weit auf, so daß die Kälte aus dem steingepflasterten Vorsaal plötzlich hereindrang, und trat wortlos zurück.

Aber als van Ludig an ihm vorbei hinausgegangen war, fühlte er sich als der Unterlegene. Drohend, übermütig, von oben herab war das Lächeln seines Vetters gewesen – giftiger, schonungsloser Neid hatte daraus gesprochen, der Neid des Bürgers auf den Künstler, der Neid des Namenlosen, der einen Augenblick den berühmten Mann in seiner Macht hat. Und die Rachsucht in diesem Lächeln blieb in Rembrandts Gedächtnis haften, auch als die Haustür längst hinter van Ludig zugedröhnt war. – Rembrandt begriff, daß es zwischen ihm und van Ludig noch nicht zu Ende war – im Gegenteil, nun würde der Kampf erst beginnen. Und er zermarterte sich den Kopf, was von alledem es wohl sein mochte, das eine so dumpfe Angst in ihm zurückließ.

Und plötzlich meinte er, es gefunden zu haben.

Er erinnerte sich der Blicke van Ludigs, die schätzend und forschend über die Kunstwerke hingegangen waren; auch daß der Name Six wiederholt gefallen war, kam ihm wieder in den Sinn. Und er glaubte zu wissen, was er zu denken hatte: Six vermied es schon seit langem, ihn zu besuchen; Six, der alte Freund und wohlwollende Gönner von einst, hatte, sobald finanzielle Belange ins Spiel kamen, stets seine Freundschaften verleugnet – und so auch jetzt, auch jetzt! Er hatte nicht gezögert, seine Kundschafter zu schicken! Denn van Ludig war ein Spion! Ein Zuträger, ein Mietling von Six! Seine eigenen Verwandten wurden gegen ihn, Rembrandt, ausgespielt! Seine Arglosigkeit war ja bekannt, er traute niemanden etwas Böses zu ... Und sein eigener Vetter hatte sich in sein Haus gedrängt, um sich in Six' Auftrag davon zu überzeugen, daß das geliehene Geld nicht verloren war, daß noch nichts in Rembrandts Haus verkauft war, daß der Mäzen unversehrt aus dem geldlichen Ruin seines Schützlings hervorgehen würde ...

Rembrandt sah sich um. Ein bleiches, fast verzerrtes Gesicht blickte ihm aus dem Spiegel entgegen. Er wandte sich ab. Er fühlte, daß er etwas tun mußte. Sein Blick fiel auf die Porzellanfigürchen. Er nahm eins davon in die Hand. Das kindliche, mittelalterliche Gesicht lächelte nichtssagend, ein steinernes, törichtes Lächeln. Rembrandt drehte das Figürchen in seinen Händen hin und her. Er erinnerte sich gut, wo er es gekauft hatte und wie stolz er darauf gewesen war. Er erstickte ein Schluchzen. Alles würden sie ihm wegnehmen. Wieder sah er die Figur an. Plötzlich hob er sie hoch und schleuderte sie mit heftigem Schwung zu Boden, wo sie in Scherben zersprang.

XXVII

Und nun kam alles, was er gefürchtet hatte, alles, worauf er, gekrümmt vor Spannung, Pein und Qual, gewartet hatte, alles, weswegen er in wilder Wut Bürger und Künstler herausgefordert hatte, alles, was ihn ziellos und unruhig gemacht und an seiner Arbeit gehindert hatte, es kam, es kam unabwendbar, schnell, ein Windstoß, der vernichtend alles mit sich fortriß. Fast keine Woche verging, ohne daß Gläubiger sich meldeten. Von allen Seiten tauchten sie auf. Es kamen Boten von van Ludig, höhnisch und hochmütig. Es kamen anmaßende Diener von Becker, dem Schirmherrn der Kunst. Es kamen Leute, an die Rembrandt nicht einmal gedacht hatte. Es war, als würde die Verschwörung jetzt erst bekannt. Sie schienen voneinander zu wissen, schienen einander angesteckt zu haben. Mit Schrecken sah Rembrandt, daß er mehr Gläubiger hatte, als er ahnte. Manchmal war es ein, manchmal zwei oder mehr Jahre her, daß er Geld gegen Pfand geliehen hatte. Hier bei Witsen, da bei Hertsbeek, dort von anderen, mit denen er kaum noch Beziehungen unterhielt. Und das Haus, das Haus, das noch nicht abgezahlt war, das Haus, für das er schon seit fünfzehn Jahren arbeitete… Er hatte alles vergessen. Über seinen Sorgen, über seiner Arbeit, über seinen Träumen und Plänen hatte er es vergessen. Und keiner würde ihm glauben, wenn er das erzählte. Ansehen würden sie sich und ein Lächeln unterdrücken und einander verständnisvoll und spöttisch zublinzeln. Jedesmal, wenn er die Gläubiger wieder fortschicken mußte, fluchte Rembrandt oder ließ sich gebrochen in einen Stuhl sinken.

Hendrickje, der er alles hatte bekennen müssen, lief mit rotgeweinten Augen durchs Haus: sie hatte nicht ahnen können, daß er sich nach allen Seiten hin so stark gebunden hatte. Und nun sie es erfuhr, fehlte ihr die Kraft, sich gegen die lähmende Ohnmacht des Elends zu wehren. Es zerbrach sie – es war, als sei sie um Jahre gealtert.

Noch vergingen Monate. Es wurde Frühling. Sie lebten in einer Hölle. In steter Erwartung des entscheidenden Schlages. Doch hatte Rembrandt das Gefühl, daß es nicht mehr lange dauern könne.

Eines Abends – es war im Mai – stand eine Gestalt in der Tür zur Werkstatt und grüßte gemessen. Wortlos grüßte Rembrandt zurück. Er erkannte Thomas Jacobszoon Haring, den Gerichtsvollzieher. Rembrandt erhob sich langsam und suchte tastend nach einem Halt. Thomas Jacobszoon Haring. Noch kein Jahr war es her, daß er ihn gemalt hatte. – Nichts in der Haltung des Mannes verriet die alte Bekanntschaft. Amtlich und steif war der Ausdruck seines Gesichts, seine Augen versteckten sich ohne ein Zeichen von Mitleid oder Erbarmen unter den weißen Brauen vor dem bohrenden, ängstlichen Blick des Meisters. Und noch ehe der Beamte ein Wort gesprochen hatte, sagte sich Rembrandt: morgen weiß es die ganze Stadt, daß ich bankrott bin.

Zweites Buch

I

Nie zuvor war es Titus zu Bewußtsein gekommen, wie sehr er seinen Vater liebte. Er mochte an seine Jungenjahre denken, als er auf Rembrandts Rücken durch die Stube ritt, ein stolzer Reiter auf folgsamem Roß; oder an die langen, dunklen Abende, wenn es draußen wehte und stürmte, drinnen aber war es still und hell, und sein Vater erzählte ihm, was er von fremden, unbekannten Großmüttern gehört hatte, oder las ihm vor aus dem weißen, ledernen Buch voll Sagen und Fabeln, zu denen Rembrandt furchterregende Tiere zeichnete, deren Anblick Titus mit angstvollem, genußreichem Gruseln erfüllte; er mochte an die Sommerwochen denken, die er einst mit Rembrandt draußen im Waterland verbracht hatte, oder an die Abendspaziergänge mit dem damals wortkargen Vater entlang der geheimnisvollen Festungswälle – es war eines so schön wie das andere gewesen, doch längst nicht genug; er hatte seinen Vater bewundert, gefürchtet manchmal mit dem heimlichen Stolz, daß es doch sein Vater war, den er fürchtete – aber jetzt, in seinem fünfzehnten Lebensjahr, wurde es ihm zum ersten Mal bewußt, daß er seinen Vater liebte mit einer hartnäckigen Verehrung und einer Anhänglichkeit, die zu allem fähig war.

Sein Vater, der reiche, wohltätige, edelmütige, war arm geworden. Sein Vater war gedemütigt. Er hatte ihn geschlagen und menschenscheu fortschleichen sehen, als es zur Pfändung kam, und wie die ganze Stadt voll mitleidiger Schadenfreude und rachsüchtiger Genugtuung zusah. Er hatte seinen Vater flüchten sehen mit einem Ausdruck in den Augen, den er nie zuvor bemerkt hatte, der ihn mit grenzenloser Liebe zu Rembrandt erfüllte, aber gleichzeitig mit grenzenlosem Haß gegen diejenigen, welche die Ursache für diesen gehetzten, todesbangen Blick waren.

Haß! Er erinnerte sich an die Vertreibung, als wäre es gestern gewesen. Niemand durfte das Haus mehr betreten, die Gläubiger hatten es enteignen lassen. Erst die Amtsschreiber im Hause, Siegel auf den Möbeln, Nummern an den Bildern, die keiner je hatte anrühren dürfen, Nummern an den Statuen und Waffen und Kuriositäten, Zeichen auf Mappen, Pressen, Stoffen und dann noch ein großes schmähliches Kreuz auf dem Prunkbett, in dem seine Mutter – seine wirkliche Mutter, die edelgeborene Saskia van Uylenburgh – ihn zur Welt gebracht hatte und in dem sie auch gestorben war. Er erinnerte sich an die spöttischen Blicke der Gehilfen des Gerichtsvollziehers, die unter Stöhnen und derben Späßen die liebsten Dinge auf der ganzen Welt ohne jede Ehrfurcht mit ihren unwürdigen Fäusten packten und zusammentrugen; er sah die Amtsschreiber vor sich, wie sie abschätzten und bewerteten; doch er wußte: die Preise, und wären sie noch so hoch, würden nie den wahren Wert dieser geliebten Kunstwerke erreichen. Titus erinnerte sich – eben erst ist es geschehen, manchmal scheint es schon lange her und dann wieder ganz unwirklich, so beklemmend ist es –, er erinnerte sich deutlich und von Scham erfüllt an Rembrandts Tränen, als die italienischen und deutschen Bilder von den Wänden genommen, die Treppen hinuntergetragen und in irgendeine Versteigerungshalle gebracht wurden. Leute würden kommen und diese Bilder sehen und lachen, weil sie in Rembrandts Besitz waren; sie würden einige kaufen und an den eigenen Wänden damit prahlen. Aber Rembrandts Bilder hatten zu lange einen Teil seines Hauses ausgemacht; unpassend und ungewohnt würden sie bei Fremden zwischen dem übrigen Hausrat hängen, und niemand würde Freude daran haben.

In den Tagen des Bankrotts hat Titus sich ziellos herumgetrieben, bis er zu seinem Oheim mütterlicherseits mußte, zu Gerardus van Loo. Angst hat er gehabt vor dem kalten, ausgeraubten Haus in der Breestraße, dessen Türen der Gerichtsvollzieher verschlossen hatte. Hendrickje ist mit Cornelia ins Waterland gefahren, und Rembrandt wohnt in der Herberge zur Kaiserkrone auf der Herengracht, bis der Prozeß vorbei ist, den Titus' Vormünder gegen die Gläubiger angestrengt haben.

Titus lebt in sich gekehrt und verbringt den halben Tag im Freien. Bei seinem Onkel Gerardus van Loo, und seiner Tante, der edelgeborenen Emma van Uylenburgh, ißt und schläft er. Aber er haßt seine Tante, denn jeden Tag wieder spricht sie von ihrem großen Mitleid, und anschließend redet sie über seinen Vater mit Worten wie Leichtsinn, Verschwendungssucht und Unfähigkeit. Das Mitleid und das Urteil, mit denen man ihn belästigt, verbittern ihn und erfüllen ihn mit Abscheu gegen die Verwandten, die ihm zwar helfen, seinem Vater aber nie haben beistehen wollen.

Titus weiß nun, daß er seinen Vater abgöttisch liebt. Was er fühlt, ist trieblos, zügellos – er weiß nicht, wie er diese Kräfte äußern und nutzbar machen könnte. Niemand hätte seinen Vater kränken und beleidigen, niemand ihn in den Untergang treiben dürfen, denn er ist gut und hat jedem geholfen und allen vertraut. Titus schwört sich, Rache zu nehmen! Er weiß, wo einige der Beleidiger wohnen; er bewaffnet sich mit Steinen; einmal gelingt es ihm sogar, aus der blitzblanken Küche seiner Tante ein Messer zu entwenden; dann streift er stundenlang in der Nähe der verhaßten Häuser umher; aber wenn ihre Bewohner sich zeigen, erkennt er auf einmal das Unbedachte, Unausführbare seines Vorhabens, so daß er jedesmal wieder in ohnmächtiger Trauer nach Hause geht; dabei steigert sich sein Haß, hält ihn nachts wach und erfüllt ihn tagelang mit dumpfen Gedanken an eine endgültige Abrechnung, später, später, später! …

Jetzt ist alles fort. Das Haus steht unter fremder Verwaltung. Sein Vater wohnt in der Kaiserkrone in einem kleinen Zimmer, wo Titus ihn ab und zu besucht. Er hat schlechtes Licht, aber Rembrandt hat eine kleine, gebrechliche Presse aufgetrieben und aus rohem Holz einen Arbeitstisch gemacht, der häßlich und farblos an der einen Seitenwand steht. Auch ein paar mit verschlissenem Wollsamt bespannte Stühle stehen da, und auf einem Wandbrett liegt die Bibel. Nichts und aber nichts erinnert an die Pracht und den Prunk der früheren Werkstatt. Fast schämt sich Titus, die Treppe hinaufzugehen und mit anzusehen, wie sein Vater trotz allem wieder an die Arbeit gegangen ist. In dieser drückenden Umgebung! Die kleine Presse rattert schwach und heiser, aber die Abzüge sind scharf und gut. An der Wand lehnen drei, vier angefangene Bilder. Ein Wunder ist es! Nur wenige Wochen hat Rembrandt müde und niedergeschlagen die Hände in den Schoß gelegt; jetzt ist er wieder Herr seiner Träume, mögen sie auch düster und unheilkündend sein, mögen seine Gedanken auch wild und aufgeschreckt umherjagen. Die Zeichnungen weisen harte, gekratzte Linien auf, Rot und Gold durchflammen das Nachtdunkel der schicksalsschweren Bilder. Titus weiß: auch sein Vater wird, wie er selbst, von Schmerz und Haß gepeinigt, das bereitet ihm eine gewisse Genugtuung – aber daß sein Vater voll Schmerz und Haß sein muß, erbittert ihn wiederum und macht seine Liebe und seinen Haß nur noch stärker.

Nun sind sie arm. Titus hat nie gewußt, was Armut ist. Auch jetzt lernt er sie nicht gänzlich kennen, denn seine Vormünder versuchen, aus dem Zusammenbruch für ihn zu retten, was zu retten ist. Aber die kommenden Jahre liegen drohend vor ihm. Früher wurde er verwöhnt, ohne es zu würdigen, ernährt, ohne dankbar zu sein. Auch jetzt ist das Leben ohne Wohlstand und Aufmerksamkeit unvorstellbar. Titus hat seine Verwandten sagen hören, die vor ihm liegenden schwierigen Jahre würden ihn vor Ausschweifungen bewahren und seinen Charakter stählen. Er weiß, daß das gelogen ist. Sein Feingefühl ist zu entwickelt, sein Ahnungsvermögen zu geschärft, als daß er solches Geschwätz glauben könnte. Die Gegensätze bedrücken ihn. Nie wird er sich daran gewöhnen. Manchmal streift er durch die Armenviertel. Das Elend stößt ihn ab und zieht ihn an, weil er sehen will, wie andere leiden.

Seltsame, angsterregende Streifzüge waren es durch die

verpesteten, schwarzen Sackgassen, die tief hinter Schlupfwegen und Treppengassen lagen. Kleine weißgetünchte Häuser mit sorgfältig gestutzten Hecken und viereckigen Brunnen waren davorgebaut. Titus mußte an die übertünchten Gräber denken, die Fäulnis und Verderben bargen. Am Anfang scheute er sich noch, näher hinzusehen, aber Neugier und Ekel zugleich trieben ihn schließlich dazu, alles in Augenschein zu nehmen.

Kinder riefen ihm nach. Eine dunkle Scham blieb ihm, daß er in seinem braunen Samtanzug aus früheren besseren Tagen noch immer aussah wie ein Patriziersohn. Später nahm er einen grauen Mantel um und ging nur bei Dunkelheit hin, um nicht aufzufallen.

Seit er gesehen hatte, wie zehn oder mehr Menschen – die doch, wenn es um Leben oder Sterben ging, auch nicht anders waren als er und seine Eltern und seine wohlhabenden Freunde – in einem niedrigen, dunstigen Raum beisammenhocken konnten, seitdem wollte er auch wissen, wie sie da lebten und wozu, warum sie starben und ob sie noch etwas zu verlieren hätten. Und er sah, wie es war. Immer wieder schrak er zurück. Den Anblick schwangerer Frauen in dieser Umgebung konnte er nicht ertragen – ohne daß ihm übel wurde. Wenn er daran dachte, wie diese Geschöpfe sich paaren mochten, schloß er die Augen und verdrängte die anstößigen Gedanken mit Gewalt. Die Frauen, in denen er das Leben keimen sah, kamen ihm wie überreife Früchte vor, die nah am Verfaulen waren, deren Kern schon angefressen war. Solche Frauen also gab es, und daneben ihre Männer und die Alten und Greise, und sie mußten leben – und Kinder waren da, kleine und große, dunkle und blonde, armselig, schmutzig und mager, frech oder schüchtern – aber noch mehr davon, nein, um Gottes willen, nicht noch mehr! Von klein auf trugen sie alle das Zeichen des Todes an sich: um den Mund, zwischen den Augen, manchmal an den Händen – aber es fehlte bei keinem.

Noch hoffnungsloser und unerträglicher erschienen ihm die Bewohner des Judenviertels. Dieses seltsame, verbannte

Volk mit seiner Feigheit, die immer wieder auffiel, mit seinem Festhalten am alten Gesetz und mit seinem hartnäckigen, unausrottbaren Glauben, den selbst ein weiser Mann wie Menasseh–ben–Isroël mit begeisterten Worten vor Rembrandt gepriesen hatte – es kam Titus noch armseliger und verstoßener vor als die anderen. Manchmal, wenn er die Ältesten sah, wie sie langbärtig und würdevoll in der kurzen sonnigen Mittagsstunde vor den Türen saßen, mußte er an die Erzväter denken, und dann verstand er die Bilder und Radierungen seines Vaters; ein anderes Mal sah er nur die Verwahrlosung, graute sich vor dem Gestank, der aus den Häusern dünstete und in dem diese Menschen lebten, jahrein, jahraus, und sich vermehrten, ebenso entsetzenerregend wie die armen Leute hinter den kleinen Bauernhöfen. – Auch in Sümpfen wachsen Blumen, kleine giftige Samen, die sich entfalten... dachte er dann.

Kam er nach Hause, so machte er sich Vorwürfe, daß er ihre Armut und Verworfenheit haßte, denn er dachte, man müsse doch mitleidig und barmherzig sein, und sein Mitgefühl mit ihrer Not schien ihm ungenügend. Nie war er so unglücklich gewesen wie jetzt, da er das Leben kennenlernte, das einst hinter den Worten der Erwachsenen wie ein Königstraum gewinkt hatte. Ohnmacht und Ekel – das war alles, was ihm von diesen Spaziergängen in den Armenvierteln blieb. Denn er wußte, daß er an ihrem Elend nichts ändern konnte, daß die Ratsherren von Amsterdam achselzuckend an diesen lebenden Friedhöfen vorbeigingen, daß Männer wie Six, Tulp oder Valckenier sich keinen Deut um diese Armut kümmerten. Dann haßte er alle, arm und reich: was war noch gut, rechtschaffen und redlich?

Das Leben war ein Rätsel, etwas Feindliches, Übermächtiges, dem man nicht gewachsen war. Ruhelos bekämpften sich in Titus die Gedanken. In letzter Zeit mußte er immer öfter an seine Mutter denken, an Saskia, die Friesin; er betrachtete ihre Porträts, die Gerardus van Loo aus dem Besitztum gerettet hatte und die nun in seinem Vorsaal hingen. Zum ersten Male fühlte er sich als Sohn dieser verträumten, schlanken Frau, die gestorben war, damit er leben konnte. Zum ersten Mal umfaßte Titus mit seiner Liebe die beiden, deren Liebe ihn in einer langvergangenen Nacht gezeugt hatte.

Doch damit wuchs in ihm auch die Erkenntnis, daß er viel zu sehr beider Sohn war, um je entscheiden zu können, in welche Welt er gehörte – in die Welt der Künstler oder in die Welt der vornehmen Bürger; und mit dunkler Einsicht begriff er, daß es gerade diese Entscheidung war, die im Leben Bedeutung hatte.

Keinen Augenblick war es ihm in den Sinn gekommen, sich zu dem Volk zu zählen, das dort in den »übertünchten Gräbern« hinter den Seitengrachten wohnte, auch wenn er arm war. Aber er wußte, daß die Ratsherrnfamilie, der seine Mutter entstammte, ihn nie ernst nehmen würde – geschah es nicht schon jetzt, daß man ihm sein väterliches Blut zum Vorwurf machte, daß man seinen Vater als habgierigen Eindringling hinstellte, als Mann aus dem Volke, der Titus' Vermögen angegriffen und verschwendet hatte? Und die reichgewordenen Müller und bibelfesten Weizenbauern, die Brüder und Vettern seines Vaters – sie mißtrauten seiner zarten Vornehmheit, und auch sie erkannten ihn nicht als einen der Ihren an; nach Bauernart machten sie sich lustig über Herkunft und Namen seiner Mutter. Und so fühlte Titus – nicht immer, doch ab und zu – mit stechender, hellbewußter Verzweiflung, daß er als ein körpergewordener Zwiespalt geboren war, so unversöhnlich war in ihm das Blut der Eltern, das ihn nährte.

II

Spät in der Nacht war es und still, als Rembrandt vom Arbeitstisch aufblickte. Der letzte Kerzenstumpf verglühte im Leuchter. Die Augenränder schmerzten ihn – freilich bemerkte er es erst jetzt. Vielleicht sollte er doch einmal zu Doktor Tholincx gehen und ihn fragen, was er zu einer Brille meinte. – Seltsam, dachte Rembrandt – es ist, als wäre es gestern gewesen, daß Adriaan und ich auf der Wiese vor Vaters Haus spielten. Jetzt kann der Bruder nicht mehr ohne Brille lesen, und auch ich werde vielleicht eine brauchen müssen.

Draußen hörte er den kalten Herbstwind zwischen unsichtbaren Häusern spuken. Das Wasser in der Gracht brach sich an den Ufermauern; der Wind kam aus Nordwest. Er öffnete das kleine Dachfenster. Salzige Tropfen schlugen ihm ins Gesicht: Nebel und Regenfeuchte. Wie ein geschlossener Raum war die Finsternis; ein dunkler, tuschefarbener Himmel war auf die schwarzglänzenden Dächer niedergeglitten. Rembrandt seufzte, todmüde. Nach dem langen Stehen zitterten ihm die Beine, und auch die Hand lag nicht ganz still auf dem schmalen hölzernen Fensterrahmen. Aber die Radierungen für Berchem waren fertig.

Am Nachmittag hatte Rembrandt Besuch gehabt von Clemens de Jonghe. Die Höflichkeit des Kunsthändlers und alten Freundes hatte seine eigentliche Absicht nicht verbergen können. Er brachte Geld – weniger, als er und Rembrandt vor einer Woche verabredet hatten. Nach wenigen Worten hatte Rembrandt ihn nach Hause geschickt – mitsamt dem Geld. Es war ihm nicht entgangen, wie der Kunsthändler an der Tür ärgerlich die Spinnweben abklopfte, die beim Eintreten an seinem Mantel aus dunklem Leidener Tuch hängengeblieben waren, und noch unten hörte Rembrandt ihn die Steilheit der Treppe verwünschen.

Der Meister lächelte schulterzuckend und gelassen. Er konnte seinen Besuchern keine tiefen, bequemen Stühle mehr anbieten, keine portugiesischen oder morgenländischen Weine in hohen Kelchen. Er war nie ein überschwenglicher Gastwirt gewesen, aber Hendrickje hatte dafür gesorgt, daß es auf seinem Tisch an nichts fehlte, und jeder hatte zugreifen können; allmählich hatte er den

Geschmack seiner Freunde kennengelernt. Jetzt gehörte das der Vergangenheit an. Die Gläubiger, Titus' Vormünder, das Waisenamt, das sich einmengte – der ganze Prozeß hatte das alles in Stücke geschlagen. Das Urteil ließ lange auf sich warten, und unterdessen wohnte er hier, beiseite gestoßen, allein gelassen von den vermeintlich Getreuen – immer wieder: Six, Six! –, zu scheu geworden, um die Freunde von einst in ihren Wohnungen aufzusuchen und an ihrem Tisch zu essen wie sie früher bei ihm. Aber er hatte sich gefreut, als Berchem einfach von sich aus zu ihm gekommen war und ihm die Radierungen zum alten Preis abgekauft hatte, als hätte sich nichts verändert; dadurch war es ihm möglich geworden, heute nachmittag Clemens Trotz zu bieten. Er konnte sich nicht erinnern, daß ihm an Claes Berchem je viel gelegen hätte; Claes war still und liebenswürdig. Öfter hatte er sich mit den anderen bei Rembrandt sehen lassen, aber nur an einem Abend hatten sie beide lange und begeistert miteinander über die Kunst des Südens gesprochen. Am nächsten Tag hatte Rembrandt einige Italiener von Berchem gekauft: einen Palma Vecchio, eine Mappe von Leonardo. Danach waren ihre Beziehungen so gut wie abgebrochen. Und nun kam dieser ruhige, dunkle Mann, der wie ein Südländer aussah, hier zu ihm in die Kaiserkrone und kaufte, was in Rembrandts Ruhmeszeiten ihm nicht vergönnt war – damals hatten Verräter wie Cretzer und Clemens die Schätze davongetragen. Seltsam war es, seltsam – wie ein Hohn des Schicksals.

Das Wort Verräter zitterte noch in ihm nach … doch er wußte, daß er nicht mehr hassen konnte. Zorn und Verzweiflung der ersten Tage hatten diese Leidenschaft in ihm gedämpft. Hinter seiner Stirn war es tödlich still geworden. Wenn er das vergangene Jahr überdachte, überkam ihn zuweilen ein Gefühl, als habe er das Unglück eines anderen miterlebt, wie einen Bergsturz in einer geträumten Landschaft, dem abgrundtiefes Schweigen folgt. Nach den Stürmen von Haß und Zorn waren seine Gedanken lautlos geworden. Nur wenn er einmal länger als sonst in die Augen des fünfzehnjährigen Titus schaute, die noch immer alles Heil der Welt von ihm zu erwarten schienen, so wallte wieder die kurze, heftige Verzweiflung in ihm auf, der Widerhall seines Untergangs, und das unterirdische Grollen des Berges wurde wieder vernehmbar. Er litt nicht äußersten Mangel; dafür sorgten schon die Gläubiger und Adriaan, sein ältester Bruder, der seine bäuerliche Sparsamkeit immer wieder freundlich überwand. Er hatte einen Arbeitsraum, und er arbeitete. Eigentlich entbehrte er nichts? ...

Hendrickje! Cornelia!

Aufs neue kam ihm zu Bewußtsein, wie bedingungslos er sich der Liebe zu ihr und dem Kind ergeben hatte; und von neuem erkannte er, wie heldenhaft ihre Liebe sich in all diesen Jahren bewährt hatte. Doch nie war ihm so deutlich klar geworden, warum sie ihn nicht zu einer Ehe überredet hatte, warum sie in den Augen der Welt sein Bettschatz geblieben war; Kirchenvorstand und Spießbürger hatten sie beleidigt, und sie hatte es widerstandslos geduldet. Jetzt erkannte er, daß sie ihn nicht um die Nutznießung an Titus' Erbe hatte bringen wollen, die mit seiner Wiederverheiratung weggefallen wäre: so bestimmte es eine Klausel in Saskias Testament, mit dem sie ihn noch aus dem Jenseits mahnte, sie nicht zu vergessen ...

Das Leben hatte ihm Hendrickje gebracht, und er hatte sie als Geschenk einfach hingenommen, ohne viel danach zu fragen ... Aber jetzt sah er ganz deutlich: nur damit er sorglos arbeiten könne, hatte sie geduldet, daß ihr eigenes Kind unehelich blieb, während Saskias Sohn der Erbe auch ihres kleinen Besitzes wurde; und sie wußte nicht einmal, daß er immer den grauen, drohenden Schatten hinter sich gefühlt hatte, der ihn jetzt plötzlich überfallen hatte. Deshalb ertrug sie es, daß ihre Hingabe von Katholischen und Nicht-Katholischen mit den unchristlichsten Namen bezeichnet wurde, die der Pöbel zu finden weiß.

Jetzt war sie mit dem Kind im Waterland, auf dem Bauernhof, wo sie selbst aufgewachsen war bei der alten Frau, deren schlichtes Wesen er liebte und die er um so lieber Mutter nannte, als sie ihn an seine eigene Mutter erinnerte. Er sehnte sich, sehnte sich … nach Hendrickje, nach dem Kind, nach der Stille und Weite des Weidelandes, nach Ruhe, Ruhe. – –

Rembrandt stand am Fenster. Er spürte nicht die durchdringende Kühle der Nachtluft, er sah nicht das feuchte Silbergewebe, welches die Finsternis über den rauhen Stoff seines Arbeitskittels breitete. Kaum vernahm er das dunkle Branden der Sturmnacht. Er strich sich mit der Hand über die Stirn; die unsichtbare Meisterkrone ruhte da nicht mehr. Bürger van Rijn, ehemaliger Kunstmaler, ein vorübergehender, unfreiwilliger Gast in einer Herberge.

Kurz und hart lachte er auf. Aber auch diese Bitterkeit war nur flüchtig und zerstob an der Oberfläche der Seele wie ein Atemhauch am Spiegel.

Das Leben war ja zu wild, zu groß gewesen! Er hatte zu hoch gegriffen nach den Früchten, die im Himmel hängen. Jetzt war er auf die Erde zurückgestürzt, auf die schwarze, widerwärtige Erde, jetzt konnten die Neider frohlocken! Er hatte seine Lehre erhalten. Man steigt nur einmal. Mit fünfzig Jahren brauchte er nicht mehr auf die Gunst des wechselvollen Glückes zu rechnen. Das hatte er immer wieder erlebt: wer einmal gefallen war, kam nicht wieder hoch. Er wußte, daß er auf eine königliche Vergangenheit verzichten mußte, auf seinen Traum vom Glück. Und doch, und doch – der Ehrgeiz seiner Jugend, der ihn einst, fast noch als Knaben, von Leiden nach Amsterdam getrieben hatte, der ihn in kühnem Übermut um die Tochter eines Patriziers, eines Ratsherrn des Prinzen, werben hieß, der ihm eine Lebenshaltung auferlegte und Phantasien eingab, deren Tragkraft selbst sein Talent überstieg – warum ließ dieser Ehrgeiz, der Gefährte seiner Jugend, ihn auch jetzt nicht los?

Er hob den Kopf. Kein Laut sterblicher Menschen mischte sich in den Chor von Wind und Wasser; jetzt, in der Tiefe der späten Nacht, empfand er die Machtlosigkeit, den Stolz, das Übermenschliche all dessen, was er gewollt hatte, als einen Irrtum. – Und wie er so aus diesem hohen, kleinen Fenster hinausblickte, war ihm plötzlich, als läge die Stadt wie in einem Abgrund mit allem, was menschlich war: Ruhm- und Prunksucht, Arbeit, Neid, Feindschaft und Verrat – alles, womit dieses dunkle Geschlecht dort unten sich abquälte und umbrachte; – oder noch anders: hier lebten alle am Rande eines grundlosen Kraters, hier wurden jauchzende Feste gefeiert, der Mummenschanz umbuhlte den Prunk der Mächtigen, die Lieblinge des Schicksals setzten sich goldene Kränze aufs Haupt, der Pöbel ließ sich beherrschen und jubelte dem Herrscher zu, und nur ein paar Ausgeschlossene wie er erkannten von ihrem einsamen Wachtposten aus die Sinnlosigkeit dieses Rausches neben der tiefen Gefahr.

Rembrandt lauschte. Stiegen nicht wirklich leise Schritte zu ihm auf? In der Tiefe glomm bläulicher Glanz. Mit mächtigen schwarzen Schwingen wehte die Nacht aus der Weite des Raumes, aus der Ewigkeit; die Erde wurde klein und schwankte durch das Dunkel. Doch droben hingen blaue Sterne, ein schimmerndes Meer von Halblicht; und in den verschwommenen Umrissen der Wolken tauchte plötzlich eine Gestalt auf, die Rembrandt kannte, seit Jahren …

Himmlisches Staunen erfüllte ihn. Er wagte nicht mehr zu schauen, auch nicht von seinem Platze zu weichen. Das Leben unter ihm jagte vorbei, rasend und vergänglich. Doch die Himmelslandschaft vertiefte sich in dem Licht, das er so oft um das Haupt dieses anderen hatte erstrahlen lassen. Er bebte. Alle Dinge verwandelten sich in diesem Augenblick; und als er endlich den Mut fand, vom Fenster wegzutreten, wußte er, daß auch er von Stund an die Welt mit verwandelten Augen sehen würde.

III

Magdalena van Loo war fünfzehn Jahre alt, als Titus von ihren Eltern eine Zeitlang ins Haus genommen wurde.

Von Jugend an war sie ein kühles, verschrobenes kleines Fräulein gewesen, erpicht auf steifen Prunk, herrschsüchtig beim Spiel mit anderen Mädchen; in der Schule schmeichelte sie dem Lehrer, um sich seine Gunst und seinen Schutz zu sichern, beim Spiel auf der Straße brach sie in Tränen aus, wenn sie ihren Willen nicht durchsetzen konnte; dann stampfte sie auf den Boden, schrie und schalt und vergaß ihren Groll wochenlang nicht, bis sie unversehens eine kalte, kindliche Rache nahm. Bei ihren Spielgefährten war sie keineswegs beliebt, viel eher gefürchtet; ihre Eltern waren vornehme Leute: in der Kirche hatten sie ihre eigene, hohe Seitenbank, und sie wohnten in einem stattlichen Haus; das Kind bekam regelmäßig Taschengeld zum Vernaschen; es hatte die schönsten Puppen, und seine Kleider waren steif von Perlen und starrem Silbertuch.

Die Mägde im Haus verwünschten sie oft. Schon als ganz kleines Kind spielte sie sich als Herrin auf und behandelte sie mit der Geringschätzung einer geborenen Herrscherin; das reizte und verbitterte die Küchensklavinnen bei einem so jungen Geschöpf. Je älter sie wurde und je mehr dieser Haß ihr zu Bewußtsein kam, desto hochmütiger wurde sie, desto mehr ahmte sie in Worten und Auftreten die erwachsene Dame nach; jedes harmlose Vergehen der Dienstboten ließ sie unbarmherzig bestrafen.

Zu ihren Eltern war sie innerhalb ihrer vier Wände hart und unverschämt. Die Puppe, die sie unbedingt haben mußte, die Bootfahrt zu einem der Landhäuser, die sie ihren Freundinnen prahlsüchtig versprochen hatte, die neuen Kleider und Korallen, die sie verlangte – alles wurde mit Tränen und Schimpfen erzwungen; aus Angst, das zügellos jähzornige Kind könne zu Schaden kommen, wenn es sich wie rasend zu Boden warf, gaben Gerardus van Loo und seine Frau immer wieder nach; so hatte Magdalena nie gelernt, sich dem Willen eines anderen zu fügen. Zu Fremden jedoch war sie artig, höflich und mädchenhaft–anmutig, so daß sie bei Leuten, die sie nicht kannten, für ein frühreifes, überhöfliches, aber liebenswürdiges Mädchen galt.

Als Magdalena van Loo vierzehn Jahre alt war, wußte sie besser als manche Dame von Rang und Stand, wie man die Locken zu beiden Seiten der Ohren legt, wie hoch das Leibchen des Kleides geschlossen werden muß, wie weit die Puffärmel und wie breit die Spitzenfalbeln sein mußten und was alles in die Bügeltasche gehörte; sie kannte die Riechwasser, die nicht zu stark waren und die Frau von Welt sofort unter allen anderen erkennen ließen, sie wußte genau, wie spät man in der Kirche erschien und an welchen Stellen der Predigt oder des Gemeindegesangs man das Taschentüchlein aus schneeweißem Batist aus dem dunklen Samt des Mieders zog, um sich – fast geräuschlos – die Nase zu putzen.

Sie wußte mehr. Seit ihren Schuljahren, seit sie bemerkt hatte, daß Knaben anders beschaffen waren als Mädchen, brannte verschwiegen eine grenzenlose, unklare Neugier unter der Kühle ihres äußerlichen Betragens. Ihr ganzes frühreifes Wesen versuchte mit verborgener Aufmersamkeit, dem Geheimnis auf die Spur zu kommen. Mit geschlossenen Augen und einem kleinen sittsamen Mund hatte sie Unschuld heucheln gelernt, wenn ältere Mädchen oder Frauen kichernd oder mit vielsagenden Blicken einander etwas zutuschelten; halbwüchsige Jungen riefen ihr Dinge nach, die sie nicht zu verstehen vorgab, jedoch nur allzu rasch verstand; und in der Bücherei ihres Vaters fand sie Boccaccios »Fünfzig Lustige Geschichten« und »Der jungen Tochter Zeitvertreib«; sie nahm die Bücher mit auf den Boden und verschlang sie mit gespannter Wißbegier und unklarem Behagen.

Unter dem Vorwand, noch eine vergessene Klöppelarbeit abholen oder Besorgungen machen zu müssen, ging sie abends durch die stillen Straßen, nur um des unheimlichen Genusses willen, von Männern angesprochen zu werden.

Dann fühlte sie sich als Frau; wie eine Lukretia, eine Beatrice oder Sophronia kam sie sich vor, die von kühnen, lüsternen Männern um der einen Gunst willen verfolgt wurde; eine kühle Sinnlichkeit, ein angstvoll bebendes Vorgefühl der unbekannten Lust überkam sie dann, obgleich sie laut geschrien hätte, wenn nur einer dieser Männer es nicht mit Worten hätte genug sein lassen.

Dieses wißbegierige, unentrinnbare Vorgefühl steigerte sich noch, als sie einst in der Küche eine der Mägde in den Armen eines Mannes überraschte. Sie sah eine große Hand um den Rücken des Mädchens liegen, das willig, mit trägem Erröten, zuließ, wie die andere Hand ihr Mieder löste... Atemlos sah Magdalena hin: dann erinnerte sie sich plötzlich ihrer vorgegebenen Pflichten und trat zornig empört auf das Paar zu.

Kaum hatte der Mann sie erblickt, so war er auch schon davongelaufen; das Mädchen verschwand feuerrot und bestürzt im Nebenraum. Magdalena spielte die unbarmherzige keusche Sittenrichterin. Alle lästerlichen Worte, die ihr Stand für Unzucht erdacht hatte, ergossen sich über die Magd, und mit Schimpf und Schande wurde sie aus dem Hause gejagt.

Magdalena jedoch sah noch tagelang das halboffene Mieder, die hitzig liebkosende Männerhand, die willige Hingabe des Mädchens. Ein unbestimmtes Gefühl von Neid und Begierde erregte und verfolgte sie. Dumpf und unklar erkannte sie, daß blinde Eifersucht sie dazu getrieben hatte, die Magd wie eine Dirne zu entlassen. Aber sie wollte sich das nicht eingestehen und trug den Kopf hoch wie eine zweite keusche Susanna. Mit selbstrügerischem Eigensinn versuchte sie bei der einmal eingenommenen Haltung zu verharren, doch ihre dunkle, drängende Sehnsucht nach dem geilen, verliebten Geflüster auf den Straßen übermannte sie von neuem. Aber dieser Vorfall hatte sie belehrt, daß ein Mann nicht nur mit Worten schöntun kann und daß diese nächtlichen Gänge ihr gefährlich werden könnten. Ein unklarer weiblicher Selbsterhaltungstrieb mahnte sie, diese heimliche Verlockung aus ihrem Dasein zu verbannen. Es kostete sie viel, doch es gelang ihr.

Seitdem kannte sie die Macht des Mädchenkörpers, und auf den größeren und kleineren Gesellschaften, zu denen sie im Laufe des Winters eingeladen war, wurde sie nicht müde, diese Macht auszuprobieren. Das erregende Spiel schien ihr angeboren. Eine kleine, rotblonde Teufelin, die sanftmütig wie ein Engel dreinschaute mit weichem, sittsam rundem Mund und verschämtem Lächeln. Über ihren Fächer hinweg sprachen, verhießen und verhärteten sich dann wieder ihre Blicke. Binnen weniger Monate war sie erfahrener und listenreicher als manche verheiratete Frau. Neue Triumphe taten sich auf: sie weidete sich an der Hilflosigkeit der Männer, an ihrem selbstgefälligen Getändel, ihrer eindringlichen sinnlichen Aufmerksamkeit. Sie nahm diese Huldigungen an ihre äußerlichen Reize mit einem kühlen Lächeln hin, spielte mit ihrer Halskette und ließ ihre Diamanten im kristallenen Feuer der Kronleuchter blitzen.

Magdalena van Loo hatte Titus kaum bemerkt, ebensowenig wie er sie. Für Titus war eine Base dasselbe wie eine Schwester; er schenkte ihr keine Aufmerksamkeit. Sie waren gleich alt: für sie hieß das, daß Titus noch ein Kind war. Ihre Gedanken waren bei den jungen Männern, mit denen sie tanzte und Schlitten fuhr, die ihr Wagen liehen und ihren Mantel trugen – Triumphe, welche die einst wohlwollend lächelnden Gönnerinnen jetzt mit giftigem Neid erfüllten: kein Mädchen ihres Alters in ganz Amsterdam wurde derartig umschwärmt.

Magdalena fand das alles selbstverständlich. Doch seltsam: wohl empfing sie fast jeden Tag versiegelte Briefchen, wohl überbrachten ihr geheimnisvolle Diener die Geschenke geheimnisvoller Herren, wohl bat man sie beim Tanz um manch kleine Liebesgunst – sie aber lachte und schrieb nette, nichtssagende Antwortbriefchen, die sie mit einem Tropfen Lavendel besprenkelte; sie nahm die Geschenke mit anmutigem Dank entgegen; sie klopfte beim Tanz dem kecken Frager mit dem Fächer auf die Wange – doch es war, als sei ihre Neugier nun völlig befriedigt: sie verliebte sich nicht. Wenn sie sich die Hand küssen ließ, so erlaubte sie es mit selbstsicherem hochmütigem Blick; die Berührung der Männerlippen erregte sie nicht, und selbst wenn beim Umlegen des Mantels kühne Hände ihre Brüste zu berühren wagten, erbebte sie nicht und wechselte nicht die Farbe. Ihre Sinnlichkeit war nur dunkle Wißbegier gewesen – und in dem bunten, angstvoll schmerzlichen Spiel der Sinne, das sie scheinbar mitspielte, erlebte sie nichts von dem warmen Schmerz und dem wilden Glück ihrer Altersgenossinnen.

IV

Langsam ging Titus in der Frühjahrssonne an den Verkaufsständen unter den Wandelhallen am »Dam« hin. Hier hingen schwere Tuchstoffe, daneben flatterten Spitzen und bemalte Atlasstreifen; in dem einen Laden gab es Elfenbein und seltene Steine, anderswo lagen in breiten Reihen Hüte auf den Tischen, deren Federn und Bänder im Winde wehten; aus einem der Läden stiegen wahre Duftwolken von Riechwasser auf; Seide und Barchent, von mattem Glanz überspielt, standen in Rollen und Ballen zwischen ausgestellten Kunstschmiedearbeiten und beschlagenen Truhen. Viele Kauflustige gingen umher; in den Türen standen die Händler, trotz der Kriegszeiten mit breitem Lachen, und grüßten ermunternd.

Titus blieb vor einem kleinen Laden mit französischem Nippes stehen, als er seinen Namen nennen hörte. Er sah sich um.

Hinter ihm, beim Lautenmacher, stand lächelnd ein Mann, den Titus nicht gleich erkannte. Aber plötzlich wußte er, wer das war, und rot vor Überraschung trat er auf ihn zu.

»Filips de Koninck!«

Filips, ebenfalls lächelnd, ergriff seine Hand und betrachtete ihn vom Kopf bis Fuß.

»Du bist ein Mann geworden, Titus!«

Titus fühlte, wie er stärker errötete, zuckte die Schultern und lachte.

»Wie kommst du hierher in die Stadt, Filips?«

Filips legte die Laute hin, deren straffe Saiten er noch immer gedankenlos berührte, und zog Titus mit sich fort.

Langsam gingen sie durch die morgendliche Menschenfülle am Dam auf das »Wappen von Frankreich« zu. Filips schlang den Arm um Titus und machte mit dem anderen eine freiheitsuchende Gebärde in die Luft.

»Es ist mir dort drüben zu eng geworden. Ich kann nun mal nirgendwo anders leben als in Amsterdam, mein Junge...! Und schließlich hat mich auch mein Bruder Salomon zurückholen lassen.«

Titus sah in an. Er trug neue modische Kleider, einen schmalen weißen Kragen auf einem langen dunklen Gewand, feine Manschetten an den Handgelenken, einen hellgrauen, weichen Hut mit einer kleinen Feder, die von einem Diamanten gehalten wurde. Brauner war er geworden, und sein Schnurrbart strebte übermütig in die Höhe. Er schien glücklich. Seine Rückkehr nach Amsterdam mußte ihn verändert haben.

»Und besuchst du uns bald einmal?« wollte Titus fragen. Doch die Frage erstarb auf seinen Lippen, denn plötzlich fiel ihm ein, daß Filips fortgegangen war, als alles noch rosig schien, daß sich aber in der Zwischenzeit alles bitter verändert hatte. Das Haus in der Breestraße, wo Filips so lange bei ihnen gewohnt hatte, gehörte Fremden – ob Filips überhaupt wußte, was mit Rembrandt geschehen war...? Natürlich wußte er es. Jeder in der Stadt kam irgendwann einmal darauf zu sprechen.

Und jetzt merkte er auch an Filips' mitleidiger Freundlichkeit, daß dieser seine Verwirrung und Unsicherheit zu deuten wußte; er klopfte ihm wie ein älterer Bruder auf die Schulter. Eine warme, behagliche Geborgenheit kam über Titus, und er fühlte eine Freude über Filips' Anwesenheit, wie er sie in den letzten Monaten selten empfunden hatte.

Sie standen nun auf der anderen Seite des Dams vor dem »Wappen von Frankreich«, der bekannten Herberge des Malers Barent van Someren, einem vornehmen, großen Haus, das von wohlhabenden Amsterdamern und ihrem Anhang besucht wurde, unter denen Filips noch immer viele Freunde hatte – das wußte Titus.

Als sie eintreten wollten, kam plötzlich ein großer, dunkler Mann auf Filips zu. Er lachte, und sein fleckiges braunes Gesicht gefiel Titus. De Koninck und er schüttelten sich die Hände. Dann sahen beide zu Titus, den diese Blicke plötzlich verwirrten.

»Das ist Rembrandts Sohn«, erklärte Filips.

Der Fremde lachte, und wieder gefiel er Titus. Er hatte ein längliches Gesicht; sein Mantel war lose und schwungvoll über die Schulter geworfen, wie es Titus bei Älteren immer bewundert hatte. Er streckte Titus die Hand hin:

»Mein Name ist Joost van den Vondel. Vondel junior.« Seine Stimme hatte einen heiseren Beiklang, und plötzlich überkam Titus die unangenehme Erinnerung an eine solche Stimme, die er einst, als er an einem Wirtshaus vorbeikam, ein Lied hatte grölen hören. Und mit dieser Erinnerung zugleich fiel ihm ein, was von dem Sohn des Dichters gesagt wurde: ein Wüstling sei er, ein Trunkenbold und Verschwender. So fiel ein Schatten über den ersten günstigen Eindruck. Er machte eine kurze Verbeugung, über die Vondels Sohn sehr erfreut schien, denn er lachte wieder und zeigte dabei zwei Reihen strahlender Zähne, die sein dunkles Gesicht männlich kraftvoll erscheinen ließen.

Filips hatte die Tür des Gasthauses aufgestoßen, aber Joost van den Vondel junior hielt ihn zurück.

»Ich soll dir etwas ausrichten«, sagte er mit einer Grimasse zur Tür hin; »dort drinnen darf ich mich nämlich nicht wieder sehen lassen«, erklärte er, halb zu Filips, halb zu Titus gewandt. »Mein Vater will gemalt werden, ehe er nach Dänemark fährt.«

Filips war erstaunt.

»Nach Dänemark?«

Der junge Vondel nickte und betrachtete seine spitzen Schuhe.

»Meine Forderungen bei den Dänen einziehen, jawohl ... Eine peinliche Sache.«

Dann sah er wieder zu Titus hin, beugte sich zu ihm und näherte seinen Mund vertraulich dem Ohr des Jüngeren.

»Ich weiß, was es heißt, junger van Rijn, für zahlungsunfähig erklärt zu werden. Ich weiß, was eurem Vater widerfahren ist. Ich kenne das aus nächster Nähe. Bin auch von Feinden gehetzt. Schon drei Jahre lang darf ich keine Hand mehr rühren, ohne daß die Spione hinter mir her sind.«

Um seinen Mund grub sich eine Falte, die seinem Gesicht einen starren feindseligen Ausdruck von Rachsucht verlieh.

Titus errötete aufs neue und wußte nicht, was er sagen sollte. Immer, wenn von dem Unglück seines Vaters die Rede war, fühlte er sich verwirrt und beunruhigt; daß dieser Mann ihm überdies von seiner eigenen Lage erzählte, brachte ihn noch mehr in Verlegenheit und aus der Fassung; andererseits fühlte er sich geschmeichelt, daß Joost van den Vondel, der doch fast so alt war wie sein Vater, mit ihm wie mit seinesgleichen redete.

Er schaute wieder zu Filips, der ein wenig spöttisch und ein wenig belustigt lächelte. Titus wußte einfach nicht, was er von dem jungen Vondel halten sollte. Doch glücklicherweise machte Filips seiner Verwirrung ein Ende, indem er Joost fragte:

»Und wann soll ich kommen?«

»So schnell wie möglich«, sagte Vondels Sohn; und mit einem plötzlichen hämischen Lächeln, das für Titus etwas Abschreckendes hatte, fügte er hinzu:

»Der Alte scheint große Angst zu haben, daß er in Dänemark ins Gras beißen muß! Er hat sich auch schon von Flinck zeichnen lassen.«

Filips wandte sich verärgert ab, und der junge Joost lachte lange und schadenfroh. Dann faßte er die Spange von Filips' Überkleid, und seine Stimme klang beinahe drohend, als er sagte:

»Nun etwas anderes ... Hast du Sobbe in den letzten Tagen gesehen?«

Filips sah ihn verwundert an.

»Sobbe?«

Der junge Joost machte eine ungeduldige Geste.

»Ja. Den Spürhund meiner Gläubiger.«

»Ich kenne ihn nicht«, erwiderte Filips.

Vondel junior trat einen Schritt zurück, grüßte übertrieben höflich, winkte Titus, kehrte sich um und war mit raschen, großen Schritten im Gedränge verschwunden.

Filips sah ihm mitleidig nach, und Titus blickte Filips an.

»Er ist nicht übel«, meinte Filips dann. »Nur hoffnungslos leichtsinnig. Ein Jammer, daß sein Vater sich seinen Bankrott so zu Herzen nimmt ... Aber komm. Da winken meine Freunde.«

An diesem Abend schlief Titus mit der Erinnerung an einen großen hellen Raum ein, wo an einem langen Tisch viele blonde und dunkle Gesichter saßen, während der Wein gleich funkelnd-roten Kegeln in den Kelchen zitterte. Filips ging lächelnd und plaudernd umher, man trank ihm zu, und er, Titus, hatte sich zum ersten Male als Mann unter Männern gefühlt, aufgenommen in den Kreis als Sohn des Rembrandt van Rijn.

Dazwischen sah Titus das große, unruhige Gesicht des jungen Vondel, der flüsternd und dann wieder schallend laut sprach; er dachte an den starken, gewürzigen Geschmack des Weines; dann wieder sah er sich mit Filips durch die Dämmerung gehen.

Sie hatten geschwiegen, bis Filips stehengeblieben war. »Ich habe dich noch gar nicht nach deinem Vater gefragt«, sagte er.

Titus hatte ein heftiges Verlangen gespürt, Filips sein Herz auszuschütten. Die ungewohnte freundschaftliche Haltung des älteren Schülers und die Weinseligkeit hatten ihn weich gestimmt. Aber dann war die Scham, einem anderen seine Gedanken anzuvertrauen, doch größer gewesen; vielleicht hätte Filips ihn ausgelacht oder ihn mit einem achtlosen Scherzwort auf die Schulter geklopft, und das hätte Titus als Antwort auf seine bittere Geschichte nicht ertragen.

»Besuche uns doch einmal«, sagte er dann doch.

Trotz der Dämmerung hatte er gesehen, daß Filips' Gesicht sich verdüsterte. Sie waren sogar ein paar Schritte weitergegangen, ohne daß er etwas sagte. Und dann hatte seine Stimme ganz anders geklungen.

»Ist ... Dullaert noch da?«

Erstaunt hatte Titus ihn angesehen und den Kopf geschüttelt.

»Alle sind sie fort.«

Es war, als sei Filips gleichzeitig enttäuscht und zufrieden. Er nahm Titus' Hand und blieb stehen:

»Dann komm ich bald einmal. Grüß deinen Vater von mir.« Lange hatte Titus über dieses kurze Gespräch nachgedacht. Und nun glaubte er zu wissen, was Filips damals zur Abreise getrieben hatte; jene Flucht war stets als ein unerklärliches Erlebnis in Titus' Erinnerung hängengeblieben. Es war ihm seltsam zumute. Immer weiter auf tat sich das Leben, die Ausblicke wurden bewegter, ja erschreckend. Aber eines wußte er: er mochte Filips und war sehr froh über seine Rückkehr nach Amsterdam, und er konnte ihm nichts übelnehmen ...

V

Wenige Tage später, nachdem er bei Claes Berchem eine Anzahl bestellter Radierungen abgeliefert hatte, nahm Titus seinen Heimweg über die »Schanze«. Da hörte er plötzlich eine bekannte heisere Stimme ihm guten Tag wünschen.

Er erblickte eine große Gestalt in wallendem Mantel und erkannte den jungen Vondel. Zunächst war er angenehm überrascht, aber als der andere ihm die Hand reichte, fuhr ihm der prickelnde Geruch von Branntwein abstoßend in die Nase, und als sie zusammen weitergingen, merkte er, daß der junge Vondel leicht angetrunken war.

Unzusammenhängend begann Joost van den Vondel zu reden, ohne eine Antwort abzuwarten.

»Komm mit«, sagte er. »Wie geht's dir eigentlich, junger van Rijn? Noch immer bei Gerardus van Loo, wie ich höre? Keinerlei Aussicht auf bessere Tage? – Ach ja, schlechte Zeiten, schlechte Zeiten. Die Kriege, die Bankrotte … Ehrliche Kaufleute und ehrliche Maler sind das Opfer.« Seine Stimme senkte sich zu einem heiseren Flüstern.

»Ist es etwa nicht so? Wenn ich unehrlich gewesen wäre, oder dein Vater, junger Titus, dann – dann hätten wir uns vielleicht auch 'ne Kutsche leisten können und ein Häuschen an der Vecht!«

Mit wilden, ohnmächtigen Bewegungen fuchtelte er in der Luft herum, als wolle er die Bilder, von denen er tagträumte, aus dem Nichts herausmodelieren. Dann nahm er, ehe Titus es sich versah, seinen Arm und zog ihn in eine Seitenstraße.

»Hör mal zu«, sagte er. »Dein Vater und meiner, beide sind betrogen worden. Sie kennen sich nicht, aber wir, die Söhne, verstehen einander besser. Ein Dichter und ein Maler sind unsere Väter, die größten ihrer Heimatstadt, wie es heißt. Beide sind sie arm. Und ich bin hineingerissen worden in den Untergang. Ich bin nicht schuld daran. Die verfluchten Dänen! – Der Alte sitzt nun am Belt. Jawohl. – Ich kann's nicht ändern, daß er meine Forderungen einziehen muß. –

Hat man dir viel Schlechtes von mir erzählt? Ich weiß, daß sie über mich reden – über alle rechtschaffenen Leute wird geredet.«

Titus lauschte halb angewidert, halb neugierig. Er ist betrunken, dachte er dann wieder, und eine heimliche Angst vor dem jungen Vondel überkam ihn.

»Amsterdam ist eine Stadt aus Dreck und Gold«, sagte Vondel junior heftig und laut, »eine Stadt von Krämern und Kriechern! Geldwölfe und Verräter alle miteinander! Sagen die Leute, ich hätte zu lustig gelebt? – Zeig mir den Mann, der sein Herzeleid nicht mal hat fortspülen, forttanzen und singen müssen! – Ich hasse die Heuchelei. Amsterdam wimmelt von Heuchlern. Wie sagt doch mein Vater?

Wie kommt's, erlauchter Herr, daß jeder Gottsfurcht rühmt?

Und Unrecht und Gewalt mit diesem Wort verblümt?

Wer sollte das besser wissen als mein Vater und deiner, junger van Rijn … ?«

Titus zog sich unwillig zurück. Heftig griff der junge Vondel wieder nach seinem Arm.

»Heute abend gehen wir uns amüsieren«, sagte er. »Kennst du Krijn Hooft?«

Titus sah ihn verwundert an und schüttelte den Kopf. Der junge Joost aber hatte nicht einmal dieses Zeichen abgewartet, sondern weitergesprochen:

»Er ist mein Stiefsohn. Der Sohn von Baerte. Baerte ist auch eine Furie. Du mußt Krijn doch kennen?! Ein Wirrkopf ist er, aus dem ich trotz aller Mühe keinen tüchtigen Kaufmann hab machen können. Morgen wird er volljährig, da verlangt er sein Geld … Überall in Amsterdam gibt's Geld, da wird nicht nach Mein oder Dein gefragt … Aber bei mir – ? Heute abend müssen wir uns amüsieren.«

Titus blieb stehen.

»Sinjeur Vondel, ich muß nach Hause«, sagte er. »Mein Vater erwartet mich.«

Vondel junior packte ihn am Arm. Ein wütender Unterton grollte in seiner Stimme.

»Wir amüsieren uns«, sagte er. »Komm. Wir sind bald da. Du bist ja kein Kind mehr. Hab nur keine Angst. Frauen sind auch dabei. Ich weiß schon, du hast noch nie...« Er lachte hell auf. »Ach, das ist keine nennenswerte Wissenschaft. Komm!«

Sie standen vor einem schmalen Haus. Die Vorderseite war dunkel. Aus der Tiefe klangen unbestimmte Geräusche, Singen, Musik, Tanzschritte. Ehe Titus sich losreißen konnte, hatte der junge Vondel die Tür geöffnet und ihn hineingeschoben.

»Ein Mann bist du beinahe – warum verkehrst du mit dieser Hündin, diesem Filips? Er kann dich nur verderben. Hier gehören wir hin.«

Sie standen in einem langen, niedrigen Raum. Dumpfer Lärm schlug Titus entgegen. Das erste, was er sah, waren tanzende Paare unter dem Kerzenleuchter, drei Männer und drei Frauen. Ein grelltönendes Instrument begleitete den Tanz. – Dann erkannte er im Halbdunkel einen Tisch mit Pfeifen und Kohlenbecken, an dem mehrere Leute saßen. An einem Wandschrank lehnte eine junge Frau, die, kaum hatte sie den jungen Vondel erblickt, auf ihn zueilte. Titus sah, daß sie ganz dünne Kleider trug und kaum älter war als er selbst. Die Männer grüßten. Vondel junior lachte und schloß sorgfältig die Tür hinter Titus. Dann nahm er das Mädchen auf den Arm, schwenkte es ein paarmal hin und her und setzte es neben Titus nieder.

»Da hab ich dir einen kleinen Freund mitgebracht.«

Titus fühlte sich ängstlich und unglücklich. Das Mädchen trug große künstliche Locken; ihre Knöchel waren zu sehen, das Mieder war schamlos weit ausgeschnitten.

Sie sah Titus mit einem spöttischen, eigensinnigen Blick an, der ihn noch mehr verwirrte und ihm alle Sicherheit nahm. Dann zog sie ihn in eine Ecke, ohne daß er sich zu widersetzen wagte.

Das also war es! Frauen und Männer beisammen bei einer schamlosen Trinkerei!

Unerträglich war es, und Titus sah sich hilfesuchend

nach dem jungen Joost um. Doch der kümmerte sich nicht mehr um ihn. Er hatte sich an den Tisch gesetzt, als sei er hier zu Hause – und Titus wußte, so war es auch; dann ergriff er eine Pfeife und begann, mit den anderen Karten zu spielen. Der Tanz hörte auf. Die Stille war noch viel schrecklicher; Titus sah das Mädchen mit flehenden Augen an. Flüchtig lachte sie, und es war, als habe sie Mitleid mit ihm und wolle ihn schonen – schon hoffte er, sie würde ihm die Tür öffnen. Doch sie überlegte es sich anders, ergriff seine Hand und zog ihn seitwärts. Dann setzte sie sich und zog die Füße an, so daß er wieder ihre Fesseln sah, stark und schlank, wie er sie nie bei einer Frau gesehen hatte. Seine Wangen verfärbten sich, er wußte nicht, wohin mit seinen Händen, er wußte nicht, was tun; er senkte den Kopf; wie ein demütiger Sünder stand er vor dem Mädchen, das ihn mit unbewegtem Gesicht wie ein Scharfrichter fragte:

»Wer bist du eigentlich, du Muttersöhnchen, daß du dich so blöde anstellst?«

Titus murmelte etwas. Plötzlich lachte sie laut.

»So einen schüchternen Gast hab ich noch nie gehabt!«

Titus haßte sie. Er verstand nur zu gut, was sie meinte, und er fühlte sich erniedrigt wie damals, da er als großer Junge den kleinen, spottenden Mädchen aus dem Wege ging, weil ihr Gekicher ihn demütigte. Aber hier war kein Entweichen möglich.

Plötzlich stand das Mädchen auf und blieb vor Titus stehen. Er hob die Hand, wie um sich zu wehren. Wieder lachte sie, faßte mit einem kurzen Ruck seinen Kragen, zog ihn zurecht und sah ihm in die Augen, neugierig und herrisch.

»Vor einem Kuß wirst du doch keine Angst haben?«

Titus stockte der Atem. Dicht vor seinem Gesicht glänzte das ihre, dunkel vom Wein und vom Tanz. Ihr Atem strich über seine Stirn. Plötzlich fühlte er seinen Kopf zwischen zwei Hände genommen und eine warme, feuchte Berührung auf seinen Lippen. Er schrak zurück, doch das Mädchen warf den Kopf nach hinten und begann, schrill zu lachen.

»Die Mädchen vom Nieuwendijk sind gut,
Die am Hafen von lustigen Sinnen,
In der Kalverstraat sind sie sehr hochgemut,
In der Warmoesstraat tun sie nur spinnen.
Die am Burgwall, die will ich minnen.
Auf dem Dam sind sie rosig und nett,
Doch am liebsten hab ich sie im Bett ...«

grölte jetzt eine langgedehnte Männerstimme, in der Titus voll Abscheu die Stimme von Joost erkannte. Wüster Beifall dröhnte über die letzten Worte hin. Eine Frau klatschte in die Hände, ergriff die Zither und sprang auf den Tisch. Unter dem dämmrig-roten Licht des Kronleuchters begann sie, ein übermütiges Lied zu singen. Einer der Männer schlug mit seinem Römer den Takt dazu – ein immer wiederkehrender erregender Ton von hartem Glas auf hartem Holz. – Das Mädchen, das Titus' Schultern noch festhielt, stieß ihn unversehens zurück; mit einem Tanzsprung schwebte sie in die Arme eines der Männer, der mit einem Dukaten gewinkt hatte, und versuchte das Geldstück, das er mit ausgestrecktem Arm in die Höhe hielt, im Tanz zu erhaschen – wie eine Katze sprang sie an ihm hoch. Vom Tisch her kamen jedesmal, wenn sie nach der Silbermünze griff, johlende, kreischende Beifallsrufe.

Titus stieß einen Seufzer aus. Er stand hier abseits und allein, niemand kümmerte sich um ihn. Wieder blickte er unwillkürlich zum Ausgang hin, aber der Weg war versperrt: Zwischen ihm und der Tür bewegten sich die Tanzenden.

Titus schloß die Augen. Was er sah und hörte, betäubte ihn mit unseligem Zauber. *Wollte* er eigentlich fort? Oder wollte er nicht vielmehr bleiben und sehen und hören, was er in Nächten der Einsamkeit geträumt und gefiebert hatte, was in seinen Gedanken herumspukte an Erinnerungen, Geschichten, Worten, Aussprüchen seit seiner frühesten Kindheit ... Hier war es, die Spielhölle, der Puff, wie Jeroens Freunde es genannt hatten, vor langer, langer Zeit ...

Das Mädchen! Titus *mußte* wieder zu ihr hinsehen. Ihr rasender Tanz, ihre wilden, katzenhaften Sprünge gegen den schwerfälligen Körper des langen Tänzers waren von sündhafter Schönheit. Manchmal sah er ihr Kleid aufflattern und die schlanken Fesseln sich verlockend zu Waden runden; da mußte er sich unter dem weichen, nachgiebigen Stoff des Kleides ihre Beine vorstellen. Schön mußten sie sein, wie junge weiße Birken, ebenso stark und geschmeidig und lang. Er sah, und ein schweres Gefühl bedrängte sein Herz, wie die kleinen Brüste beim Tanz im tief ausgeschnittenen Mieder zitterten. Nur ihr Gesicht vermied er anzusehen, dieses rote, von Wein und Rausch fleckige Gesicht mit dem harten, spöttischen Blick, dem aufgeworfenen Mund ... dem Mund, der ihn geküßt hatte. Ein Kuß ... er spürte noch die rasche, doch heftige Berührung ihrer Lippen. Die erste Frau hatte ihn geküßt. Die junge Eva küßt den jungen Bräutigam des Garten Eden. Zum ersten Male sah Titus die Frau als Braut, als begehrte Freundin, deren Leib hundert Lüste verhieß.

Was machte der Mann mit ihr, während sie tanzten? Titus blickte mit unbewußter, doch quälender Eifersucht auf die schäkernden, plumpen Hände, deren Liebkosungen das Mädchen willig zuließ. Titus fühlte sein Blut in den Schläfen klopfen. Seine Zunge war hart, seine Kehle trocken. Er dachte nicht mehr. Er wußte nur, daß die Angst der Lust verführerisch schön war und daß dieser niedrige, viereckige Raum mit dem fahlroten Licht und barbarischen Lärm einen dunklen Zauber barg, an den er sich nicht heranwagte und der ihn doch übermächtig fesselte und an seinem Platz hielt. Das Mädchen, das Mädchen ...

Plötzlich schrak er zusammen. Eine große Gestalt stand neben ihm – der junge Vondel. Titus fühlte sein Herz ungestüm klopfen. Es war, als spürte er, daß Joost etwas mit ihm vorhatte.

Der junge Vondel zog ihn zum Licht.

»Na, hast du bei Annet was gelernt?«

Annet, Annet. – Sie hieß Annet.

Titus blickte nach dem Saum des schwingenden Rockes und des Mieders. Vondel schüttelte ihn am Arm.

»Nun?«

Titus wandte den Kopf ab, wie ein Kind, dem man scharf in die Augen sieht, während man es ausfragt.

Der junge Vondel brummte etwas vor sich hin, dann winkte er mit der Hand.

»Leute, hierher, hier gibt's was zu sehen! Einen Jüngling, der noch mit keiner Frau zu tun gehabt hat!«

Das Lachen, das herüberdröhnte, klang drohend. Drei, vier Männer tauchten aus dem roten Dämmerlicht auf. Ratlose Verzweiflung kam über Titus. Es war, als hätte ein Henker seinen Knechten gewinkt. Ehe er wußte, was geschah, hatten zwei Männer einer der Frauen etwas zugerufen; keuchend vor Lachen ließ sie sich greifen und in die dunkle Ecke schleppen, wo Joost Titus festhielt. Titus begriff, was sie vorhatten. Er kniff die Augen zusammen. Er hörte die derben Späße der Gäste, die heisere, trunkene Stimme von Joost, das girrende Lachen der Frau, die halb widerstrebte, halb nachgab. Schmerzhaft drangen die Geräusche in sein Ohr. Dann fühlte er, wie Joost ihn vornüber drückte.

»Nein!« schrie er.

Plötzlich wurde er losgelassen. Eilige Schritte erklangen. Er stürzte auf den hölzernen Fußboden. Ein kalter Luftstrom strich über ihn hin. Es wurde totenstill.

Als Titus aufblickte, sah er die halbnackte Frau nicht mehr. Aber am Tisch stand der junge Vondel einem Mann gegenüber, der vorher nicht dagewesen war; er mußte eben erst hereingekommen sein.

Titus fühlte sich todmüde und benommen; in seinen Schläfen hämmerte es. Jetzt hätte er fliehen mögen, aber der Fremde stand mit dem Rücken gegen die Tür und heftete langsam die Augen auf ihn.

Titus schlug die seinen nieder. Quälende Scham erfüllte ihn. Dann blickte er zu dem jungen Joost hin; die scharfe Falte des Grolls und der Rachsucht, die Titus schon an ihm kannte, grub sich tief um seinen Mund. Er blickte auf den

Neugekommenen mit halbgeschlossenen, funkelnden Augen.

»So, Sobbe«, sagte er dann.

Der Mann, dessen Name nun gefallen war, trat näher. Jetzt war die Tür frei. Aber Titus dachte schon nicht mehr an Flucht. Er sah, daß zwischen diesen beiden Männern etwas geschehen würde. Auch die anderen blieben reglos stehen; die Zither lag auf dem Tisch; schweigend, mit vorgestreckten Köpfen, sahen die Männer zu.

»Jawohl, Sobbe«, sagte der Hinzugekommene und reckte sich auf. Titus bemerkte, daß er noch größer war als der junge Vondel; während Sobbe Joost triumphierend ansah, fügte er heftig hinzu: »Das hätte sich Justus van den Vondel nicht gedacht.«

Der junge Vondel zuckte die Schultern, aber er wandte den Blick keine Sekunde von dem anderen ab.

Sobbe ging zum Tisch und schenkte sich ein Glas Wein ein, bedächtig und herausfordernd langsam. Joost folgte jeder seiner Bewegungen mit den Augen. Jetzt trat Sobbe wieder zu ihm. Er trank das Glas in einem Zuge leer und neigte sich zu dem jungen Vondel.

»Und jetzt ist es genug, Joost! Eine Schande ist es, eine Schande! Während sich der Alte in Dänemark abrackert, bringst du Knaben in diese Lasterhöhle ... !«

Er wies auf Titus.

Mit weit aufgerissenen Augen blickte Titus hin. Er sah, wie der junge Vondel eine unauffällige, langsame Bewegung mit dem rechten Arm nach hinten machte; im nächsten Augenblick zog er den Arm zurück. Dann sprang der junge Joost wahnsinnig vor Wut auf Sobbe zu; ein Messer blitzte auf, kurz und hell.

»Spion!«

Titus sah, wie Sobbes mächtiger Oberkörper lautlos zusammenklappte und gegen den Tisch stürzte. Gellend schnitt der Angstruf einer der Frauen ihm ins Ohr. Mit einer Geste des Entsetzens drückte er sich an den Wandschrank; Kannen wankten und fielen mit scharfem Geklirr auf den hölzernen Fußboden. Der Tisch neigte sich unter dem Ansturm der Männer. Titus sah den jungen Joost über einen Stuhl stolpern und flüchten; einer der Zechbrüder rief ihm ein paar wütende, unverständliche Worte nach. Sobbe glitt zu Boden. Schatten flogen vorüber; dann schlug einer der Männer die letzten Kerzen aus dem Kronleuchter. Titus stieß einen Schrei aus, erinnerte sich in blindem Selbsterhaltungstrieb, in welcher Richtung die Tür lag, tastete sich durch ein kurzes Gedränge, fand die Klinke, den Flur, sah die Dämmerung draußen …

In der Ferne hörte er das näher kommende Pfeifen der Polizisten. Er rannte durch die Gasse. Über Treppen, an Geländern vorbei sprang er, angstgejagt. Der Widerhall seiner Schritte verfolgte ihn. Er strauchelte, fiel, stand mit zerschrammten Händen auf, eilte weiter, ohne zu wissen wohin, durch ein wirres Netz von Gassen und Gängen, nur weg, weit weg von Schrecken und Gefahr.

VI

Der Vorfall ließ eine unbestimmte Angst in ihm zurück, so daß er ins Zittern geriet, wenn auf der Straße jemand auf ihn zukam oder wenn ihn jemand unversehens ansprach. Das ließ ihn Rembrandts Nähe suchen und machte ihn einsilbig und zurückhaltend. Kaum wagte er mehr, allein zu sein, doch noch weniger wagte er, von dem zu sprechen, was er in jener Nacht gesehen hatte. Am meisten quälte ihn die angstvolle Ungewißheit, ob Sobbe tot war; er fühlte sich wie mitschuldig an dem Messerstich des jungen Vondel, aber er wagte nicht, irgend jemand, der in der Stadt bekannt war, danach zu fragen.

So verbrachte er ganze Tage bei seinem Vater in der Werkstatt in der »Kaiserkrone«. Sie sprachen fast gar nicht miteinander; Rembrandt arbeitete mit angespannter Aufmerksamkeit an großen Phantasielandschaften, über denen Wolken dahinflogen und aufziehende Regenschauer in perlmuttfarbene Schleier schwebten. Titus malte unter seiner Anleitung, aber sein Eifer war gering und noch geringer seine Befriedigung; oft vernichtete er beschämt oder verärgert die Bilder, sobald er sie vollendet hatte. Mit mehr Freude half er seinem Vater beim Abziehen der Radierungen; auch wusch er die Pinsel, stellte Firnis her, und zwischendurch las er.

Bei seinem Onkel hatte er eine kleine Bücherei entdeckt, in der verstaubte Folianten, Oktavbände, große und kleine Formate durcheinanderlagen; in der Ecke stand ein spinnwebbedeckter großer Globus; darüber hing eine uralte ptolemäische Landkarte. Niemand schien sich um diese Bücher zu kümmern; so nahm denn Titus alles mit, was ihm irgendwie anziehend schien. Mit wahrer Wut warf er sich abends auf die Schriften. Seltsame unwirkliche Träume beherrschten seine Gedanken. Er fürchtete sich vor der Wirklichkeit der Dinge. Bücher, Bücher. Eins nach dem anderen schlug er auf. Die Beschwörung dieser unbekannten, ungeahnten Träume aus Buchseiten und Kupferstichen wurde ihm zum unentbehrlichen, vager Trost, über dem er alles vergessen konnte. Er las Gedichte, Trauerspiele, Reisebeschreibungen, Geschichte, Theologie. Alles war ihm willkommen. So sammelte er ein Wissen an, das er selbst weder ordnen noch nutzbar machen konnte, wovon er selbst kaum wußte. Nur das Erwachen aus diesen Träumen so anderen Inhalts war immer wieder schmerzhaft und enttäuschend – doch wer hätte seine Hand nehmen und ihm in diesem seltsamen Irrgarten den Weg weisen sollen? Er wußte selbst nicht, was er ersehnte und erwartete; zuzeiten schien alles ihm gleichermaßen sinnlos, ein andermal wieder flossen die Tage über von Verheißungen. Dann ging er, von unbestimmten Gründen getrieben, zu einem der bunten Häfen, sah ein Stück Weltweite und kostete aus dem Tauwerk der Schiffe den Duft anderer Meere und Erdteile, hörte aus dem schwellenden, kurzen Anschlagen der Wellen den Ruf der Ferne.

Doch wo lag das Land seiner Sehnsucht, und welches Fahrzeug brachte ihn hin? Dort drüben mußte es liegen, dachte er und schaute der untergehenden Sonne nach; erträumte Landschaften, Bilder aus Büchern, rote und schwarze Landkarten hatten sich seinen Gedanken eingeprägt; er dachte an die Neue Welt, an Ceylon, an Java, an Formosa und weiter: an Inseln ohne Namen, schwebend auf korallenen Felsen mit azurblauen Buchten und bronzefarbenen Palmen ... doch meist schoben sich vor diese Traumbilder zwei müde Frauenaugen; ein Körper bot sich an, und eine Stimme sprach von dem, was Titus erbeben ließ und ihn immer wieder nach Hause zurücktrieb ... War Sobbe tot? Die Frage bedrückte ihn mehr und mehr. Quälend stieg die Erinnerung an den wilden Abend vor ihm auf. Das Messer ...

Dann traf er Filips wieder. Er vermochte seine brennende, angstvolle Neugier nicht länger zu bezwingen und erzählte ihm alles. Filips war sehr bewegt und schüttelte den Kopf.

»Mach dir keine Sorgen wegen Sobbe. Ich habe den jungen Joost frei herumlaufen sehen, also kann nicht viel geschehen sein. Wahrscheinlich hat er sich freigekauft.«

Sie gingen lange umher und sprachen miteinander. Filips war besorgt um Titus, der blaß vor Unruhe und Unsicherheit neben ihm herging. Die letzten Wochen hatten ihn völlig erschöpft. Rembrandts Schüler mußte an jenen anderen blassen Jungen denken, den er liebgehabt und dann hatte verlassen müssen. Doch das alles war vorbei; jetzt sah Filips in Titus nur einen jüngeren Bruder, und diese ruhige Freundschaft war nicht weniger warm als seine Leidenschaft für Dullaert gewesen war. Aber vielleicht vermochte er jetzt, was Dullaert nie gewollt hatte: diesem jungen Bruder den Weg aus dem Irrgarten der Jugend zu den hellen, kühlen Pfaden des Lebens zu zeigen.

VII

Der Prozeß war zu Ende. Die Versteigerung in der »Kaiserkrone« ergab nicht die Hälfte des geschätzten und erhofften Wertes. Titus' Vormünder trugen den größten Teil des geringen Erlöses davon; die Gläubiger verteilten murrend den Rest.

Rembrandt hatte seine Bewegungsfreiheit wieder und konnte nach Belieben davon Gebrauch machen. Ein armseliger Trost, dachte er, wenn einem alles genommen ist und man nicht einmal ein Dach überm Kopf hat, um diese Freiheit zu genießen.

Er zog zu seinem Bruder nach Leiden – ein abwartendes, ausweichendes Verhalten. Denn jedermann wußte, daß dieses Weggehen nur vorläufig war, daß der Meister nirgends als in Amsterdam leben konnte und bald, so oder so, zurückkehren würde – und er selbst wußte es am besten von allen. Titus blieb bei Gerardus van Loo.

Die jungen Maler, die regelmäßig im »Wappen von Frankreich« zusammenkamen, wo Barent van Someren den vornehmen Wirt spielte, hatten nach zahllosen leidenschaftlichen Gesprächen beschlossen, Rembrandt die Möglichkeit zu geben, in alter Meisterschaft weiterzuarbeiten. Sie brachten Geld zusammen.

Es waren Filips und Salomon de Koninck, Willem Kalff, Adriaen van de Velde, Emanuel de Witte, Gabriel Metsu, Jean Baptiste Weenicx, Jan van de Capelle und andere, die den Meister zu sehr bewunderten, als daß sie seinen Untergang durch boshafte Feinde ruhig hätten mit ansehen können.

In der Schenke von Aert van der Neer verkehrten die älteren Maler, die aus einer schlichteren Zeit stammten und Pracht und Prunk im Alltagsleben verabscheuten; von dort wurde gehetzt und geschmäht: Breenberch, van der Neer, seine Söhne, die ihrem Vater alles nachplapperten, Ruysdael, Pot, van der Helst, Jacob Meurs, de Keyser, Lingelbach, Codde und ihre Freunde, Altersgenossen von Rembrandt, die nicht genug Worte des Hohns für den gedemütigten Nebenbuhler finden konnten, ereiferten sich über die Zwanzig- und Dreißigjährigen, die Rembrandt treu blieben und ihn nicht einfach verschwinden sehen konnten. Die Älteren waren nicht zufrieden damit, daß der Meister gestürzt war, sie mißgönnten ihm auch jede Möglichkeit des Wiederaufstiegs.

Zuerst versuchte eine in das »Wappen von Frankreich« entsandte Abordnung, die jungen Leute zu anderen Anschauungen zu bekehren. Doch die Abgesandten waren an das niedrige, verräucherte, laute und dunkle Weinhaus van der Neers gewohnt und konnten in der hellen und hohen Pracht der van Somerenschen Herberge nicht die rechten Worte finden. Überdies waren unter den Jüngeren so viele scharfzüngige Spötter und Lacher, daß sie grimmig ins Brutnest der Ihren zurückkehrten und einen heiligen Eid schworen, sich nie mehr mit Filips de Koninck und seinen Spießgesellen einzulassen.

Auch zu Prügeleien kam es zuweilen. Wenn Ältere und Jüngere einander begegneten, blieb es nicht bei herausfordernden Schmäh- und Schimpfreden. Eine Zeitlang ging es abends auf den Ringstraßen höchst aufgeregt zu, so daß friedliche Bürger nicht mehr dort spazieren gehen konnten; überall sah man Maler voreinander stehenbleiben und sich gegenseitig beschimpfen und bedrohen, bis sie schließlich aufeinander losgingen und eine der Parteien gründlich verprügelt wurde. Zuweilen erschien vor der Schenke von van der Neer eine Schar kampflustiger junger Leute; aber die Alten, die sich ihnen gegenüber handfest und erwachsen vorkamen, stürmten über Scherben und Bänke ins Freie und auf die Gegner los. Sogar im Theater waren einmal zwei Maler kämpfend durch die Reihen gebrochen und hinausgestürzt, geradewegs in die Arme der benachrichtigten Polizisten, die die Tollköpfe eine Nacht lang in Arrest austoben ließen.

Die Gilde drohte sich zu spalten. Aber die Ältesten, Cretzer vor allem, der seine Schöpfung gefährdet sah, taten alles, um es zu verhindern. Bei schwerer Geldstrafe war es verboten, von Rembrandt zu sprechen oder Streitereien und Schlägereien im Gildesaal zu wiederholen. Und so verliefen die großen Gilde-Essen ruhig, wenn auch verschwollene Augen und gezeichnete Stirnen ab und zu sich rachsüchtig einander zuwandten.

Unterdessen kam das Geld zusammen. Filips de Koninck verwaltete es. Er hatte die ganze Sache geplant – er wollte auch dafür sorgen, daß sie zur Ausführung kam.

Eines Abends erschien er bei Titus und erzählte ihm, was er vorhatte.

In der Rosengracht stand ein Haus leer. Es war nicht so groß wie das in der Breestraße ... aber im Erdgeschoß war ein Laden, und es war nicht zu teuer, denn die Zeiten waren ja schlecht.

Hastig sprach Filips weiter: dieses Haus wollten die jungen Maler für Rembrandt kaufen. Der Laden ließ sich als Kunsthandlung einrichten, wenigstens wenn Titus und Hendrickje ihr Geld hineinsteckten ... die Maler, die Filips kannte, wollten alle an ihn verkaufen und so gut sie konnten mithelfen.

Lange besprachen sie die Möglichkeiten. Filips wunderte sich über die Selbstbeherrschung und Sachlichkeit, womit der siebzehnjährige Titus alles zu berechnen wußte. Doch nachdem die ganze Sache klipp und klar vor ihnen lag, staunte er nicht weniger über die unbändige Freude, die sich derselbe Junge plötzlich anmerken ließ. – Der Siebzehnjährige hatte unerwartet ein Ziel erblickt; das hatte er zuvor nie gekannt, danach hatte er gesucht an Orten, wo es nicht sein konnte, hatte es erwartet aus Richtungen, woher es nie hätte kommen können. Kein Maler! Kein Kaufmann! – Und doch etwas von beidem zugleich: Der Freund der Maler würde er sein und ihre Werke verkaufen, damit Rembrandt zu neuer Arbeit fähig wurde – und gleichzeitig würde er für sie alle, für Rembrandt und Hendrickje und Cornelia, die nun gewiß bald zurückkommen würden, den Lebensunterhalt verdienen. – –

Schon am nächsten Tag borgte sich Titus Geld von seinem Onkel und fuhr mit der Postkutsche nach Leiden, um seinem Vater von den Plänen zu berichten und seine Rückkehr nach Amsterdam zu veranlassen.

Es war, als würde der Himmel noch einmal hell und licht. Rembrandt hatte Hendrickje samt der groß gewordenen Cornelia aus dem Waterland geholt; als sie nun an der Hand des Meisters das Haus an der Rosengracht betrat, das eingerichtet und fertig war, lachte sie staunend und erwartungsvoll.

Doch als Titus aus dem dunklen Laden auf sie zutrat, erkannte sie ihn zuerst nicht. Er war braun, groß, mager; der Anflug eines Schnurrbarts lag auf seiner Oberlippe, er hatte eine harte Stimme bekommen, und im samtenen Lichtkreis seiner Augen war dunkle, feste Entschlossenheit.

Hendrickje sah, daß er ein Mann geworden war.

VIII

Wenn Rembrandt am Morgen die neue Werkstätte betrat, die Pinsel geordnet oder die Kupferplatten gereinigt hatte, überkam ihn häufig ein Gefühl, das ihn mit fast lieblicher Stimme zu fragen schien, ob man in ein und demselben Dasein mehr als einmal leben könne.

Alles kehrt wieder, dachte er dann, anders, seltsamer, mit veränderten Zügen; doch alles wiederholt sich. Wir leben das eine Leben nach dem anderen. – Aus unseren Träumen steigt es auf zu noch ungeborenen Tagen. Es wird Wirklichkeit in einem Bild, in der Umarmung einer Frau, in Kinderaugen, deren Blick wir immer und immer wieder erkennen... Es erstirbt in einer Sturmnacht. Wir wissen nicht, was mit uns geschieht. Es wird dunkel. Die Winde heulen, lassen nach, legen sich. Wenn wir die Augen aufschlagen, ruhen wir schon wieder in einem neuen Morgen. Sonnenkringel spielen über unser Antlitz. Wir liegen still. Das Blut hat den alten, ruhigen Pulsschlag wiedergefunden. Es tritt jemand herein. Wir kennen diesen Menschen – seit wann und woher? – Aber zu fragen brauchen wir nicht, denn wir erhalten doch keine Antwort, und es würde auch nur die Verzauberung brechen...

Viele Male leben wir... O Jugendzeit, wohin ist sie entschwunden – haben wir sie wahrhaftig gekannt, war sie wahrhaftig unser Besitz? Waren wir es, die am perlgrauen Kanal spielten, die farbige Mittagswolken und das Abendrot mit den Händen aus dem Wasser schöpfen wollten, aus Schlamm und Kieselsteinen ein Königsschloß bauten und abends im Gras unter den Erlen spielten, um die der Blütenstaub hing wie goldener Rauch?

Und waren wir es, die hoch oben in der Mühle an dem runden Fenster saßen und hinausschauten über die Wälle von Leiden zu den Kirchtürmen der Dörfer hin und weiter noch, wo kleine bewaldete Höhenzüge sich zu den Dünen hinabsenkten und ein geheimnisvolles Dunkel um die Bäume wob, auch wenn die Sonne auf Sand und bronzefarbene Fichten herabschien?

Jugend – das Zeichnen und später das Malen – die Versuche, der Wille, den Stoff zu bewältigen, das Versagen und Von-neuem-Beginnen – – – Jugend! Die Phantasie, die allmählich Wirklichkeit sah: greifbarer, irdischer, härter. Alle Dinge verlieren ihren ersten, jugendlichen Glanz. Einmal fuhr er mit der märchenhaften Postkutsche, dem Fahrzeug seiner Träume: Das Ding holperte träge über Land, und man saß unbequem auf einer schmalen Bank, eingepreßt zwischen anderen. Die Dörfer in der Ferne waren armselig und klein und in der Nähe farb- und glanzlos: nur die Seitenwände einzelner Häuser weiß getüncht, mit dunkelgrünem wildem Wein berankt, und darüber das Dach aus gelbem Stroh. Graue Wassergräben zogen sich zwischen den Gehöften hin. Später erkannte man diese Gräben in den Stadtgrachten wieder. Auch die Städte waren kleiner, als man gedacht hatte. Und die Lateinschule, die er besuchte, um dem verhaßten Bauerndasein zu entfliehen, war ein Gefängnis; die Grammatik ein Netz, in dem sie seine freie, sonnige Seele einfangen wollten. – – –

Malen? Darüber lachten sie nur. Warum sollte ein kräftiger junger Mensch, statt hinter dem Pflug die Pferde zu lenken, Tag für Tag mit dem Skizzenbuch unterm Arm herumlaufen und dumme Bäume und dumme Bauern zeichnen? Oder warum vertiefte er sich zur Winterszeit nicht in theologische Werke, wie es einem Studenten ziemt, statt nutzlose Kupferplatten vollzukratzen und Leinwand zu beschmieren?

Über das alles hat Rembrandt gelacht, doch im stillen hat er die Menschen gehaßt, die es aussprachen. Menschen sind kleinlich, unwissend, treulos, sie verstehen einander nicht. Sie betrügen einander; um Gold wird gelogen, verleumdet, Totschlag und Verrat begangen, Rache genommen. Ein Bauer ist ein Wesen, das essen und schlafen will, Gott fürchtet und das Geld liebt; er lebt zwischen Sonne und Erde und versucht, beide zu seinem Vorteil auszunutzen, ohne das Wunder zu verstehen.

Aber Rembrandt hat als der erste seines Geschlechts Sonne und Erde und die Menschen aus der Kornmühle gesehen: Er muß fort. Er kann und will nicht länger mit Wesen zusammenwohnen, die wie Blinde und Tiere leben.

Amsterdam!

– – – Was liegt zwischen seiner Jugend und dem Heute? Er erinnert sich an fast nichts. Er denkt nicht nach, er schließt die Augen, fühlt Müdigkeit – quälenden Druck – stillen Stolz – Schmerz, der nicht zur Bewußtheit wird. Er sieht rote, ausgelassene Nächte; Frauengesichter; blonde Saskia, braune Hendrickje; dann wieder Bilder, Radierungen, Schüler, er hört Freundesstimmen, Seghers lacht und winkt; und dann wieder eine Reihe unbekannter Frauen, die an dumpfe Weinhäuser erinnern, an graue Nächte des Ekels und der Verzweiflung, an Jahre ohne Glanz und Schimmer …

Und jetzt tritt ein junger Mann herein, der ihn »Vater« nennt, und er begreift kaum, daß es Titus ist, mit dem er vor wenigen Jahren noch auf dem roten Teppich gespielt hat ... und hier wohnt er, über der Kunstsammlung, die Titus als sein Geschäft an der Rosengracht führt, und es spielt noch ein Kind im Hause ... wie immer. –

Rembrandt fragt nicht mehr. Nächte und Tage gleiten ineinander über. Das Leben schafft sich tausendfach aufs neue; alles kehrt wieder, alles. Und Rembrandt weiß, daß selbst der Tod nichts anderes sein kann als eine Fortsetzung, ein ewiges Neu–Schaffen, eine Verbundenheit von neuen, unbegreiflichen Träumen, doch dann ohne den trüben Bodensatz des Erwachens, ohne die Reue, den Schmerz und die dumpfe Niedergeschlagenheit, die die Träume des Lebens in ihm zurückgelassen haben.

IX

Titus war nie ein gläubiges Kind gewesen. Im Katechismus hatte er wenig mehr als ein Spiel, einen Prüfstein für sein Gedächtnis gesehen. Die Bibel war ihm eine alte, unerschöpfliche Schrift von Fabeln und unverständlicher Symbole. Sogar die Christusgestalten, die sein Vater gemalt und radiert hatte, blieben ihm mythische Persönlichkeiten, deren Wundertaten ihm nichts sagten; und der Name Gottes hatte schon längst, wie so viele dunkle Worte aus der Kinderzeit, den schreckenerregenden Beiklang verloren und schwebte mit anderen Worten in seinem Bewußtsein, grau und ohne Bedeutung ...

Doch glaubte Titus, aber wie und an was, hätte er schwerlich sagen können. Nichts von alledem, was er rings um sich als Frömmigkeit preisen und ausüben hörte, hatte etwas zu tun mit dem, was ihn zu Ehrfurcht und Hingabe zwang.

In letzter Zeit kam ein junger Jude als Modell in Rembrandts Werkstatt, ein Student aus der Rabbinerschule des Ephraim Bonus. Mit ihm führte Titus lange Gespräche über Glauben und Unglauben, Himmel und Hölle, Erlösung, Messias, Tausendjähriges Reich. Der junge Jude sprach von dem alten Testament mit einer ängstlichen Verehrung, wie sie nach Titus' Vorstellung die Heiden vor ihren geschnitzten Götzenbildern empfanden. Er nannte den Namen Gottes fast nie, ohne den Kopf zu neigen, wobei ihm sein langes Haar über die Augen fiel; seine Stimme sank zuweilen zu einem Flüstern herab, und es war, als lausche er dauernd einer geheimnisvollen Gegenwart nach, die er rings um sich zu vermuten schien. Dies war für Titus etwas Neues. Der Inhalt der Gespräche war ihm bekannt; auch in der reformierten Gemeinde tauchten regelmäßig dieselben Fragen wieder auf. Doch wenn Titus allein war, kamen ihm die Worte des jungen Rabbiners wieder in den Sinn, hartnäckig und mahnend, und es war, als liefe ein Schauer durch den Raum, wenn er sich vorstellte, wie der Student von der Arche oder den Gesetzrollen gesprochen und dabei den Kopf bedeckt und sich tief verneigt hatte.

Titus' Neugier war geweckt. Die theologischen Schriften fielen ihm ein, die er aus dem Bücherzimmer seines Onkels mitgenommen hatte. Er holte sie hervor und begann darin zu blättern und zu lesen. Eine abergläubische, dumme Welt raschelte ihm aus den Blättern entgegen. Beschränktheit und Furcht schrien um Hilfe aus den langen Überschriften. Dann wieder entstieg den prahlerischen Kapiteln voll Zitaten und Sprüchen eine eitle Selbstüberheblichkeit und Verketzerung Andersdenkender, so lieblos und selbstgerecht, daß Titus die Bücher wieder wegwarf.

Gott – ? Der kleine Despot, der als geborener Hebräer aus jeder Notlage der Seinen listig Vorteil zog und sich Lehrgeld zahlen ließ, der nichts umsonst tat, für jede Gunst und jede Hilfeleistung Opfer verlangte, der Mörder und Hurer wie König David »seinem Auge wohlgefällig« nannte und wie ein Tyrann mit dem wehrlosen, gläubigen Volk umsprang, ihm Hungersnot und Pest auf den Hals schickte und es seinen Feinden und der Gefangenschaft auslieferte – war dieser Gott auch der Gott der Sieben Provinzen, des neuerstandenen Israel, wie die Synode jedes Jahr wieder verkündigte, wie die Prediger in den schönen Kirchen des Vaterlandes mit gen Himmel erhobenen Talarärmeln beschworen?

Titus empfand Verachtung für eine solche Gottheit, ja Ekel: Er wußte, so konnte Gott nicht sein. Wenn er sich Gott vorzustellen versuchte, war das erste, dessen er gewahr wurde, eine schwindelerregende Ferne zwischen ihm und dem Unbekannten. Haß, Liebe, Rachsucht – alle menschliche Leidenschaft verflog beim Gedanken an diese Ferne. Über allen Weltenkreisen, über den Sphären und Runden des Himmels, über dem Lauf der dahinbrausenden Planeten mußte Er wohl thronen. Oder hatte der Weltenraum kein Ende, und konnte man ihn da fruchtlos weitersuchen? War er vielleicht *in den* Dingen, wie Titus in dem wunderlichen, dichterischen und kühnen Buch von Giordano Bruno gelesen hatte?

Es mußte ihn geben, irgendwo. Wenn Titus abends am Wasser entlangging und zu dem ungeheuren Himmel aufblickte, wurde die Stadt zu einer nichtigen dunklen Insel auf diesem grenzenlos hellen Strom, auf dem alles abwärts zu treiben schien, großen, strahlenden Tiefen entgegen. Dann ließen sich die Gedanken nicht mehr auf das Tun und Treiben der Menschen beschränken. Ging man nach Hause, um zu schlafen, so schien das Leben auf den Straßen ein sinnloses kleines Spiel, die Menschen, die schwatzend und grüßend an den Türen standen, ein Geschlecht vergänglicher, machtloser Geschöpfe; die Kunst, die sie hervorbrachten, ein nichtssagender Aufschwung, der kläglich an der schweren Erde haften blieb. Während die Gedanken sich befreit hatten und losgelöst von der Welt durch ihr eigenes grenzenloses Reich schweiften, schlief der Leib und schlug sich mit den Träumen der Materie herum. An welch unsichtbaren Fäden hing dann das Leben, wohin drängte das alles und zu welchem Ziel, auf welch geheimnisvollen Wegen hasteten die schweifenden Gedanken, die einem durch den Kopf schossen wie Sternschnuppen – wie fanden sie zueinander? Warum machten einen die Gegensätze schaudern, warum wuchs im Menschen eine Sehnsucht, die tagelang, nächtelang eingekerkert leben konnte, bis sie sich mit einem Flügelschlag befreite und schluchzend und siegend einen Ausweg fand in einem großen goldenen Abend?

Sehnsucht und Schauder – die Gegenwart, die der junge Rabbiner wie einen Hauch an seiner Stirne zu fühlen schien –, auch Titus kannte sie nun. Doch er hätte nie zu sagen gewagt, ob es ein Engelsflügel war, der ihn berührte, wie er vor Jahrhunderten den Erzvater Abraham berührt haben mochte, als er seinen Sohn opfern wollte; oder der Mantel von Michael, der ihn im wallenden Flug des Erzengels gestreift hatte. Und sollte er auch an die Einflüsterungen des leibhaftigen Teufels glauben, an Höllengeister, die gehörnt und bocksfüßig um Schwefel- und Pechpfuhle tanzten und beim Untergang der verdammten Seelen in schallendes Gelächter ausbrachen?

Titus fühlte, daß mit Namen nichts getan war, weil alles, was man von Engeln und Teufeln erzählte, sofort wieder menschliche Gestalt annahm. Wer vom Himmel sprach, hätte es in einer himmlischen Sprache tun müssen; vielleicht, dachte Titus, hatte er die ein einziges Mal vernommen in den Worten einer alten Schrift, welche »Die Zierde der geistlichen Hochzeit« hieß und schwer zu lesen war. Doch wenn man sich Mühe gab, diese Stimme zu verstehen, war es, als käme sie näher in einem stillen weißen Licht. Aber der Wortlaut hatte müde und seltsam geklungen, beschwert von all dem Irdischen, als ob der Schreiber im Jenseits gewesen sei und dort Dinge gesehen habe, die ihn, inmitten des Sterblichen nicht recht zu sich selbst kommen ließen. – Aber warum sprach man von Himmlischen und von Teufeln, warum dichtete man ihnen menschliche Gefühle, eine menschliche Erscheinung an, schön oder abstoßend? Warum zerrte man das Jenseits auf die Erde herab, beschrieb man

Straßen und Wohnungen der Himmlischen Stadt, als gelte es, ein neues Weltwunder zu schildern? Warum stritt man sich um die Eigenschaften und das Geschlecht der Engel, warum berechnete man, wie viele von ihnen auf einer Nadelspitze Platz fänden? Warum beschrieb man das Triebwerk ihrer Flügel, warum sah man den Heiligen Geist als weiße Taube sich auf die versammelten Frommen niedersenken?

Titus fühlte sich zu Spott und Hohn gereizt. Narren, Narren, Narren, die mit der Furcht vor Feuer und Verdammnis, vor Verwerfung und Strafe nur die eigenen Ängste anfachten. – – – Wer das Erhabene in so irdischen Formen sehen konnte, bewies dieselbe kindliche Geisteshaltung wie die einfältigen Griechen und Römer, die sich ihre Gottheiten als kampflustige Helden und bildschöne Frauen vorstellten. Vielleicht steckte mehr reine Lebenslust in der Einbildungskraft der Antike, die ihre himmlischen Helfer wenigstens göttlich nackt darzustellen wagte, als in dem von Angst und Heuchelei verzerrten und getrübten Blick der heutigen Christen, die einander gegenseitig in Acht und Bann taten mit Sprüchen aus demselben Buch, aus dem sie Glauben und Vertrauen und Nächstenliebe lehrten, aus dem sie auch den Krieg predigten und das Gebot des Friedens lehrten, dem tyrannischen Landesherrn den Gehorsam aufsagten und später wieder Unterwerfung unter die Obrigkeit forderten; und das alles auf eine Art, die überzeugend bewies: Gottes Wort ward ihnen ein Gesetz, dessen Widersprüche so erhaben schienen, daß die schlichten Wahrheiten des menschlichen Verstandes nicht daran rütteln konnten.

X

Titus' Kunsthandlung, zu der seine Vormünder nur zögernd und widerwillig ihre Zustimmung und sein Geld gegeben hatten, für die Hendrickje ihre kleinen Ersparnisse geopfert hatte, brachte schon in der ersten Zeit einen zwar beschränkten, doch stetigen Umsatz. Junge Maler, die mit ihren sich häufenden Bildern nicht wußten wohin und sonst überall abgewiesen wurden (die älteren Kunsthändler waren zu bequem und zu sehr in Vorurteilen befangen, um sich mit ihnen abzugeben), fanden bei Titus willkommene Unterkunft. Obgleich sich Rembrandt nicht sehr eifrig um das Geschäft kümmerte und nur dann mit seinem Rat aushalf, wenn es etwas Besonderes zu kaufen gab, hatte er, der sein ganzes Malerleben lang mit wütendem Eifer Raritäten aufgespürt und gesammelt hatte, doch seine geheime Freude an dem kleinen Vorrat von Wunderdingen, die Titus mit seinem von klein auf geübten Auge zu erwerben verstanden hatte. Für junge Maler war die Kunsthandlung in der Rosengracht beinahe eine zweite Heimat. Der Raum hinter dem Laden, wo Titus arbeitete und schlief, war zu Anfang oft voll von jungen, ausgelassenen Menschen, und ab und zu dachte Titus: Eigentlich muß es dem Vater vorkommen, als sei das ganze Haus wieder voller Schüler... Allmählich, als sich die Aufregung legte, ließen diese Besuche nach. Aber Clemens, Becker, Cretzer und andere ärgerten sich ständig über das junge Geschäft, das Bilder auf den Markt brachte, die sie abgelehnt hatten, und Entdeckungen machte, die sie übersehen hatten und deren Vorteile ihnen nun entgingen; und das war freilich das Ärgste...

Nur einen Freund hatte Titus unter den Kunsthändlern: Claes Berchem, mit dem er sich von Anfang an den Verkauf der Zeichnungen seines Vaters geteilt hatte. Berchem half ihm mit Rat und Tat, lieh ihm Geld, wenn gleichzeitig viel bezahlt werden mußte, schickte seine Kunden gelegentlich zu Titus und half ihm bei wichtigen Nachfragen mit seinen eigenen Vorräten aus. Überrascht und verwundert stellten sie fest, daß eine Schar von Bewunderern Rembrandt treu geblieben war und seine Radierungen nun regelmäßig von Titus bezog; dadurch war der Lebensunterhalt des Malers und seiner Familie gesichert.

Titus verkaufte Bilder und Waffen, bemalte Seide, Treibarbeit, Spitzen. Junge Frauen, die in Kutschen durch die Stadt fuhren – was im Gegensatz zu früheren, rechtgläubigeren Tagen immer mehr aufkam – hielten vor seinem Haus, traten ein, kauften, plauderten mit dem schönen, zurückhaltenden, rehbraunen Titus. Mehr als einmal kamen sie wieder, angelockt durch die auffallende Erscheinung von Rembrandts Sohn. Einige unter ihnen wagten unverblümt über Frauengunst und Liebesglück zu scherzen; andere befleißigten sich der stummen Sprache des wedelnden Fächers, ließen ihr Taschentuch fallen, zeigten, wenn Titus sich bückte, ihre Fesseln und bisweilen mehr, vergaßen angeblich ihre Börsen und schufen so eine Gelegenheit, den Diener nach Hause zu schicken und mit dem schönen Kunsthändler allein zu bleiben. Titus bemerkte die Verliebtheit der jungen Frauen sehr wohl; aber er sah auch, daß es ihnen nur Tändelei bedeutete, daß sie sich langweilten und dauernd Abenteuer suchten. Er wurde immer höflicher und schweigsamer, bis sie schmollend wegblieben. Das bemerkte er zu seinem Schaden an dem Vorrat von Spitzen, Silberarbeiten und Seide, der nun viel langsamer abnahm; doch er zuckte nur die Schultern.

Frauen – ? In letzter Zeit mußte er immer an das Mädchen von der »Schanze« denken, deren Tanz er atemlos bewundert, deren Körper sogar eine Sekunde lang an seiner Brust gelegen hatte. War es widernatürlich, daß er diese Dirne nicht vergessen konnte, deren Liebe nicht weniger flüchtig war als die der jungen Frauen, die ihn wenigstens eine Zeitlang als Liebhaber genommen hätten? Es gab Schönere als sie – Annet hieß sie, fiel ihm wieder ein –, und doch blieben sie für ihn undeutlich und nichtssagend; er konnte sich ihre Gesichter, ihre Stimmen, ihren Gang nicht mehr vorstellen, wenn sie einmal seinen Weg gekreuzt hatten. Vielleicht konnte er sie, diese andere, nicht vergessen, weil sie seinen Kopf in ihre Hände genommen und seinen Mund geküßt hatte. Er dachte an diesen Kuß, den ersten, den eine Frau ihm gegeben hatte, mit einer verborgenen inneren Leidenschaft, die kein Mensch hinter seinem stillen Äußeren vermutet hätte. Auch er hatte seine Nächte, in denen nicht vorhandene Frauen ihn mit der Pracht ihrer Hüften und ihres Busens herausforderten, Nächte, in denen er vor dumpfem Begehren laut aufstöhnte und in seinen Träumen wütete gegen die Brüste von Wesen, die ihn wie Teufelinnen beschliefen. Aber immer wieder war es ihm gelungen, diesen nächtlichen Spuk abzuschütteln und an die Dinge des Tages zu denken – wenn ihn nicht die Gedanken an das Mädchen verfolgten, das dem jungen Joost in die Arme geflogen war, das sündhaft schön getanzt hatte und das — o Qual, bittere Qual – bei Männern wie Joost liederlich sein, sich liederlich kleiden und liederliche Reden führen mußte.

Liebte er sie? Warum ging er dann nicht wieder in das Bordell, sei es auch nur, um zu sehen, was sie trieb und ob sie ihn erkennen würde? Eine Dirne! Erkennt sie die Hunderte, die sie in den Armen gehalten hatte?

Titus lachte leise und höhnisch über sich selbst. – Ein Kind bin ich, ein Kind, dachte er dann wieder. – Wie sollte eine Dirne jemanden lieben können, und warum denke ich wie ein schmachtender Jüngling an eine Hure von der Schanze, die jedem schöne Augen macht, der ihr eine Handvoll Geld in den Schoß wirft?

XI

Manchmal dachte Titus auch an den jungen Joost und wunderte sich, daß er ihn nie mehr getroffen oder etwas von ihm gehört hatte. Er fragte Filips.

Der alte Schüler seines Vaters machte ein ernstes Gesicht. Er berichtete, man habe Joost gezwungen, nach Indien zu gehen und dort sein Glück zu versuchen. In Amsterdam habe er sich unmöglich gemacht.

Joost hatte sich überreden lassen. Im Dezember des vergangenen Jahres war das Schiff ausgefahren. Doch der junge Vondel war unterwegs krank geworden und gestorben.

Die Nachricht bewegte Titus sehr. Er hatte so viele Reisebeschreibungen gelesen, daß er es fast greifbar vor sich sah: das Begräbnis auf See, den umflorten Sarg, das kurze Gebet des Schiffsgeistlichen, das Entblößen der Köpfe, den Salutschuß, wenn der Sarg von der Reling gleitet und ins Meer stürzt – –

Lange Zeit verfolgten ihn die Gedanken und dieses Bild. Dann forderten andere Dinge seine Aufmerksamkeit, und er vergaß, daß es einen Vondel junior gegeben hatte.

XII

Seit einiger Zeit kaufte Titus regelmäßig die kunstvoll getriebenen Arbeiten eines jungen Silberschmiedes, der sich am anderen Ende der Rosengracht niedergelassen hatte. Er war ein Flame und hieß Gillis de Cempenaer. Mit ihm schloß Titus eine jener unausgesprochenen Freundschaften, die keinen der Freunde besonders verpflichten und die anhalten, solange sie einander nichts vorzuwerfen haben und sich nicht langweilen.

Wenn die milden, stillen Herbstabende zu leichtem, gedämpftem Plaudern einluden, gingen Titus und der Flame oft über die Grachteninseln und sahen dem Spiel des vergehenden Lichts auf den hohen rötlichen Giebeln und den bleichen Häuserfronten zu. Beide hatten sie Maleraugen; aber während der Silberschmied im Abendlicht wunderliche Formen und Gestalten in den dunkelnden Häuserfronten und den spielenden Wolken darüber sah, begeisterte sich Titus am immer neuen Wechselspiel der Farben, die zwischen den Häusern schwelten, in den rundbogigen Fenstern brannten und auf dem Wasser, gemildert und sanft gewiegt, im bleigrauen nächtlichen Wogenschimmer dahintrieben.

Aber wenn die Wetterfahnen knirschten und sich nach Westen oder Nordwesten drehten und der Wind gegen den Strom wütete, dann blieben sie im Hause – bei Gillis oder in Titus' Stube hinter dem Laden; zu beiden Seiten des Feuers ließen sie sich nieder und lauschten zwischen den Gesprächen dem Aufruhr draußen, der über die Dächer stürmte; dunkle, zerrissene Wolkenfetzen flatterten am Himmel, der Rauch im Schornstein schlug erstickend zurück; ab und zu hörten sie Gartentore dröhnend zuschlagen; Dachziegel in Scherben auf Pflaster schmettern, Balken krachen und stöhnen. Angenehm war es dann am roten Feuer. Das Zimmer füllte sich mit beweglichen Schattenbildern und Dunkelheiten. Ein Vogel regte sich raschelnd im Käfig, unsichtbar in der Finsternis, die in Gillis' Stube herrschte. – Waren sie in Rembrandts Haus, so spielten sie mit der kleinen, lebenslustigen Cornelia, bis das Kind zu Bett gehen mußte, oder sie ängstigten sie zum Spaß mit unheimlichen Geschichten, um die sie selbst bettelte. Rembrandt und Hendrickje saßen mit den anderen am Kamin. Gesprochen wurde nur wenig. Warm und sicher fühlte man sich da, geborgen und zufrieden. Sie tranken einen nicht zu teuren, schmackhaften Wein. Gillis hatte die Gewohnheit zu rauchen; vor ihm standen Zunder und Feuerstein oder ein Becken mit glühenden Kohlen; durch den Kamin zog der seltsam würzige Rauch ab.

Es wurde von den Seekriegen gesprochen, von Unglücksfällen und Friedensaussichten, vom Oranier, vom Ratspensionär, der ebenso verhaßt wie beliebt war, von der Stadtverwaltung. Zuweilen seufzte Hendrickje verstohlen, weil keiner der kleinen Gesellschaft ein Instrument spielte. Sie dachte an die Tage, da Filips auf der Laute spielte – an die Tage in der Breestraße, als das Haus von Singen und Lachen widerhallte und alles gut war.

Doch war das Leben nicht auch so gut? – Die Kunsthandlung blühte. Man mußte froh sein, daß man keine Frachtschiffe auf See hatte wie so viele Kaufleute, die nun die Betrogenen waren, und daß man nichts in Unternehmen gesteckt hatte, die jetzt ihre Niederlassungen schließen mußten.

Wenn niemand acht gab, blickte Hendrickje voll zärtlicher Sorge zu Rembrandt. Er wurde älter. Sein Gesicht war leicht verschwommen, sein Haar dünner geworden und weiß an den Schläfen. Er ging gebückt. Sein Antlitz war noch dunkel durchkerbt, durchkämpft und durchlebt, dunkel von durchlittenen Leidenschaften, Mühsalen und Lasten. O dieses Antlitz, das sie voll zärtlicher Wonne an ihrer Brust hat liegen sehen; o diese Hände, die starken, kurzen Malerhände, die unendlich sanft und leidenschaftlich alle Rundungen ihres Körpers nachgerundet, ihre süßen Heimlichkeiten anbetend liebkost haben! – Die wilde, fordernde Liebe erlosch allmählich in Rembrandt. Nur noch selten kam er zu ihr in derbem Übermut und verlangender Leidenschaft. All seine Kraft und Hingabe schien nur noch seinen Bildern und Radierungen zu gehören. – Hendrickje ist mild: Ich habe dich darum nicht weniger lieb. Wir waren glücklich, und ich weiß, daß ich dir habe helfen können durch das Geschenk meines Körpers, meiner Liebe, meiner Küsse, die deinem leer gewordenen Dasein neue Gedanken eingewoben haben. Ich bin noch glücklich, wenn ich dir als Modell dienen darf, wenn deine Augen wieder hingehen über den Leib, den du so wahnsinnig geliebt hast. Ich weiß, daß du mir dankbar bleiben und mich deine Frau nennen wirst, auch wenn du es nicht laut sagst, auch wenn es manchmal scheint, als hättest du unsere glanzerfüllten Nächte vergessen und lebtest fern von mir und unserem Haus und allem, was uns gemeinsam ist. Du wirst älter und sehnst dich nach Ruhe. Ich liebe dein Gesicht, auf dem all deine Kümmernisse ihre Merkzeichen eingegraben haben. Ich liebe deinen Leib, der mich in seiner Vollkraft geliebt hat, mich allein. Ich liebe deine Hände, die mich angebetet haben, und dein Haar, das meine nackten Schultern gestreift hat. Ich werde nie aufhören, dich zu lieben, auch wenn du dich ganz von mir abwenden solltest, deinen seltsamen Bildern zu, die ich nie verstehen werde. Ich habe ein Kind von dir, ein Kind mit deinen Augen, ein Kind von deinem starken Blut, das bindet uns für alle Zeiten. Mein Rembrandt bleibst du, mein Mann. – – –

Der Meister läßt seine dunklen Augen geistesabwesend auf den anderen ruhen und lächelt. Doch ab und zu erzählt er, durch Gillis' flämische Geschichten aus seiner Zurückhaltung herausgelockt, von der Kunst und den Künstlern seiner Jugend, von seiner Bewunderung für die Stiche von Lucas van Leiden und Goltzius, von seinen arbeitsreichen Lehrjahren bei Pieter Lastman, die ihm keine Zeit ließen, wie andere nach Italien zu gehen – von dem stilleren, doch nicht weniger bunten Amsterdam, das er als junger Maler kennenlernte; von Jahr zu Jahr hat er dann den zunehmenden Reichtum und die zunehmende Verweichlichung der Stadt beobachten können – es wurde zuviel Geld verdient; die Bürger wurden immer verschwenderischer, die Häuser immer reicher und größer, die Schiffe immer breiter und unternehmender und von größerem Tiefgang. Er erzählt von Staatshändeln und theologischen Streitgesprächen, von Sektierern und Pietisten, die er kennengelernt und deren Versammlungen er besucht hat, von abgesetzten Geistlichen und erzürnten Beamten. Er hat Aufträge von Prinz Frederik Hendrik gehabt, er spricht von Huyghens und beklagt sich jetzt noch über die säumigen Zahlungen des Schatzmeisters Seiner Hoheit ...

An solchen gesprächigen Tagen kann der Meister kein Ende finden. Die anderen hören zu – das Kind, Augen und Mund weit offen, blickt von einem zum anderen; die Erwachsenen, die das alles doch auch nur vom Hörensagen wissen können, lauschen aufmerksam aus Höflichkeit gegenüber dem Meister, doch auch ein wenig spöttisch gegenüber der Zeit vor dreißig, vierzig Jahren, als eine Kutsche noch eine Seltenheit war, wegen der die Leute aus den Häusern gelaufen kamen, als das Theater umstritten und verboten war und Tanzen Teufelswerk hieß; das Leben bot noch nicht so viele Bequemlichkeiten; alles war noch so kleinstädtisch, daß Fremde auf der Straße verwundert angestarrt wurden, nach denen sich jetzt niemand mehr umsah. Ja, selbst ein Lustspieldichter wie Bredero mußte sein Staunen dem Papier anvertrauen, als ein paar aufgeputzte Brabanter den Amsterdamern blauen Dunst vorzumachen versuchten.

Schon bläst der Winterwind immer grimmiger. Wochenlang liegt Schnee, die Straßen knirschen, und auf den Grachten wird bis weit vor die Stadt hinaus, wo die Wiesen überschwemmt sind, Schlittschuh gelaufen. Eingefroren liegen die Schiffe. Tag für Tag ist der Himmel eintönig und grau, nur Rauchschleier schweben auf und beleben die totenstarre Ruhe. Die Sonne bleibt weg. Schwärme von Gänsen sind schon seit langem schreiend aus dem Norden gekommen, eine scharfgezeichnete Schlachtlinie, die am Himmel dahinstreicht und stetig größer wird. Cornelia kommt jeden Abend in der Dämmerung mit glühenden Wangen heim, todmüde vom Eislauf, und schläft lange und tief. Vom Fenster aus sieht Rembrandt den Schlittschuhläufern zu; in Erinnerungen versunken, lacht er still vor sich hin. Titus und Gillis machen auf den schmalen Eisen Ausflüge in die Umgebung von Amsterdam, schweifen über einsame Seen, wo die dünne Schneeschicht noch nicht von Spuren geschändet ist, klettern über niedrige Deiche, vorbei an Poldermühlen und eingefrorenen Kähnen und gleiten vom kräftigen Nordwind getrieben zu den menschenvollen Eisbahnen der Stadt zurück. Der Nachthimmel ist von hartem Kristall. Sterne brennen kalt und rund, wie kühle Ketten aus blanken Steinen, Frauenschmuck. Die weißen Dächer glitzern im Rauhreif. – Abends stellt Cornelia einen ihrer Schuhe hin, gefüllt mit Heu und Roggenbrot, und wirft einen flüchtigen, angstvollen Blick aus dem Bodenfenster. Zwischen den starren Türmen und erstarrten Häusern, über Felder und Straßen von hart gefrorenem Schnee reitet in ein paar Tagen Sankt Nikolaus und bringt ihr einen bunten Ball und vor allem eine größere Puppe: Angenietje ist aus der Wiege gefallen und hat sich jämmerlich den Hals gebrochen. Und was soll ein Mädchen ohne Puppe anfangen?

XIII

In den Kindertagen der heranwachsenden Cornelia erkannte Titus die ganze eigene Jugend wieder.

Im vergangenen Sommer hat er sie an die Hand genommen und zu den gleichen Wundern geführt, die er selbst in seiner Kindheit mit entzückten Augen angestaunt hatte. Gegenüber der Kunsthandlung lag der Irrgarten, einer von vielen und sicher der wunderlichste von allen. Selbst jetzt noch mußte er darüber lachen; aber Cornelias Entzücken war unbeschreiblich. Er ging mit ihr zum Außenhafen, wo die bunten Ausländer die Kinder immer zum Lachen brachten, er zeigte ihr das Y an der Zuidersee und beantwortete geduldig und lächelnd all ihre raschen Fragen. Kinder sind sich überall gleich. Es verlangte sie genauso wie ihn, die unbekannten, lockenden Labyrinthe der Gassen und Hinterhöfe zu durchforschen, und er mußte sie auf der Stelle hinführen, wohin sie wollte. Wurde sie müde, so merkte er es gleich. Ihr Lachen und rasches Plaudern verlangsamte sich allmählich; sie trippelte und sprang nicht mehr neben ihm, sondern blieb zurück, hing schwer an seiner Hand und setzte träge Fuß vor Fuß. Dann nahm er sie auf die Schulter; allmählich kehrte ihr gesunkener Mut zurück, und die ungeduldige, schwatzhafte Neugier begann von vorne. Unermüdlich, stundenlang konnte Titus ihr zuhören, mit ihr spielen, sie tragen. Das wußte sie, und als sie schon sieben, acht Jahre alt war, spielte sie noch immer das kleine, schwache, hilfsbedürftige Mädchen, das nie allein gelassen werden durfte, einzig um Titus' schützende große Brüderlichkeit um sich zu haben.

Nur tote Tiere konnte sie nicht sehen. Laut und erschreckt heulte sie los, wenn sie, an der Gracht entlangschlendernd, eine tote schwarze Katze oder einen ertrunkenen Hund dahintreiben sah. Einst, als Titus mit ihr durch die Straßen ging, wo die Fleischer wohnten, kamen sie an einem offenstehenden Schuppen vorbei. Im Halbdunkel zeigte sich etwas Gespenstisches: An einer Leiter hing der mächtige, ausgeschlachtete Leib eines Ochsen, die schweren Schultern und Keulen mit den steifen Beinen seitwärts nach außen; innen die Rippen, bleiche Knochen in der roten Höhlung des Fleisches. Kaum hatte Cornelia den geschlachteten Ochsen erblickt, so klammerte sie sich mit zitterndem Mund an Titus fest. Obwohl sie schon ein großes Mädchen war, hob Titus sie schützend in seine Arme und lachte. Die tapfere Cornelia, die sich mit Jungen herumbalgte, auf Bäume kletterte und vor nichts und niemanden Angst hatte, die sogar im Dunkeln zu schlafen wagte, was er in seiner Kindheit sich nicht getraut hatte – ! Aber Cornelia fühlte sich durch Titus' Lachen beleidigt. Sie wandte ihr kleines Gesicht ab und stieß ihn weg, als er sie versöhnlich küssen wollte. Titus lachte weiter. Er hielt eine Obstverkäuferin an, kaufte Kirschen und begann, Cornelia zu füttern. Zögernd nahm sie die ersten, doch bald mit kindlicher Freude. Sie spuckte die Kerne aus und preßte das rote Fruchtfleisch behaglich mit der Zunge aus, bis ihr Gesicht mit rotem Saft beschmiert und ihr Kleid voller roter Streifen und Flecken war und ihre zornige Erregung einem vergnüglichen Frieden wich.

Als Titus sie in die Schule brachte, mußte er an seinen ersten Schulgang denken. Deutlich erinnerte er sich an die Angst, mit der er dem Unbekannten entgegengegangen war, den Schrecken beim wüsten Lärmen der Jungen auf dem Platz vor der Schule, sein zitterndes Bangen vor dem dicken Lehrer, der Hendrickje so verächtlich angesehen hatte. Er erinnerte sich an die Demütigungen, die er von den Stärkeren hatte hinnehmen müssen, an die Lügen, durch die er ihren Gemeinheiten zu entgehen hoffte, der gestohlenen Groschen und Bilder, mit denen er die Gunst seiner Beschützer erkauft hatte. Seltsam, daß er jetzt darüber lachen konnte – was ihm damals die Kehle zugeschnürt und der täglich wiederkehrende Schrecken seines Kinderlebens gewesen war! Die kleine Cornelia war von anderem Blut und anderer Art. Forsch und ohne Zögern ging sie an seiner Hand durch die wilde Kinderschar und sah sich wohlgefällig um, als suche sie sich schon ihre Spielgefährten aus. Es gab einen anderen Lehrer, ein schmächtiger Mann mit freundlicheren Zügen und einem gutmütigen Blick. Als Cornelia mitten im Erzählen von Vater und Mutter und Puppen und Murmeln war, zwinkerte Titus dem Lehrer zu und ging behutsam fort, ohne daß sie es merkte. Auch später schien sie es nicht bemerkt zu haben, denn sie erwähnte es ihm gegenüber mit keinem Wort und ging ohne Begleitung zur Schule, als gehöre sich das so und nicht anders.

Abends war er ihr Lehrmeister; dann stützte sie den Kopf auf die Ellbogen und buchstabierte mit hochroten Wangen aus dem Hahnenbuch. Sie konnte ihre Aufmerksamkeit nur schwer auf die Buchstaben beschränken und fand das Q und das X ebenso albern wie einst Titus. Sie verwechselte die lange Schleife des S mit dem F, gewöhnte sich den einen Fehler ab, um sich einen neuen anzugewöhnen, rechnete schlampig und konnte keine Feder in der Hand halten, ohne alles mit Tinte zu beklecksen. Der Katechismus wollte ihr nicht in den Kopf. Sie schluchzte vor Wut und Verzweiflung jede Woche von neuem, wenn Titus sie abhörte. Sie wollte nach draußen, wo Brechtje und Clarisje und Emmetje schon singend Seil sprangen und ihren Namen riefen. Mit den kleinen Fäusten trommelte sie unter lautem Gebrüll gegen die Fensterscheiben. Titus war abwechselnd böse und belustigt. Manchmal weigerte sie sich zu essen, wenn es sehr schwer gewesen war; niemand konnte sie zwingen, ihren Dickkopf aufzugeben; dann schlich sie nachmittags, wenn niemand da war, in die Küche und suchte im Wandschrank nach etwas Eßbarem, denn das

Toben und Tanzen längs der Häuser hatte sie hungrig gemacht.

Rembrandt und Cornelia sahen einander nur bei den Mahlzeiten, und vor allem abends, wenn der Meister für sie zeichnete, was sie lauten, befehlenden Tones verlangte.

Sie kletterte auf Rembrandts Knie, sah ihm zu, sprang wieder herunter, ging zu Hendrickje, bettelte um etwas zum Naschen, tanzte zu Titus, fand eine Puppe und schleppte sie zur Wiege in der Ecke, bis ihr plötzlich die Zeichnungen wieder einfielen und sie dann rasch zu ihrem Vater zurückkehrte.

Ausgelassen und gesund spielte sie sich todmüde und schlief dann fest ein, manchmal schon beim Abendessen; erst nach Stunden wachte sie auf. Sie wuchs rasch und kerzengerade: blond und kräftig, mit roten Wangen und dicken Flechten; sie wurde eine kleine Hausfrau, sah ihrer Mutter die Arbeit ab und half ihr. Von der Schule, die ihr eine Qual war, wurde sie nach einem Jahr wieder fortgenommen; sie blieb zu Hause und wurde in allem eine zweite Hendrickje.

Nur die scheuen braunen Augen hatte sie mit Rembrandt und Titus gemeinsam; ansonsten sah sie aus wie eine kleine Bäuerin, die sich in ein Stadthaus verirrt hatte.

XIV

Im Jahre 1660 starb Govert Flinck, einer von Rembrandts ältesten Schülern; kurz zuvor hatten ihm die Amsterdamer Ratsherren ein gewaltiges Bild in Auftrag gegeben, das die Verschwörung des Claudius Civilis darstellen sollte. – Das neue, prachtvolle Rathaus sollte mit meisterhaften Bildern geschmückt werden, welche die bedeutsamsten Geschehnisse aus der frühen Geschichte des Landes wiedergaben.

Govert Flinck kämpfte kurz und heftig mit seiner Krankheit. Auf seinem Krankenlager sprach er wenig; aber zu einem seiner Vertrauten hatte er gesagt: »Der einzige, der meinen Auftrag würdig ausführen könnte, ist Rembrandt.«

Man wunderte sich über diesen Ausspruch. Seit Jahren mied Govert Flinck seinen ehemaligen Lehrer, und auch Rembrandt hatte sich nicht mehr um den früheren Schüler gekümmert. Es wurde sogar getuschelt, Govert Flinck habe seinerzeit zu denen gehört, die van der Helst mit den Seinen am ärgsten aufgehetzt hatte, um Rembrandt zu Fall zu bringen.

Vielleicht, hieß es nun, hat Flinck gemerkt, daß es mit ihm zu Ende ging; er hat sein Verhalten gegenüber dem alten Lehrer bereut und in dieser reuigen Stimmung ein früheres Unrecht gutzumachen versucht. Wenn ein Maler auf seinem Totenbett über einen Berufsgenossen spricht, so darf man annehmen, daß er keine Lügen sagt.

Bei solchen Gelegenheiten wird nie der Mund gehalten, und auf irgendeinem Weg kam es dem Rat zu Ohren, was Flinck über Rembrandt gesagt hatte. Man weiß nicht recht, wie es kam – vielleicht war es eine Art Aberglauben der Herren Bürgermeister, daß sie nach dem Tod des Malers, der den Auftrag nicht hatte ausführen können, wirklich Rembrandt ersuchten, die Verschwörung des Claudius Civilis für das neue Rathaus auf dem »Dam« zu malen.

Rembrandt!

Neider und gehässige Zungen kamen wieder in Bewegung; bei allen Parteien wunderte man sich über den Beschluß des Rates. Aber vielleicht waren Rembrandt und die Seinen am allermeisten erstaunt. – Kam man noch einmal wieder zu ihm? ...

Zwei Monate arbeitete der Meister an dem gewaltigen Bild; drei Viertel davon waren in düsteres Rot getaucht, und in der Mitte setzten phantastische Fackeln die ergreifende Eidabnahme des batavischen Häuptlings in flammendes Feuerlicht.

Fünfzehn Meter lang sollte das Bild werden und drei Meter hoch. Rembrandt malte ein Teilstück nach dem anderen, so daß sich alles, war es erst fertig, leicht aneinanderfügen ließ. – Zwei Monate lang riß seine Erregung, seine Arbeitsfreude nicht ab. – Schon hatte der Rat einen großen Vorschuß geschickt: Es mußten Leinwand und Holz und Malgeräte gekauft werden. Rembrandt war von wildem Eifer beseelt. Ein alter Traum ging in Erfüllung: Ein Bild von ihm würde im Palast der Stadtregierung hängen; sein Name würde wieder genannt werden; zum letzten Male forderten Ehrgeiz und Künstlerstolz Genugtuung. – Der Meister arbeitete mit gewaltigen Pinseln. Farben flammten und verloschen in goldenem Dunkel. Hoch und breit zwischen erhobenen Bechern, von blitzenden Waffen umringt, sitzt der Verschwörer Claudius mit dem Beinamen Civilis und fordert den Eid. Rembrandt ist kindlich stolz auf die Ausmaße und die Glut des Gemäldes. Tag für Tag sehen die Hausgenossen, wie die hohe Leinwand an Tiefe von Licht und Dunkelheit zunimmt. Sie sind stolz auf den Meister, stolz auf den Auftrag. Die Zukunft winkt und lacht. Die blinde Göttin läßt die Waagschale wohlwollend nach ihrer Seite hin sinken …

An einem Frühlingstag wird das Riesengemälde an die leere Seitenwand des großen Ratssaales gehängt.

Der Rat versammelte sich und betrachtete das Werk. Niemand begriff etwas davon. Man blickte einander an und dann wieder auf das gewaltige Bild. Man wunderte und ärgerte sich; schließlich wagte jemand, seinen Zweifel auszusprechen.

Kaum waren die ersten ablehnenden Worte gefallen, so war auch das Schicksal von Rembrandts Bild besiegelt. Man fand, es sei völlig mißlungen, ein Machwerk des Teufels, unnatürlich, verschroben und dunkel, ein Bild, das dem Rathaus keineswegs zur Zierde gereiche, vielmehr den hellen, stolzen Raum verunziere und das Gleichgewicht zwischen Gebäude und Ausschmückung aufs häßlichste störe.

Drei Tage lang hatte das Bild dagehangen, und jedes Mitglied des Rates hatte seine Ablehnung nachdrücklich kundgetan; dann ließen es die Bürgermeister wieder von der Wand nehmen. Man wußte nicht, was man mit dem gewaltigen Gemälde anfangen sollte.

Schließlich ließ man es nach kurzer Beratung von den Ratsdienern in Stücke schneiden, von denen die meisten bald verlorengingen.

Als Rembrandt erfuhr, daß sein großartigstes Werk den Beifall der Herren Bürgermeister nicht hatte erringen können, forderte er es auf der Stelle zurück. – Aber das schlug man ab, da es ja zum Teil bezahlt war. Vor Scham und Zorn war der Meister völlig verzweifelt. Was sollten ihm die paar hundert Gulden, die man ihm gegeben hatte? Sein Werk hatte eine Niederlage erlitten! Man hatte ihn endgültig abgelehnt! Dieser Auftrag, dem er sich mit aller Kraft hingegeben, mit dem Aufgebot seines ganzen künstlerischen Könnens, hatte Schande über sein Haupt gebracht.

Und doch, und doch –

Konnte er an den Untergang seines eigenen Talents glauben? Konnte er sich besiegt geben, jetzt, da sich alle gegen ihn kehrten und er allein stand, fünfundfünfzig Jahre alt, ohne Freunde, ohne Gönner, ohne die Gunst der vielen? Konnte er zweifeln, wenn sie ihn auch in seinen Werken verhöhnten und seine zügellose Phantasie nicht begriffen, die nichts gemein hatte mit der gangbaren der anderen Maler?

Emporsteigen! Steigen! Höher hinauf! Immer höher! –

Allein sein in dem Licht, das keiner seiner Mitstrebenden je gesehen hatte, allein im Bereich von Schatten, deren Anblick die anderen vor Angst und Beklemmung hätte erschauern lassen.

Allein sein in einem Reich von Farben und Gestalten, so fremdartig wundersam und traumhaft, daß keiner der anderen den Weg dahin wußte; nur er, der Zauberer, beherrschte die Geheimnisse dieser Welt und erging sich in ihr ohne Verwunderung, ohne Entsetzen!

Einsam, voll verletzten Stolzes, zog sich der Meister in seine Werkstatt zu seiner Arbeit zurück.

XV

Um diese Zeit vernahm Magdalena van Loo von einigen jungen Frauen, die sich ihre Freundinnen nannten, daß ihr Vetter Titus zahlreiche Verehrerinnen habe.

Bei allen, die ihn in seinem Laden aufgesucht hatten, war er als der »jungfräuliche Jüngling« bekannt: Vielfach ihm angebotene Frauengunst hatte er verschmäht, während andere auf den Knien darum betteln oder monatelang mit großen Geschenken den Widerstand besiegen mußten.

»Aber warum wird er denn so umschwärmt?« hatte Magdalena erstaunt gefragt.

Darauf erfolgten Loblieder auf Titus' männliche Vorzüge, die in Magdalena seltsame Empfindungen auslösten. Es kam ihr zu Bewußtsein, daß sie ihn nie beachtet hatte. Sie erinnerte sich nicht einmal an sein Äußeres, und das einzige deutliche Bild, das sie von ihm bewahrt hatte, stammte aus ihren Kinderjahren; da war er einst in einem federgeschmückten Hut in ihr Elternhaus gekommen – war es nicht auf einer Kindergeburtstagsgesellschaft gewesen? Damals hatte sie ihn um diese männliche Tracht beneidet, die noch durch eine Schärpe und kleine Stiefel vervollständigt wurde. – Der Gedanke, daß sie ihn nicht kannte, hatte etwas Ungewohntes, Aufreizendes und machte sie verträumt und nachdenklich.

Magdalena van Loo hatte einen glanzvollen, festereichen Winter hinter sich. Bälle und Schlittenpartien, Eisfeste und Gesellschaften waren einander gefolgt, eine bunte Fülle von Prunk, Ausgelassenheit, Prachtgewändern, Juwelen und Liebeleien. Ihre Eroberungen hatten die Nebenbuhlerinnen mit feindseligem Neid erfüllt – und was ihre Altersgenossinnen am allermeisten erbitterte, war die Tatsache, daß Magdalena mit ihrer unbesiegbaren Keuschheit auch nicht den leisesten Anlaß zu übler Nachrede gegeben hatte; sie selbst hingegen hörte, wußte und sah nur allzuviel von anderen und verstand es, falls es ihr nötig schien, dieses Wissen mit kühler, messerscharfer Berechnung in ihren Gesprächen anzubringen.

Einen Heiratsantrag nach dem anderen hatte sie abgelehnt. Gerardus van Loo und seine edelgeborene Frau Emma van Uylenburgh fanden, es sei nun an der Zeit, daß sich die Siebzehnjährige verlobe, um mit achtzehn Herrin im eigenen Hause zu sein. Doch Magdalena lachte. Ihr stand der Sinn nicht nach Eheleben und Gebundenheit; sie hatte scharfe Augen und Ohren und wußte allerhand von Männern, die vor den Augen der Welt in glücklicher Ehe lebten, doch in einer stillen Seitengracht oder auf einem Landsitz eine frühere Geliebte weiter unterhielten. Oder schlimmer noch: Da gab es Männer, die ihre Bordellbesuche nicht einstellten, den Frauen ihrer Freunde oder auch Unbekannten dauernd den Hof machten, wie Junggesellen lebten, Schenkmädchen mitnahmen, wenn sie ihre Güter besichtigten, Dienstmädchen verführten und sich und ihre Ehefrauen auf solche Art öffentlich bloßstellten. Das alles wünschte sie nicht zu erleben. Die jungen Männer, die um sie warben, kannte sie durch und durch; sie wußte, daß eine gemeinsame Zukunft nichts Besseres versprach, als was sich bei den Vätern in der Vergangenheit ereignet hatte. – Das Leben funkelte reicher und freier, wenn man sich auch weiterhin wie ein Stern unbekannter Schönheit und Zauberkraft durch die Salons bewegte, spielerisch mit den Männern plauderte, sie ermutigte und wieder fallenließ, wenn sie zu kühn wurden, sich weidend an ihrer kurzen Freude und ihrem langen Leid, beglückt in dem schrankenlosen Ehrgeiz, die auserlesenste, launischste und auffallendste Frau von ganz Amsterdam zu sein. Das Leben war freier, befriedigender und unbeschwerter, wenn man sich nicht zu einer albernen Treue verpflichtete, die doch keiner von beiden zu halten beabsichtigte. Und überdies währte die Schönheit des Körpers nur kurze Zeit; jetzt konnte sie noch herrschen, was aber, wenn sie heiratete, wenn das Gebären von Kindern ihre Reize schwinden ließ?

Jahr um Jahr wurde es schwieriger, diese ehrgeizige Herrschsucht zu befriedigen. Es genügte ihr nicht, daß die Männer ihre Gunst erstrebten, erflehten oder sogar Zweikämpfe um sie ausfochten. War es doch immer dieselbe Art Männer, war es doch stets die gleiche Art, wie sie ihr den Hof machten und sie umschwärmten! Magdalena van Loo sehnte sich nach unbekannten, ungewöhnlichen Erlebnissen. Einmal hatte sie sich von einem der höflichen jungen Männer, die den französischen Gesandten bei einem kurzen Besuch in Amsterdam begleiteten, nach Hause bringen lassen; es war etwas Neues, in einer Sprache, die man nicht verstand, umschmeichelt zu werden; und gerade weil sie die Gebärden des Franzosen besser zu deuten verstand als seine Worte und weil sie wußte, daß er am nächsten Tag wieder abreisen mußte, so daß niemand ihr etwas nachreden konnte, hatte sie dem kraushaarigen, begeisterten Anbeter in der Kutsche Freiheiten erlaubt, die ihre Freundinnen nicht zugelassen haben würden und die man *ihr* bestimmt nicht zugetraut hätte.

Auch war es ihr ab und zu gelungen, gesetzte, angesehene Männer in hohen Ämtern durch das Spiel mit ihren Reizen zu verwirren und ihre eheliche Treue ins Wanken zu bringen. Das war wenigstens etwas Neues und einigermaßen aufregend, wie die Nacht mit dem Franzosen in der Kutsche. Aber diesen älteren Männern fehlte jede Anmut, fehlte die feurige Tollheit der jugendlichen Liebhaber; ihr Eifer und ihre Verliebtheit waren so unnatürlich und lächerlich, daß Magdalena sich abgestoßen fühlte und sich wieder den Jüngeren zuwandte.

Jetzt wurde sie achtzehn Jahre alt. Die meisten ihrer Altersgenossinnen waren verlobt oder verheiratet. Die jungen Mädchen, die, wie sie selbst vor einigen Jahren, zum ersten Male ins große Leben traten, bildeten eine Schar ungefährlicher Nebenbuhlerinnen, und so blieb der Wettkampf ohne Spannung und Reiz. Magdalena begann, sich zu langweilen. Es kam vor, daß sie Einladungen ausschlug. Gerardus van Loo und seine förmliche, vornehme Gattin sahen einander besorgt an: Was wollte das Kind eigentlich, wohin sollte ihr immer gleich befremdendes Verhalten noch führen? Warum nahm sie keinen Mann wie ihre

Freundinnen, sie, die unter ihren Anbetern nur zu wählen brauchte?

Mit seltsamen Gefühlen dachte Magdalena an die Geschichten ihrer Freundinnen. Ihre Neugier, die kühle Sinnlichkeit ihrer Natur waren wie neu belebt, als man ihr von dem »jungfräulichen Jüngling« erzählt hatte. Er verschmähte die ihm angebotene Frauengunst. Magdalena hatte vernommen, daß er damit viele umworbene Schönen tief verletzt hatte. Das belustigte und lockte sie gleichzeitig. Titus van Rijn, ihr Vetter. Er hatte eine Kunsthandlung, war ihr erzählt worden, und unterhielt seinen Vater und dessen uneheliche Frau, und es schien auch noch ein Kind von dieser Frau da zu sein; merkwürdig, dachte Magdalena, daß ich bis heute von meinem eigenen Vetter nichts gewußt habe. Schön mußte er sein und groß und fremdartig, wie ein Edelmann aus dem Süden. Seltsam, daß das Dasein ihres Vetters und ihres Onkels, des Malers Rembrandt und seiner Familie, ihr völlig gleichgültig geblieben war, daß sie nicht einmal die Frau kannte, mit der Rembrandt zusammenlebte, daß sie nicht einmal Titus bemerkt hatte, als er vor ein paar Jahren in ihrem Elternhaus gewohnt hatte.

Sie zögerte einige Tage und unternahm einen Bootsausflug wie früher. Aber sie langweilte sich. Die Amstel war wie immer – und das Vergnügen auch. Sie langweilte sich und war unruhig. Wieder einmal war sie von dem wohlbekannten Zwangsgefühl beherrscht: Es gab etwas, das ihr Begehren weckte, und das mußte sie haben. Wie ein Kind.

Magdalena van Loo setzte sich vor den Spiegel, ordnete selbst sorgfältig das Haar, steckte eine dunkelrote Samtrose an ihr Mieder, sprengte ein paar Tropfen Riechwasser auf die freiliegende Wölbung der Brust und ließ ihre Kalesche anspannen, um auf die Rosengracht zu fahren.

XVI

Titus van Rijn und Gillis de Cempenaer wurden auf einem ihrer Abendspaziergänge von einem entfernten Lärm beunruhigt, der aus einer der Seitengassen zur offenen Gracht drang. Fragend sahen sie einander an und schlugen dann, fast wie in stummem Einverständnis, gleichzeitig die Richtung ein, aus der das seltsame Lärmen herüberklang.

Anscheinend handelte es sich um einen kleinen Volksauflauf auf einem Hof. Das verrostete Wirtshausschild einer kleinen Schenke hing über einer Kellerwohnung, in der offenbar ein Schuster wohnte, denn in einem schmalen Fenster sahen sie einen Leisten, Schuhpaare und eine Rolle Leder. Die anderen Häuser waren niedrig und hatten grüne Fensterscheiben, durch die fast kein Licht dringen konnte. Aus allen Türen guckten neugierig die Hausbewohner. Eine lachende, schreiende Menschenmenge stand vor einer der verschlossenen Wohnungen und trommelte gegen Tür und Fenster. Straßenjungen saßen auf den Vordächern; Jungen krochen zwischen den Erwachsenen durch; Jungen brüllten sich etwas zu, liefen einander nach und halfen den Erwachsenen, das verschlossene Haus mit Steinen zu bewerfen. Hunde winselten im Gedränge. An einer der Seitenmauern stand ein blinder Bettler, der mit unbeschreiblicher Gebärde den Vorübergehenden seinen Hut hinhielt.

Titus und Gillis drängten sich durch die Menge und reckten die Hälse, um zu sehen, was los war. Aus den wirren Worten, die ringsumher fielen, wurden sie nicht klüger. Sie hörten nur das grobe Brüllen eines Mannes vor ihnen, der sich fortwährend mit hämischem Lachen an die Umstehenden wandte.

»Verkauft nur euer letztes Hab und Gut, Freunde! Morgen bricht das Reich Gottes wieder an!«

»Wie vor einem halben Jahr!« schrie eine Frau.

Gelächter wogte durch die Reihen. Männer ließen ihre Stimmen höhnisch und tief widerhallen, Frauen kreischten hoch und schrill. Steine flogen mit dumpfem Aufprall an das Holz der Türe und hinterließen scheußliche weiße Kratzer.

Aus einer Seitengasse näherte sich eine große, verkommene Gestalt, die von der Menge mit lautem Geschrei begrüßt wurde. Der Mann blickte zu der übel zugerichteten Tür hinüber, wischte sich den Mund mit dem Handrücken und stellte sich breitbeinig hin.

»Hat sie wieder Visionen gehabt?«

Zustimmend rief und winkte es von allen Seiten. Der neu Hinzugekommene lachte den Frauen zu.

»Zittert um eure Säuglinge, Mütter, und versteckt eure Söhne und Töchter!«

Auf eine gräßliche Art äffte er eine alte, stockende Frauenstimme nach. Belustigt jubelte die Menge ihm zu. – Doch als sei dies das Zeichen zum Beginn eines seltsamen Schauspiels gewesen, flog plötzlich die Tür des verschlossenen, belagerten Hauses auf; eine alte Frau stürzte über die Schwelle und stand hochaufgerichtet und furchterregend in der Türöffnung.

Titus war wirklich erschrocken über die unerwartete Erscheinung und hatte mit einer raschen, bestürzten Bewegung Gillis' Arm ergriffen. Dieser sah zu, neugierig und ruhig, als ginge es ihn nichts an.

Die alte Frau war groß und hager; dünne graue Haarsträhnen kamen wirr unter der engen schwarzen Haube hervor. Ein gelbes, verwittertes Gesicht, eckig und scharf, mit starker Nase und vorspringenden Backenknochen, lange, schlenkernde Arme. Ein wenig schief lehnte sie nun an einem der Türpfosten.

Wildes Geschrei erhob sich bei ihrem Erscheinen. Die Leute tobten und drängten brüllend auf die Tür zu; der Alten blieb kaum Platz genug auf ihrer Schwelle. Dicht vor ihr standen zwei Kerle, offenbar die Radaubrüder des Viertels.

Die Alte hob die abgezehrten Arme. Es wurde stiller, eine Frauenstimme lachte auf. Dann rief der Zerlumpte, der bis vor die Schwelle gedrungen war:

»Was für Nachrichten hasten heute von oben, Aagje Jans?«

Kurzer, jubelnder Beifall folgte seinen Worten.

Die Alte maß den Kerl vom Kopf bis zu den Füßen. Verachtung, Verwirrung und Haß lagen in ihrem Blick. Sie hatte die Arme nicht sinken lassen und schwenkte sie drohend hin und her.

»Berichten muß ich, was man mir verkündet! Berichten muß ich von Untergang und Strafe! Nicht lange mehr wird es dauern ... «

»Wie immer!« rief eine langgezogene Stimme.

Ein Frauenzimmer schnellte herausfordernd nach vorn.

»Schon sieben Jahre lang drohst du uns mit Kinderlosigkeit, alte Hexe; aber deine Prophezeiungen treffen nicht ein!«

Wieder dröhnte Gelächter. Einer der Männer hatte die Frau am Arm genommen, die sich so beklagte.

»Hättest du dich nur an deinen eigenen Mann gehalten, dann wäre die Prophezeiung schon eingetroffen! Aber das ist die Strafe für deine Missetaten! – Und so hat es Aagje Jans auch gar nicht gemeint, nicht wahr, Aagje?«

Die Alte schien ihn nicht zu hören. Sie bewegte die Lippen, ihre Hände zitterten.

»Es ist Zeit!« rief sie heftig. »Es ist Zeit! Der große Umschwung wird kommen! Das Ende ist nicht mehr fern.« Die Alte holte tief Atem und weissagte weiter:

»Das Nachtgesicht ist wieder dagewesen, fürchterlicher denn je!«

»Wie sieht's denn aus, Aagje Jans? Hat es Füße und Hände? Ist's ein Mann oder eine Frau?«

Die Fragen kreuzten einander, und das Gejohle wuchs. Doch es wurde übertönt von der schrillen Stimme der Alten, einem unablässigen, scharfen, dumpfen Krächzen:

»Kriege und Kriegsgeschrei! Wohin man hört – Unheil und Verderben überall! Armut in Städten und Dörfern! Der Himmel bebt! Sonne und Mond werden schwarz! Die Sterne verlieren ihren Glanz!«

Tief holte sie Atem:

»Bekehrt euch, prüft die Heilige Schrift, fürchtet den Weltenrichter, der da kommen wird! Belialskinder rings um uns stiften Unheil und vermehren die Finsternis. Die Gesetze verlieren ihre Kraft. Die Toten rufen um Hilfe aus den Gräbern des Meeres. Fürsten und Führer zittern schon in ihren Palästen!«

Der große Kerl, der sie nachgeäfft hatte und, sobald er den Mund auftat, zwei Reihen gelber Zähne zeigte, spuckte vor ihr aus.

»Gut, laß sie zittern. Ich hab es nie anders gewollt. Aber werden wir davon etwa reicher? Sie haben wenigstens ihre gute Zeit gehabt, wenn deine Prophezeiungen sich erfüllen. Im Winter haben sie am warmen Ofen gesessen, und im Sommer wohnen sie auf ihren Landsitzen. Aber wir, wir? Und unsere Kinder, die nie aus dem Dreck herauskommen?«

Das Hohngelächter war verstummt. Alles sah den Sprecher an, der keuchend die Fäuste ballte. Die Gesichter verfinsterten sich. Dann blickte man zur offenen Tür, wo die Alte noch immer stand. Befremdet, mit unruhigen, tränenden Augen hatte sie den Mann eine Zeitlang angesehen, dann fuhr sie los:

»Es ist nicht nötig, sich im Überfluß zu wälzen und Tag für Tag dem Bauch zu dienen und dem Mammon. Das einzig Notwendige ist, keinen Schaden zu leiden an seiner Seele, die Gottes ist!«

Und laut und drohend:

»Bekehrt euch! Bekehrt euch!«

Der grobe Kerl zuckte die Schultern.

»'n schäbiger Trost«, sagte er und hob seine leeren Hände in die Höhe. »Ich muß essen, leben, leben! Und es sieht nicht danach aus, Aagje Jans, als ob deine Weissagungen sich erfüllen sollten. Geh nur ein einziges Mal durch die Kaisergracht, an den hohen Freitreppen entlang... Sie sitzen noch mitten in Reichtum und Üppigkeit... und *wir* – – !«

Es wurde totenstill. Die Gesichter waren jetzt finster vor Zorn, vor unterdrückter Aufsässigkeit. Gespannt blickten alle auf die Alte, als sei sie plötzlich diejenige, die Rat schaffen könne.

Sie schüttelte den Kopf und sagte dann zu dem großen Kerl: »Die Schrift lügt nicht, Floris Geertszoon! Die Schrift verspricht den Untergang der Großen und Hoffärtigen, die auf elfenbeinernen Betten liegen und die Lämmer der Herde verzehren, die zum Geplärr der Laute singen, den Wein aus Schalen trinken und sich salben mit erlesenem Öl ...«

Sie erhob die Stimme feierlich und gedehnt:

»Sie werden als Gefangene dahingehen, und das Festmahl derer, die in Üppigkeit leben, wird schwinden ...«

Man hörte nur noch das Scharren der Füße, den keuchenden, stoßweisen Atem der Lauschenden. Die Alte breitete die Hände aus und verfiel wieder in ihre hastige, schrille Sprechweise:

»Doch niemand hänge am Irdischen und seiner Vergänglichkeit! Niemand frohlocke über den Fall des Fürsten! Denkt an die eigene Seele, bereitet euch vor auf ein gräßliches Ende!«

Floris Geertszoon packte eins ihrer Schürzenbänder und zerrte sie fast von der Schwelle herunter.

»Und was wird mit uns? Gibt's für uns weiter nichts als Armut und den Zorn von oben?«

Die Prophetin hörte nicht mehr zu. Ihre mageren Arme reckten sich in die Höhe, zwei drohende Mahnzeichen. Kaum konnte sie mehr sprechen, so überschlug sich ihre Stimme:

»Glaubet, glaubet! Rettet euch, wenn der Untergang naht! Denn bald wird die Stunde der Bedrängnis anbrechen! Der Weg des Herrn ist im Wirbelwind und im Sturm, und die Wolken sind der Staub Seiner Füße – die Berge erzittern vor Ihm und die Hügel zerschmelzen, die Erde erhebt sich vor Seinem Angesicht und die Welt und alle, die darin wohnen.«

Einen Augenblick blieb die Hexe noch stehen, hochgereckt und mit drohendem Antlitz. Dann trat sie plötzlich zurück, und die Tür fiel wieder zu.

Eine Weile blieb es still. Dann brach wieder jenes dumpfe Geschrei los, das Titus und Gillis zu Anfang gehört hatten. Wieder flogen Steine mit schwerem Gepolter an Türen und Fensterläden. Die Männer drängten sich wild durcheinander; Frauen standen betroffen in Gruppen herum, manche stießen laute Rufe aus.

Titus zupfte Gillis am Ärmel.

»Komm«, sagte er. »Es macht mich krank. Ich will fort.«

Sie bahnten sich einen Weg und standen wieder auf der Gracht. Hinter ihnen erstarb der Lärm.

Gillis lachte über Titus' Verwirrung.

»Was geht dich denn das an?«

Titus zuckte nur die Schultern.

»Ich weiß nicht, warum es mich berührt. Ich glaube nicht daran. Ich glaube nicht an den Untergang aller Dinge. Ich weiß, das alles, was die Alte gesagt hat, ist Narrheit. Kindischer Wahnsinn. Zuviel in der Bibel gelesen, ohne zu begreifen. Und doch beklemmen mich solche Worte. Ich kann es nicht anhören.«

Eine Weile gingen sie schweigend weiter.

Dann begann Gillis langsam: »Sonderbar seid ihr Protestanten. Eine Kirche bildet ihr nicht. Die eine Sekte verketzert die andere mit ihren eigenen Worten. Wenn ihr diese alten Judenprophezeiungen hört, wird euch so angst und bange, als müßtet ihr verrückt werden. Jeder liest die Bibel, das schwierigste aller Bücher, auf das unsere Theologen ein jahrelanges Studium verwenden. Das große Licht bleibt vor euch verborgen. Die Gnade schweigt. Der Glaube wird euch zur Qual, zu einem Nachtspuk, der euch lebenslang mit Schreckensbildern von Sünde und Tod verfolgt – selbst wenn ihr nicht daran glaubt.«

Titus sah ihn mit flackernden Augen an. Die Wahrheit von Gillis' Worten verletzte ihn tief; und doch empfand er beim Anhören dieses Urteils etwas Wohltuendes – als ob ein Schleier gelüftet würde.

»Und ihr?« fragte er dann. »Ihr Katholiken?«

Gillis de Cempenaer sprach langsam und nachdrücklich:

»Wir sind die Kinder einer ungeteilten, heiligen Mutterkirche, der einzigen, der wahren, des auserwählten Heilquells, der Erbin von Christi Lehre. Für uns ist das Gelöbnis, daß Gott mit uns sein wird bis ans Ende der Welt, in Erfüllung gegangen. Bei uns vollzieht sich die Verwandlung in Materie. Wir haben das Meßopfer und die Kommunion mit dem Leib Gottes.«

Wieder gingen sie eine Weile schweigend weiter. In Titus tobte ein heftiger Kampf. Gillis' Worte – er hatte sie schon öfter gehört, doch jetzt klangen sie ihm neu, voll von Versprechungen der Ewigkeit, Versprechungen der Seelenruhe!

Er hob den Kopf, und in seine schwermütigen Augen kam eine neue Entschlossenheit.

»Nimm mich mit«, sagte er dann.

XVII

Titus wunderte sich.

Seine Base, Magdalena van Loo, das gezierte Fräulein, von der er immer geglaubt hatte, sie wolle von Rembrandt und den Seinen nichts wissen, hatte sie plötzlich entdeckt und besuchte sie des öfteren.

Sie stieg aus ihrem schweren Wagen, winkte dem Kutscher, er möge warten, raffte ihre raschelnden Röcke mit schmalen, beringten Fingern, wenn sie über die winterlich feuchte Straße schritt, und ging durch den Laden. Sie war geschmackvoller und kostbarer gekleidet als fast alle Frauen, die seine Kunsthandlung betreten hatten. Mit Kennerblick erfreute er sich an Seide und Samt, bewunderte die Juwelen auf ihrer Brust und die Perlen um ihren Hals, die immer zu ihrem dunkelblonden Haar paßten. Es gab viele Dinge, in denen sie sich von anderen unterschied. Ihm gegenüber war sie auffallend zurückhaltend – doch an was für junge Männer war sie wohl gewöhnt, dachte Titus;

außerdem freute ihn diese Kühle mehr, als daß sie ihn verletzte, Magdalena ging an ihm vorbei, grüßte mit kurzem, flüchtigem Lächeln und fiel Hendrickje, die ihr entgegentrat, um den Hals; immer brachte sie der kleinen Cornelia etwas mit. Für Rembrandt zeigte sie ein ungewohntes Interesse; auch darüber wunderte Titus sich sehr; nie zuvor hatte sie auch nur merken lassen, daß sie ihn kannte. Titus verstand das Ganze nicht. Wenn er sie nach ihrem Besuch wieder zum Wagen begleitete, stützte sie sich leicht auf seine Hand. Er sah sie nie an und merkte deshalb nicht, wie sie ihn verstohlen betrachtete, wie sie seine Gestalt, sein Gesicht und sein Haar, seinen Gang und seine Stimme in sich aufnahm, so eindringlich und neugierig, daß er entsetzt gewesen wäre, hätte er es gewußt.

Denn auch Magdalena war erstaunt.

Sie war erstaunt über seine gleichmäßige Gelassenheit, über die Sicherheit, mit der er jede Annäherung schon von vornherein ablehnte. Sie quälte sich mit der Frage, was hinter dieser hohen, dunklen Stirn geträumt und begehrt werden mochte. All ihre Berechnungen stießen auf seine strenge, selbstbewußte Männlichkeit.

Magdalena gab den Mut nicht auf.

Sie hatte verlobte junge Männer ihren Bräuten geraubt, Verheiratete zur Untreue verführt; stille, schüchterne Männer zu Spielern und Verschwendern gemacht; achtbare Ratsherren in Tollköpfe und verliebte Narren verwandelt, alle Liebhaber in Wut und Verzweiflung, in Scham und Haß gestürzt.

Und Titus sollte ihr entgehen? Sollte sie nicht imstande sein, dem großen, festen Blick seiner Augen geheimen Glanz zu verleihen oder seiner Hand einen weichen, begehrlichen Druck, die stumme Sprache des Verlangens?

Magdalena kam immer wieder.

Sie wußte sehr wohl: nie würde sie Titus' Aufmerksamkeit, Titus' Verliebtheit, Titus' Hingabe auf die Art und Weise gewinnen können, wie ihre Vorgängerinnen es versucht hatten. Sie brachte Geschenke für Cornelia mit. Sie umschmeichelte Hendrickje und lobte ihre Küche und ihren Hausrat, sie plauderte mit Rembrandt. Ihr Vater besaß manche seiner Bilder, und auch bei Bekannten in der Stadt hatte sie Sachen von ihm gesehen und von ihm sprechen hören.

All diese hier und da erworbenen Kenntnisse verstand sie in ihren Gesprächen mit dem Meister anzubringen, sie zeigte ihm ihre leidenschaftliche Bewunderung, und jedesmal war Rembrandt aufs neue bezaubert.

Es ärgerte Magdalena nur, daß Hendrickje ihr nicht zu trauen schien und daß die kleine Cornelia Angst vor ihr hatte, vor dieser Dame, die ungerufen in prächtigen Gewändern erschien und das sonst so stille Hauswesen an der Rosengracht in Aufruhr brachte.

Doch Magdalena erreichte ihren ersten Sieg.

Rembrandt wollte ihr Porträt malen.

Und das würde wieder zu vielen weiteren Besuchen Anlaß geben, bei denen sie Titus vorläufig noch ausweichen, doch ihn um so schärfer beobachten wollte.

XVIII

Februar.

Am späten Winterhimmel zitterten dünne, silberne Mondlichtschleier. Das Firmament bebte von blauem Glanz. Sterne wanderten und funkelten in Fülle.

Wochen waren vergangen, ohne daß Titus mit Gillis wieder vom Besuch der katholischen Messe gesprochen hatte. Die Zeiten waren voller Unsicherheit; der Flame mußte vorher mit seinem Kaplan überlegen, ob es ratsam sei, einen Andersgläubigen wie den jungen van Rijn beim Gottesdienst zuzulassen. – Es kränkte Titus nicht, daß Gillis ihm keinen Bescheid brachte; im stillen war er eher froh darüber und bereute fast seine Bitte, auf die Gillis aufrichtig und eifrig eingegangen war.

Titus erlebte stille, erhabene Nächte. Ein Fest der Einkehr war es, bei diesem Mondlicht durch die Stadt zu wandeln. In diesen wunderlichen Nächten fühlte er sich ruhig und unbeschwert, und die Weltgeheimnisse bedrückten ihn nicht. In solchen Nächten mied er Gillis. Allein und in sich gekehrt, erfüllt von einem reichen, friedlichen Gefühl, das er selbst nicht zu deuten wußte, wandelte er durch die Straßen und an den Grachten entlang. Er fühlte sich frei, in eine große, leuchtende Gemeinschaft aufgenommen. Er fragte nichts, weder sich selbst noch seine Bücher, noch andere. Ebensowenig dachte er nach. Das Leben ließ sich ohne Mühe leben. Irgendwo im All gab es himmlische Geister, die für ihn dachten und handelten; sie schenkten ihm diese hellen Nächte, damit er seine Angst vor dem Leben überwinden lerne …

So spazierte er dahin, Abend für Abend, mit verhaltenem Schritt, vertieft in alles, was er sah. Die Häuser schienen das weiße Licht zu trinken; hatten sie sich gesättigt, so standen sie starr und totenbleich in ihrer marmornen Reglosigkeit zwischen den scharfen Schatten. Auf die hellen, milchweißen Pflastersteine zeichnete das Gezweig der Bäume seltsame Runen. Das Mondlicht tummelte über dem Wasser mit Zungen von kaltem, bleichem Feuer.

Kleine Tore aus Quadern schoben sich breit in das Licht. Es gab Fenster, deren bleigefaßte Scheiben zu zitternden Mondspiegeln wurden, eingefangen im Rahmen von bleiblauem Glanz. Grell beschienene Türme mit mächtigen Schlagschatten. Plätze, gebadet in stählernem Schimmer. Weiter draußen die breiteren Straßen: weiße Lichtbäche, die wie ein glitzerndes Gewebe die Stadt durchzogen und unter weißen Brücken die Stadt wieder verließen, hinein in die graubeglänzten Felder, bleich und fahl und sich verschmälernd zu fernen Streifen flüssigen Feuers.

Licht, Glanz, Friede. Titus ging schlafen ohne einen einzigen bedrückenden Gedanken. Stille Mondbahnen füllten sein Zimmer. Goldbraun und kantig standen die Balken über Titus' Kopf. Auf dem Boden zeichnete sich das Fenster als weiße Waffel ab. Der Wasserkrug glänzte mit blauem Bauch. Titus' Träume waren ohne Beklommenheit, und er erwachte jeden Morgen gestärkt und ausgeruht, ohne Angst vor dem kommenden Tag.

XIX

An einem dieser Abende, als er ausgehen wollte und die Tür hinter sich zumachte, trat ein junger Mann zögernd auf ihn zu. Er war jünger als Titus und trug ein Barett, wie Maler das früher manchmal zu tun pflegten; wo sein Haar darunter vorkam, war es weich und dunkel. Als er gegrüßt hatte und zu sprechen begann, klang seine Stimme unsicher und schüchtern.

»Das ist doch hier die Rosengracht, nicht wahr?«

Titus nickte neugierig.

»Wißt Ihr, wo hier Meister Rembrandt van Rijn wohnt, der Maler?«

Wieder nickte Titus.

Der junge Mann stellte seinen Koffer auf die Erde und wischte sich mit einer Gebärde der Erleichterung die Stirn ab.

»Den ganzen Tag bin ich herumgelaufen und habe sein Haus gesucht. Von einem Ende der Stadt haben sie mich zum anderen gewiesen. Ich bin froh, daß ich ihn endlich gefunden habe; ich glaube, an fünfzig verschiedenen Stellen bin ich gewesen.«

»Und was wollt Ihr vom Meister?« fragte Titus.

Der junge Mann sah ihn an, und die braunen Augen in dem ovalen Gesicht leuchteten auf.

»Sein Schüler will ich werden!«

Als hätte er plötzlich bemerkt, daß er das Wichtigste vergessen hatte, fügte er hastig hinzu:

»Ich komme aus Dordrecht. Mein Name ist Aert de Gelder.«

Titus öffnete die Tür.

»Tretet ein, de Gelder. Wir stehen vor Rembrandts Haus, und ich bin sein Sohn.« –

Als Aert de Gelder Rembrandts Schüler wurde, war er siebzehn Jahre alt. Seine Zeichnungen, die er nicht zu Hause vergessen hat, haben ihn auf den ersten Blick Rembrandts Zuneigung gewinnen lassen. Und jetzt hat er als Schüler sein Zimmerchen hinter der Werkstätte des Meisters bekommen. Morgens und mittags und abends sitzt er mit bei Tisch, und es ist, als sei es immer so gewesen. Hendrickje sorgt wie eine Mutter für ihn. In der Frühe wird er von Rembrandt geweckt. Sie frühstücken mit den anderen in der Küche und gehen dann gleichzeitig an die Arbeit. Zur selben Zeit hören sie auf. Rembrandt ist wie ein älterer Freund. Ist er allein mit dem aufmerksamen jungen Menschen – seinem letzten Schüler! –, so spricht er lange auf ihn ein, erzählt von den Mühsalen des Malerberufs, obwohl er weiß, daß der Schüler doch ungläubig zuhört; er enthüllt ihm Malergeheimnisse, verbessert de Gelders Arbeit, ist unerschöpflich im Ausdenken von Ratschlägen und erstaunt zwischendurch den jungen Dordrechter mit seinen eigenen Bilder. Es ist, als habe der Meister endlich jemand gefunden, zu dem er über die geliebte Malkunst sprechen kann, jemand, der seine Liebe begreift und weiß, welche Bedeutung seine Worte haben. Der junge Schüler ist wie eine Wachsplatte, auf die der Meister seine Zeichen und Spuren ritzt. Jedes Wort des bewunderten Rembrandt geht ihm zu Herzen. Alles hätte er wiederholen können, was der Meister ihm über die natürliche Bewegung gesagt hat oder über das Mischen der Farben oder über die Italiener. Er kann im Geiste jeden Pinselstrich nachziehen, den er den Meister hat tun sehen. Bei jeder Bewegung, die er selbst auf der Leinwand oder dem Papier festhält, denkt er daran, wie Rembrandt sie machen würde, und an alles, was er ihn gelehrt hat.

Wenn andere in der kleinen Werkstatt zugegen sind, ist Rembrandt schweigsam wie immer, und es scheint, als sei etwas von dem geheimnisvollen Zauber zwischen Meister und Schüler gebrochen. Schweigen herrscht, die Arbeit geht weiter, aber unregelmäßig und gezwungen. Der gute Zusammenhang des Denkens ist gestört. Gedanken, die nicht hergehören, schweben durch den Raum und verwirren die Verbindungen, die der Geist geknüpft hat.

Rembrandt ist begeistert von den Fortschritten des jungen Aert. Niemals hat er seines Wissens einen solchen Schüler gehabt. Unbewußte glückliche Befriedigung wärmt sein Innerstes. Ein Schüler. Eine Hand, die sich den Gesetzen fügt, die auch Rembrandts Hand und Kunst beherrschen. Ein Kopf, der über seine Worte nachdenkt. Ein Mensch, der in Taten und Gedanken etwas fortsetzen wird von dem Traum, den er – jetzt noch – auf Erden lebt.

Flinck, Renesse, Fabritius, Maes, Dullaert – – – und weiter: Eeckhout, Mayr, Weyerman, Filips de Koninck ... seine Schüler. Seine besten Schüler. Wo sind sie geblieben? Leben sie alle noch? Vergessen sie ihn? ... Nein, nicht daran denken. Treue, Dankbarkeit – Worte, Worte! Es muß ihm genügen, daß es in Städten, die er nicht kennt, in Werkstätten, die er nie zu Gesicht bekommen wird, Hände und Köpfe gibt, die malen, wie er es gewollt und gewünscht hat, die ihr künstlerisches Vermögen dem zu danken haben, was er sie gelehrt hat. Und hier ist der letzte von ihnen – ein junger Mensch, aber ein stiller, begabter Maler, der ihm zuhört, wie viele ihm zugehört haben, und der bereit ist, jetzt, da kein anderer mehr an ihn denkt, die Fackel mit ehrfürchtigen Händen zu übernehmen und weiterzutragen durch die goldene irdische Nacht.

Aert de Gelder erzählt Titus:

»Ich war noch klein, sieben oder acht Jahre alt, da hat mich mein Vater auf eine Geschäftsreise nach Amsterdam mitgenommen. Schon damals tat ich nichts anderes als zeichnen. Die weißen Wände in unserem Vorsaal und in den Gängen waren vollgekritzelt, so hoch ich reichen konnte. Kein Buch mit einigermaßen breitem weißem Rand, das nicht meine Versuche aufwies. Mein Vater wußte wohl, was mich am meisten freuen würde – wie dem auch sei, an unserem letzten Abend in Amsterdam nahm er mich in die Kunsthandlung der Gebrüder Danckerts mit – dafür werde ich ihm allezeit dankbar sein …

Es regnete. Wir kamen in einen großen Vorraum, der voll fröstelnder, regennasser Menschen war. Die Wände waren mit Bildern und Stichen bedeckt. Atemlos vor Entzücken sah ich sie mir an. Von dem Dargestellten verstand ich nichts, manches bedrückte mich sogar durch seine Rätselhaftigkeit. Aber ich ging ganz darin auf. Die Sprache dieser Bilder war so stark und neu und zwingend, daß schon das äußerliche Entzücken daran mich stark erregte. Nur unklar hörte ich noch das Gedränge und Gerede rings um uns her. Kaum sah ich noch meinen Vater. Doch plötzlich bemerkte ich, daß die Umgebung sich veränderte. Es wurde totenstill. Ich blickte auf. Es mußte etwas Ernstes geschehen sein. Da sah ich, daß die Leute in Gruppen beiseite traten. Ein dunkler Mann kam herein, der niemand grüßte und wie ein König durch die Reihen schritt. Er trug einen langen Mantel und hatte den Hut tief in die Augen gedrückt. Ich fühlte mein Herz klopfen. Ich faßte meinen Vater an der Hand und zog ihn mit nach vorn in die vorderste Reihe. Warum – weiß ich nicht; es war wie bei den Bildern und Stichen an der Wand: das Unbekannte zog mich heftig an. Wir hörten dumpfe Stimmen murmeln; dann folgte wieder eine lange Stille – noch jetzt höre ich, wie das Wasser aus den Mänteln auf den Boden tropfte. Plötzlich bückte sich mein Vater zu mir herab und flüsterte an meinem Ohr: ›Das ist Rembrandt, der Maler; dessen Zeichnungen du hier hängen siehst –‹ Ich weiß nicht mehr, was weiter geschehen ist oder wie wir herausgekommen sind. In den folgenden Jahren waren meine Erinnerungen fiebrig und wirr. Ich weiß nur, daß ich in jenem Augenblick meinen Meister gewählt hatte. Damals hätte ich es nicht zu sagen vermocht: aber ein goldener Blitz hatte mich getroffen. Das weiß ich erst jetzt. Und nun bin ich gekommen, neun Jahre später, um in der Werkstatt meines Meisters zu arbeiten und von ihm zu dem Maler gemacht zu werden, der ich schon damals sein wollte.«

XX

Der Himmel stand im Zeichen der Fische, und die langen Regennächte stöhnten. Auch in Titus' Herzen wurde es dunkel. Fern, wie ungeschehen, schienen die weißen Mondträume des Spätwinters. Es war ein düsteres Frühjahr; nie brach die Sonne durch, Wolken bedeckten die Stadt und überschütteten sie mit grauen Schauern.

War dies das Leben, dachte Titus, das er leben mußte? Würde es nie etwas anderes geben als den kurzen Trost heller Nächte und danach die quälende Finsternis sturmdurchtobter Monate? Was war das Leben wert, wenn es nichts anderes gab als das und Schlaf und Erwachen und am Ende den Tod? ...

War das sein Leben, inmitten von Bildern und Kostbarkeiten, die er kaufte und verkaufte; neben einer Pflegemutter, die er verehrte, deren wachsende Schweigsamkeit ihn jedoch beunruhigte; neben seinem Vater, den er bewunderte, für den er durchs Feuer gegangen wäre – doch dieser Vater schwieg ihm gegenüber; sie hatten einander lieb, aber sie sprachen nicht davon, und vertraulich miteinander waren sie nie; Titus beneidete im stillen den jungen Aert de Gelder, der Rembrandts Vertrauen besaß und Tag um Tag in der innigsten Welt sein durfte, die es im Hause gab: in der Werkstatt. Aert de Gelder ... ihm gegenüber gab Rembrandt seine Verschlossenheit auf, mit ihm vertiefte er sich in die Geheimnisse der geliebten Kunst ...

Allmählich war es geschehen, daß Titus außerhalb von alledem zu stehen kam; er war nur der Kunsthändler – unbemerkt, von keinem gewollt, war es dazu gekommen. Vielleicht hatte er nie zu dieser Welt Rembrandts gehört, auch wenn es eine Zeitlang den Anschein gehabt hatte, als sei er der Schüler seines Vaters und würde bei ihm malen lernen – er hatte sich wieder zurückgezogen. Und nun war es zu spät. Er stand allein zwischen denen, die er liebte. Er lebte unten bei den toten Schätzen und hatte keinen Anteil an der Schöpfung des Lebendigen, dort über dem Laden... Er durfte nur verkaufen.

Titus fühlte sich vereinsamt und bedrückt; er saß in seiner Stube über den Büchern und las wohl zwanzigmal dieselbe Seite, ohne daß er es merkte, ohne daß ein einziges Wort zu ihm durchdrang. Er sehnte sich nach Freunden, die seine Einsamkeit verstanden; ab und zu sehnte er sich sogar nach wüsten Gelagen, nach einem wilden Leben mit rauhen, tollen Gesellen; aber immer wieder sagte er sich, daß dies nur törichte Wünsche bleiben konnten, daß sein Wesen zum In-sich-Gekehrten, zum Friedlichen neige. Zuweilen besuchten ihn Filips de Koninck oder Metsu oder andere junge Maler, und ihre Gegenwart ließ ihn eine Weile aufleben. Aber wenn sie dann eine Zeitlang dagewesen waren, wünschte er sie wieder fort – sie brachten ihm nicht, was er erhofft hatte. Eine Last bedrückte ihn, die sie durch ihre leichten Gespräche nicht von ihm nehmen konnten, mit der er wieder allein gelassen werden wollte. Und doch fürchtete er die Einsamkeit, das langsam verzehrende Gift der Schwermütigen. Er fühlte sich krank und den Fragen, die ihn bedrängten, nicht gewachsen...

Warum lebte er? Warum mußte er als einziges von Saskias Kindern übrigbleiben und die Last auf sich nehmen, welche der Zwiespalt seines Blutes ihm auferlegte?... Er empfand es als ein Zeichen, daß die anderen Kinder von ihr und Rembrandt nicht lebensfähig gewesen waren. Ein Urteilsspruch war das. Er weinte. Er verwünschte das Höchste Wesen, das solche Unordnung in die Ordnung der Dinge brachte und Unheil und Verwirrung stiftete. Von klein auf hatte Angst ihn verfolgt. Angst vor dem Stärkeren, vor dem Lehrer, vor der Nacht, Angst vor den Geheimnissen der Erwachsenen, und jetzt Angst vor der Frau, Angst vor dem Tod, vor der Ewigkeit ...

Titus wagte nicht, weiter zu denken, als er mit seinen Gedanken so weit gekommen war. Ein Abgrund blieb, eine bodenlose, drohende Tiefe des Schreckens und der Unsicherheit. Gab es Eingeweihte, gab es eine Lehre, die ihm etwas sagen konnten? Bedeuteten die Symbole, die Geschichten aus der Bibel mehr, als er dachte? Gab es eine Antwort?

Da erschien Gillis de Cempenaer.

Der Kaplan hatte eingewilligt, daß Titus der Messe beiwohnte.

In seinem verdüsterten Innern geschah etwas wie ein Durchbruch. Vielleicht – vielleicht! Gillis war so selbstsicher und zuversichtlich. Alles in seinem Glauben war unerschüttert und selbstbewußt. Sollte es möglich sein, daß die katholische Kirche doch das rettende Wort wüßte? Ein Zauberwort, das die schwermütige Welt umschuf zu einem Reiche des Friedens, wo nichts mehr drohend gegen ihn aufstand?

Ein feiner Regen fiel, als Gillis und er, in ihre Mäntel gehüllt, durch die naßglänzenden Morgenstraßen gingen. Sie schwiegen. In Gillis' Augen leuchtete leiser Triumph. Titus fühlte sein Herz dumpf und erwartungsvoll klopfen.

Sie gingen am Wasser entlang, auf dem greifbar der Nebel stand, überschritten kleine Höfe und liefen vorsichtig durch ungepflasterte Gassen, über Steine, die wie Inseln glatt und glänzend aus dem Schmutz herausragten. Aus allen Seitenstraßen und Gassen tauchten graue Gestalten auf, Regengespenster, die Gillis erkannte und grüßte. Alle hatten dasselbe Ziel: eine abschüssige Gasse, ein tiefes Tor, eine kleine Treppe, eine niedrige Vorhalle. Sie standen in der absichtlich versteckt gebauten Kirche. Niemand konnte an dieser stillen Gemeinde Anstoß nehmen, die scheu und unauffällig im Verborgenen hauste.

Titus fühlte sich warm und wohltätig berührt von den bescheidenen silbernen Kron– und Armleuchtern, von den

Wandbildern in Purpur, Gold und Blau, von den Heiligenstatuen, die an kurzen, blanken Säulen standen. Er sah, wie die Eintretenden sich mit Weihwasser besprengten, vor dem Altar niederknieten und sich bekreuzten. Der noch halbleere Raum füllte sich langsam. Nichts erinnerte an die Kirchenbräuche der Protestanten. Nicht einmal an die Regennebel draußen und an den bedrückenden, düsteren Tag konnte man mehr denken. Gedämpft brannten die Kerzen unter dem kleinen Kreuzgewölbe. Während sich die Bänke um ihn herum füllten, verschwand allmählich die beklemmende Spannung, die ihm die Kehle zuschnürte. Er sah den Meßdiener hereinkommen und Kerzen auf dem Altar entzünden. In den Fenstern strahlten Heilige und Engel, Kirchenfürsten mit Bischofsmütze, scharlachrote Mäntel und weiße Stolen. – Barg diese Welt die Antwort?

Nonnen kamen herein und ließen sich auf einer Seitenbank nieder. Aus der Sakristei kam der Priester, vor ihm der Meßdiener, hinter ihm seine Helfer. Weiße Weihrauchwolken drangen mit süßem Duft auf Titus ein. Eine Weile schloß er die Augen. Dann sah er den Priester auf den Altarstufen stehen und der Gemeinde ein hohes, feierliches Kreuz entgegenhalten.

In nomine Patris, Filii et Sancti Spiritus.

Während des ganzen Frühjahrs ging Titus mit Gillis zur Messe, und wenn der Flame aus irgendeinem Grunde verhindert war, ging er sogar allein.

Er besuchte auch die anderen Gottesdienste; am schönsten schien ihm die Vesper. Sie beeindruckte ihn nicht so sehr wie die Messe mit dem überirdischen Wunder, das er noch nicht ganz zu begreifen vermochte, obwohl er es mit der ganzen Kraft seines Willens und Wesens zu erfassen suchte.

Jedesmal von neuem folgte er den Worten, die er nun beinahe auswendig konnte. Er wußte, was sie bedeuteten, und kannte auch den Sinn der Altarhandlungen des Meßdieners. Ganz und gar wollte er sich in ihr erhabenes, göttliches Geheimnis verlieren. Jedesmal wuchs seine innere Spannung, wenn der Gottesdienst fortschritt; das Confiteor, der Introitus, das Offertorium, das dreifache Sanctus bis zum Augenblick der Consecratio, der Wandlung...

Id enim est corpus meum.

Wenn die von Pfarrer Marius leise gesungenen Worte beinahe zitternd über ihn hinstrichen und er das silberne Meßglöckchen erklingen hörte, wenn das Himmelswunder zur Erde niedersank, neigte er tief den Kopf in die Hände und kniete tiefer zu Boden als irgendein anderer. Er erwartete ein erschütterndes, ein himmlisches Glück. Tränen stiegen ihm in die Augen, ein Schauer überlief ihn. Er wagte nicht aufzusehen, er glaubte, ein überirdisches Licht müsse ihn blenden.

Eine Zeitlang dachte Titus, das Zauberwort sei nun wirklich gefunden, und das Ausbleiben des ersehnten Friedens sei seine eigene Schuld. Er bildete sich ein, seine Tage würden heller und die Abende wären von unausgesprochener Gewißheit erfüllt. Er wollte die Welt im Lichte der Ewigkeit sehen, die verheißen war und in den Worten des Priesters beinahe greifbar wurde. Doch er merkte, daß seine Angst nicht schwand und anderen Ängsten Platz machte. Leidenschaftlich, fast verzweifelt betete er darum, sein Ziel erreichen zu dürfen. Er wollte sich in einem Stärkeren verlieren, aufgenommen werden und getragen. Jede Erinnerung an das frühere Leben erschien ihm wie eine Schmach, nun er um das Wunder der Kirche wußte. Er blickte zu Gillis, der stark und selbstsicher war. Er wollte glauben wie er, ohne zu fragen, hinnehmend, was gegeben wurde. Er mußte Stimmen des Zweifels und der Furcht überschreien. Wenn die angstvollen Gedanken wiederkehrten, schlug er ein Kreuz, und wenn sie sich dadurch nicht verjagen ließen, machte er sich bittere Vorwürfe. Beinahe haßte er sich selbst um der Machtlosigkeit seines Glaubens willen, die sich jedesmal wieder zeigte. Er sprach mit Gillis darüber und fastete und meditierte. Er quälte sich, um die Fragen zu verscheuchen, die sich auch jetzt noch erhoben. War die Antwort nicht ausreichend gewesen? Er *wollte* es, mit fieberhaftem, betäubendem Willen zur Hingabe. Alles mußte neu werden, wie vom Feuer gereinigt. –

Aber warum machte es auch diese Kirche ihren Kindern so schwer? Ihr Credo war eine Anhäufung von seltsamen Wundern, die gegen menschliche und göttliche Gesetze zu verstoßen schienen. Die jungfräuliche Mutter hatte ihren Sohn unbefleckt empfangen?...

Maria immaculata! Warum wurde Gott Mensch, warum wurde der Vater Sohn, warum zeugte Gott sich selbst in einer irdischen Frau? Hätte er nicht durch ein übermenschliches Gesetz die Sünde und den Tod vernichten können? Und warum war er im Brot, und wie? – Nicht nur in dem Brot, das Christus einst zu Jerusalem beim letzten Abendmahl gebrochen hatte, sondern auch in dem, das der Oblatenbäcker herstellte und das vom Priester geheiligt wurde?...

Id enim est corpus meum.

Das gewaltige Wunder beängstigte Titus stärker als alles, was ihn vorher beängstigt hatte. Die Zahl der Fragen blieb dieselbe, die Last des Denkens blieb sich gleich. Die Hoffnung auf Frieden blieb unerfüllt.

Der Frühling brauste durch die lauen Nächte. Warm wehte es daher, der Regen rauschte schwer und fruchtbar. Stadtgärten und Lindenbäume seufzten beperlt und umwölkt. Der Himmel war wie feuchtschimmernder Kristall.

Plötzlich wußte Titus, daß er den Gottesdienst der Katholiken nicht mehr besuchen konnte. Plötzlich wurde ihm klar, daß die Wunder, die die Kirche verkündete, unmöglich waren und nicht besser als die Fabeln der Antike. Sie versprach mehr, sie äußerte sich mit Bestimmtheit, und wer nicht dachte und still seines Weges ging, konnte glücklich und unbekümmert sein. Es war eine Lehre für solche, die nicht dachten, oder für die Glaubenswütigen, die gerade wegen des »absurdum« glauben wollten. Die Frommen schließen sich zusammen und meinen, vereint stärker zu sein. Der eine schöpft Mut aus dem Vertrauen des anderen. Ehe es die Kirche gab, beschützten Götter die Gläubigen;

jetzt hatte man die Heiligen, die man anrief, ob man nun auf Reisen ging oder Geschäfte machen wollte oder an einer Krankheit litt. Seelenmessen hatten die Totenopfer ersetzt. Die Priester waren wie die Auguren, die einander ein stilles Zeichen gaben – und die Prälaten saßen in Rom und verteilten die fetten Pfründe. Die ersten Christen waren bitterarm gewesen und kannten kein Eigentum. Wo die Kirche nicht unterdrückt wurde, waren ihre Gotteshäuser reich, die Kirchenfürsten bewohnten weltliche Paläste und trugen kaiserlichen Purpur. – Und dies alles verbarg die Leere und Unzulänglichkeit eines Geheimnisses, das kein Geheimnis mehr war. Es stand davor wie eine schützende Wand aus Gold, Scharlach und Ehrwürdigkeit, Musik und Kerzen verwirrten die Klarheit des Denkens; die feierlichen Kirchenbräuche hatten im Laufe der Jahrhunderte etwas Zwingendes bekommen, das im Anfang unwiderstehlich schien. Aber das Geheimnis offenbarte sich nicht, und die Antwort war eigenmächtig, kindlich, wenn man alles beiseite ließ, was von der Kirche auffällig in den Vordergrund gestellt wurde, und mit ungetrübten Gedanken sich dem Kern der Wahrheit nähern wollte.

Titus bewunderte das kluge System, durch das Lügen zu Wahrheiten und Wunder zu Grundsteinen der Wirklichkeit wurden. Die Beweiskette war geschlossen – doch irgend etwas fehlte! Die Pyramide stand auf wankendem Felsen. Einmal mußte sie stürzen. Die Kirche hatte viele Feinde. Verstünde jemand den Hebel an der schwachen Stelle anzusetzen, so könnte er das ganze Gebäude zu Fall bringen.

Titus kam nicht mehr. Gillis forderte Rechenschaft, beinahe wütend. Aber Titus zuckte die Schultern. Er vermochte keine Streitgespräche zu führen, und für theologische Spitzfindigkeiten hatte er nichts übrig. Die Wahrheit hing wie ein Weltlicht über allen Kirchen, und jede verstand es, einen Strahl davon einzufangen. Aber Gillis zischte zwischen den Zähnen ein Wort, das wie Treulosigkeit klang.

Titus erkannte, daß die Freundschaft mit dem Flamen ihrem Ende entgegenging. Der Übertritt, den Gillis erhofft hatte, war nicht erfolgt: Titus hatte sich nicht entschließen können, einen Priester aufzusuchen und mit ihm zu sprechen. Er wußte, daß dieser seine Fragen mit einer langen Auseinandersetzung beantworten und schließlich mit seiner Beweisführung recht behalten würde. Aber für ihn, Titus, würde diese Antwort nichtig sein, denn sie sang sich nicht erlösend in sein Herz hinein.

Immer, wenn er auf der Straße Leuten begegnete, die er in der katholischen Kirche gesehen hatte – es gab ihrer viele, von denen er nie geglaubt hätte, sie dort zu treffen –, fühlte er in ihren mißtrauischen und feindseligen Blicken härteste Verurteilung. Das berührte ihn nicht. Er wußte sich frei von dem schönen, berauschenden Zwang.

Der Frühling entfaltete sich. Mit wilden Farben brach die Sonne durch geborstene Wolken. Die Abende umspielte goldne Dämmerung. Die Luft schmeckte salzig. Titus war voll Erwartung. Die Leere, die er jetzt empfand, war nicht schmerzlich und quälend mehr, sondern eher wie das Nahen einer neuen Erfüllung.

War es nicht schon Wunder genug, daß die Sonne die Sonne war, und die Wolken Wolken? Das All war ein einziges großes Wunder. Alles hatte seinen Ort. Eine Blume blieb eine Blume, und darin lag schon eine Schönheit, welche die Pracht von Kerzen und Kirchenlatein weit überstrahlte. Wein blieb Wein, und Brot blieb Brot. Alle Dinge waren geordnet und groß, so wie sie waren. Das Zusammenspiel war gewaltig und erhaben. Doch stets versuchten die Sterblichen, das Gefüge zu zerbrechen, sie zerrissen die Bindungen und warfen die Teile durcheinander. Immer wollten sie mit ihren ohnmächtigen Bauversuchen die Schöpfung verbessern, dem Schöpfer überlegen sein. Und doch lag alles in himmlischer Einfalt und Klarheit zutage.

Titus schämte sich fast, daß er Gillis seine Schwachheit gezeigt hatte und mitgegangen war. Jetzt erschien sie ihm wie eine Verirrung. Er merkte, wie sehr Rembrandt und

Hendrickje seinen Übertritt gefürchtet hatten. Sie würden ihn nie gehindert haben, das wußte er, aber sie wären bekümmert gewesen und entmutigt, weil er ihren Weg verlassen hätte. – Jetzt blieb er zu Hause und ging seinen Geschäften nach. Nie war darüber gesprochen worden, und auch jetzt schwiegen sie, doch sie atmeten erleichtert auf, als Gillis' Besuche ausblieben und nichts mehr auf Besuche in der kleinen, versteckten Pfarrkirche der Katholiken deutete.

Ende April hörten sie, der flämische Silberschmied sei von der Rosengracht fortgezogen. Um dieselbe Zeit ließ Gillis den einstigen Freund wissen, er werde seine Arbeiten künftig einem anderen Kunsthändler verkaufen.

XXI

Magdalena van Loo errang ihren zweiten Sieg.

Sie hatte Titus' Verwunderung bei ihrem Erscheinen auf der Rosengracht bemerkt, obgleich er sie zu verbergen suchte; ihr forschender Blick hatte herausgefunden, daß er vom Zweck ihrer Besuche nichts ahnte und doch leicht verwirrt schien. Sie hatte auch die Unsicherheit seiner Hand gefühlt, wenn er sie zum Wagen führte oder sich verabschiedete, wenn sie zu Fuß gekommen war und er sie nach Hause brachte. Manchmal war es, als durchzittere den gleichgültigen Ton des Gesprächs ein Zaudern, das ihren geschärften weiblichen Sinnen nicht entging. Dann erwartete sie eine Frage; doch immer wieder ging das Gespräch eintönig weiter, ohne daß Titus sich verraten hätte.

Trotzdem empfand Magdalena wachsende Genugtuung über die ersten Anzeichen eines Umschwungs. Noch schwieg sie gegenüber ihren Freundinnen. Auch von ihren Besuchen in Titus' Kunsthandlung wußte kein Mensch; sie kam und ging an stillen Tagen oder am Abend, und auf der Rosengracht wohnte niemand, der sie kannte. Keiner brauchte zu wissen, daß sie es auf Titus abgesehen hatte. Wie ein verstohlener Wettkampf war es. Aber Magdalena hielt durch. Jedesmal, wenn sie wieder zu Hause war und Titus' Schritte von weitem sich entfernen hörte, grub sie die kleinen Nägel in die Handballen und sah ihr Spiegelbild entschlossenen Mundes, mit harten grauen Augen an.

Titus mußte sich immer mehr über sie wundern.

Sie lächelte ihn kaum an, sie scherzte nicht, sie spielte nicht mit Handschuhen und Fächer, und es umgab sie ein kalter Duft von Keuschheit. Anfangs hatte er dies alles mit Befriedigung wahrgenommen – es war so anders als die herausfordernde und sanfte Verlockung der anderen jungen Frauen. Aber das fortwährende Wiederholen des hochmütigen Spiels ärgerte ihn von Woche zu Woche mehr und raubte ihm die eigene Ruhe. Sie war seine Base – ? Nein, auch für ihn war sie Frau: eine unbekannte, eine noch unergründlichere Frau als die anderen – sie mußte er am meisten von allen meiden und fürchten. Er konnte an die Verwandtschaft, die zwischen ihnen bestand, nicht recht glauben; sie mußte wohl mit Saskias Tod zerrissen sein, wie ein Band, das zerreißt. Mit der Familie des Gerardus van Loo hatte er nichts gemein, am wenigsten mit diesem gezierten, kalten jungen Mädchen, das ihn ständig übersah.

Aber jetzt? Vielleicht war es weiter nichts gewesen als weibliche Neugier, Rembrandt und die Seinen kennenzulernen, was sie auf die Rosengracht geführt hatte: Jetzt, wo sie wußte, wie sie hier lebten, warum kam sie immer wieder unter dem Vorwand, daß Rembrandt ihr Porträt malen wolle?

Titus nahm sich vor, mit ihr darüber zu sprechen. Es quälte ihn, daß er sich durch das rätselhafte Verhalten einer Frau verwirren ließ. Er suchte nach Anlässen, öfter mit ihr zu reden; aber bot sich eine Gelegenheit, so schrak er aus unbekannten Gründen zurück. Und so wichen sie einander aus: Titus in unschlüssiger, unüberwindlicher Scheu, Magdalena in dem leise triumphierenden Vorgefühl, daß sie doch ihr Ziel erreichen werde, wenn sie nichts übereilte.

Titus bemerkte immer wieder, daß er mitten in seiner Arbeit an sie denken mußte und daß ihn das im stillen beunruhigte. Er tat sogar etwas, wofür er sich später schämte, was er jedoch nicht lassen konnte: Er erkundigte sich nach Magdalena van Loo. Sie lebte in einer anderen Umgebung, in einer anderen Welt, die er nie betrat und die ihn nach allem, was er von ihr sah, auch nicht lockte. Er wollte wissen, wie sie ihre Tage verbrachte. Mit Staunen hörte er, sie habe sich in den letzten Monaten auffallend zurückgezogen, alle Heiratsanträge im voraus abgewiesen und alle Einladungen abgeschlagen. Sie schien des Lebens der Festlichkeiten müde zu sein, müde des Glanzes und Getöses. Und warum? Titus befürchtete, es sei nur wieder eine ihrer Launen, daß sie das stille Leben der verarmten Verwandten als vorübergehende Zerstreuung aufsuche. Oder war es ihr ernst mit ihren Lobliedern auf Hendrickje, hätschelte sie die kleine Cornelia von Herzen, bewunderte sie das Talent seines Vaters, wie sie nicht müde wurde zu behaupten?

Titus stand am Fenster und blickte in den Maihimmel. Sonne und Regen wechselten an diesem Tage. Wolken flogen dahin, und Riesenschatten streiften über die Häuser wie schwarze Vögel. Licht und Dunkel spielten durchs Zimmer.

Titus schüttelte den Kopf und ging in den Laden. Er ordnete und berechnete seinen Besitz. Doch Ruhe fand er nicht. Er schlug die Bücher zu und warf die Feder weg. Er mußte an den roten, geschlossenen Mund seiner Base denken, an die strengen, hellen Augen, die beinahe grausam dreinblickten, deren vorgetäuschte Härte er nicht durchschaute. Er verließ das Haus und schlenderte durch die Stadt. Das bunte Straßenleben ermüdete seine Augen. Er ging ins »Wappen von Frankreich«. Bei den jungen Malern fand er Ablenkung: Sie sangen, und einer erzählte von seiner italienischen Reise; Krüge und Becher klangen. Zum Abendessen war er wieder zu Hause; er saß mit am Tisch und aß langsam und schweigend. Dann ging er in sein Zimmer, nahm eine Reisebeschreibung zur Hand und versuchte zu lesen. Das Buch war ein totes Ding in seiner Hand. Er trat in die Werkstatt. Sein Vater war schon schlafen gegangen. Aert de Gelder war in eine Mappe mit anatomischen Abbildungen vertieft. Titus begann ein Gespräch mit ihm – es wollte nicht recht in Gang kommen. Er wünschte dem Schüler gute Nacht und ging zu Bett.

Unruhig warf er sich hin und her; die warmen, schweren Decken beengten ihn. Er öffnete das Fenster und sah hinaus. Aus der Dachrinne klang hell das Getröpfel von Wasser. Die Nacht war bleich und feuchtwarm. Es wehte aus Westen; unbestimmte nachwinterliche Düfte, unbestimmte Versprechungen im Winde … Er dachte nicht mehr an Magdalena. Er war müde, doch er merkte es nicht. Was sang das Leben? Unruhe, Qual, Stille, Regen, sanfte, vibrierende Frühlingsnächte. Als er wieder zu Bett gegangen war, schlief er endlich traumlos und lange.

Drittes Buch

I

Die Düfte des Frühlings wehten in Fülle zur Stadt herein. Funkelnd und schaumgleich war der Himmel, voll grüner und blauer Farben am Abend, wie ein Strand voll Muscheln und smaragdgrünen Tangs. Eilige, besonnte Wolken lösten sich im Licht. Titus atmete frei und selig. Auch in ihm wurde das Leben neu geboren. Er beschloß, ins Waterland zu fahren, zur Großmutter, die noch auf demselben Hofe lebte, wo er sie einst mit Rembrandt besucht und einen herrlichen Sommer verbracht hatte. Uralt mußte sie sein, doch noch immer guten Mutes – das wußte er aus Hendrickjes Erzählungen.

Auf dem Postboot waren nur wenige Fahrgäste. Titus setzte sich vorn auf das Kajütendach. In der Stadt merkte man noch nichts vom Wind; draußen war er kühl wie eine Meeresbrise; doch mit der Sonne im Rücken saß man warm und geschützt, und sogar das Holz hatte schon Wärme aufgesogen.

Das Ackerland, an dem sie entlangfuhren, war noch nicht begrünt. Dunkel lag das Erdreich, getränkt von guten holländischen Regengüssen. Lichtgrüne Wiesen dehnten sich bis zum Horizont. Am Wasser entlang rauschten Erlen und Weiden und Pappeln mit raschelndem Laub. Feuchte Dünste hingen in der Ferne; da taumelten Vögel im bleichen Licht. Krähen und Kiebitze. Reiher schwebten zielbewußt über dichtbewachsenen Teichen; zuweilen schossen sie nieder auf weißen Schwingen und flogen wieder auf mit zappelnder, blinkender Beute.

Durch die Wiesen schweiften Männer mit Springstöcken. Sie suchten Kiebitzeier. Ihre fernen Gestalten schwangen sich behend über die grünen Wassergräben. Auch Kinder waren dabei; schrille kleine Stimmen klangen bis zum Postboot.

Während Titus umherschaute, hatte er plötzlich das Gefühl, als stehe jemand hinter ihm. Verstohlen sah er sich um. Er hatte sich nicht getäuscht. Eine hohe, hagere Gestalt blickte, die Hand über den Augen, ins Weite wie er. Der Mann war schlicht und dunkel in rauhe Wolle gekleidet, als habe er eine Reise vor, auf der Spitze und feines Tuch unangebracht wären. Sein Gesicht lag im Schatten der schützenden Hand; aber Titus wußte beinahe gewiß, daß der hagere junge Mensch ihm kein Fremder war. Er fragte sich nur, wo er ihn früher wohl gesehen haben mochte.

Als Titus aufstand, weil er es nicht mochte, wenn jemand hinter ihm stand, blickte der andere auf.

»Sieh an! Titus Rembrandtsohn van Rijn! – Wie geht's dir?«

Titus sah ein langes, schmales Gesicht mit unruhig glänzenden Augen. Eine kleine Narbe stand über der dünnen Braue. Das Haar war kurz und sorgfältig geschnitten, wo es unter dem braunen Hut zum Vorschein kam. Aus allen Zügen dieses Gesichts sprachen Scharfsinn und Forschergeist. Und jetzt wußte er auf einmal, wer der junge Mann war. Plötzlich sah er die Schule vor sich, die er hatte besuchen dürfen, nachdem Ephraim Bonus einst mit seinem Vater über den unzureichenden Unterricht des dicken, verhaßten Lehrers gesprochen hatte: eine Anzahl halbwüchsiger Jungen, zur Hälfte Patriziersöhne, halb bürgerlicher Herkunft, die einander Federn und Bücher borgten und gegenseitig voneinander abschrieben; und einer darunter, der nie etwas zu fragen brauchte und sich kaum um die übrigen kümmerte, aber jedesmal zu Rate gezogen wurde, wenn den anderen die mathematischen Aufgaben zu schwer fielen, die er dann spielend löste. Der Apothekersohn!

Titus ergriff die entgegengestreckte Hand.

»Jan Swammerdam!«

Und gleich darauf:

»Du auf diesem Boot?«

Unwillkürlich sahen sie sich um: Bauern, die stumpfsinnig vor sich hin stierten und zuweilen etwas über den Stand der Wiesen brummten; Fischweiber, deren Mundwerk keinen Augenblick stillstand; abseits ein Kaufmann, der gelangweilt in seinen Aufzeichnungen blätterte und gähnte – wahrscheinlich weil seine Geschäfte ihn zwangen, die Stadt für einen Tag zu verlassen; und dann noch der Schiffer und sein Gehilfe.

Jan Swammerdam lachte wieder.

»Die Umgebung mutet nicht besonders städtisch an, willst du sagen. Aber da muß ich antworten: auch du bist hier.«

Titus lachte ebenfalls.

»Der Frühling hat mich herausgelockt. Ich wollte mal aufs Land.«

Der Apothekersohn nickte.

»So geht's mir auch. Darf ich mich da neben dich setzen?« Titus machte auf dem sonnig durchwärmten Kajütendach Platz.

Die Sonne hatte ihren höchsten Punkt erreicht, als Swammerdam und Titus einander ihren Lebenslauf erzählt hatten. Swammerdam hatte bei Tulp und Blasius Anatomie studiert. Die Hälfte seiner Zeit verbrachte er damit, nach kleinen Tieren zu suchen: nach Spinnen, Eintagsfliegen, Käfern, Läusen, Tausendfüßlern, Schnecken, Wasserinsekten; die untersuchte und beschrieb er. Er erzählte mit leichtem Spott – denn er war sich bewußt, daß seine Vorliebe den anderen sonderbar vorkommen mußte – von seinen Untersuchungen auf Misthaufen, in Schmutzlöchern und Abzugsrinnen, ja selbst in den Abtritten der Bauern, welche die merkwürdigsten Brutstätten enthielten. Titus lauschte gebannt. Zum ersten Male eigentlich erfuhr er etwas von der Welt des Kleinen. Auch da lebten Wunder. Auch da gab es Hochzeit und Tod, auch da wollte man herrschen und bekämpfte man einander bis auf den Tod. Getier, das er vernichtet haben würde, hätte er es in seinem Laden gefunden, wurde von Swammerdam mit liebevollem Staunen unters

Vergrößerungsglas genommen und zergliedert. Titus betrachtete das Gesicht des Apothekersohnes, während dieser erzählte. Der junge Swammerdam sprach halb scherzend, halb begeistert, ohne ihn dabei anzusehen; seine Hände zeichneten Vergrößerungen in der Luft; seine Augen glänzten, wurden matt, flackerten wieder fieberhaft auf. Es war etwas Unruhiges, Gehetztes an ihm, wovon er sich durch eine spottende Bewegung frei zu machen versuchte. Er gefiel Titus sehr.

Er wollte jetzt aufs Land, wo in den Teichen und auf den Wiesen Maden und Käfer aus den Puppen krochen, giftige Fliegen erwachten und alles Ungeziefer des Wassers sich zu verfärben und zu glänzen begann. Er wies auf seine Reisetasche, in der er alles Nötige mit sich führte: scharfe Linsen und Pinzetten, Fangnetze, Nadeln und Röhren, die er Titus zeigte.

Wenn der Sommer vorbei war, ging er nach Leiden; dort hatte er sich als Student der Medizin einschreiben lassen. Er war vierundzwanzig, und es war an der Zeit, einen Beruf zu wählen, von dem er später leben konnte, um nebenher seine Tierstudien fortzusetzen.

Sie verzehrten zusammen das mitgebrachte Mahl und sprachen von ihrer Schulzeit. Swammerdam zeigte auf die Narbe über seinem Auge.

»Weißt du noch, wie ich mich einmal mit Baruch d'Espinoza geprügelt habe? Er hatte gesagt, die Christen hätten unrecht, ihre ganze Lehre sei weiter nichts als das Hirngespinst mondsüchtiger Kirchenväter, und die Päpste und Priester trügen dazu bei, die Einbildung zu befestigen. Ich habe ihn ordentlich verhauen, aber er hat mich mit einem scharfen Stein an die Stirn geschlagen.«

»Er war ein stolzer Jude, das ist wahr«, sagte Titus, der sich des Vorfalls erinnerte. »Aber eigentlich war er ein Edelmann, vergiß das nicht. In Portugal gehörten sie zu den Ersten im Lande.«

Swammerdam zog eine verächtliche Grimasse.

»Ein Edelmann schlägt mit der Faust zu«, sagte er, »nicht

mit einem Stein. Siehst du, ich bin für mein Leben mit diesem adligen Merkzeichen geziert.«

»Ein Ritterschlag«, sagte Titus, und sie lachten.

»Was ist aus dem stolzen kleinen Juden geworden?« fragte Titus.

Swammerdam zuckte gleichgültig die Achseln.

»Theologie hat er studiert, glaub ich. Bei de Morteira oder Pardo. Bei denen wimmelt es von gelehrten Rabbinern. Ich hab ihn später einmal im Hause von van Baerle getroffen – damals wollte mein Vater noch, daß ich Theologie studieren sollte. Er kannte mich nicht mehr oder wollte mich nicht kennen: hochmütiger als je. Damals hat er sich mit Simon Episcopius über den Talmud gestritten. Der Wirrkopf! Aber was macht das schon – verloren ist er doch ...«

Das Gespräch stockte. Titus dachte an den fünfzehnjährigen Baruch, den er gekannt hatte: ein verschlossener, schwarzhaariger Junge, dessen Augen leidenschaftlich und aufsässig zu flackern begannen, sobald einer der Lehrer die Segnungen des Christentums pries ... Seltsam. Alle standen sie nun mitten im Leben. Jeder ging seinen Weg, suchte sein Ziel. Er selbst verkaufte Bilder und kannte die Maler; Swammerdam zergliederte Larven und Käfer; d'Espinoza war Theologe, Rabbi, Talmudforscher. Andere wurden Kaufleute, Geistliche; manche wurden von ihren vornehmen Vätern auf ein Regierungsamt vorbereitet. – Was würde in zehn, zwanzig Jahren sein? Dieselben Jungen, die auf der Schulbank nebeneinander gesessen, die einander vorgesagt und ausgeholfen hatten, standen dann feindselig und neidisch einander gegenüber, verketzerten und unterdrückten die alten Freunde oder übersahen sie hochmütig. Und in fünfzig, sechzig Jahren waren sie alle gestorben, und kein Mensch redete mehr von ihnen, kein Mensch wußte noch etwas von ihm und seinen Gefährten oder von Swammerdam oder von Baruch d'Espinoza ...

Schweigend saßen sie auf dem Kajütendach. Um den Bug brauste das Wasser in silbernen Streifen bis zum Schilf am

Ufer. Der Wind wurde stärker. Gehöfte und Dörfer tauchten in der Ferne auf, schoben sich träge näher und blieben hinter ihnen zurück. An Röhricht und Schilf kamen sie vorbei, in dem Netze ausgelegt waren. Türme schlugen hell und kurz die Stunde. Der Mittag strahlte vom blauen Himmel herab. Auf einmal hatte Titus eine Eingebung.

»Ich fahre zu meiner Großmutter ins Waterland«, sagte er. »Komm doch mit. Dort gibt's nichts weiter als Wiesen und Wasser, und es muß von kleinem Viehzeug nur so wimmeln. Wir können dortbleiben, so lange wir wollen, das weiß ich bestimmt. Außerdem leisten wir einander Gesellschaft.«

Swammerdam sah ihn hilflos überrascht an.

»Das täte ich sehr gern«, antwortete er. »Meistens schlafe ich, wo es sich gerade trifft (er zeigte auf die Pferdedecken), in einem Heuschober oder einer leeren Scheune. Ich bin hier überall gewesen.«

»Komm mit«, wiederholte Titus.

Sie gaben einander die Hand. Die beiden hatten aufs neue Bekanntschaft gemacht. Ihre Augen und Münder lachten.

Abends im Waterland stiegen sie aus. Titus erinnerte sich genau an den Weg. Es wunderte ihn nur, daß alles so ganz anders schien. Zwölf Jahre und länger war es her, seit er zum letzten Male hier gewesen war. Die endlose Straße von einst erwies sich als ein kurzer Weidenweg. Die Gehöfte waren einfacher und geduckter, als er gedacht hatte, auch Großmutters Hof, auf dem alle gealtert waren. Großmutter war krumm und stocktaub, freute sich aber über sein Kommen. Ihre weichen Apfelwangen waren eingefallen, ihre Hände gichtig und ausgezehrt. Er hörte, daß die damalige Magd zuviel mit dem jungen Knecht geschäkert hatte; ihre Eltern, rechtgläubige Leute, hatten die Heirat verboten, denn Petrus war katholisch. Sie war mit ihrer Schande nach Amsterdam gezogen und dort wahrscheinlich bei der leichten Gilde untergekommen. Großmutter erzählte es hart und streng, und ihre Hand lag auf der Bibel.

Krijn hatte auch seinen letzten Zahn verloren und war halb erblindet. Jacob hatte sich zu Tode gesoffen. Aber sonst war alles unverändert. Das Heu roch wie damals, die Kühe dünsteten die bekannten Gerüche aus, und durch den Hof spukten dieselben nächtlichen Geräusche.

II

Über dem Land stiegen große kühle Sommersonnen auf; nachts schlummerte der Mond in einem Federwolkenbett. Manchmal verdunkelte sich der Himmel, und gewaltige Wetterwolken zogen sich zusammen. Dann wurde die helle, grüne Landschaft unglaublich blau, die Kühe flüchteten zusammen; und das Wasser brauste unheilkündend. Schön und stark war hier das Leben unter dem nie windstillen Himmel. Titus begleitete Swammerdam regelmäßig auf dessen merkwürdigen Ausflügen. Wenn der Anatom einmal ernsthaft mit einer Untersuchung begonnen hatte, war er reizbar und unangenehm. Er spielte sich als Meister auf, was Titus ihm lächelnd nachsah; seine Stimme wurde barsch, er gab förmliche Befehle und fuhr Titus ärgerlich an, wenn dieser seine Hilfsdienste nicht ordentlich verrichtete. Manchmal standen sie bis an die Knie im Wasser; später legten sie sich in die Sonne, verzehrten ihr Mahl und ließen die Kleider wieder trocknen. Titus war voll Freude und Entzücken über das scharfsichtige Forscherauge seines gelehrten Freundes. Der sah von weitem und mit bloßem Auge, was Titus nur durch das Vergrößerungsglas wahrnehmen konnte. Wo ein kaum sichtbares Fleckchen zitterte, das Titus höchstens für eine winzige blaue Blumenknospe gehalten hätte, schlug er vorsichtig das Fangnetz nieder und hielt den Mistkäfer in der Hand. Gesumme im Röhricht, das Titus für Windrauschen hielt, brachte ihn auf die Spur der wunderlichsten Libellen und Wasserläuse. In Großmutters alter Wagenremise, die halb vermorscht und zerfallen war, entdeckte er eine neue Art von Holzwürmern und schwarzen Käfern, die ihn zwei Tage lang beschäftigten. Titus half ihm gerne. Er wußte, daß die kurzangebundene Art seines Freundes nur scheinbar und äußerlich war; und wenn sie nach Hause kamen (wozu Titus den anderen mit vielen Worten überreden mußte, denn Swammerdam wollte immer weiter und weiter), sprachen sie lebhaft miteinander, meist über die gemachten Funde. Dann merkte Titus, daß sein Freund nicht einmal ahnte, wie barsch und einsilbig er bei seiner Jagd auf krabbelndes Viehzeug gewesen war.

Jan Swammerdam war ein rechtgläubiger Mensch. Er zitierte Beza und Calvin und verwarf Titus' Einwände mit einer überwältigenden Flut scholastischer Worte. Bei all seinen Untersuchungen und Sezieren an den unansehnlichen Leichen seiner Schlachtopfer brach seine Bewunderung für Gottes Allmacht immer wieder in wahren Lobeshymnen durch. Titus neckte ihn gerne damit.

»Wenn man dich hört, sollte man meinen, du sähest sogar in der Anatomie einer Laus die Finger Gottes!« Er lachte, aber Jan Swammerdam machte ein ernstes Gesicht und runzelte die Stirn.

»Den Finger Gottes in der Anatomie einer Laus«, wiederholte er leise. »Ja, den sehe ich. Ich werde mir deine Worte merken.«

Titus lachte lauter. Er ahnte nicht, daß Jan Swammerdam Wort halten und seinen Ausspruch viele Jahre später zum Titel einer Abhandlung machen würde.

Die Großmutter verstand den großen, hageren Naturforscher und dessen merkwürdige Anschauungen nicht. Sie war stets gelehrt worden, Fliegen, Käfer und Spinnen als Teufelsbrut zu vernichten. Und hier war ein sonderbarer Mensch, der die gefährlichsten Tiere aufmerksam betrachtete – stundenlang konnte er mit seinen Vergrößerungsgläsern ihren Tisch beschlagnahmen – und den Herrn pries um dieser garstigen Geschöpfe willen! Anfangs hatte sie befürchtet, daß er die Schwarze Magie betreibe; aber Titus lachte sie aus, und sie beruhigte sich, als sie dahinterkam, daß der Freund ihres Enkels ein rechtgläubiger, rechtschaffener Christ war; und sein Vater sogar Kirchenvorsteher! Er mußte bei Tisch das Kapitel aus der Bibel vorlesen, und er las gut und feierlich und langsam, wie sie es früher vom Geistlichen gehört hatte, ehe die Gicht sie auf dem Hof gefangenhielt. Bei den Sprüchen, die sie auswendig kannte, nickte sie mit dem Kopf, und manchmal schlief sie auch ein. Doch wenn er betete, dann betete sie andächtig mit, denn Swammerdam wußte sehr schöne Gebete, die ihrer Meinung nach nur etwas zu kurz waren, nach Titus' Ansicht aber doppelt so lang wie nötig.

Als Titus und Swammerdam im Sommer wieder in die Stadt zurückkamen, waren sie braungebrannt und gesund. Der Naturforscher brachte Schätze an erbeuteten seltenen Insekten nach Hause. In einigen Monaten wollte er nach Leiden gehen, um bei Horne, Diemerbroek und Sylvius zu studieren. Von seinem Fortgehen sprachen sie selten. Es bedrückte sie beide, daß sie einander gefunden hatten und sich nun wieder aus den Augen verlieren sollten. Als Titus einmal davon anfing, antwortete Swammerdam:

»Es ist ja nur für kurze Zeit; ich komme doch wieder nach Amsterdam zurück.«

Titus nickte, aber er fürchtete sich vor der Einsamkeit des Winters.

Er nahm Swammerdam mit in die Rosengracht. Rembrandt und Hendrickje gefiel er sehr gut, und mit dem Meister konnte er stundenlang über seine Untersuchungen sprechen. Rembrandt zeigte ein leidenschaftliches Interesse für die kleinen Wunder. Gemeinsam betrachteten sie auch das »Rasenstück« von Dürer, das Swammerdam begeisterte, obwohl es doch nur Gräser waren; Rembrandt malte sein Porträt. Cornelia, ein elfjähriges, fröhliches Mädchen, verlor zum ersten Mal ihr Herz. Alle neckten sie mit Jan Swammerdam. Aber Swammerdam nahm ihre Schwärmerei huldvoll an und spielte die Rolle des Anbeters auf unnachahmbare Weise, so daß den ganzen Sommer über gelacht und gescherzt wurde.

III

Jan Swammerdam war im September nach Leiden abgereist. Das alte Leben ging wieder seinen Gang, als wäre es nie anders gewesen. Rembrandt und Aert de Gelder malten; Titus fahndete nach Bildern und Kunden, nachdem er im Sommer das Geschäft vernachlässigt hatte. Hendrickje stand als Herrin in ihrer Küche, unterstützt von dem blonden Töchterchen, das über den Abschied von Swammerdam ein paar Tränen vergossen hatte, doch sein Dasein auch schnell wieder vergaß.

Manchmal schien es Titus, als ob das Interesse der jungen Maler, die anfangs so begeistert geholfen und Rembrandt durch ihren Eifer vom Untergang gerettet hatten, allmählich nachließe. Zuweilen ließen sie sich wochenlang nicht sehen. Dann traf Titus zufällig diesen oder jenen und bekam ein paar Radierungen oder Bilder. Später mußte er dann wieder mit ansehen, daß die reichen Kunsthändler, die höhere Preise bieten konnten, die besten Sachen von Weenicx oder Capelle davontrugen, obwohl sie doch durch ihn bekannt geworden waren und Gunst erlangt hatten. Es ärgerte ihn nicht. – Er wußte, sie hatten das Recht, ihre Arbeiten nach Belieben zu verkaufen. Aber doch schmerzte es ihn manchmal, daß sie, ihren Versprechungen zum Trotz, Rembrandt und die Seinen so rasch wieder vergessen konnten. Es war nur ein Strohfeuer, dachte er dann, hochlodernde Flammen von kurzer Dauer. – Sogar Filips ließ sich seltener sehen. Es wurde wieder still nach dem lebhaften Anfangsbetrieb der neuen Kunsthandlung.

Geldsorgen fürchtete Titus nicht. Wenn er auch keine Reichtümer ansammeln würde, so brauchte man doch vor einem erneuten Bankrott keine Angst zu haben. Rembrandt überließ die Verwaltung des Geldes völlig ihm und Hendrickje, und damit war Ordnung eingekehrt; es war auffällig, daß Rembrandt nach seiner Verarmung die tolle Sammelwut, die ihn einst zugrunde gerichtet hatte, gänzlich abgetan zu haben schien. – Fürchtete er, daß man ihm das

Liebgewonnene ein zweites Mal abnehmen könne – oder hatte er erkannt, wie vergänglich und eitel all dieses Aufstapeln war? Titus fragte sich vergeblich, denn sein Vater äußerte sich nicht über das, was in ihm vorging.

Titus hatte mit Bedacht eine Anzahl Kunden erworben, die eine Vorliebe für schöne Dinge besaßen, und mit früh geübtem Spürsinn wußte er ihre Wünsche zu befriedigen. Die Besuche der jungen Frauen wechselten immerfort. Auch junge Männer auf Freiersfüßen, die Geschenke für ihre Bräute suchten, kamen zu ihm; verkauften ihnen orientalischen Nippes, Gewebe, Riechfläschchen und Kameen, die er von einem alten levantinischen Händler bezog, der ihm sehr gewogen schien.

Es war nun voller Herbst geworden. Totenstill hing der Schatten des Weinstocks auf der weißen Mauer. Tagelang hatten die Grachten wie blind unter orangefarbenem Licht dagelegen. Blätter verdorrten an den Bäumen und fielen nicht ab. Wenn jetzt nur ein einziger Westwind aufzöge, so wären die Straßen im Nu mit einer dichten, raschelnden Schicht von Scharlach und Bronze bedeckt. Rembrandt hatte einen Auftrag erhalten – den ersten großen Auftrag nach dem abgewiesenen Claudius Civilis. Die sechs Prüfmeister der Tuchwebergilde wollten bei der Gelegenheit eines Gildefestes porträtiert werden, sechs reiche, selbstbewußte Bürger! Die Kriegsnot bedrückte sie nicht so arg, daß sie kein Geld mehr übrig gehabt hätten für ein kostbares Gemälde, welches sie als gewissenhafte, pflichttreue Beamte ihrer Zunft verherrlichen sollte.

Rembrandt weiß die seltene Gunst zu schätzen, daß wieder Mitbürger zu ihm kommen und von ihm gemalt werden wollen. Er weiß, daß er sie nicht enttäuschen darf. Nichts von seiner eigenen ungezügelten Phantasie darf er in dieses Bild legen, nicht mit dem magischen Dunkel spielen und nicht mit dem ihm gefügigen Licht. Sauber und scharf gezeichnet müssen die Gestalten den Betrachter ansehen, auch wenn sich Rembrandt Gewalt antun müßte. Die Prüfmeister müssen sich selbst auf der Stelle erkennen und von der Ähnlichkeit überrascht sein. Er darf es ihnen nicht schwermachen.

Diese Erkenntnis ist Rembrandt nicht leicht geworden, doch er sieht ein, daß er es Titus schuldig ist und Hendrickje und ihrem Kind. Es darf kein Bild werden, das er um des eigenen Farbenschwelgens willen malt. Das Geld dafür muß freigebig und ohne zu feilschen auf dem Tisch ausgezahlt werden...

Und nun malt der Meister. Ein einziges Mal nur haben die sechs Prüfmeister der Gilde Modell gesessen. Rembrandt hat ein geübtes Gedächtnis. Er erinnert sich, wie der Spitzbart des einen seinem Gesicht einen geistreichen, würdigen Zug verleiht, wie die volle, gesunde Wange des anderen durch ein kleines Lächeln einen unerwartet starken Ausdruck erhält... Die Charaktere sind mit all ihrem Selbstgefühl, ihrer Selbstgefälligkeit und Oberflächlichkeit den Gesichtern eingezeichnet. Rembrandts Gedächtnis täuscht ihn selten.

Und dann eines Nachmittags ist die Sonne wunderlich stark und warm, und wo sie die Dinge anrührt, entstehen zitternde Herde von blonder und purpurner Glut. Rembrandt geht entzückt durch die Werkstatt, und Aert de Gelder betrachtet ihn erstaunt. Der Meister möchte am liebsten alles streicheln, was vom Licht betastet und verzaubert wird... und plötzlich kommt ihm eine Idee, eine verwegene, tolle Idee vielleicht – gegenüber den Gedanken, die ihn anfangs beseelt haben. Voll inneren Jubels ergreift er die gefährliche Gelegenheit.

Die Tischdecke!

Die sechs Prüfmeister sind ernst und dunkel. Ihre Gewänder und großen Schlapphüte bilden schwarze Flecken auf dem gelben Hintergrund. Doch unter ihren Händen, unter ihrer Brust ist der Tisch mit der Decke darauf – eine noch leere, wartende Fläche.

Und wenn nun de Gelder oder Titus kommen, um das Fortschreiten der Arbeit zu beobachten, sehen sie Rembrandt wie besessen an einer großen, weinroten, samtenen

Tischdecke malen: Er hat die Herbstsonne eingefangen und sie ihrer Fieberglut und ihres Feuers beraubt, um die Fasern seiner Leinwand mit dieser letzten wildlodernden Flamme zu tränken.

Die Prüfmeister kommen und betrachten die Arbeit. Sie sind sehr zufrieden und preisen den Maler. Wohl hat einer von ihnen einen bedenklichen Blick auf die mächtige Tischdecke geworfen, aber sie macht einen so kostbaren, fremdartigen Eindruck, daß er nur ein prächtiges Prunkstück darin sieht, das zu seiner eigenen Huldigung beiträgt. Und so schweigt er – und zahlt.

IV

Den ganzen Sommer über hatte Magdalena van Loo ihren Vetter Titus nicht gesehen. Bei jedem ihrer Besuche auf der Rosengracht mußte sie hören, daß er noch nicht aus dem Waterland zurück sei und daß man nicht wisse, wann er wieder nach Amsterdam käme. Sie verbarg ihren Verdruß vor Rembrandt und Hendrickje durch ein spöttisches Wort über Titus' ländliche Neigungen. Aber wenn ihr Wagen langsam über das Straßenpflaster hinschaukelte, biß sie auf ihr Taschentuch. Sie empfand Titus' Abwesenheit als eine ihr angetane Beleidigung. Selten oder nie hatte sie so gelitten wie durch dieses hartnäckige Verlangen, das ihre Kraft und ihren Willen erschöpfte. Sie vergoß zornige Tränen, zum ersten Mal in ihrem Leben zornige Tränen um einen Mann. Zu Hause an ihrem Frisiertisch, vor dem Spiegel, der kalt ihr Bild zurückwarf, erschien ihr alles hoffnungslos. Jedesmal verletzte die Nachricht seiner Abwesenheit sie tiefer. Sie dachte nicht mehr an die Unsicherheit, die sie Titus eingeflößt hatte, und auf deren Anzeichen sie so stolz gewesen war. Der Gedanke an seine Verwirrung erfüllte sie nicht mehr mit triumphierendem Vorgefühl. Er verreiste. Wochenlang blieb er der Stadt fern. Wenn auch nur etwas in ihm an sie dachte oder sie begehrte, würde er geblieben sein. Einen Augenblick schwankte sie noch: Vielleicht entfloh er ihr? … Aber nein. Dann wäre vorher alles anders gewesen. Er ging aufs Land, weil es seinem eingebildeten, selbstgerechten Wesen entsprach, weil er ein hochmütiger Mensch und sie ihm gleichgültig war … Sie stampfte mit dem Fuße und verachtete ihn tief. Seine Zurückhaltung war nur ein Panzer gewesen – er fühlte sich Frauen gegenüber schwach und ängstlich. Auch das noch. Er verschanzte sich. Aber sie hatte ihn durchschaut. Er traute sich nicht. War er kein Mann?

Magdalena lachte höhnisch durch ihre zornigen Tränen. Titus van Rijn – wer war er schließlich? Ein kleiner Kunsthändler, nicht arm, aber auch nicht reich, an Rang und Wohlstand ihr weit unterlegen! … Der Sohn eines alltäglichen Malers, der noch obendrein bankrott war, auch wenn er früher einmal Saskia van Uylenburgh zur Frau gehabt hatte. Titus hätte sich geschmeichelt fühlen müssen, daß sie ihn aufsuchte, geschmeichelt und demütig. Und statt dessen verließ er die Stadt, als es ihr beliebte, ein neues Riechdöschen und ein bemaltes Stück Seide zu kaufen. – Er hatte keine Manieren. Ein Bauer war er wie sein Vater. Nachts biß Magdalena in die Spitzen ihrer Decken und preßte den Kopf in die Kissen. Titus! Titus! Titus! Sie wollte nichts mehr mit ihm zu tun haben.

Vergessen mußte sie ihn. Er war nicht einmal einen Gedanken wert. Und sie hatte sich wie eine Närrin aufgeführt und ihn gewinnen wollen! Er war ihrer nicht wert. Und wenn sie ihn nun bezaubert hätte und er ihr zu Füßen läge – was dann? Sie hätte ihr Ziel erreicht, und die alte Leere hätte von neuem gedroht … Es war sinnlos, all dieses Hetzen und Jagen, dieses Schauspielern und Heucheln!

So führte Magdalena van Loo endlose Selbstgespräche, wenn sie wieder einmal vergeblich in der Rosengracht gewesen war und verbittert und einsam nach Hause kam. Vergessen wollte sie ihn, ihn aufgeben. Es bedeutete eine Niederlage gegenüber ihren Freundinnen – ein Glück nur, daß keine von ihnen auch nur ahnte, was sie den ganzen Winter und Frühling über vergeblich angestrebt hatte. Das alte Leben sollte wieder anfangen, als sei nichts geschehen. Die erste Einladung, die für sie eintraf, seit die Gesellschaften begonnen hatten, nahm sie entschlossen an. Sie sehnte sich – so versuchte sie sich einzureden – auf einmal wieder unendlich nach eleganten Bällen, prunkvoll gedeckten Tischen, Kronleuchtern, Musik und Prachtgewändern.

Ihre Eltern sahen einander erleichtert an, nun ihr Wagen wieder vor festlich erleuchteten Häusern stand und sie sie mit einem der jungen Männer nach Hause kommen hörten. Die Gefahr schien vorbei – es war ein böser Traum gewesen. Jetzt würde wohl bald eine Verlobung folgen.

Magdalena zwang ihre Gedanken in die gleiche Richtung. Jetzt würde wohl bald eine Verlobung folgen. Sie neigte sich anmutig bei den Huldigungen, die ihr wie immer zuteil wurden. Ihr alter Hochmut war verschwunden. Mit Staunen sah man, daß sie sanfter und reizvoller geworden war. Die Freier drängten sich um sie. Ein schwarzhaariger, breitschultriger junger Mann war darunter, ein Mitglied der Familie Valckenier, der einen Winter in Amsterdam zubrachte. Wie ein geborener Don Juan verfolgte er die Frauen. Als er Magdalena kennenlernte, gab er alle seine Liebeleien auf und machte ihr ungestüm und ehrlich den Hof. Sie ermutigte ihn durch eine unverhohlene Bevorzugung. Er war reich, stattlich, aus guter Familie. Überall sprach man von den beiden, jeder sah in ihnen das zukünftige Brautpaar. Der Vetter der Valckeniers wurde eitel und prahlte mit Magdalenas offensichtlicher Gunst. Sie wurden gemeinsam eingeladen; neidisch und verärgert sahen es manche mit an, andere freuten sich, daß sie zwei Mitbewerber los würden, die am meisten zu fürchten waren und doch auch füreinander bestimmt schienen. – Magdalenas Eltern jubelten ...

Der Dezemberwind sang sein Totenlied in den kahlen Bäumen, und die Sterne brannten, spitz und streng wie erfrorene Karfunkel am dunklen Himmelsgewölbe, als der Vetter der Valckeniers Magdalena in der Kutsche seinen Antrag machte. Sie hatte ihn seit Tagen erwartet. Es war für sie der einzig gangbare Weg. Einundzwanzig war sie: Warum noch länger warten? Es gab doch nichts mehr, was sie jetzt noch abhalten konnte …?

Doch als sie zugestimmt hatte und der unbesonnene, hocherfreute Liebhaber sie in seine Arme zog, als könne ihm dieser Besitz nun nicht mehr entgehen, überlief Magdalena ein Schauder. Sie schloß die Augen. Der Atem des Mannes schlug ihr ins Gesicht, sie roch Wein und Riechwasser und einen Haarduft, der ihr fremd war. Dann fühlte sie, wie seine Arme sie herrschsüchtig an sich preßten. Der Atem versagte ihr. Plötzlich ergab sie sich. Es war, als beuge sich ein dunkles, edles Gesicht über sie mit großen braunen Augen, die auf einmal weich und zärtlich wurden; als fühle sie einen kleinen Schnurrbart an ihrer Stirn, als habe eine schlanke, ritterliche Gestalt in braunem Samt sie aufgefangen und drückte sie an die Brust. – Sie zitterte, ihre Wimpern bebten.

Titus van Rijn! –

Einen einzigen Augenblick gab sie sich mit aller Kraft dem süßen Trugbild hin. Er war es. Sie schlang die Arme um seinen Hals und preßte den Kopf an seine schützende Schulter. – So lange schon liebe ich dich, Titus. So lange schon suche ich dich, und du hast geschwiegen, Titus. Aber jetzt gehören wir einander; hier ist mein Mund, mein Hals, meine Brust, hier bin ich – dein, Titus, mein Liebster, o deine Hände …

Die Küsse des Mannes regneten über ihr Gesicht. Sie wehrte sich nicht. Stöhnend, glücklich lag sie in begehrlichen Armen und ließ den Liebhaber gewähren. Aber plötzlich schlug sie die Augen auf. Das kalt glänzende Winterlicht fiel auf das Gesicht des stürmischen Freiers. Wie geschlagen wich Magdalena zurück, stieß seinen Arm fort. Ein Fremder, ein Unbekannter, ein Unverschämter liebkoste sie – – – und sie erlaubte es ihm, ohne ihm ins Gesicht zu schlagen!

Hilflos sah der Mann sie an. Er begriff ihre Empörung und plötzliche Abwehr nicht, nachdem sie sich ihm so rückhaltlos anvertraut hatte. Er stammelte ein paar befremdete, verständnislose Worte. Sie antwortete nicht und wandte das Gesicht ab. Träge und schläfrig holperte die Kutsche dahin. Noch zwei, drei lange Grachten, dann war sie zu Hause. Zu Hause, allein, erlöst von der schamlosen Liebe, mit der dieser Freier sie kränkte und schändete... Allein sein und ausruhen von den verstörenden Gedanken! Sie blickte durchs Wagenfenster hinaus zu den kalten Sternen, die über ihnen dahinzogen. Nur Orion strahlte hell und warm. Tränen stiegen ihr in die Augen. Zitternd, voll innerlicher Furcht erkannte sie, doch wie ein zärtliches Geheimnis lag es an ihrem Herzen: Sie liebte zum ersten Mal in ihrem selbstsüchtigen, neugierigen Leben. Sie liebte! Das Wort sang durch sie hin, gewaltig, verzehrend, voll Schmerz und Lust. Voll Schmerz, weil hier ein Fremder neben ihr saß, den sie verabscheute, während ein anderer an seiner Stelle hätte sein müssen: zärtlich und ungestüm, sie liebkosend mit Küssen, die sie wie Feuer durchdringen würden, ein anderer, der alles, alles nehmen dürfte. –

Titus! Titus! Titus!

Als sie endlich in ihren kühlen Laken lag und ihre Gedanken ruhiger wurden, weinte sie leise und demütig. Sie hatte ihn begehrt voll Hochmut und Eroberungssucht, weil keine der anderen ihn hatte gewinnen können. Aber er hatte sie besiegt. Sie fühlte sich selig erschöpft, wie gezähmt und niedergeworfen. Er hatte ihren Hochmut gebrochen. Sie hatte ihn demütigen wollen – nun hatte er sie gedemütigt; doch mit einem innigen, zärtlichen Lächeln, als läge sein Haupt schon an ihrer Brust, gestand sie sich, daß es so gut war; daß sie glücklich war, zum ersten Mal in ihrem Leben glücklich.

V

Das Leben gleitet behutsam und unbemerkt vorüber. Es blüht und es sinkt zusammen. Die Monate und die Jahreszeiten treiben die Tage vor sich her. Die Nächte werden dunkel, eine schmale Mondsichel beginnt aufzuleuchten, der volle Mond kommt heran, die Sternentrauben winken. Es wird Frühling und Sommer, Herbst und Winter folgen. Wolken und Vögel treiben mit den Winden und Jahreszeiten vorbei.

Amsterdam wimmelt von Schiffen. Die Börse ist überfüllt, und die Kaufleute beherrschen zuweilen die Meere der halben Welt. Die Flaggen aller Nationen wehen in den Häfen rings um das Y. Doch Kriegsgerüchte und Staatshändel beunruhigen den Handel; man hört von Seeschlachten berichten und vom Ränkespiel der europäischen Höfe. – Dann liegen Handel und Schiffahrt eine Zeitlang darnieder. Hochstapler und Glücksritter tauchen auf, Wucherer nützen die Gelegenheit. Ein unaufhörliches Auf und Ab, ein Auf und Nieder der Gefühle, ein Steigen und Sinken der Kräfte. Die Regenten kämpfen um die Macht. Orangisten und Republikaner verbittern einander das Leben. Der Staatspensionär steht mit seinem kühlen, starren Lächeln an der Spitze der Geschäfte und beherrscht die Staaten von Holland: ein unerschütterlicher Patrizier mit männlichen Idealen und Anschauungen. Von allen Seiten regnet es Schmähschriften und Spottgedichte. Haß und Groll häufen sich an und bereiten das drohende Ende vor…

Und inzwischen spielt man im Theater Tragödien und Possen, französische und italienische Stücke, in denen Heldenmut, Aufopferung, Liebe, Schrullen und Späße abwechselnd zum Lachen und zum Weinen bewegen. Glücksspiele zerstreuen die gequälten Gemüter. Die jungen Leute liebeln und schäkern, wie ihre Väter vor ihnen. Man macht Gondelfahrten und Vergnügungsreisen. An der Vecht führt man ein sorgloses, ländliches und abwechslungsreiches Leben. Die Kaufleute genießen ihren Reichtum trotz der schlechten Zeit; die bewährte Sparsamkeit gewöhnt man sich ab. Man lebt auf dem Lande, trägt leichte Kleidung und scherzt. Rosa und weiße Kelche hängen, sich spiegelnd, über dem breiten, stillen Wasser. Aus Pavillons und Lauben ertönt Gelächter und Lautenspiel. Abends wandeln flüsternde Paare an den hohen, gestutzten Hecken dahin. In einem Marmorsaal wird getanzt; man hat Musikanten aus Amsterdam oder Utrecht kommen lassen. Dichter erscheinen, die ihre Trauerspiele und Gedichte vorlesen; dafür genießen sie die Gastfreundschaft der Landgutbesitzer, die sich in der Rolle von Mäzenen gefallen. Das Geld strömt in vollen Strömen, der Geist wird leichtsinnig und verspielt.

VI

Zum zweiten Mal hat Magdalena van Loo dieser Art von Leben entsagt, und diesmal endgültig.

Nur einen Sommer und einen Winter lang hatte sie sich nicht in der Gesellschaft gezeigt, und schon kannte man sie kaum mehr. Ihr Lachen, ihre Anmaßung, ihre Herrschsucht fehlten auf Gesellschaften und Bällen. Ab und zu erzählte noch eine frühere Freundin den jungen Mädchen mit spätem Neid von ihren Triumphen und deren jähem Ende. Einige Männer seufzten; andere zuckten gleichgültig die Schultern. Eine schöne, eine begehrenswerte Frau; aber kühl und berechnend, das wußte ein jeder, und gefährlich wie Schießpulver; ihr Benehmen in letzter Zeit ein heuchlerisches Spiel, mit dem sie neue Opfer suchte. Wenn nicht sie, dann eine andere!

Die Valckeniers waren empört. Magdalena hatte nach dem Antrag des Vetters um Bedenkzeit gebeten; das hatte ihr niemand übelgenommen. Aber was soll man schließlich denken, wenn die künftige Braut den Zeitpunkt immerfort hinausschiebt und immer neue Ausflüchte vorbringt?

Betrauert sie ihre Freiheit, will sie in der ihr verbleibenden Zeit noch möglichst viele letzte, wilde Abenteuer erleben? Treibt sie Spott mit einer vornehmen, strengen Familie?...

Man drang auf Entscheidung. Schon wurde gelästert und geflüstert. Eine ehrenwerte Familie läßt sich so etwas nicht bieten. Man wollte einen endgültigen Entschluß. Magdalena hatte geschwankt, geweint, sich verhärtet, sich eingeschlossen und sich tagelang abgesondert. Der Freier erschien und mußte jedesmal ungetröstet wieder abziehen. Wer verübelte es ihm, als man hörte, er habe sich in der Zwischenzeit mit einem leichtfertigen Frauenzimmer eingelassen? Kein Mensch außer Magdalena. Als sie von dem Seitensprung hörte, war sie wie eine Furie losgefahren. Mit Schrecken dachten ihre Eltern an jene Ausbrüche rasender Wut zurück, die sie als Kind veranstaltet hatte, wenn ihr etwas verweigert worden war; dann erklärte Magdalena, was eigentlich ein jeder erwartete: daß sie den fraglichen Bräutigam nicht heiraten wolle.

Die Valckeniers hatten sich nun mit Geringschätzung von den van Loos abgewandt, die an sich schon nicht ganz ihresgleichen waren. Magdalenas Eltern zeigten sich tief gekränkt und beleidigt. Sie verteidigten sich, um den Schein zu wahren, doch sie fühlten die gerechtfertigte Verbitterung und Mißachtung von seiten der Brautwerber. Magdalena wurde mit Vorwürfen überhäuft. Bei jeder Mahlzeit flogen die scharfen, spitzen Worte hin und her – Haß und Beschuldigung. Magdalena begann, ihr Elternhaus zu verabscheuen. Sie zog zu ihrer Tante Titia, die mit Frans Coopal verheiratet war. Titia van Uylenburgh war eine stille, verständnisvolle Frau; vorsichtig versuchte sie, das Geheimnis zu ergründen, das Magdalena so sehr verändert und vom gebahnten Weg weggedrängt hatte. Wochenlang kam Magdalena nicht nach Hause. Als sie endlich wieder erschien, hatte sich der Sturm gelegt. Beide Parteien fühlten sich milder gestimmt. Man schwieg, machte einander keine Vorwürfe und weckte keine Erinnerungen. Aber die Entfremdung war da. Man verstand einander nicht mehr. Magdalena hatte Partei ergriffen gegen das Leben, das ihre Eltern führten und das auch ihr zugedacht war; sie hatte sich gegen die Pläne, die Erwartungen, den Ehrgeiz des Gerardus van Loo und seiner vornehmen Frau erklärt. Für ihre Eltern war sie verloren. – Sie wußten es, und Magdalena wußte es auch; mit schweigendem Groll nahm man es hin.

Anfangs wurde kurz und heftig über Magdalena gesprochen, auch von Leuten, bei denen sie früher verkehrt und Triumphe gefeiert hatte. Wunderliche Gerüchte machten die Runde. Es wurde behauptet, sie habe sich mit Unbekannten, mit Abenteurern und Spielern eingelassen; sie wage sich nicht mehr zu zeigen, da sie an einer entstellenden Krankheit leide. Andere erzählten, sie sei von einem Diener ihres Vaters verführt worden und müsse ihre Schande verbergen. Frauen dachten an ihre kühle Keuschheit, die immer von anderen gewußt hatte, was ihr selbst nie vorgeworfen werden konnte; und der unterdrückte Neid von einst erging sich rachsüchtig in den ungereimtesten Erfindungen. – Die Valckeniers, die es besser wußten, verhielten sich still und ermutigten durch ihr Schweigen das üble Gerede. – Doch bald kamen Widerlegungen von Leuten, die der ganze Fall nichts anging. Sie war auf einem Spaziergang gesehen worden, schön und jugendlich wie immer. Ein anderer hatte sie in einer Kutsche durch das »Haarlemer Wäldchen« fahren sehen. Ein Dritter hatte sie bei Titia Coopal getroffen und sprach von ihrer stillen Liebenswürdigkeit, ohne zu ahnen, wieviel Groll ein solcher Bericht in der Gesellschaft erregte. Doch dauerte das Gerede über sie nicht lange, es blieb kurz und heftig. Dann verstummten alle Gerüchte. Sie verschwand aus der Welt der alten Gefährten, unbemerkt und unbetrauert. Das Leben hatte keinen Augenblick still gestanden, wie manche beinahe fürchteten, als sie schweigend Abschied nahm. Das Leben sang und leuchtete weiter durch die Empfangssäle; Frauen und Männer fluteten durcheinander, fanden und verloren sich wie immer. Knaben und Mädchen wuchsen heran und begannen, in dem blendenden Spiel mitzuspielen. Paare wurden verkuppelt und Hochzeiten gefeiert, Magdalena van Loo wurde nicht vermißt. Niemand gab sich mit ihrem eigenartigen Schicksal ab.

Sie selbst dachte manchmal, ihr Leben habe erst in jener Nacht begonnen, da die Küsse eines Unbekannten ihre Sehnsucht nach Titus' Liebkosungen geweckt hatten. Sie hatte seinen Namen nie mehr genannt, auch nicht in ihrem tiefsten Herzen. Ein großer goldener Schleier hatte sich über ihr Denken gebreitet. Schmerz und Lust. Die wenigen, mit denen sie noch verkehrte, sahen mit Verwunderung, daß sie sich auch weiterhin veränderte. Unerhört schien es, ja fast unmöglich. Ihre Augen schimmerten weicher, ihre Stimme hatte das Scharfe, Befehlende verloren. Alles, was man an ihr gehaßt und gefürchtet hatte, war ausgelöscht. Sie schien alle Dinge in ihr neues Dasein einzubeziehen. Wenn sie durchs Haus ging, rührte sie zärtlich die Gegenstände an, die früher tot und bedeutungslos um sie herumgestanden hatten, Prachtstücke einer prunksüchtigen Umgebung. Verfehlungen der Dienstboten übersah sie. Sie streichelte den Hund, den sie früher angefahren hatte, wenn er um eine Liebkosung bettelte. Mit großen, mütterlichen Blicken schaute sie nach den Kindern, die auf der Straße spielten. Sie hatte ein Gefühl, als müsse sie all diese blonden und dunklen kleinen Geschöpfe an ihre Brust drücken. Nachts lag sie wach und dachte, wie es wohl sein müsse, wenn solch ein nacktes kleines Körperchen in ihrem Arm liege. Manchmal hörten ihre Eltern sie weinen. Aber am Tage zeigte sie ein ruhiges Gesicht. Sie ließ sich nichts anmerken und half ihrer Mutter, die sich im stillen wunderte.

Auf der Rosengracht erschien sie nicht mehr. Erstaunt und unbeachtet warteten da die Porträts, die Rembrandt von ihr gemacht hatte.

VII

Nach einem unruhigen, bedrückenden Winter war Titus doppelt froh, als Jan Swammerdam unerwartet zeitig im Frühjahr zurückkehrte. Der Anatom schien das angestrengte Studieren satt zu haben. Er berichtete von dem Akademieleben in Leiden mit einer hochmütigen Herablassung, der Titus entnahm, daß er seinen Studiengenossen weit überlegen sein müsse. Aber Jan Swammerdam sprach nie von sich selbst, und Titus fragte nicht weiter.

Sie waren auf stillschweigende Verabredung kurz nach der Rückkehr des Anatomen wieder mit dem Postboot ins Waterland gefahren, denn Swammerdam wünschte sich nichts sehnlicher, als seine früheren Forschungsarbeiten wieder aufzunehmen.

Die alte Frau war kindisch geworden und erkannte die beiden jungen Männer nicht mehr. Eine entfernte Verwandte versorgte sie. Die Bibel lag noch immer in ihrer Reichweite, doch sie konnte weder lesen noch verstehen, was andere ihr vorlasen.

Titus sah, daß der Hof vernachlässigt war und daß nichts für die Felder getan wurde. Es erfüllte ihn mit einem bedrückenden Gefühl der Mutlosigkeit, denn er fühlte sich den Knechten nicht gewachsen, die faul herumlungerten und stahlen, was sie konnten. Das sonnige, leichte Leben, das ihm vom vergangenen Jahr her so lebhaft in Erinnerung war, konnte er nicht wiederfinden. Swammerdam schien in sich gekehrter denn je. Er sprach wenig, und wenn er erst einmal seiner Beute auf der Spur war, so verstummte er ganz, statt Titus befehlend anzuschnauzen. – Manchmal blieb Titus auf dem Hof. Dann legte er sich ins Gras wie vor vielen Jahren und lauschte dem Rauschen und Brausen um ihn herum. Wasser gluckste, und die fedrigen Blütenbüschel des Schilfs wogen auf und ab. Über seinem Kopf schrien die Frühlingsvögel.

Manchmal kam die Großmutter heraus, wie eine Hexe aus einer der Geschichten, die sie früher erzählt hatte. Er ging dem ausdruckslosen Gesicht aus dem Wege und lief davon, wenn sie brummend herumsuchte.

Sie waren kaum ein paar Wochen da, als Titus eines Abends, als er draußen im Freien saß, jemand den Weidenweg zum Hof einschlagen sah. Es war eine junge Gestalt, und Titus erkannte sie – Aert de Gelder! ...

Der Abend war purpurn, voll betäubender Düfte und feuchter Dünste. Am Horizont standen große, umnebelte Wolken, hinter denen es golden aufbrach. Das gemähte Gras lag in breiten, üppigen Schwaden um das Haus. Ein Storch stand klappernd auf dem Scheunendach.

Eine kleine Weile blieb Titus reglos sitzen. Dort kam Aert de Gelder. Er traute kaum seinen Augen. Was wollte der hier? Malen? Hatte Rembrandt ihm in einem ihrer vertraulichen Gespräche von dem Sommerhalbjahr erzählt, das er mit Titus im Waterland verbracht hatte? Schickte er seinen Schüler her, damit er Landschaften und Bäume zeichne? ...

Aber nein. De Gelder trug keinen Malkasten bei sich, nicht einmal eine Reisetasche. Zu seltsam! – Auf einmal packte ihn die Angst. Eine Hiobsbotschaft? War irgend etwas geschehen – war jemand krank – war zu Hause etwas vorgefallen – mit seinem Vater vielleicht? Titus war aufgesprungen und über den Steg geeilt, auf den Schüler zu. De Gelder hatte ihn erblickt und ihm kurz zugewinkt. Titus' Atem flog, als er ihn erreicht hatte.

De Gelder blieb stehen. Er grüßte noch einmal; es kam etwas Unsicheres, Zögerndes in die Art, wie er Titus ansah.

Titus fragte nicht. Er wußte, daß etwas Ernstes vorgefallen war. Doch wagte er nicht, als erster zu sprechen. Der Schüler kam als Unglücksbote. Seine Augen verrieten Mitleid, Unsicherheit, als ob er nicht recht zu sprechen wage. So sahen sie einander eine kurze Weile an.

»Mein Vater?« fragte Titus dann tonlos, mit Anspannung aller Kräfte sich zur Ruhe zwingend.

Aert de Gelder schüttelte den Kopf.

»Hendrickje Stoffels«, antwortete er. »Sie ist ... sehr

krank. Dein Vater möchte, daß du nach Hause kommst.«

Jan Swammerdam blieb zurück, als Aert de Gelder und Titus am nächsten Morgen mit dem ersten Boot zur Stadt zurückfuhren. Titus konnte an nichts anderes mehr denken als an das stille, geduldige Gesicht von Hendrickje, deren Züge noch bleicher und beunruhigender zu werden schienen bei dem Bericht des Schülers, der erzählte, daß sie sich kurz nach Titus' Abreise mit Fieber hingelegt habe. Mit diesem hinwelkenden Antlitz hatte Titus sie in den zwei Jahren, die sie in der Rosengracht wohnten, umhergehen sehen, ohne sich Gedanken darüber zu machen. Nie war ihm so deutlich zu Bewußtsein gekommen, daß er bei seinem Kampf mit sich selbst an ihr und an den anderen beinahe vorbeigesehen hatte. Jetzt fühlte er plötzlich, daß sie schon all die Zeit über von dem geheimen Leiden erfaßt gewesen sein mußte. Er erinnerte sich kleiner Vorfälle, die er früher kaum bemerkt und denen er keine Bedeutung beigemessen hatte; jetzt, in der Erinnerung, ließen sie sich als Anzeichen eines Leidens deuten, das sie langsam zermürbt haben mußte.

Ein Gefühl tödlicher Verlassenheit übermannte ihn, Angst und Zweifel drückten ihn nieder. Hendrickje Stoffels. Die Mutter seiner Kindertage, als er keine Mutter gekannt hatte. Später die gute Freundin, die fürsorgliche ältere Frau, mit der er gemeinsam die Kunsthandlung geführt hatte. Wenn sie einmal …

Titus wagte nicht, zu Ende zu denken. Langsam fuhr das Boot dahin. Quälend langsam schoben sich die endlosen Wiesen unter ihren smaragdenen Nebeln vorbei. Quälend langsam drehte sich die Sonne am weißgeflammten Himmel um das Boot. Poldermühlen fingen den Wind mit lautem Flügelgeklapper. Die Landschaft veränderte sich fast gar nicht. Lange Zeit schien es, als solle das ferne Bild Amsterdams eine Fata Morgana am Horizont bleiben.

Titus und Aert de Gelder sprachen nicht mehr. Schweigend saßen sie einander gegenüber und warteten, bis das Boot endlich an der Kaimauer vertäut war.

Als sie die Rosengracht erreichten, blieben sie unwillkürlich stehen. Ihre Blicke suchten das Haus. Titus packte den Arm seines Gefährten. Die Fenster waren verhängt. Die Kunsthandlung war mit hölzernen Läden verschlossen. Totenstille herrschte im Umkreis der nächsten Häuser, selbst das Wasser auf der Gracht kräuselte sich nicht, keine lärmenden Kinder spielten auf der Straße. Und Titus, einen Ausdruck furchtsamen Befremdens in den Augen, wußte, daß es bereits geschehen war.

VIII

Wolken von Wärme hingen in den waterländischen Gehölzen, an den Jan Swammerdam langsamer vorbeiging; der Wind brachte einen heißen Luftstrom aus dem Süden. Jans langer, hagerer Körper war müde und verschwitzt unter der Wollkleidung, die er als guter Holländer niemals ablegte.

Jan Swammerdam war zerstreut und konnte sich nicht mehr ausschließlich auf seine anatomischen Untersuchungen einstellen. Eine tödliche Stille in ihm, ein angstvolles Schweigen unterdrückte alle gewohnten Gedanken. Die erschlaffenden, glutheißen Sommertage und die Nächte auf dem Lande, da man nichts anderes hörte als die Grillen unterm Dach und die klirrende Kette des Stiers, der im Stall festlag, verschlimmerten noch seine schwermütige Einsamkeit. Nachts fuhr er aus unruhigen Träumen hoch. Dann wieder war er so quälend hellwach, daß er nicht wieder einschlafen konnte und mit trockenen, klebrigen Lippen ins Halbdunkel starrte. Er aß wenig, und oft überschlug er eine Mahlzeit. Er wußte, daß er krank war. Doch er wußte nicht, wie er sich heilen sollte. – Eine hätte es vielleicht vermocht, aber diese eine hatte Leiden und die Niederlande verlassen.

Jan Swammerdam hatte sie im Winter kennengelernt; die Schwester eines Studiengenossen: Margareet Ulenbeck war eine blonde, schlanke Schönheit, beinahe so groß wie Jan Swammerdam selbst. Und der Student, der nie die geringste Neigung zum Verlieben gezeigt hatte, fühlte nach dieser Begegnung plötzlich, daß der Besitz dieser großen, lachenden Frau für sein weiteres Leben unentbehrlich war.

Aber Jan Swammerdam sprach nicht. Stundenlang hintereinander konnte er Wißbegierigen, die ihn danach fragten, von seinem kleinen Getier erzählen, seine lateinischen Antworten im Kolleg waren fließend, und niemals stockte er. Doch gegenüber der blonden, rosigen Margareet schwieg er. Ein junges, lustiges Mädchen, das nichts wußte vom röhrenförmigen Herzen der Würmer, das keine Silbe Latein verstand – sie verwirrte ihn; der Mund, der nie ein wissenschaftliches Wort gesagt hatte, erfüllte ihn mit staunender Bewunderung; und ihre Hände, die mit Pinzetten und optischen Gläsern nicht umzugehen verstanden, betrachtete er in stummem Entzücken.

Jan Swammerdam hatte zuviel Anatomie betrieben und die Tiere zu lange studiert, um die Menschen zu kennen. Sein Mangel an Welt- und vor allem an Frauenkenntnis verbitterte und entmutigte ihn. Er wußte nicht, wie er sie gewinnen sollte, die Frau, in der er zum ersten Male das Weib entdeckt hatte. Manchmal wagte er am Abend einen verstohlenen Gang an ihrem Hause vorbei; dann glaubte er, hinter den erleuchteten Scheiben ihren Umriß zu erkennen, und fühlte sich glücklich. Ebenso glücklich war er, als ihr Bruder, ein zukünftiger Chirurg, ihn einmal in sein Elternhaus mitnahm und er sie begrüßen, sie ansehen und sogar ein kurzes Gespräch mit ihr führen durfte. – Aber Margareet war viel zu ausgelassen, um zu bemerken, was die schroffe Zurückhaltung des hageren, dunklen Studenten bedeuten mochte; und Jan Swammerdam hatte nicht den Mut, sie seine Liebe merken zu lassen. Ein junger Offizier der Ostindischen Kompanie raubte sie ihm in der Zeit, da Jan Swammerdam zum ersten Male in seinem Leben Verse zu schreiben begann, statt Abhandlungen über den Blutkreislauf zu lesen:

Vergebens ist's, daß meine armen Blicke
Die Gunst der klaren Augen dein erflehn...

Als das Schiff von Rotterdam abfuhr, stand Jan Swammerdam unter denen, die ihm vom Kai nachsahen. Er blickte zum Bugspriet empor, wo Margareet Ulenbeck hochaufgereckt stand, stolz wie eine Galionsfigur, groß und blond; sie lachte den neben ihr stehenden Kriegsmann mit der Schärpe an, der den Preis gewonnen hatte, und er lachte glückstrahlend zurück. – Abends in Leiden hatte Jan Swammerdam die Verse zerrissen und seufzend seine Kolleghefte aufgeschlagen. Noch vierzehn Tage lang hatte er die öffentlichen Vorlesungen Hornes und Diemerbroeks besucht. Kein Wort, das vom Katheder aus gesprochen wurde, drang zu ihm durch. In seinen Heften stand auf jeder Seite weiter nichts als ein M in steilen großen Schnörkeln unter einem lachenden Frauengesicht. »Wie ein Junge«, dachte Jan Swammerdam selbst, »und dabei bin ich sechsundzwanzig.«

Swammerdam lief an den Gräben entlang, ab und zu bückte er sich und zog lange Rispengräser aus ihren Scheiden, zerkaute sie und spuckte den grünen Saft aus. Libellen hingen zitternd im grellen Licht. Ein Wespennest auf einem Sandstreifen wurde von ihm zertreten; kleine schwarze Ameisen schossen zwischen seinen Füßen durch. Er sah sie nicht. Eine Welt wirrer, unbekannter Gedanken war in ihm nach dem tiefen, angstvollen Schweigen aufgegangen, eine Welt voll Qual und Schmerz. Die Frau, die ihm genommen war, hatte ihn wachgerüttelt. Nie würde sie erfahren, was sie in dem Apothekersohn angerichtet hatte; sie war nun im Osten, eine Soldatenfrau und zweifellos Herrscherin über alle Männer in ihrem Umkreis. Und hier, in einem kleinen nordholländischen Dorf, zwischen Schilf und Weiden, kämpfte der Student Swammerdam seinen dunklen Kampf weiter.

Er wußte, daß seine Gedanken unkeusch waren, heidnisch und sündhaft. Das Wort Sünde verwirrte und peinigte ihn. Die Natur, die er in den Tieren pries und verherrlichte als der Hand des Schöpfers entsprungen, war ihm nun selbst zu mächtig geworden und schien ihm eher des Teufels. Er wehrte sich und begann, mit doppeltem Eifer zu sezieren. Ein paar Tage gelang es ihm. Dann erlag er wieder dem Drang seiner Erinnerung.

Margareet! Blonde, lachende Frau!

Nachts wälzte sich Jan Swammerdam stundenlang auf seinem Lager. Ein Kriegsmann hatte sie erobert. War er geringer, auch wenn er weder Schärpe noch Degen trug? Sein Vater war Apotheker, wohlhabend und angesehen. Er selbst ein Student, der spielend sein Wissen erworben hatte. Die Professoren ärgerten sich über die heftigen Streitgespräche, die er veranlaßte und in denen oft *er* Sieger blieb. Horne, sein geliebter Lehrer Horne, bewunderte ihn und hatte seiner schon in einem Brief an die Gelehrte Gesellschaft zu London Erwähnung getan. Sein Name bekam einen guten Klang. Niemand vor ihm hatte so kleines Getier zergliedern können. Er war ein Gelehrter. Kann ein Gelehrter *kein* Liebhaber, kein Mann sein? Jan Swammerdam glühte. Er hätte ihr bewiesen, wenn sie ihm nur die Möglichkeit dazu gegeben, wenn er sie in seinen Armen gehalten hätte, wenn sie – – – Aber der andere war gekommen. Der Soldat. Ein Mann, der wenig Zeit hatte und geradewegs auf sein Ziel losging; ein Mann, daran gewöhnt, der Gefahr ins Auge zu sehen, und auch daran gewöhnt, Frauen den Hof zu machen. Jan Swammerdam preßte die Hände an die Schläfen. In seiner Brust hämmerte es. Er hatte sie verloren. Verloren! Aber seine Sehnsucht war damit nicht verschwunden, seine Sehnsucht durchglühte ihn und verwüstete seine Gedanken. Er hatte nicht gewagt, was der andere gewagt hatte. Margareet Ulenbeck hatte den Mann genommen, der kühn war. Swammerdam kam sich gedemütigt und beschämt vor. Er verachtete sich selbst wegen seines Mangels an Mut; ein dumpfer Zustand von Groll und Minderwertigkeitsgefühl.

Es kamen Tage, da Angst ihn überfiel, ihn verzehrte; verzweifelte, unbekannte Angst. Alles bedrohte ihn. Er lief durch das flache, leere Land, über dem die Wolken dahinjagten und der Wind brauste. Eine endlose grüne Hölle war es, die nirgends einen Ausweg bot. Er konnte nicht mehr denken. In seinem Kopf hämmerte ein harter Schmerz.

Einmal jedoch sah er im grellen Sommerlicht einen Turm. Den Westerturm. Er ließ sich der Länge nach zu Boden fallen und begann, heftig zu schluchzen. Amsterdam! – Sein Vater, seine Mutter, die Freunde – Er erhob sich – sein Entschluß stand fest.

Er kehrte zum Hof zurück und ergriff seine Reisetasche.

Die alte kindische Frau stammelte verwirrte Fragen. Er achtete nicht auf sie und packte seine Habseligkeiten zusammen. Ein erstaunter Knecht kam herein. Jan Swammerdam sprach kein Wort. Amsterdam! Er hatte es vergessen! Eine neue Stimmung überkam ihn. Er wollte arbeiten, studieren, sich selbst heilen! Der Stachel der Sünde wühlte in ihm und vergiftete seine Seele. Ausrotten wollte er die Einflüsterungen des Teufels. Er preßte die Lippen aufeinander, und seine lange, magere Hand ergriff die Reisetasche. Er ging den Polderteich hinab dem Boot entgegen. Dort hinten lag Amsterdam, und der Westerturm blitzte noch immer triumphierend am grünen Horizont.

IX

Die Tage vergingen langsamer, und die Monate schoben sich vorüber. Alte Sterne strahlten bei jedem jungen Mond neu auf und verblaßten wieder. Das Leben stand nicht still.

Hendrickjes Tod hatte in Rembrandts Haus eine sonderbare Unruhe mit sich gebracht. Das Geschäft ging schlechter. Titus wußte nicht, wie er allein den Laden führen sollte. Er hatte immer gedacht, der Anteil Hendrickjes an der Geschäftsführung sei gering. Jetzt sah er, daß sie eine schweigende, doch große Rolle gespielt hatte. Er erinnerte sich der

Zeiten, da er die katholische Messe besucht und meditiert hatte und gelesen, was Kirchenväter und Apologeten geschrieben. In jener ruhelosen Zeit hatte er sich kaum um die Kunsthandlung gekümmert. Und doch war alles weiter seinen Gang gegangen, doch war das kleine Räderwerk nie zum Stocken gekommen. Titus bemerkte, daß mit dem Tode seiner Pflegemutter die Feder gesprungen war. Er hatte keinen Überblick über das Geld. Als er die Bücher der letzten Monate durchblätterte, sah er mit Bestürzung, daß sie schlecht geführt waren. Zu Hendrickjes Lebzeiten war ihm das nicht aufgefallen. Von Anfang an hatte sie das Geld verwaltet, Haushalt und Geschäft streng getrennt. Jetzt ging alles durcheinander. Und was konnte die kleine Cornelia? Eine Magd wurde in Dienst genommen. Eine Magd hat Aufsicht nötig. Läßt man sie einen Augenblick allein, so stiehlt sie ihrem Herrn Zeit und Geld. Titus betrat die Küche nicht mehr. Rembrandt blieb mit seinem Schüler oben in der Werkstatt. Und Cornelia hatte noch nicht Hendrickjes scharfes Auge, obgleich sie wie ihre Mutter zu werden schien.

Hunderte von kleinen, ermüdenden Sorgen verfolgten Titus. Er wühlte die Hände ins Haar und sah oft keinen Ausweg. Das Geld schmolz dahin. Er gab der Magd, was sie verlangte, und konnte nicht nachprüfen, ob es manchmal zuviel war. Das Geschäft schien schlechter zu gehen. War es nur, weil der Erlös nicht mehr gut verwaltet wurde, oder kamen wirklich weniger Kunden? Sogar das Geld, das Hendrickje ihm mit rührender Fürsorge vermacht hatte – als hätte sie die Zukunft des eigenen Kindes ganz vergessen –, konnte nicht mehr lange ausreichen.

Ein Jahr lang war alles gutgegangen. Dann kamen die ersten drohenden Anzeichen. Titus konnte nicht mehr soviel ankaufen wie früher und so den Wünschen seiner Kundschaft nicht mehr entsprechen. Abends saß er und rechnete und zählte die düsteren Zahlenreihen des geduldigen Hauptbuches zusammen, ohne daß er etwas übrigbehielt. Die Verpflichtungen wuchsen. Das letzte Geld war vom

Notar geholt. In seiner Not flüchtete sich Titus zu Nicolaes Berchem, der am Anfang lächelnd aushalf; aber mit jedem Male wurde sein Lächeln spitzer und knauseriger, bis Titus auch ihn nicht mehr aufzusuchen wagte.

Seine letzte Zuflucht war seine Tante, Titia van Uylenburgh, die mit Frans Coopal verheiratet war.

Die Coopals waren reich, und die Töchter der Uylenburghs hatten große Mitgiften mitbekommen. Sie würde ihm borgen können. Titus nahm sich vor, entschlossen zu Werke zu gehen, sobald er wieder Geld hätte: Streng wollte er die Ausgaben für den Haushalt beaufsichtigen, streng auch die Einbringung der ausstehenden Forderungen betreiben. Es würde ihm guttun, einmal ein, zwei Jahre lang nichts anderes zu tun, als das bedrohte Geschäft in Ordnung zu bringen: Überdies würde es ihn vor quälenden Selbstvorwürfen schützen, zu denen sein Grübeln doch immer neigte, solange er einsam war und keine Arbeit seine Kraft voll erforderte.

Doch schob er den Besuch bei Titia Coopal immer wieder hinaus. Er wußte nicht, wie sie seine Bitte aufnehmen würde. Seine Pläne hatten sich schon kühn gesteigert. Er sah im Geiste die Erfüllung: ein blühendes Geschäft, ein geordneter Haushalt, eine Pflegeschwester, die er anständig verheiraten konnte; sein Vater ohne Sorgen nach Lust und Laune an der Arbeit. Und jetzt gab es Schulden und Unordnung. Was tun, wenn die Tante seine Bitte abschlug? Er hatte sie sein Leben lang nur selten besucht, ebenso wie die van Loos. Sie waren ihm zu praktisch, zu kühl, zu hochmütig, und sie sprachen von seinem Vater nie anders als von einem leichtsinnigen Eindringling, dem es um das Geld der Uylenburghs gegangen war.

Aber andererseits war er nach seiner Tante genannt. Titus. Es mußte für das Geschlecht der Uylenburghs etwas Schmeichelhaftes haben, daß seine alten ruhmreichen Vornamen erhalten blieben. Und seine äußere Erscheinung war die eines Edelmannes. Meistens lachte er darüber, aber jetzt fühlte er den Wert dieser Tatsache. Die bäuerlichen Namen von Rembrandts Geschwistern waren immer verschwiegen worden. Titus wußte, daß der Stolz der Uylenburghs größer war als ihre Geldsucht. Einmal würde er den Mut finden, seine Tante zu besuchen, die ihm fremd war, obgleich sie denselben Namen trugen...

X

Rembrandt verließ das Haus und schob sich mit trägen, festen Schritten an den Häusern der äußeren Ringstraße entlang. Das sommerliche Licht hatte ihn halb geblendet, als er aus dem Haus getreten war. Monate war es her, seit er einen großen Spaziergang gemacht, und Jahre, seit er die Stadt verlassen hatte. Es kam jedoch in letzter Zeit häufiger vor, daß er eine heftige Sehnsucht nach einer Aussicht empfand, nach Wolken und Wasser. Aert de Gelder hatte seine zunehmende Unruhe bemerkt. Der Meister arbeitete mit vielen Unterbrechungen, ging hin und her, stand am Bodenfenster und blickte hinaus, leise vor sich hin murmelnd. Und jetzt hatte er ganz unerwartet das Haus am frühen Nachmittag verlassen.

Voll Angst hatte ihn der junge Schüler beobachtet in der Zeit, da Hendrickje krank wurde und starb. Zuerst schien es ihn nicht verändert zu haben. Breit, dunkel von Angesicht und Händen, mit dem kurzen grauen Schnurrbart und dem dünnen wirren Haar saß er vor der Staffelei und arbeitete in einem fort. Dreimal in jenen Wochen war er nicht in der Werkstatt erschienen: als der Arzt die Hoffnung aufgegeben hatte, als sie starb und als sie begraben wurde.

Kurz und gedrungen, einsam und dunkel, saß er vor dem Bild, das er in Arbeit hatte, und malte wie mechanisch. Aert de Gelder war bestürzt über diese scheinbare Gleichmäßigkeit. Doch dann bemerkte er, wie sehr der Tod der kleinen Hausfrau den Meister mitgenommen hatte. Rembrandt war völlig verstummt. Er sprach mit niemanden mehr und mit de Gelder nur ausnahmsweise. Seine Augen wurden matt und sanken tiefer in ihre Höhlen. Die Hand bewegte sich träger und dabei doch fieberhafter. Die Verbindung mit der Welt war abgeschnitten. De Gelder arbeitete mit ihm in der Werkstatt, aber Rembrandt war allein. Bei Tisch mit den anderen saß er allein. Kaum je mischte er sich ins Gespräch. Wurde gelacht, so schrak er auf aus seinen Gedanken, die die anderen nicht ergründen konnten. Er ging zeitiger zu Bett; sie hörten ihn im Schlaf reden wie ein Kind. Am Morgen konnte er nur schwer zur Arbeit kommen.

Rembrandt verließ das Haus und tastete sich beinahe durch die Sommersonne. Er war aufs tiefste erstaunt. Die Welt war jung geblieben. Die Gärten blühten; die Bäume neigten sich mit wohligem Schatten über seinem Haupt. Das Wasser glänzte; tausend bewegliche, tanzende goldene Schuppen! Er strich sich über die Augen. Wie lange war es schon her? – Wie alt war er? – War nicht schmerzlich viel geschehen in all diesen Jahren … ? Seine Erinnerung arbeitete langsam, und er fühlte eine träge Schwere im Hinterkopf, als er sich zum Denken zwang. Er ging weiter, langsam, doch festen Schrittes. Er fühlte die Wärme durchdringend, behaglich. Leute kamen vorbei und blieben stehen, als er grüßte. Er hörte Bruchstücke ihres Gesprächs.

»Ich dachte, er wäre gestorben.«

»Oder fortgezogen.«

»Man hört nichts mehr von ihm.«

Rembrandt lächelte. Es war, als hätten sie von jemand anderem gesprochen. Er sah sich in den Straßen um, durch die er lange, lange nicht mehr gegangen war: abgebrochene Häuser, Vordächer, neue Wohnungen, gepflasterte Wege. Er schüttelte den Kopf. Hier kannte er keinen einzigen Menschen mehr. Manchmal wurde er gegrüßt, beinahe spöttisch wegen seiner sonderbaren Erscheinung; und er lachte zurück, ein langsames Lachen voll schweigenden Wohlwollens.

Wie alt war er?

Eine kindliche, unbekannte Freude wärmte ihn, eine stille,

innerliche Glut. Die Welt blühte! – Sie hatten Tote aus seinem Haus getragen? ... Er glaubte es selbst kaum mehr. Er hatte geträumt. Lange, beklemmende Träume von toten Frauen und Kindern. Träume von Schülern und Freunden. Träume von Größe, Schuld, Verfolgung, Bankrott. Nur eine Wirklichkeit hatte es gegeben: seine Bilder. – Und jetzt, heute, war er wieder in einem Traum befangen: in dem lichten Traum von einem Spaziergang, wie er als Kind herumgegangen war in einer anderen Wirklichkeit, die ihm seit langem entschwunden war ... Nichts schien verändert. Weiß strahlte die Sonne, blau strahlte der Tag. Er ließ die Stadt hinter sich. Schon grüßten hohe silbergraue Pappeln mit hellem Rauschen und stillem Glanz, als entsprängen Tausende von kleinen Quellen.

Rembrandt ging und ging, bis er todmüde ins Gras glitt. Er lag an der sanften Böschung eines Jägerpfades. Lange blickte er über das schimmernde Wasser. Seine Gedanken schweiften im Ungewissen, unbestimmte Traumbilder im unbestimmten Raum. Er fühlte die Lider schwer werden. Überwältigt von der Sonne und Müdigkeit schlief er ein.

Es war spät am Nachmittag, als er erwachte. Ein goldener Widerschein hing über dem Wasser. In der Ferne glänzten prunksüchtig die Dächer und Kuppeln von Amsterdam. Rembrandt wunderte sich. Dann lachte er, sich erinnernd, kurz und laut auf. Er richtete sich auf und schlenderte auf dem schmalen Pfad heimwärts.

Zu seiner Linken war das Gras eben gemäht, der zweite Schnitt. Es duftete leicht würzig, wie Krauseminze und Anis. Aufs neue wurden Kindheitserinnerungen in ihm wach, unklar, doch sonnig und sorglos.

Er ging an zwei verspäteten Mähern vorbei. Sie grüßten ihn mit blitzenden Sensen. Als er vorüber war, hörte er sie lachen. Es berührte ihn nicht. Er ging ohne Anstrengung. – Langsam schob sich die Wiesenlandschaft vorbei. Kleine Häusergruppen nahmen ihn auf. Deutlicher unterschied er jetzt die Türme der Stadt.

Der Weg wurde breiter. Holunderbäume wehten über den kleinen Buchten, wo Gemüsekähne vertäut lagen.

Auf einer kleinen Bleiche lag bunte Bauernwäsche. Ein alter Mann fuhr auf einem Hundekarren rasch an ihm vorbei. – Kinder spielten im warmen, lockeren Sand der Höfe; über die Untertür lehnten sich die Mütter mit schweren Brüsten und nackten Armen. Rembrandts Augen erfreuten sich an ihren starken Formen.

Am Ende einer Auffahrt erhob sich ein Landsitz aus grauem und weißem Stein, von einer zierlichen Kuppel gekrönt. Zwischen dem dunklen Grün der Beete und Hecken erblickte Rembrandt die blinkende Vergoldung einer Sonnenuhr.

Schon begann sich die Dämmerung an die Häuser zu schmiegen. Langgestreckt und schräg lagen die Schatten. In den Baumgärten glänzten rotgoldene Früchte. Rembrandt atmete den jungen, säuerlichen Duft des Sommers aus allen Gärten. – Das Leben war gut. Die Natur enttäuscht nie, dachte er. Nur der Mensch betrügt. Gott und die Natur trügen nie. Hier ist – Glück.

Glück, Glück. Er lächelte und empfand das Schmerzliche seines Lächelns. Fast sechzig Jahre war er. Als er dreißig war, glaubte er, es bei Saskia gefunden zu haben. Zwischen vierzig und fünfzig gewann er Hendrickje. Kinder waren da. Wieder schüttelte er den Kopf. Es weinte etwas in seiner Brust, doch ohne Spannung und ohne Unruhe. Glück …

Er merkte, daß er stehengeblieben war. Vor ihm lag eine Zugbrücke aus grobem, ungestrichenem Holz. Drei oder vier Kinder starrten den Fremden an und flüchteten scheu, als er ihnen lächelnd ein paar Heller zuwerfen wollte. – Die Nacht kam heran. Unter dem Schleier der Dunkelheit schritt Rembrandt eiliger und erreichte die ersten schwankenden Öllampen der Stadt.

In den Grachten war es dunkel. Die Bäume flüsterten miteinander. Wenige Leute waren unterwegs. – Am westlichen Himmel stand noch ein einziger breiter, lichtgrüner Streifen. Als es zehn von den Türmen schlug, war Rembrandt in der Rosengracht. Er begrüßte Titus, der ihm mit ängstlichem Gesicht entgegenkam, mit einem Schlag auf die

Schulter. Dann blickte er erstaunt Cornelia an, die auf ihn zuflog und in Tränen ausbrach. Er streichelte ihr weizenblondes Haar und wunderte sich über die Kraft ihrer Arme um seinen Hals.

»Ich habe Hunger«, sagte er vergnügt.

Cornelia eilte in die Küche. De Gelder kam herunter. Er sah, wie Rembrandt und Titus Arm in Arm hineingingen, und folgte lächelnd. Krug und Gläser klirrten.

XI

Im Herbst machte Titus eine Entdeckung, die ihn sehr erschreckte. In der Lade eines kleinen Schränkchens fand er Abschriften von Schuldscheinen, die beim Bankrott von dem Schreiber des Gerichtsvollziehers offenbar übersehen worden waren. Fast ohne Ausnahme lauteten sie auf den Namen Harmen Becker, und der Betrag der Schulden jagte Titus Angst ein ...

Lange überlegte er, was er zu tun habe; endlich beschloß er, mit den Papieren zur Amtsstelle des Gerichtsvollziehers zu gehen und die Herren um ihre Ansicht zu fragen.

Ein langer, bleicher Beamter mit strähnigem Haar hörte ihn an und unterdrückte bei Titus' Erzählung ein merkwürdiges Lächeln, halb spöttisch, halb mitleidig. Titus hätte lieber jemand anders gesprochen. Der Mann an dem hohen Schreibpult war ihm unangenehm. Doch er besiegte seine Abneigung. Die Amtsstelle des Gerichtsvollziehers war eine Öffentliche Einrichtung und mußte einem jeden, der sich Rat holen wollte, ohne Unterschied helfen. Schließlich war es dasselbe, ob man von einem unfreundlichen oder einem wohlwollenden Menschen Auskunft erhielt. – Titus fragte den Beamten um seine Ansicht.

Der Mann zuckte die Schultern, sah die Papiere durch und legte behutsam die Fingerspitzen gegeneinander. »Die Schuldscheine bleiben gültig«, sagte er dann. »Ich würde aber lieber darüber schweigen, wenn ich an Eurer Stelle wäre, Sinjeur van Rijn.«

Und plötzlich wandte er sich ab, ergriff die Feder und schrieb weiter, als gäbe es keinen Titus mehr.

Titus grüßte förmlich und ging fort, ohne einen Entschluß gefaßt zu haben. Der Rat des Beamten schien ihm zweifelhaft und gefährlich. Doch entschied er sich, ihn fürs erste zu befolgen; er würde sich dann später in jedem Fall auf den Mann berufen können.

Ein paar Wochen darauf betrat jemand seinen Laden. Titus ging dem vermeintlichen Kunden erwartungsvoll entgegen. Er erschrak. Es war van Ludig, der Sachwalter. Titus sah das kalte Glänzen seiner Augen und begriff, daß er von den Schuldscheinen wußte. Gewiß kam er wegen Becker. Ein blindes Gefühl der Feindschaft stieg in Titus auf, wie ein bitterer Geschmack in seinem Mund. Er haßte die Gläubiger, die Verfolger seines Vaters, mit verzweifeltem Haß. Er wußte, daß es ein unberechtigter, eigensinniger Haß war, daß die Leute vielleicht recht hatten – aber er haßte sie; nie konnte er den Gedanken loswerden, daß die Einsilbigkeit und die zunehmende Zurückhaltung seines Vaters, die ihn den Seinen fast entfremdete, eine Folge der unbarmherzigen Wut waren, mit der ihn diese Gläubiger bei dem Bankrott gehetzt und gequält hatten.

Der Sachwalter sah ihn scharf an; Titus bemerkte den forschenden Blick der stechenden, unangenehmen Augen. Offenbar hatte van Ludig nicht erwartet, gelassen – äußerlich gelassen – und stolz empfangen zu werden. Er besann sich und schien unsicher gegenüber der jungen Gestalt im braunen Anzug, die ihn mit großem durchdringendem Blick ansah. Van Ludig schlug die Augen nieder und blickte auf Titus' Hände. Einer der schmalen Finger trug einen Ring mit einem großen Rubin, einen von Saskias Ringen. – So ein Schmuckstück trägt nur ein Mann von Adel, dachte van Ludig hämisch; was bildet der Junge sich ein? – Doch er zögerte. Es lag etwas in der Haltung von Rembrandts Sohn, das ihm die gewohnte unverzagte Grobheit nahm. Er hüstelte und suchte nach Worten. Dann riß er sich zusammen. Er brauchte sich doch vom Sohn seines angeheirateten Vetters nicht in Verwirrung bringen zu lassen? Der Grünschnabel war nichts Besseres als er, mochte er auch aussehen wie ein spanischer Grande! Er räusperte sich und legte die Hand auf den Tisch.

»Ich komme im Auftrag von Harmen Becker«, sagte er. Titus nickte. Er hatte sich also nicht geirrt. Der Beamte des Gerichtsvollziehers hatte ihn verraten und hoffte, ein gutes Stück Geld an der Sache zu verdienen.

»Das habe ich gewußt, van Ludig«, antwortete er ruhig. Dann ging er zum Schränkchen, holte die Abschriften hervor und breitete sie vor van Ludig aus.

»Ich habe sie kürzlich gefunden«, fügte er hinzu.

Das ungläubige Grinsen des Sachwalters machte ihn rasend. Er hätte sich auf den Mann stürzen mögen. Mit flammendem Gesicht sah er ihn an. Er wußte nicht, was er tun sollte. Er hatte die Hand wieder auf die Papiere gelegt, als jemand ihn sanft, aber kraftvoll beiseite schob und sich vor ihn stellte.

Titus holte tief Atem. Es war Rembrandt.

Der Meister ließ seinen Sohn los und wandte sich an van Ludig. Er mußte ganz still hereingekommen sein, weder van Ludig noch Titus hatten ihn gehört. Er ging mit vornübergeneigtem Oberkörper, als sei er zu einem Angriff bereit.

Van Ludig war erschrocken, doch er faßte sich schnell, wußte er doch, daß seine Forderung wohlbegründet war. Er fühlte sich im Recht. Sein Lächeln wurde anmaßend, herausfordernd. Die Augen kniff er halb zu, den Mund verzog er zu einem Grinsen.

Rembrandt trat auf den Sachwalter zu, sie standen Aug in Aug; Rembrandts Gesicht war unruhig verzerrt, Brauen und Schnurrbart zitterten. Jäh fuhr er auf den anderen los, so daß dieser erschrocken zurückwich. – Die Stimme des Meisters war stockend, heiser und tief: »Ich hab dich an der Stimme erkannt, van Ludig … dies ist das zweite Mal, daß du in mein

Haus eindringst. Es ist mir gleich, weshalb du kommst ... Es ist mir gleich, ob du Gewinn bringst oder Verlust – meinetwegen mögen die Herren vom Rat dich geschickt haben. Aber in meinem Hause will ich dich nicht mehr sehen. Ich sehe alt aus, van Ludig, nicht mehr wie früher, als ich einen Mann hochheben konnte ... Aber dich werf ich noch zum Hause hinaus – und zwar auf der Stelle, wenn du nicht ... «

Rembrandt machte eine Bewegung. Titus ergriff den Arm seines Vaters. Doch der Meister schob ihn weg. Er streifte die weiten Ärmel seines Malkittels hoch. Seine Arme waren sehnig und gelb und leicht behaart. Titus mußte diese Arme anblicken – selten hatte er sie gesehen. Sie hatten ihn getragen, als er noch klein war. Sie hatten Bild nach Bild auf die Staffelei gestellt und wieder herabgenommen, um sie neben die anderen fertigen Sachen zu hängen. Und jetzt schickten sie sich an, die letzte Habe zu verteidigen. Titus drängte seine Rührung zurück. Sein Vater kämpfte für den kleinen Besitz. Plötzlich stand er neben ihm, hochaufgerichtet und zornglühend.

Van Ludig sah die beiden an. Ein alter, ergrauter Mann, breitschultrig, gebeugt, aber muskulös – und ein junger, zarter, der aussah wie ein zorniger Edelmann. Vier Fäuste ballten sich. Vier Augen wiesen ihn zur Haustür.

Er zuckte die Schultern – force majeure – und wich zurück. Die beiden van Rijns folgten Schritt für Schritt. Rembrandt lachte verächtlich und haßerfüllt.

»Sag deinen Auftraggebern – ich weiß nicht, wer sie sind –, daß ich mit dir nichts zu tun haben will«, sagte er, und Titus bewunderte seinen Vater um der vernichtenden Mißachtung willen, die in seinem überlegenen Lächeln lag. »Wer mich sprechen will, soll selbst kommen.«

Die Tür fiel ins Schloß.

Rembrandt und Titus sahen einander an. Titus wollte lachen, doch er ließ es sein. Plötzlich wurde sein Vater bleich und zitterte. Er klammerte sich an Titus fest. Titus erschrak. Er fing den schweren Körper auf; Rembrandt hatte die Augen geschlossen.

»Wasser« rief Titus voller Angst.

Cornelia kam eilig herbei. Sie brachten Rembrandt zu einer Bank und ließen ihn sich setzen. Er trank langsam. Er lächelte. Sie sahen, wie wieder Farbe in sein Gesicht kam. Er richtete sich halb auf. Titus wollte ihn wieder zurückdrücken, doch er schob die Hand kräftig beiseite. Er sah Titus an.

»Die anderen«, sagte er dann, »die anderen habe ich immer verachtet ... manchmal gefürchtet. Aber ihn – ihn habe ich gehaßt, vom ersten Augenblick an, als ich ihn kennenlernte. Und er weiß es. Titus ... Rechne mit ihm ab ... «

Er richtete sich vollends auf und schritt auf die Treppe zur Werkstatt zu. Titus folgte besorgt.

»Sei vorsichtig«, bat er.

Rembrandt wandte sich zu seinem Sohn und lachte, ehe er die Treppe hinaufging.

»Ich bin stark«, antwortete er langsam. »Aber hättest du je gedacht, daß man aus Haß ohnmächtig werden kann?«

Titus sah ihn an und nickte ungestüm.

»Ja«, sagte er heftig, »mir hätte es ebenso gehen können.«

Wochenlang fühlte sich Titus schuldig. Bewunderung und Liebe zu seinem Vater hielten ihn davon ab, ihm etwas von den unheilvollen Schuldscheinen zu sagen. Es war ihm klar, daß Becker es nicht bei dem Geschehenen lassen würde. Und – er hatte das Geld nicht! Sie kamen gerade aus und mußten noch froh darüber sein. Aber Becker würde fordern – und fordern mit dem Recht und der Macht hinter sich.

Titus fühlte seinen Mut sinken. Die alte dumpfe Müdigkeit, das Gefühl, den Sorgen nicht gewachsen zu sein, lähmte ihn. Sorge macht nicht hart und entschlossen, sie zermürbt. Ihm drohte sie die Lust am Leben zu nehmen; seinem Vater hatte sie sie schon genommen. Es schauderte Titus vor den kommenden Jahren. Der graue Mangel würde in ihm einen schwachen Gegner finden. Und Rembrandt sollte arm werden – schon jetzt kaufte niemand mehr seine Bilder und Radierungen ...

Noch einmal nahm Titus alle Kraft zusammen. So konnte es nicht weitergehen. Er mußte den Gang wagen.

Titia Coopal blickte mit halbgeschlossenen Lidern auf den Neffen, der vor ihr im Lehnstuhl saß. Sie fühlte sich froh und mitleidig, neugierig und stolz gestimmt. Saskias Junge war prachtvoll: ein dunkler, ritterlicher Mann war er geworden, seit sie ihn zuletzt als sechzehnjährigen Edelknaben im Hause der van Loos gesehen hatte. Es regte sich etwas in ihr – eine weiche, mütterliche Verliebtheit in das Kind der toten Schwester. Sie wagte nicht, ihm übers Haar zu streichen und seine stille Hand zu berühren, aber ein plötzliches Verlangen danach hatte sie übermannt.

Titia van Uylenburgh war von allen Schwestern die lebendigste gewesen: eine Friesin, empfindsam und leicht entflammt, eine geborene Liebende. Ihr fehlte das Zarte, Gelassene von Saskia, das Verschlossene, Hochmütige von Emma. Sie kannte sich; sie wußte, was sie erwartete, als sie Frans Coopal heiratete. Ihre Ehe hatte das freie, feurige Leben gezähmt. Sie selbst hatte es so gewollt; sie hatte sich zur Treue verpflichtet, und sie war treu geblieben. Nicht aus Angst und auch nicht aus sittlichen Erwägungen. Die Natur in ihr war zu mächtig. Als Mädchen hatte sie keinem Anbeter etwas verweigern können; als verheiratete Frau verhielt sie sich anders. Körperlich durch und durch Frau, hatte sie sich Kinder gewünscht, Blumen aus ihrem blühenden Leib. Sie heiratete. Aber Kinder wurden nicht geboren. Titia Coopal war stiller geworden neben dem ernsten Mann, der sie hingebend und ehrfurchtsvoll liebte und ihr unerschütterlich treu war.

Hier saß sie nun, in ihrer späten, reifen Schönheit, gegenüber dem Mann, der ihr Sohn hätte sein können. Mitleidig und stolz, neugierig und froh hatte sie ihn empfangen. Sie sah ihn an und bewunderte ihn. Seine Stimme war leise und zögernd; er machte fast einen schüchternen Eindruck. Hinter den Augen verbargen sich düstere Gedanken. Titia Coopal sah, daß er verschlossen und schwierig war. Sie verstand.

Sie brauchte nicht einmal anzuhören, was er ihr erzählte. Die dunklen Augen des Jungen, die Hände, die unsicher mit dem Hut spielten, sagten genug. In Rembrandts Haus ging es sorgenvoll zu. Sie sah, daß Titus den Sorgen nicht gewachsen war; alles an ihm verriet Mangel an Mut. Sie spürte aus seinen Worten, daß er seinen Vater verehrte. Rembrandt selbst erschien ihr mit einem Schlage als ein anderer. Dieser junge Mensch mit der äußeren Erscheinung und dem Blick der Uylenburghs betete seinen Vater an, den Bauern. Titia Coopal hatte mit all ihrer Menschenkenntnis, mit all ihrem weiblichen Scharfsinn noch nie zuvor so stark empfunden, daß Rembrandt etwas bedeutete. Er war ein Maler, ein Meister. Sein Talent erhob ihn über seine Herkunft. Jetzt erkannte sie das. Der Leidener Bauernsohn, der zur Empörung ihrer ganzen Familie Saskia zu heiraten gewagt hatte – er war kein Eindringling gewesen. Ihre Schwester hatte ihn geliebt. Titus liebte ihn. Titia Coopal dachte unbewußt an den Sohn, den sie ersehnt hatte. Sie fühlte stille Tränen brennen, die sie unbemerkt wegwischte. Warum war er nicht eher gekommen?

Als Titus voll Erwartung und Angst aufblickte, war ihr Lächeln weich und hell.

»Ich will dir helfen. Wieviel hast du nötig?«

Sie hätte jubeln mögen über seine jäh aufleuchtenden Augen! Einen Augenblick verriet sich ihre Hand. Doch er ergriff sie und beugte sich darüber. Ein Liebhaber und ein Sohn ... Eine Sekunde wagte sie es, bei seinem Handkuß zu träumen.

XII

Aert de Gelder führte im Hause des Meisters fast schon ein Einsiedlerleben. Es ging nicht anders. Die jungen Maler, die Rembrandts Namen noch kannten, lachten über das, was sie von ihm sahen, und nannten ihn den alten Zauberer. Wer ihn nicht kannte, lachte mit über den Spottnamen oder zuckte die Schultern. Sogar diejenigen, welche ihm vor wenigen Jahren noch geholfen hatten, hielten mit ihrer Abneigung nicht mehr zurück. Sie begriffen Rembrandts zunehmende Verdüsterung nicht – die Schatten wurden immer mächtiger in seiner Arbeit, die Farben schwerer, verschleierter; da glänzte dumpfes Gold und Purpur, und die Farbe klebte in fetten Schichten auf der Leinwand. Man hatte sich von dem Meister und seinem Schicksal abgewendet; man suchte auch Titus nicht mehr auf, nun man berühmt wurde und von den reichen Kunsthändlern mehr Geld bekommen konnte. Filips de Koninck war völlig verändert. Die Haare gingen ihm aus, und er wurde dick. Obwohl über seine Jugend in Rembrandts Hause seltsame Gerüchte umgingen, war er verheiratet. Um den einstigen Lehrer kümmerte er sich kaum mehr.

Das Malerleben in Amsterdam hatte sich gewandelt. Ältere Talente waren gestorben oder vergessen. Eine Schule von Jüngeren kam auf, welche die Manier der Vorgänger kritisierte und nach anderen Mitteln suchte. Aert de Gelder war ihnen ein leidenschaftlicher Gegner, besessen wie er war von Bewunderung für Rembrandts Bilder. Er hatte das Sonderbare, In-sich-Gekehrte eines weltscheuen Alchimisten an sich, der in seinem Keller nach Gold sucht, eine Neigung zum Unbekannten, Umschatteten. Er fand es verächtlich von seinen Altersgenossen, daß sie eine kühlere, flachere, schärfere Malweise annahmen; sie betrachteten die Natur mit kühlen Augen, blind für die Geheimnisse, die sich dahinter verbargen. Er liebte die Nacht und die Heimlichkeiten über alles. Er liebt die Nachtbilder seines Meisters über alles. Seine eigenen Arbeiten scheinen von demselben goldenen Schimmer umwoben, mit dem der Meister zaubert und der ihm bei den jungen Leuten seinen Spottnamen eingetragen hat. De Gelder kommt sich neben Rembrandt wie der Waffenträger eines alten Königs vor, wie der letzte Wächter auf den Wällen einer heiligen Burg. Die Entscheidung seiner Jugend hat er nie bereut. Er gehört zu jenen, die sich im Leben nicht wandeln, nur vertiefen. Anfangs, als er noch manchmal ins »Wappen von Frankreich« kam, hat er, aus seiner Schüchternheit aufgepeitscht, Rembrandt voll Feuer und Willenskraft verteidigt. Erst hat ihm Lachen, dann Schweigen geantwortet. De Gelder war zumute, als sähe man ihn in dieser Gesellschaft nicht für voll an. Gekränkt, doch innerlich hochmütig, seiner Treue sich wohl bewußt, bleibt Aert de Gelder in der Werkstatt in der Rosengracht. Er bewacht Rembrandt fast Schritt für Schritt; er ist ihm überall auf den Fersen – es soll ihm kein Leid geschehen.

Doch es gibt noch einen anderen Maler in Amsterdam, den er kennt und der seine Bewunderung für den Meister teilt. Cornelis Suythoff ist ein Jahr jünger als de Gelder: ein hochgewachsener, lebenslustiger Maler von Seestücken, der sich mehr am Wasser herumtreibt und mit den Kapitänen von Übersee in den Weinhäusern herumsitzt, als daß er arbeitet. Seine Werkstatt liegt über einer Schenke. Er wohnt und schläft in dem hellen, viereckigen Raum, wenn er nicht bei einem gefälligen Frauenzimmer haust oder der Ehefrau eines abwesenden Seemannes nachts Gesellschaft leistet. Seine Arbeitsstätte ist voller Geschenke aus Ostindien. Von allen seinen Bekannten läßt er sich Kuriositäten mitbringen: heidnische Götzenbilder, getrocknete Fische, ausgestopfte Vögel, Schnitzereien, Korallen und Muscheln – das alles hängt zwischen den Bildern an der Wand. Über seinem Bett ist ein Waffengestell angebracht, denn Suythoff ficht und schießt wie ein geborener Soldat und ist Fähnrich bei einer Schützengilde. Damit verbringt er im Schützenhof mehr Zeit als in der Werkstatt mit dem Pinsel, von dem er doch leben muß.

Er lacht laut und oft und steckt voller Lieder und Späße, während de Gelder zurückhaltend und verträumt ist. Sie haben einander im »Wappen von Frankreich« kennengelernt. Vom ersten Augenblick an hat de Gelder den anderen beobachtet: dieses rasche Mundwerk, diese schwungvolle

Handbewegung, das selbstbewußte Auftreten und die Fröhlichkeit Suythoffs... Aert de Gelder trägt einen bescheidenen Traum in sich, der, das weiß er ganz gut, nie Wirklichkeit werden kann, einen Traum von Gegensätzen: leichtsinnig und stark zu sein wie Suythoff. Und in einem mutigen Augenblick hat er seinem Genossen bei Tisch zugetrunken. Suythoff hat in ihm den dunklen, einsilbigen Schüler Rembrandts erkannt. Er hat sich zu de Gelder gesetzt, und sie haben über den Meister gesprochen. Dann hat er de Gelder mit in sein Dachboden-Atelier genommen und ihm seine Raritäten und Waffen gezeigt; über die ersteren hat de Gelder gelächelt, die Waffen aber haben ihn mit Neid erfüllt.

So hat ihre Freundschaft stillschweigend begonnen. Immer hat de Gelder den anderen aufgesucht, wenn ihn inmitten seiner stillen Träume die Sehnsucht packte nach einem lustigen Gespräch oder einem lachenden Gesicht, von dem ein Handrücken den Bierschaum abwischt und über dessen leuchtenden Augen widerspenstige Locken tanzen. Suythoff hat eine Vorliebe für Aert de Gelder – warum, konnte er schwerlich sagen. Vielleicht ist es das Gefühl einer großen Stille, die Aert de Gelder aus Rembrandts Haus in die laute Werkstatt mitbringt; der Atem einer anderen Welt, vor der Suythoff mit demselben kindlichen Staunen steht wie vor den Wundern und Seltsamkeiten Indiens, die ihm eine Vorahnung unentdeckter, ferner Geheimnisse bedeuten.

Lange hat es gedauert, bis Cornelis Suythoff sich dazu bewegen ließ, Rembrandts Wohnung zu betreten. Er zögert vor dem, was ihn verwundert und ihn mitten in seinen ausgelassensten Einfällen plötzlich zum Stillschweigen zwingt. Er weiß, daß es Dinge gibt, die er nie begreifen wird und die ihn gerade deshalb mit magnetischer Kraft anziehen. Und de Gelder hat gebeten, bis Suythoff dem Wunsche des Freundes und der Stimme verhohlener Neugier in seinem Innersten nachgegeben hat.

Einen Nachmittag haben sie in der Werkstatt des Meisters verbracht. Verwirrt, errötend hat de Gelder bemerkt, daß Rembrandt Fremden gegenüber linkisch und ungeschickt geworden ist. Früher empfing er einen jeden in seiner Werkstatt; jetzt ist er zu alt, um neue Freundschaften zu schließen, zu lange ist es her, daß die Bewunderer sich bei ihm drängten. Er spricht wenig und fast ohne Zusammenhang, schiebt seine Bilder aus dem Licht und blättert so hastig und unwillig in den Mappen mit den Radierungen, daß die anderen sie kaum in Ruhe betrachten können. Aber Suythoff ist in der Werkstatt des bewunderten Meisters ungewohnt geduldig. Er schaut zu Rembrandt, der vor sich hin murmelnd durch den Raum läuft wie ein alter, verschreckter Vogel, den man aus seinem Nest aufgestört hat, und wieder empfindet er Staunen vor einer unerreichbaren Welt, Mitleid mit diesem einsamen alten Mann und einen flüchtigen Schauder: Wird das einst auch sein Los sein?

Schweigend, in Gedanken verloren, geht er mit dem Freund die Treppe hinunter. Aert de Gelder ist aufgeregt und neugierig, was er sagen wird. Er versucht, auf den schmalen Stufen neben den anderen zu gelangen. Aber er muß wieder zurückweichen – es kommt jemand herauf.

Cornelia.

Die beiden Männer bleiben stehen und drücken sich an die Wand, um ihr Platz zu machen. Suythoff schlägt die Augen auf und sieht das Mädchen an.

Cornelia ist groß geworden. Ihre Haut ist weiß, ihre blonden Flechten liegen ihr schwer im Nacken. Die kleinen Brüste beginnen zu schwellen. Eine Frau erblüht unter dem grauen Kleid, das den Boden noch nicht berührt. Die festen roten Arme tragen eine Schüssel. Sie grüßt leise, eingeschüchtert durch den Fremden, und geht schnell zu Rembrandt hinein.

Suythoff ist stehengeblieben. Ein Glanz der Verwunderung schimmert auf seinen Lippen, ein sonniges, sinnliches Lächeln. De Gelder schiebt ihn vorwärts; er will weiter. Aber Suythoff hält ihn einen Augenblick zurück. »Ein hübsches kleines Dienstmädel habt ihr hier!«

Aert de Gelder blickt nach oben, wo Cornelia verschwunden ist. Er ist erbost über den Leichtsinn des Freundes, der schon wieder nach Weiberröcken geschielt hat, ehe sie noch das Haus des Meisters verlassen haben. »Sie ist nicht das Dienstmädchen. Sie ist Rembrandts Tochter.«

Und herablassend fügt er hinzu: »Ein Kind. Vierzehn Jahre.« Sie gehen durch den Laden ins Freie, hinaus in die Sommersonne. Aert de Gelder beginnt, von den Bildern seines Meisters zu sprechen. Aber Suythoff lächelt noch im hellen Tageslicht und denkt an die Begegnung auf der Treppe.

Vierzehn Jahre. Ein Kind? – Er sieht wieder die große, blonde Gestalt, die Flechten, den jungen Busen, der das Kinderleibchen herausfordernd spannte. Eine Frau ist sie, diese Tochter von Rembrandt... Aber wieso seine Tochter...? Ach ja, natürlich, das Kind von Hendrickje Stoffels. – Suythoff blickt verstohlen de Gelder an – der gute Junge weiß nicht einmal, mit welch einer Schönheit er unter einem Dache wohnt! Doch aufgepaßt: Jetzt spricht er über Rembrandts Radierungen. Nicht weiter an das Mädchen denken... wie hieß sie doch gleich?... Er würde gern danach fragen, aber jetzt wagt er es nicht mehr. Wozu auch? Es gibt in Amsterdam so viele Frauen! Und Florinde ist eifersüchtiger denn je, seit er in ihrer Gegenwart gewagt hat, mehr als einmal mit anderen zu äugeln; er muß also vorsichtig sein.

XIII

1667.

Zwei Jahre waren vergangen, mit denen Titus mehr als zufrieden war. Zwei Jahre des Aufschwungs, des Erfolgs, des wachsenden guten Rufes. Es gab Silber, Gold; es gab Kredit. Rembrandt lachte und hatte Leinwand gekauft.

Leinwand in Massen, und Farben und Öl, als hätte er vor, bis in Ewigkeit zu malen. Und die alte krachende Presse mit dem Sprung im Hebel hatte er fortgeräumt, um eine neue an ihre Stelle zu setzen, eine größere, schwere Presse aus hartem, unnachgiebigem Holz, die tadellose Abzüge lieferte; liebkosend und dankbar glitt die Hand des Meisters darüber hin.

Die Sorgen waren weggefegt, Becker war bezahlt. Der Kunsthändler hatte seinen Augen nicht getraut, als Titus ihm das Geld hinzählte, und sein starres Staunen war Titus nicht entgangen. Innerlich jubelnd, äußerlich voll strenger Sachlichkeit, hatte er die Schuldscheine gefordert und vor den Augen des Gläubigers zerrissen. Es hing ein leiser Triumpf über den Tagen, die folgten. Van Ludig war geschlagen, gedemütigt. Selten hatte Titus so in Übermut geschwelgt, als wenn er dem Sachwalter auf der Straße begegnete. Beide taten dann, als sähen sie einander nicht; doch Titus fühlte den Haß, der von dem anderen ausströmte, wie einen kühlen Luftzug; van Ludig bemerkte die siegreiche Verachtung, die Rembrandts Sohn in seinem hochmütigen Vorüberschreiten ausdrückte.

Schuldenfrei hatte Titus sein Geschäft wieder angefangen. Jetzt gab es nichts mehr, was ihn ablenkte. Das vorhandene Geld hatte ihn merkwürdig zielbewußt, merkwürdig berechnend gemacht. Wenn er wollte und alle Geisteskräfte einsetzte, brachte er Dinge zustande, die niemand von ihm erwartet hätte. Er hatte seine Mitbürger überrumpelt. Mit doppelter Sorgfalt hielt er Ausschau nach Vorräten, überall ließ er Geld sehen und gewann so das alte Vertrauen wieder. In den Malerschenken erschien er elegant gekleidet: Er wußte, wie empfindlich Künstler für alles Äußere waren; sie selbst putzten sich doch auch fein heraus, wenn sie wieder zu Geld gekommen waren! Als Mann von Welt gab er etwas auf gutes Essen und Trinken. Manchmal wunderte er sich selbst über die Rolle, die er mit solcher Leichtfertigkeit spielte; und immer wieder dachte er: das Erbteil der Uylenburghs, das mir zugute kommt …

Die Maler tranken ihm zu, und er erwiderte ihre Artigkeiten. Er war freigebig gegenüber dem Wirt. Bald kamen die Maler, die er brauchte, wieder zu ihm. Der Laden füllte sich mit guten Bildern; die Künstler erhielten ihr Geld und priesen ihn himmelhoch bei ihren Berufsgenossen. Vorsichtig und kühl nutzte er ihre Begeisterung aus, fest entschlossen, diesmal zu siegen.

Innerhalb der vergangenen zwei Jahr hatte er Titia Coopal ausgezahlt. Im Haus an der Rosengracht stellte er Zucht und Ordnung wieder her. Er hatte Cornelia die Führung des Haushalts beigebracht: Jeden Abend legte sie ihm ihre Rechnung vor, und er prüfte mit einer Strenge, die ihn selbst vielleicht am meisten erstaunte, ob sie auch nicht zu hoch sei. Die Köchin fürchtete ihn und sah davon ab, ihn zu betrügen. Alle Ausgaben schrieb er sorgfältig auf. Für sein Geschäft verwendete er keine fremden Schreiber, wie andere das taten. Die Buchstaben und Zahlen, die er schrieb, waren freier und schwungvoller im Vergleich zu denen in seinen alten Büchern. Er hatte seinen Besitz selbst geschätzt und wußte, woran er war. Er hatte das Heft wieder in Händen, und das war das Geheimnis seines neuen Wohlstandes.

Das Hinundherreisen zwischen Den Haag, Dordrecht und Utrecht nahm ihm viel Zeit und Kraft. Es blieb ihm keine Muße für Gedanken und Bücher, die Anstrengung erforderten, keine Zeit für eine Frau – falls eine dagewesen wäre. Titus war sich selbst und seinem Eifer dankbar. Auch die wenigen Stunden, die er der Entspannung widmete, brachten ihm noch Gewinn: Seine Besuche in Malerkreisen, sein Verkehr in den Schenken machten ihn mit neuen Namen bekannt, und diese wiederum bedeuteten neue Kunden.

Zwei fieberhafte, doch zwei goldene Jahre. An alles hatte er gedacht. Cornelia wurde siebzehn. Er begann, eine Mitgift für sie zusammenzusparen. Heiraten – er selbst dachte nicht daran; aber eine Frau mußte es nun einmal tun, und er wollte dafür sorgen, daß sie einen ihr würdigen Gatten bekam.

So war das düstere Leben von einst heller geworden; gehetzter, ohne Zeit für Träume zu lassen, doch voll Glanz und Möglichkeiten. Der Drang nach Taten, das Bewußtsein, daß er ein gefürchteter Kaufmann wurde, hatte alle Leidenschaften vertrieben. Heute erkundigte sich ein Kunsthändler in Gouda nach einem Maler, den er, wenn möglich, noch treffen mußte und den er auch zu finden wußte; und was in Amsterdam gesucht wurde, entdeckte er manchmal in Leiden oder Delft. Er pflegte zu sagen, daß er in Postkutsche und Postboot mehr Geschäfte mache als in seinem Laden. Seine äußere Erscheinung half ihm oft in entscheidender Weise; auf Reisen gewann er Unbekannte als treue Kunden; man traf ihn in bestimmten Gasthäusern, schließlich wartete man sogar, bis sich die Möglichkeit bot, ihm zu begegnen. Das alles verlangte Anstrengung, Unermüdlichkeit, offene Augen und Ohren, und erlaubte kein Schwanken, wenn es darum ging, etwas zu kaufen, wozu man nur halbes Zutrauen hatte. Die Leidenschaft, mit der Titus seinem Beruf nachging, ließ ihre Spuren auf seinem Antlitz zurück. Wenn er sich vor dem Spiegel den Kragen umband oder beim Bader in das glänzende Becken blickte, überraschte ihn manchmal die Veränderung in seinen Zügen: All das Verträumte, all das Jünglinghafte hatte sich gestrafft; das Knabenlächeln war verschwunden, die Lippen waren schmaler geworden bei dem nüchternen Kaufmannslächeln, das er sich angewöhnt hatte; die Kiefer fester, eckiger; wenn er den Mund nach unten zog, bewegte sich ein kleiner starker Muskel am Kinn, wodurch das Gesicht einen entschlossenen, herrschsüchtigen Ausdruck bekam.

Nachts in den Postwagen oder auf einsamen Schiffen gönnte sich Titus die Zeit, über sich selbst nachzudenken. Zuweilen tat er das mit einem leichten Anflug von Bitterkeit, besonders wenn er sich vorstellte, wie er noch vor wenigen Jahren ein verzweifelter Schüler in der großen, unbarmherzigen Schule des Lebens gewesen war, wie er in Büchern und Kirchen das Heil gesucht und wie er das Leben gefürchtet hatte, das er doch meistern mußte. Ein wenig Zwang, ein wenig Selbstbeherrschung, ein Wink Fortunas – so dachte er jetzt –, und man vergißt das Leid der Jugend. Spurlos löst es sich auf, wie eine Wolke; etwas Wehmut bleibt zurück wie ein mattfarbener Nebel. Aber man hat die Anfechtungen besiegt. Man ist plötzlich alt. Nicht im Körperlichen, aber im Geistigen; während die Muskeln erstarken, erstirbt das Ungestüm der ersten Gedanken und macht der Herrschaft der Erde Platz: gedeihlichen Geschäften, irdischer Herrlichkeit, den Trieben. Eine Zeitlang sieht man verwundert zu und traut der Veränderung nicht recht, doch sie erweist sich als beständig. Man wird Meister der eigenen Kräfte, man lernt sich selbst kennen und wie ein Werkzeug gebrauchen; was einst eine Qual bedeutete, wonach man Himmel und Erde durchsucht hat, all das ist vorbei; alles, worum man geflucht und gebetet hat, ist abgetan – und vielleicht ist es gut so.

Titus ist zufrieden. Eine gleichgültige Unsicherheit war über ihn gekommen. Er hatte das Suchen und Tasten im Ungewissen aufgegeben und sich mit doppelter Aufmerksamkeit dem Bekannten und Sicheren zugewandt. Er wurde prachtliebend, gab viel Geld für Kleider aus, schleppte haufenweise Möbel und Prunkstücke ins Haus; er besaß ein goldbrokatenes Degengehenk, das ihn Hunderte gekostet hatte, und eine maurische Klinge, von deren Erlös er und die Seinen früher ein halbes Jahr hätten leben können. Er schenkte Cornelia Juwelen und eine Kette, die sie nicht zu tragen wagte und in ihrem Schrank verschloß; statt dessen legte sie Hendrickjes Korallenkette an. Doch das alles war bei Titus nicht nur die Sucht nach Luxus: Er verhielt sich so halb aus Berechnung. Es machte Eindruck auf seine Mitbürger und erhöhte seinen guten Ruf.

Wo bei Versteigerungen sein spöttisches braunes Gesicht auftauchte, hörten die kleinen Kunsthändler auf zu bieten; mit den größeren kämpfte er erbittert um den Besitz des begehrten Kunstwerks. Er fühlte das Süße der Rache, wenn er daran dachte, wie all diese feisten, trägen Geldwölfe seinen Vater gequält und mit Füßen getreten hatten. Denn bei allem, was er tat, bei all den entscheidenden Veränderungen, die er durchgemacht hatte und die, das wußte er wohl, Liebenswertes in ihm getötet hatten, starb die Liebe zu seinem Vater niemals. Manchmal war diese Liebe nur Bewunderung; manchmal war sie Mitleid wegen all des Erlittenen, das noch durch altes Mitleid mit sich selbst gesteigert wurde, manchmal war sie nichts anderes als Rachsucht, die sich gegen die Quälgeister von einst richtete: Titus vergaß nicht, daß in der Werkstatt über dem Laden ein ergrauter, kindisch gewordener Maler saß, der den süßen Honig der Genugtuung nicht mehr selbst genießen konnte. Bei jedem höheren Gebot, das er abgab, bei jeder klingenden Summe, die er nannte, schwoll etwas in ihm empor; es war eine der wenigen Leidenschaften, die ihn noch aufpeitschten – manchmal so stark, daß er hätte schreien mögen, brüllen vor Haß und Stolz. Aber er bezwang sich meisterhaft; er fühlte, daß er sich in der Hand hatte, daß er seinen Körper, die Quelle der Triebe und des zügellosen Fühlens, beherrschen konnte; und das gab ihm ein Bewußtsein der Überlegenheit, welches die ehrgeizigen Träume seiner bedrückenden Jugendzeit weit überflügelte.

... Träume und Erfüllung. Er empfindet keine Dankbarkeit; gegen wen auch? Nur Befriedigung über das Erreichte.

In allem hat sich das widerstrebende Schicksal ihm gefügt. Die Angst war von ihm abgefallen; nichts ist so heilend wie der Drang nach Taten. Er lacht über seine Angst vor Gott, seine Angst vor dem Leben; und über die Angst vor der Frau lacht er nicht einmal mehr. Wenn er an das Mädchen denkt, das Annet hieß, das in dem Spielhaus auf der Schanze vor ihm getanzt hat... sie hat ihn verspottet wegen seiner Unsicherheit, seiner Schamhaftigkeit. Es ist alles so lange her. In allen Städten, wohin er kommt, findet Titus Frauen, die sich anbieten. Man geht in Gesellschaft anderer zu ihnen, wie man in Gesellschaft anderer ein Glas Wein trinken geht. Und was sind sie anderes als Gebrauchsgegenstände? Der Körper will sein Teil: man gebe es ihm! So vielerlei verlangt er: ein Taschentuch, wenn man Schnupfen hat, einen kräftigen Geruch oder ein warmes Glas Wein, wenn man sich matt fühlt; ein Schmuckstück, das man am Anzug oder am Hut befestigt, wenn man sich großtun will: aus Laune, ohne tiefere Absicht. – Titus van Rijn ist nicht besser als die anderen, die es auch so machen, es kommt ihm ebensowenig zu Bewußtsein. – Einst erschien einem dies alles wie ein Schlagbaum, der die Fernen des Lebens entscheidend abschloß; und später zuckt man die Schultern: weiter nichts ...?

Titus war nach Hause gegangen, müde nach einem lärmenden Abend im »Wappen von Frankreich«. Er dachte an den jungen Johannes de Baen, ob dessen Radierungen nicht mehr wert seien als die des Ludolf Bakhuyzen, die von dem rastlosen Clemens auf den Markt gebracht wurden. Man wußte nicht immer, ob man zugreifen sollte. Die Mode war launisch, und damit rechnete er.

Und warum nicht? – Mit Geld ließen sich Wunder tun; es war im Überfluß vorhanden; Holland war reich; die Katastrophen im Innen- und Außenhandel hatten die Geldmittel noch lange nicht erschöpft. Ein tatkräftiger Mann versucht, sein Teil davon zu erwerben.

Titus verlor sich in Berechnungen. Das Geld von Titia Coopal hatte ihm Glück gebracht; es war, als hätte Fortuna – er sah sie nackt und königlich über der Weltkugel schweben, wie auf Dürers Stich, den er als Sinnbild über seinem Schreibtisch befestigt hatte – die wohlwollende, mütterliche Fürsorge seiner Tante übernommen. Liebling des Schicksals ... Er faßte unwillkürlich an seinen Hut, fühlte die weiße Feder wehen; er blickte auf die Schnallen seiner Schuhe, deren Silberglanz auch in der Nacht nicht matt wurde; sein Mantel hing in schönen Falten: Sein Anzug war aus schwerem Tuch, eng anliegend; er sah aus wie ein Offizier, ein Günstling des Kriegsglücks, der von der Erde Besitz nimmt.

Titus lachte leise im Dunkeln – die gute Tante. Seine ritterliche Erscheinung hatte ihn gerettet. Sie war ihm so wohlgesonnen, Titia Coopal; es war fast, als hätte sich ihr Mund ärgerlich verzogen, als er ihr berichten konnte, daß sein Geschäft wieder aufblühte und er ihr Geld nicht mehr nötig habe. Sie half so gerne – wenigstens ihm. Er war sich der sinnlichen Zärtlichkeit wohl bewußt, die sie für ihn empfunden hatte. Sie mußte früher schöner gewesen sein – schöner als seine Mutter.

Der Gedanke an Saskia beschäftigte ihn bis an seine Ladentür. Er suchte nach dem Schlüssel, dem verläßlichen schmiedeeisernen Schlüssel, der den Zugang zu dem mit neuen Reichtümern vollgestopften Laden abschloß, als sich aus dem Halbdunkel der Julinacht eine Gestalt loslöste und vor ihm stehenblieb. Einen Augenblick dachte Titus an Einbrecher, und ein leichter Schrecken durchfuhr ihn. Er umklammerte den Schlüssel, die einzige Waffe, die er besaß, wie ein Stoßeisen, aber der Schatten lachte beruhigend:

»Keine Angst, Titus van Rijn, ich bin es: Jan Swammerdam.« Es klang hart und unangenehm. Titus hörte sofort die Stimme des alten Freundes heraus. Doch als sie beide in seinem Zimmer standen und er Licht gemacht hatte, erkannte er Swammerdams Gesicht beinahe nicht wieder. Abgezehrt, mit Fieberflecken auf den Wangen und eingefallenen Augenhöhlen, aus denen erschreckte Augen blickten; das gutgepflegte Haar von einst schief gekämmt und liederlich. Schwarz und lang hingen seine Kleider an ihm herab, wie bei einem Gelehrten, einem Arzt, einem Apotheker oder Pfarrer. Sein Kragen war schmal und schmutzig; die unruhigen Hände spielten mit der herabhängenden Schnur, ohne zur Ruhe zu kommen.

Sie sahen einander an, beide betroffen von der unerwarteten Veränderung. Titus fühlte sich unbehaglich unter dem unsteten, bohrenden Blick dieser kränklichen Augen. Er hatte seinen Mantel abgelegt und stand da in seinem anliegenden, kurzen Gewand, ein Herr, wie ihn Swammerdam wohl nie gekannt hatte. Sein Kragen war breit und von der besten flämischen Spitze, voll Arabesken und Figuren, die weltlichen Sinn verrieten.

Was Swammerdam fühlte, hätte er nicht leicht sagen können. Sie waren nicht mehr dieselben wie einst, das hatte er auf den ersten Blick gesehen; der Mann da vor ihm mit den rasch gealterten Zügen und dem erschöpften Gesicht war nicht mehr der Freund vom Postboot, der Vorleser an Großmutters Tisch.

Kurz sah er den anderen an; das einzige, was an früher erinnerte, waren die scharfe, spöttische Stimme und die fahrigen Gebärden, die er immer wieder ruckweise zu beherrschen versuchte.

Sie waren stehengeblieben und wichen einander aus; in einem Halbkreis liefen sie umeinander herum. Titus fühlte sich unbehaglich. Er trat zum Wandschrank und stellte Wein auf den Tisch. Swammerdam setzte sich und sah zu. Die langen Kelche füllten sich behutsam; goldgelb funkelte der Wein. Sie kosteten langsam, die Augen auf das Glas gesenkt, um einander nicht ansehen zu müssen. Titus hörte den Atem des anderen, seine unruhig trommelnden Finger. Müde, wie er war, störte es ihn. Er wußte nicht, was er sagen sollte. Wäre nicht das dumpfe Gefühl in seinem Kopf gewesen, so hätte er vielleicht Worte gefunden, laute, bedachte Worte, um das Schweigen zu brechen, um seine Verlegenheit zu verbergen.

Aber Jan Swammerdam beugte sich vor, so daß sein Schatten über das funkelnde Glas fiel.

»Ich bin wieder da, mein Junge; ich habe die Fremde satt. Und ich muß meinen Doktor machen. Es ist lange her, seit ich in Leiden studiert habe.«

Sein Lachen klang hohl. Titus betrachtete das zur Seite gewandte Antlitz. Swammerdams scharfes Profil flößte ihm Widerwillen und Beklemmung ein. Er war müde und hätte lieber geschlafen. An Swammerdam hatte er nicht mehr gedacht, seit die Kunsthandlung all seine Zeit beanspruchte. Was ging es ihn eigentlich an, ob der ehemalige Freund wieder da war und sich ihm aufdrängte?

»Wie war's im Ausland?« fragte er matt.

Er sah Swammerdams Oberkörper zusammenzucken.

Der Kopf wandte sich ihm wieder zu; die Augen waren weit aufgesperrt. Titus erschrak. Aber Jan Swammerdam hatte sich wieder gefaßt und machte eine abwehrende Gebärde:

»In Holland lebt es sich besser«, sagte er langsam. »Die Ruhe … «

Titus merkte, daß er viel mehr hatte sagen wollen. Die Lippen bewegten sich noch, aber Laute kamen keine mehr. Titus' Aufmerksamkeit wuchs. Die trommelnden Finger verrieten unruhige Gedanken. Es mußte irgend etwas vorgefallen sein.

Ein langes Schweigen folgte. Der Schlag der Uhr über ihren Köpfen ließ die beiden Männer zusammenschrecken. Swammerdam kroch in sich hinein.

Aber plötzlich beugte er sich wieder über den Tisch. Sein scharfer Schatten bewegte sich wie beim Tanz; seine Hände machten Bewegungen wie damals auf dem Boot, als er den Körper einer Schnecke in die Luft zeichnete.

Er begann zu sprechen. In fieberhafter Eile berichtete er von seinen Erlebnissen. 1665 war er nach Paris gegangen als Kandidat der Medizin, aber als Anatom ein vollendeter Gelehrter. Die alte Selbstverspottung klang durch seine Worte, als er erzählte, welch fabelhaften Eindruck seine Sezierkunst auf die französischen Professoren gemacht habe. Er beschrieb Paris mit verurteilenden Worten: Sünde, Leichtfertigkeit; die Gelehrtenwelt ein Sammelpunkt für Schwätzer und Betrüger. Nur von Issy sprach er mit Begeisterung, dem Landsitz Thévenots, wo er mit Steno und anderen Anatomen zwei Jahre lang gewohnt hatte … der jüngste und tüchtigste von allen. Zwei Jahre, die ihm Ruhm, Ehrentitel, Geld und Verlockungen gebracht hatten. Titus sah ihn verächtlich die Schultern zucken, als er diese Tatsachen erwähnte. War es ihm Ernst damit, daß dies alles nichts für ihn bedeutete? . . .

Titus lauschte, aufs neue gefesselt durch die heftige Sprechweise des Anatomen, der über seine eigenen Worte stolperte und dann wieder mit verlangsamter Geschwindigkeit begann, angestrengt bemüht, die zeitliche Folge der Ereignisse einzuhalten, bis er aufs neue Namen und Orte in fliegender Hast durcheinanderwirbelte, als müßten seine Erinnerungen in einem einzigen Satz vorgebracht werden.

Titus war erstaunt, als Jan Swammerdam plötzlich verstummte. Er hatte den Kopf in die Hände sinken lassen und saß unbeweglich da. Sein gelbes Gesicht war bleich, wie erstorben. Titus sprang auf. Aber Swammerdam wehrte mit mattem Lächeln ab.

»Es ist das Fieber. Ich rege mich zu sehr auf. Das macht nichts. Ich bin daran gewöhnt.«

Titus griff nach der kühlen Kanne.

»Trinke noch eins«, sagte er besorgt. Swammerdam ließ sich sein Glas vollschenken und trank langsam. Er seufzte und strich sich mit einer trägen Bewegung das Haar aus der Stirn.

Dann erhob er sich, noch unvermittelter, als er eben verstummt war. Wortlos stand Titus daneben. Swammerdam drückte ihm im Vorbeigehen die Hand, nahm Hut und Mantel und schritt zur Tür.

»Ich gehe. Auf Wiedersehen.«

XIV

Fast jeden Abend erschien der lange, hagere Mann mit dem knochigen, gespenstischen Gesicht und dem strähnigen Haar in der Rosengracht. Titus hatte sich schon wieder an ihn gewöhnt. In kurzen Worten hatte er Swammerdam vom Erfolg der letzten Jahre berichtet; der Anatom hatte nur mit halbem Ohr zugehört. Titus ließ ihn gewähren, wenn er durchs Haus schritt, mit Rembrandt plauderte, der ihn endlich wiedererkannt hatte, Cornelia aus dem Wege ging – an wen erinnerte ihn diese gereifte, blonde Frau? –, in Büchern blätterte, die ihm gleichgültig waren, den Laden durchstöberte, alles anfaßte und wieder hinlegte, ehe er es angesehen hatte. – Er war ein Sonderling geworden, ein so seltsamer Sonderling, daß Titus manchmal eine gewisse Angst nicht unterdrücken konnte und ihn fortwünschte.

Es gab nur ein Ding, auf das sich Swammerdam beschränkte: seine Anatomie. Seine Doktorarbeit schrieb er nebenbei. Sie handelte von der Atmung; ab und zu erzählte er davon, kurz und spöttisch. Es wurde Titus klar, daß er Behauptungen aufstellte, die im scharfen Gegensatz zu den Anschauungen einiger Professoren standen; offensichtlich machte das Jan Swammerdam ganz besonders Freude. Dauernd bekam Titus boshafte, zischend vorgebrachte Bemerkungen zu hören, die sich offenbar gegen seine früheren Lehrer richteten. – Er fragte sich, ob Jan Swammerdam wohl auch in seinen Schriften solchen Haß an den Tag legte: Das also war die Auswirkung eines gefeierten Talents, eines frühzeitigen Ruhmes auf einen Mann, der die Herrschaft über sich selbst verloren hatte, dessen wilde Ideen und Vorurteile ihn zermürbten und seine Nerven zerfraßen.

Titus empfand für Jan Swammerdam keine Freundschaft mehr, doch die seltsame Leidenschaftlichkeit des hageren Naturforschers erregte in ihm ein Gefühl von Neugier und leichtem Grauen. Er war dabeigewesen, als der ehemalige Freund im Februar den von Swammerdam senior geforderten Doktorhut erwarb. Titus war sich unter den Gelehrten wie in einer fremden Welt vorgekommen. Die langen Talare, die Beffchen, die feierlichen Gesichter und Perücken gefielen ihm wenig; und das leise Dahinwandeln durch die Gänge der Akademie, wie auf Filzsohlen, kam ihm wie ein Schleichen vor, das einem rechten Manne schlecht stand. Abweisende Blicke waren auf Titus' höfische Erscheinung gefallen: Aber Jan Swammerdam hatte gelacht, als sei es ein Verdienst, daß er eine Tracht trug, an der die Weisheit Anstoß nahm. Er schien seine Fachgenossen zu verabscheuen. Mit bitteren Worten und flammenden Augen verteidigte er seine Thesen. Titus konnte nur ein paar Worte Lateinisch; doch zuweilen brach unter den gelassenen römischen Leuten eine solche innerliche Wut durch, und das Gesicht des Apothekersohnes verzerrte sich zu so beißender, vernichtender Verachtung, daß Titus erzitterte; nicht nur um derentwillen, denen diese Verachtung galt, sondern mehr noch um dessentwillen, der die Zerstörungswut in eigener Person zu verkörpern schien.

... Vergeblich fragte sich Titus, warum Swammerdams Wesen so verwildert war. Der Anatom schwieg ... Wie hätte er davon reden sollen? Konnte er berichten von seiner Niederlage, von dem Mann, der ihm Margareet Ulenbeck geraubt hatte? Oder sollte er gar von Caspar Bartholijn sprechen?

So fieberhaft und höhnisch Swammerdam sich auch äußerte, manchmal schien er ganz von Sinnen, sprach über alles gleichzeitig und wußte nicht Maß zu halten – von den beiden bittersten Kränkungen seines Lebens schwieg er. Aus allen Winkeln und Verstecken des Geistes sammelte er Einfälle und Erinnerungen, um damit zu spielen und sich dadurch zu betäuben – aber die beiden feindlichsten und quälendsten verdrängte er mit Gewalt, als wolle er sie überschreien.

Nie hatte er Titus zu sagen gewagt, daß er nach Frankreich geflüchtet war, weil er Margareet Ulenbeck in Leiden wiedergesehen hatte: lachend und blendend wie immer, an jeder Hand einen Knaben; er war geflohen vor diesem strahlenden, blonden Bild des Glücks – des Glücks eines anderen. In den Jahren ihrer Abwesenheit hatte er mit aller Kraft seine gedemütigte, unbemerkte Liebe bekämpft und gezähmt – aber eine einzige Begegnung hatte genügt, um die sorgfältig verklebte Wunde wieder aufzureißen, blutig und schmerzvoll. – Und sowenig Swammerdam einem anderen eingestanden hatte, daß ihre Rückkehr ihn aus Holland vertrieben hatte, sowenig bekannte er, daß der Tod Caspar Bartholijns in Issy ihn wieder aus Paris nach Hause gejagt hatte.

Gemeinsam hatten Caspar und er die letzten Jahre in Leiden studiert. Sie wohnten und arbeiteten zusammen; der eine bewunderte den anderen; Caspar Bartholijn war in Swammerdams Augen ein vollkommener Arzt; und umgekehrt wußte Bartholijn, daß keiner der Zeitgenossen seinem Freunde gleichkam, wenn es sich um die neuen Methoden und die strenge Wissenschaftlichkeit seiner Forschungen handelte. – Sie schliefen im selben Bett, sie aßen und arbeiteten am selben Tisch. Als Swammerdam plötzlich verkündete, daß er nach Frankreich wolle – Thévenot hatte ihn schon seit Jahren eingeladen –, mochte Bartholijn ihn nicht allein ziehen lassen, und er hatte sein Studium in Leiden aufgegeben, wie sein Freund.

Aber Caspar wußte nicht, was den anderen zu der Reise ins Ausland bewogen hatte. Swammerdam sprach nie von der Vergangenheit, die er für erledigt hielt. Und so wirkte Bartholijns Arglosigkeit wie Feuer in der Wunde Swammerdams. Nicht lange nach ihrer Ankunft in Issy begann die Entfremdung.

Swammerdam war versonnen und geistesabwesend; bei der geringsten Gelegenheit brauste er auf. Caspar verstand die Veränderung nicht und lachte ihn aus, wenn sein Zorn losbrach. Spöttelte Bartholijn bei Tisch über die Schweigsamkeit seines Freundes, so belohnte Swammerdam den gutmütigen Scherz mit giftigen Bemerkungen – das einzige, was er in Gesellschaft von sich gab. Bartholijn begann, sich zu wundern. Er sah ihre Freundschaft bedroht und überschattet. – Die rasende Arbeitswut, mit der Swammerdam dann seine Versuche anstellte, Tiere sezierte, beschrieb und ordnete, schien ihm ungereimt; er selbst war in der Umgebung, die zu Faulheit und Ruhe einlud, bequem und genußsüchtig geworden. Wieder spöttelte er; zuweilen erschien er im Zimmer des Naturforschers, warf die Papiere auf dem Tisch, die Modelle und Vergrößerungsgläser lachend durcheinander und zog seinen Freund mit ins Freie. Düster und folgsam ließ Swammerdam sich mitschleppen. Er sprach nicht. Er dachte an eine blonde Frau, und eine Welt sündiger Gedanken, gefürchtet und verabscheut, stieg gefährlich lockend wieder vor ihm auf. Er haßte Bartholijns sorgloses Lachen. Der junge Mensch begriff nicht, daß dieses angestrengte Arbeiten nicht nur die Folge des Ehrgeizes war, der den Freund innerlich immer mehr verzehrte; er wußte nicht, daß dieses Arbeitsfieber das letzte Heilmittel schien, das den anderen vor dem Fieber der Gedanken retten konnte. – Bartholijn lachte und sprach schlechtes Französisch und scherzte mit den Frauen in der Küche. Er fragte nicht: Warum zittert Swammerdams Hand, warum sucht er die Einsamkeit und die Arbeit? – Er kam herein mit seinem ärgerlichen Lachen, brachte Bücher und Zeichnungen in Unordnung und zwang ihn, einen ganzen Tag lang im Schatten hoher Pappeln am Bach zu liegen und ihm zuzuhören, ihm, der aufgeregt daherredete wie ein verrückter Dichter; zwang ihn, seinen Gedanken freien Lauf zu lassen und sich hoffnungslos durch die Erinnerungen an seine spät erwachte Jugend zu verbittern.

Einmal weigerte er sich mitzukommen. Bartholijn hatte gelacht – er konnte nicht anders – und ihm freundschaftlich gedroht; schließlich hatte er Swammerdam gewarnt und ihm vorgeworfen, er sei der Sklave seiner Wissenschaft geworden, er beleidige seinen Gastgeber und vernachlässige seine Freunde; nur für die verräterische Lockstimme des Ehrgeizes habe er noch Ohren. Jan Swammerdam ging seinem Freund aus dem Wege. Der Haß in ihm wuchs: Haß gegen die Freiheit des anderen, der pfeifend herumlief, den keine unwiederbringliche Vergangenheit verfolgte; Haß, weil er ihm gegenüber den anmaßenden Mahner spielte; Haß gegen den sorglosen Geist, der das eigene Studium vernachlässigte und ihm seinen Arbeitseifer zum Vorwurf machte ...

Eine Zeitlang erschien Jan Swammerdam nicht mehr bei Tisch und aß auf seinem Zimmer. Das erste Mal, als er sich überwunden hatte und den rosafarbenen Speisesaal wieder betrat, wo ein Heer von Schmarotzern und angeblichen Gelehrten von Thévenots Geldbeutel zehrte, trank Caspar ihm in lauter Freude zu. Jan Swammerdam sah, daß das strahlende Lächeln nicht geheuchelt war, daß Bartholijn sich freute und seine Rückkehr als ein Zeichen der Versöhnung aufnahm. Es machte ihn wild vor Widerspruch. Er antwortete dem anderen kurz und grob. Mit grausiger Bosheit genoß er die Enttäuschung, die sich plötzlich auf dem Gesicht seines Freundes zeigte. Er lächelte verächtlich, als Bartholijn den mißglückten Willkommenstrunk noch mit einem Scherz zu retten versuchte. Am Tisch wurde es stiller. Bartholijn saß da, als habe ihm jemand einen Schlag versetzt. Alle schwiegen. Aber Jan Swammerdam erhob sich langsam. Sein langgezogenes Gesicht war abstoßend häßlich, seine Stimme kühl und rauh, als er sich zu Thévenot wandte:

»Es kommt mir vor, hochedler Herr, als ob Ihr hier auf Eurem Schloß Leute beherbergtet, die sich störend in anderer Leute Angelegenheiten einmischen. Es wäre mir lieb, wenn ein jeder seine Mitmenschen in Ruhe ließe und die eigenen Pflichten nicht versäumte.«

Bartholijn war bei diesen niederträchtigen, feindseligen Worten aufgesprungen. Swammerdam blickte ihn mit hochgezogenen Lippen an. Die Narbe zwischen seinen Augenbrauen wurde dunkelrot, die Adern an seiner Stirn schwollen. Aber der andere schien vernichtet; das Jungengesicht mit dem dünnen blonden Schnurrbart war so entgeistert, daß es selbst Swammerdam einen Augenblick angst wurde. Bartholijn wollte sprechen, doch seine Stimme überschlug sich in machtlosen, unverständlichen Lauten. Er wurde rot und bleich und keuchte. Die Augen verdrehten sich. Er schwankte und griff nach seinem Herzen.

Man trug ihn zum hohen, offenen Gartenfenster, und alle umringten ihn unter bestürztem Flüstern. – Jan Swammerdam floh in den Park. Schrecken und Reue wüteten in ihm. Er lief wie von den Furien gejagt. Teiche, Springbrunnen, Taxushecken, steinerne Faune, Pavillons, ein Rosenweg, eine Einsiedelei. Er verirrte sich und rannte wie blind im Kreise umher. Auf einmal merkte er, was er getan hatte – er erkannte, daß er in Wahrheit Caspar keinen Augenblick gehaßt, sondern ihn geliebt hatte – geliebt wie in Leiden, mit jener blinden Freundschaft, die ihn Zimmer und Tisch und Bett mit ihm teilen ließ. Er warf sich ins Gras der Rasenflächen und weinte verzweifelt. Seine Eifersucht war es gewesen – Eifersucht auf das sonnig-sorglose Leben, das der andere unwissend führte –, und in diesem dumpfen Neidgefühl hatte er Caspar abgestoßen, gequält und jetzt, zum Schluß ...

Schweren Schrittes kehrte er am Abend nach Issy zurück. Alles war totenstill. Das Schweigen überfiel ihn mit tausend Ängsten. Hätte er nur Lautremont spielen hören oder die Oboe von Dulcis; hätten nur Stimmen aus der Bibliothek gelacht ... Jan Swammerdam wagte die Stufen der Freitreppe nicht zu betreten. Als er schließlich im Schatten entlang der Fenster hinschlich, blieb er stehen. Ein schwacher Kerzenschimmer fiel auf die weißen Steine. Schlimmes ahnend blickte er hinein. Auf dem Bett im Zimmer lag Bartholijns Leiche aufgebahrt; zwei Diener hielten die Totenwache.

In den Tagen, die nun folgten, hatte ihm niemand einen Vorwurf gemacht. Still und feierlich hatte man den holländischen Arzt in dem französischen Park begraben. Als Thévenot wenige Tage darauf Jan Swammerdam auf seinem Zimmer besuchte, war er edelmütig genug, den verstörten Anatomen zu trösten und zu entschuldigen:

»Macht es Euch nicht zu schwer. Euer Freund litt schon immer an einem schwachen Herzen, er hat die belanglose Angelegenheit zu wichtig genommen ... «

Nein, Titus ahnte nicht, wodurch das Fieber und die Unruhe in Jan Swammerdams zerrüttetem Körper verursacht wurden; ahnte nicht, warum der Naturforscher Issy verlassen hatte und nach Amsterdam zurückgekehrt war. Die Doktorarbeit war eine hinreichende Erklärung gewesen, mit der sich jeder zufriedengab. Aber Jan Swammerdam selbst wälzte sich nachts schlaflos in den Kissen, und schlief er ein, so schreckte er aus Träumen hoch, in denen öfter noch als eine große blonde Frau mit blühenden Formen und stolzem Gang ein arglos lachendes Männergesicht auftauchte, das sich plötzlich verzerrte und dessen Augen in beängstigenden Vorwürfen brachen.

XV

Es war schon Spätsommer, als Jan Swammerdam bei einem seiner Abendbesuche Titus zu einem Forschungsausflug einlud, den er ins Utrechtsche machen wollte. Titus mochte eigentlich nichts davon hören, aber der unruhige Blick des Anatomen hatte ihn so eindringlich angefleht, daß er schließlich einwilligte. Er fürchtete sich ein wenig vor dem anderen, fürchtete sich abzuschlagen, was dieser so dringlich erbat. Obschon Swammerdam nie gegen ihn ausfällig geworden war, stand ihm diese Möglichkeit doch stets vor Augen; er dachte an die wilde Promotion seines Freundes. Titus war alles verhaßt, was den Gleichmut und das Gleichmaß seines Geistes jetzt noch hätte stören können. Durch Willenskraft und Arbeit hatte er die Ruhelosigkeit seiner Jugend in die Grenzen eines geordneten Daseins gezwungen: Absichtlich und sorgfältig ging er jedem Sturm aus dem Wege, der dieses Gleichgewicht zu vernichten drohte.

Aber sonst – warum sollte er es abschlagen? Ein jeder gönnte sich einige Tage Entspannung im Jahr. Und bei ihm war es schon über zwei Jahre her, daß er der täglichen, ermüdenden Tretmühle entronnen war. Es würde ihm guttun, so dachte er, eine kleine Reise zu machen; und was Swammerdam betraf – so beschloß er mit einem Seufzer, sich von dessen Sonderbarkeiten nicht allzusehr beeinflussen zu lassen.

Manchmal wunderte er sich wohl über den Anatomen, der trotz väterlicher Ermahnungen und Klagelieder nicht daran dachte, bei seinem geliebten Studium Geld und Gesundheit zu sparen. Keinen Augenblick hatte Swammerdam im Sinn gehabt, Kranke aufzusuchen und sein Doktordiplom in klingende Münze umzusetzen. Anfangs hatte es mit seinem Vater kurze, leidenschaftliche Auseinandersetzungen gegeben; der Alte hatte ihm mit sorgenvoll gerunzelter Stirn geraten, nun endlich einmal das geregelte Leben eines Arztes dem abenteuerlichen Sezieren vorzuziehen, das schon so viele Dukaten verschlungen hatte. Da hatte Jan Swammerdam seinen Vater, den würdigen Apotheker, mit fast feindselig funkelnden Augen angesehen und ihn in seiner groben Art angefahren:

»Ihr meint, ich soll mein Leben lang nichts Besseres tun dürfen als Harn untersuchen, Blutegel setzen, mich in Weiberangelegenheiten mischen und Hebamme spielen?«

Swammerdam senior antwortete mit Würde:

»Für deine Liebhabereien wird noch genug Zeit übrigbleiben. Der Lebensunterhalt geht vor.«

Aber der junge Swammerdam erwies sich als völlig unzugänglich. Er geriet in wilde Erregung, lief wie ein Verrückter durch die hohe, gekachelte Apotheke, stieß in seiner Wut Retorten und Pillendosen vom Ladentisch und schalt seinen Vater kleinlich, kurzsichtig und beschränkt – bis der alte Herr es aufgab und ihm von neuem Geld aushändigte, damit er sich nur beruhigte; mochte er um des lieben Friedens willen in den Gemüsegärten am Weespertor die weißen Schnecken untersuchen! Das kam Swammerdam senior freilich viel ekelhafter vor als alle Verrichtungen am menschlichen Körper.

Auf diese Weise schob Jan Swammerdam die Notwendigkeit, Arzt zu werden, von Monat zu Monat hinaus. Aber er hatte einen anderen Plan gefaßt: Er wollte der Eitelkeit seines Vaters schmeicheln, wenn auch nicht auf die Art, wie dieser es sich vorstellte. Und mit wütendem Eifer machte sich Jan Swammerdam an die Niederschrift eines zoologischen Werkes. Die ersten Bogen lagen schon fertig vor; mit großen Schnörkeln, eines Coppenol würdig, stand auf dem Titelblatt: »Allgemeine Abhandlung über die blutlosen Tiere«.

Es soll ein groß angelegtes Werk werden; er weiß, daß man es begierig aufnehmen wird: Seine Freunde in der Gelehrtenwelt wird er dadurch erfreuen und seine Feinde mundtot machen; aber vor allem wird er seinen Vater für die verhaßte »Liebhaberei« gewinnen!

Er lächelt selber, wenn er an das Buch denkt, während er mit Titus im Postwagen sitzt. Titus hat ihn erstaunt angesehen und nach der Ursache seiner guten Laune gefragt. Einen Augenblick zögert Swammerdam. Doch warum soll er es dem Freund nicht erzählen? – Und mit künstlich geheimnisvoller Stimme – denn anderen gegenüber spottet er noch immer gewaltig über den eigenen zügellosen Ehrgeiz – berichtet er Titus von seinen wissenschaftlichen Plänen.

In den folgenden Tagen war Swammerdam lange nicht so schwermütig und schweigsam, wie Titus gefürchtet hatte. Zuweilen schien die alte Vertraulichkeit wiederhergestellt. Abends, wenn sie sich einen Gasthof gesucht hatten – denn Titus hatte Swammerdams Vorschlag, in Heuschobern und Feldscheunen zu übernachten, mit Entschiedenheit abgelehnt –, saßen sie in braunen, verräucherten Wirtsstuben vor einem Glas Wein und begannen ein Gespräch, das von leisem Scherz und sonnigen Erinnerungen durchzogen war. Titus fühlte sich wohl. Das Leben war schön und großartig. Er hatte nichts mehr zu wünschen. Nach so vielen überschatteten Jahren hatte sich das Glück wie ein goldener Vogel in seiner Brust eingenistet. Selbst Swammerdam war ruhiger, und seine Augen bekamen einen stilleren Glanz; seine Hände hatten ihr gehetztes Spiel aufgegeben; seine Stimme war nicht mehr so schrill, und endlich beherrschte er auch die wilde Jagd seiner Worte, wenn er etwas erzählte.

Am letzten Nachmittag, den sie in einem Dorf an der Vecht verbrachten, zog Wind auf, und es fing an zu regnen. Sie hatten ihre Mäntel in der Herberge am Wasser gelassen und suchten Schutz unter hohen Eichen, aber der heftige Regen brach auch durch das dichteste Laub. Nach einer halben Stunde waren sie völlig durchnäßt.

Swammerdam hatte das schon öfter erlebt, und es machte ihm nichts. Doch als sie abends beim Feuer saßen, das sie hatten legen lassen, um ihre Kleider zu trocknen, begann Titus zu frösteln. Swammerdam betrachtete ihn beunruhigt.

In der Nacht bekam Titus Fieber. Swammerdam ging nicht zu Bett und machte ihm kalte Umschläge. Am nächsten Morgen war Titus fieberfrei, aber lustlos und matt. Er weigerte sich, etwas zu essen.

Swammerdam riet ihm zu bleiben, bis er sich ganz wohl fühle. Aber Titus dachte an seine Verabredung mit einem Kunsthändler in Gouda und widersetzte sich dem Rat. Warnend wiederholte Swammerdam seine Worte; Titus zuckte nur unwillig die Schultern. Er versprach, Swammerdam abzuholen, wenn seine Geschäfte in Gouda erledigt seien.

Als Titus zwei Tage später wieder erschien, erschrak Swammerdam über seine hohlen, fiebrigen Augen. Er hustete und war heiser und gestand unter Schmerzen, daß der andere recht gehabt habe: er fühle sich krank. Mit einem Schlage nahm Swammerdam entschlossen die Sache in die Hand. Er ließ Titus scharfen Anis trinken, wickelte ihn in die Mäntel und brachte ihn ins Postboot, das vor der Herberge vertäut war. Titus lag zähneklappernd in der stickigen Kajüte. Seine Hände waren kalt, seine Stirn glühte. Jedesmal, wenn er hustete, schnitt es Swammerdam durch die Brust.

Nach einer mehrstündigen Fahrt waren sie wieder in Amsterdam. Titus war müde und schwindlig und konnte nicht laufen. Swammerdam überlegte kurz und klar. Die Wohnung von Frans Coopal lag in der Nähe des Landeplatzes.

Eine halbe Stunde später lag Titus in einem hohen viereckigen Bett in Tante Titias Prunkzimmer. Das Fieber kehrte zurück. Undeutlich erkannte er Jan Swammerdams lange schwarze Gestalt, der auf dem runden Tisch, welcher bisher nur venezianisches Glas getragen hatte, Arzneien mischte; dann sah er noch durch einen Nebel seines schwindenden Bewußtseins, wie der ernste, gedrungene Frans Coopal von Titia van Uylenburgh mit sanfter Gewalt aus dem Zimmer geschoben wurde.

XVI

Eine dunkle Frauengestalt, unkenntlich in ihrer schweren Haube, hatte am Abend leise an die halberleuchteten Fenster geklopft. Titia van Uylenburgh öffnete vorsichtig die Tür, um das Knarren zu dämpfen. Die Verschleierte glitt an ihr vorbei und warf den Mantel ab.

Titia Coopal blickte in Magdalena van Loos verweintes Gesicht.

Einen Augenblick wunderte sie sich, doch als sie bemerkte, wie das Mädchen unwillkürlich einen ängstlichen Schritt in die Richtung des erleuchteten Prunkzimmers machte, wo man Jan Swammerdam undeutlich hantieren sah, wurde ihr alles klar ...

Eine blitzschnelle Gedankenverbindung schoß ihr durch den Kopf – untrüglich gewiß: Drei Jahre war es her, daß Magdalena eines Abends zu ihr gekommen war, verstört wie jetzt; sie hatte die Wohnung ihrer Eltern verlassen und war erst nach Wochen zu ihnen zurückgekehrt. Und in der Zwischenzeit hatte sie hier gewohnt, zurückhaltend und bleich, bedrückt von einem Geheimnis, das sie nicht verriet; und wenn sie später ihre Tante wieder besuchte, hatte sie es immer mit sich herumgetragen, ganze drei Jahre lang. Auch weniger weibliche Naturen als Titia Coopal hätten wohl bemerkt, daß dieses Geheimnis sie weich gemacht und völlig verwandelt hatte; ihr Hochmut war verschwunden, und als sie zu ihren Eltern zurückging, hatte sie Ringe unter den Augen, und das Herausfordernde ihrer Schönheit hatte sich verflüchtigt ... Später hatte Titia Coopal Gerüchte gehört, die zu wild waren, um glaubwürdig zu sein. – Eine scheue, verschlossene Frau war sie geworden, die fünfundzwanzigjährige Magdalena, die als Mädchen die kleine rotblonde Ballkönigin gespielt hatte. Aber jetzt hatte sie ihr Geheimnis durch eine einzige Bewegung verraten.

Dort, hinter den Vorhängen, lag Saskias Sohn – krank, in Fieberphantasien. Die erste, die kam, noch ehe sich jemand von der Rosengracht eingefunden hatte, war Magdalena van Loo.

Was war geschehen in jenem halben Jahr, als sich Magdalena so verändert hatte und wie eine Nonne im elterlichen Hause lebte? ... Titus van Rijn war es, der sie behext hatte! Sie liebte Titus! – Aber der Junge ... Hatte er sie abgewiesen, übersehen, war da eine andere gewesen? Titia Coopal wußte, daß Titus, seit sie ihn kannte, nicht mit Frauen umging. Aber vor dieser Zeit?

Magdalena stand vor ihr, die Hände an die Brust gepreßt. Aus ihren Augen sprachen Angst und Ungewißheit. Noch fragte sie nichts, aber Titia Coopal wußte genug.

»Er hat hohes Fieber«, sagte sie leise.

Magdalena begann zu zittern. Titia Coopal nahm sie tröstend in die Arme und streichelte ihr Haar, das sich gelöst hatte und ihr über die Schultern hing. Ein unbekanntes Gefühl von Stolz und Liebe überkam Titia. Sie, die Kinderlose, war in Augenblicken der Gefahr eine Zuflucht für die Kinder ihrer Schwestern!

Wenn sonst niemand mehr helfen konnte, kamen sie zu ihr und flehten um ihren Beistand. – Fast nie, nur in wenigen seltenen Augenblicken hatte Titia Coopal ihre seit Jahren brachliegende Liebe und Mütterlichkeit verschwenden dürfen. Als sie nun sah, wie Magdalenas Augen sich mit heißen Tränen füllten, strahlte eine dunkle Wärme von ihr aus; liebevoll nahm sie sich dieser beiden Kinder an; Saskias Kind hatte man ihr heute krank ins Haus getragen, und Emmas Kind hatte sich zu ihr geflüchtet, um von ihrer Angst befreit zu werden.

Sie schlang die Arme um Magdalena und führte sie ins Nebenzimmer. Kein Wort über Titus fiel zwischen den beiden, aber sie wußten es voneinander: Die Tränen und der bebende Mund der einen sagten ebensoviel wie die zärtliche Fürsorge der anderen.

Den ganzen Abend blieb Magdalena da und half Jan Swammerdam beim Anlegen der Umschläge. Sie wunderte sich, daß niemand ihre Anwesenheit und ihre Liebesdienste sonderbar zu finden schien. Selbst der lange, fahrige Anatom, dessen unsteter Blick sie beim Betreten des Krankenzimmers abgeschreckt hatte, sagte nichts und lächelte, als sie sich über Titus beugte.

Sie beugte sich über Titus. Der tiefe, unerfüllbare Traum dreier Jahre war unversehens Wirklichkeit geworden. Als sie einen Augenblick mit ihm allein war – er erkannte niemanden mehr –, strich sie ihm über die Schläfen mit Fingern, die zitterten – zitterten um der schmerzlichen Erfüllung ihres Wunsches wegen. Das Leben begann von neuem wie in der Nacht, da sie sich ihrer Liebe bewußt geworden war. Voll unsagbarer Dankbarkeit sah sie, daß die Kühle ihrer Hände sein fiebriges Haupt für Augenblicke beruhigte; sie strich ihm über die Stirn und machte ihm Umschläge mit zärtlichen Gebärden, die ihr zum ersten Mal in ihrem Leben von selbst kamen.

Eine Woche lang kämpfte Titus gegen die schleichenden Fieberträume; jeden Tag kamen Cornelia oder de Gelder und fragten vorsichtig und besorgt, wie es ihm ginge. Rembrandt war ein einziges Mal dagewesen. Man hatte ihn hereingebracht und vor das Bett geführt. Kopfschüttelnd sah er zu, wie Jan Swammerdam Titus einen Trank einflößte. Abwesend und ohne jede Beunruhigung hatte er gefragt, wer denn krank sei.

»Titus«, wurde ihm geantwortet.

Wieder schüttelte Rembrandt den Kopf und lachte leise. Er drohte mit dem Finger. Die anderen waren leicht entsetzt, als er mit kindischer Sicherheit sagte: »Titus ist doch verreist.«

Er hatte sich abgewandt und, ohne noch einmal zum Bett hinzublicken, Frans Coopals Arm genommen, der ihn wieder hinausführte. Aber Rembrandt hatte ihn nicht losgelassen und ihm eine großartige, wirre Geschichte erzählt von den guten Geschäften, die Titus mache, und von den Reichtümern, die sich im Hause häuften. Frans Coopal rief schließlich Aert de Gelder zu Hilfe, der den kindisch gewordenen Meister mit in die Rosengracht nahm.

Als Titus seine Umgebung wieder erkannte und seine Augen suchend und verwundert über die Wände von Titia Coopals Prunkzimmer glitten, ging Magdalena van Loo leise hinaus. Ihr Herz pochte in dumpfem Zweifel. Swammerdam hatte an diesem Morgen lange neben dem Bett gesessen und dann gesagt: »Jetzt kommt er bald wieder zu sich.« Ein paar Sekunden lang waren ihr die Worte wie himmlische Musik gewesen. Aber im nächsten Augenblick zitterte sie in banger Furcht.

Was wußte sie von Titus – was durfte sie hoffen?

Als alle anderen behutsam, ob es auch nicht zuviel für Titus wäre, ins Zimmer hineinschauten und Titus schwach lächelnd in seinem Bett lag, da vermißte Titia Coopal ihre Nichte. Mit weiblichem Scharfsinn erriet sie den Grund ihrer Abwesenheit. Sie suchte und fand Magdalena in der Wäschekammer, wie sie, auf ihr Taschentuch beißend, über die alte Gracht hinausstarrte, wo das Herbstlaub fiel.

Magdalena sah ihre Tante an und brach in Tränen aus. Eine leise Glut stieg Titia Coopal in die Wangen. Die ältere Frau träumte den nie eingestandenen Traum Magdalenas in ihrer tiefsten Seele mit… den ewigen Frauentraum, der unberührt in ihr fortgelebt hatte, stärker als die zersplitternden Reize von tausend Liebeleien oder die keusche Zuneigung in einer langen Ehe. Magdalena ließ sich in ihre schützenden Arme nehmen. Sie zitterte und wagte die Augen nicht aufzuschlagen. Aber Titia Coopal beruhigte sie flüsternd:

»Hab keine Angst, Magdalena. Hab keine Angst. Wenn er gesund wird …«

Sie wußten beide, was gemeint war. Mit keinem Wort sprachen sie von der Hoffnung, die sie hegten, von der Sehnsucht, die sie beide im Herzen trugen – die eine selbstlos und mütterlich, die andere hoffend und fürchtend wie eine Liebende – seit jenem Augenblick, da sie in Titus den Mann gesehen hatte.

XVII

Und nun war alles schnell gegangen, beängstigend schnell wie im Traum, wenn Jahre zu Minuten werden und ein Bild das andere verdrängt und verjagt.

Titus genas, und Magdalena wich nicht von seiner Seite. Viel gröber besaitete Naturen als die seine hätten begriffen, was es heißt, wenn eine Frau plötzlich alle Schranken niederbricht, die ihr im Wege sind, – und eine Hingabe zeigt, die in Staunen versetzt. Viele Tage lang hatte Titus die sanfte Ausstrahlung von Zärtlichkeit empfunden, mit der Magdalenas Fürsorge ihn umspann. Es war neu, neu nach allem, was er von ihr gesehen hatte in den Tagen, da sie kalt und eroberungssüchtig in seinen Laden gekommen war und um Rembrandts und Hendrickjes Gunst geworben hatte …

An den langen Nachmittagen, wenn die Septembersonne bleiches Gold durchs Haus streute und seine Kräfte langsam zunahmen, dachte er über die Vergangenheit nach und über den Platz, den Magdalena darin eingenommen hatte. Er dachte daran, wie er sich über sie gewundert und wie sie ihn beunruhigt hatte; und dann an die Veränderung, die plötzlich über seine Base gekommen war, von der er fast ungläubig hatte erzählen hören …

Alles erklärte sich nun. Sie war hier, in Tante Titias Haus – seltsam, er hatte nie daran gedacht, daß sie auch *ihre* Tante war –, und pflegte ihn. Sie schob Jan Swammerdam beiseite, wenn Medizin eingenommen werden mußte; sie reichte ihm das Glas, wenn er trinken wollte; und einmal, als er sich schlafend stellte, hatte er ihren Atem an seiner Stirn gefühlt.

Titus hatte nie an eine Heirat gedacht: mit wem auch? Aber es schmeichelte ihm zu denken, daß es eine Frau gab, die ihn so liebte, daß sie ihr glänzendes Leben um seinetwillen aufgegeben und daß sie jetzt das elterliche Haus verlassen hatte, dem Gerede der Stadt zum Trotz, um ihn während seiner Krankheit zu pflegen. Es stimmte ihn weich und froh, wenn er, allein gelassen, damit er schliefe, die langen, totenstillen Nachmittage durchwachte und die Kraft in seinen Körper zurückströmen fühlte.

Er begann, mit Magdalena leicht zu scherzen, ergriff ihre Hand oder ihr Kleid und ließ seine Gefangene nicht los, bevor er ihr einen Kuß auf Wange oder Stirn gedrückt hatte. Jedesmal, wenn er dieses kleine Spiel spielte, sah er ein frohes Rot in Magdalenas Wangen steigen; ihre Augen strahlten golden wie Sterne bei solch einem Scherz.

Als er wieder spazierengehen durfte, begleitete ihn Magdalena. Titia Coopal ließ die beiden allein, winkte das Dienstmädchen fort, winkte Jan Swammerdam fort und hielt sogar – obgleich sie sich ihres gewagten Tuns bewußt war – Frans Coopal mit tadelnden Blicken zurück, wenn er, besorgt um das Wohl der beiden, den Stand der Dinge zu erkunden suchte.

Im Herbst traten Titus und Magdalena zusammen in Rembrandts Werkstatt. Der Meister saß am Fenster und arbeitete nicht. Er blickte auf, als sie hereinkamen. Erst war es, als erkenne er sie nicht. Dann stand er auf, und sein leichtes kindliches Lachen hieß sie willkommen.

Titus schlang seine Arme um Magdalena und führte sie zu seinem Vater.

»Male uns zusammen, Vater«, sagte er; »wir sind verlobt.« Wieder lächelte Rembrandt. Unbeholfen stand er auf und ging auf Titus zu. Dann erst wandte er sich zu Magdalena. In seine Augen kam etwas Suchendes, die Stirn runzelte sich: Offenbar dachte er nach. Sie reichte ihm die schmal gewordene Hand.

»Ich bin es, Onkel Rembrandt, Magdalena ... «

Der Meister schien sich plötzlich zu erinnern. Er brummte vergnügt vor sich hin. Dann blickte er Titus an, seine Augen blinzelten, als teile er mit dem Sohn ein freudiges Geheimnis.

»Male uns, Vater«, wiederholte Titus. Er schob Rembrandt hinter die Staffelei und begann, ihm zu helfen.

Während sie die Leinwand aufspannten und Rembrandt Farben mischte, hörte Magdalena ihren Oheim durch die Zähne pfeifen. Der alte Zauberer war in froher Stimmung. Mit kleinen Schritten trippelte er durch die Werkstatt; der Kittel schleppte ihm nach. Ab und zu blickte er flüchtig nach Magdalena, nickte ihr zu und murmelte etwas vor sich hin. Sie verstand: »Titus' Braut«, und es war, als erhielte die Bedeutung dieser Worte einen feierlichen, ungewohnten Klang durch die Art, wie Rembrandt sie halb vor sich hin sang.

Als sie ihre Stellung eingenommen hatten, bemerkte Titus, daß sein Vater sie kaum mehr ansah. Leise vor sich hin summend, saß er vor der Staffelei und wandte die Augen nur vom Bild zur Palette, auf der Bronzefarbe und Rot leuchteten.

Titus wunderte sich über diese Töne: Magdalena trug ein dunkelblaues Gewand, das beinahe schwarz schien; er selbst war in braunes französisches Tuch gekleidet, die letzte Modeneuheit, die in den Geschäften zu finden war. Flüsternd machte er Magdalena auf die seltsamen Farben der Palette aufmerksam.

Sie saßen drei Stunden und wurden allmählich müde und steif. Da erhob sich Rembrandt plötzlich und warf die Pinsel weg. Hastig trat er auf die Verlobten zu und zog sie vor das Bild. Verwundert blickten sie die feuchte Leinwand an und dann einander in die Augen.

Ein großer schlanker Mann mit Titus' Zügen in einem goldbrokatenen Gewand von morgenländischer Pracht legte zärtlich und beschirmend die rechte Hand auf das Herz einer jungen Frau neben ihm, die Magdalenas Gesicht hatte und auf deren rotem Kleid kostbare Juwelen funkelten; die Hände hielt sie mit anmutiger Geste im Schoß gefaltet.

Es war etwas ganz anderes, als sie erwartet hatten; sie hatten gesessen; die beiden Liebenden auf dem Bild standen; sie hatten einander in die Augen gesehen; hier blickte die Braut mit einem Vorgefühl ungekannten Glücks vor sich hin, und nur der Blick des Bräutigams ruhte auf ihr mit vertrauter, männlicher Zärtlichkeit.

Titus sah gerührt zu seinem Vater, der gebeugt und leise lächelnd ihre Verwunderung beobachtete. Kindisch und greisenhaft war er und wußte nicht, was um ihn her vorging, und doch hatte Rembrandt die ewige Braut gemalt und den ewigen Bräutigam, wie sie leben in den Träumen von Männern und Frauen, eine erste junge, zögernde, gegenseitige Vertraulichkeit.

Titus und Magdalena faßten sich an den Händen. Er sah, daß sie betroffen war von der tiefen Wahrheit des Bildnisses; beinahe beängstigt erkannte sie, daß Rembrandt die Innigkeit, die sie durchbebte bei allem, was Titus betraf, in einem Bildnis gestaltet hatte.

Aber plötzlich schob der Meister die beiden weg, als nähmen sie ihm etwas durch dieses schweigende Betrachten seines Werkes. Er zog die feuchte Leinwand von ihnen fort und trug sie behutsam und triumphierend zum Fenster, zum Licht; dann ergriff er die Hände der Verlobten und führte sie zur Tür, die er öffnete. Er wollte allein sein mit dem Gemalten, allein mit dem Besitz, der ihm früh genug würde genommen werden.

So war es über vierzig Jahre lang gewesen; und Titus, der das wußte, und Magdalena, die es ahnte, ließen sich willig von seiner Sehnsucht, allein zu sein, aus der Werkstatt drängen.

Eines Morgens gegen Ende des Winters hatte Titus seine Braut aus dem Elternhause entführt, um sie zum Rathaus zu geleiten.

Vierzehn Tage vorher hatten Aert de Gelder und Lucas de Baen gemeinsam die bevorstehende Hochzeit bei allen

Bekannten des Brautpaars in der Stadt angekündigt. Sie hatten den Kindern Brautzucker hingestreut und den Erwachsenen Hypocraswein ausgeschenkt. Titus hatte zuerst Jan Swammerdam gebeten, Brautführer zu sein, aber der hatte finster gelacht.

»Soll ich mit dieser Fratze buntes Zuckerzeug hinstreuen oder den Frauenzimmern Wein einschenken? Oder das Bett schmücken? Ich? ... «

Titus war über den groben, heftigen Ton ein wenig erschrocken, aber im Grunde seines Herzens war er froh gewesen, daß der Apothekersohn abgelehnt hatte und er nun die beiden Jüngeren bitten konnte. De Gelder und Lucas de Baen eigneten sich besser zu diesem Amt. In den Tagen vor der Hochzeit, als sie die neu eingerichtete Wohnung in der Rosengracht mit Immergrün geschmückt hatten, war es Titus erst recht klar geworden. Mit zwei früheren Gespielinnen Magdalenas, die Brautjungfern sein sollten, wurde geschäkert und gelacht, daß Titus sich fragte, was der sonst so zurückhaltende de Gelder erst auf der Hochzeit anstellen werde.

Als er und Magdalena dann endlich unter der Brautkrone saßen und das Festmahl seinen Anfang nahm, ließen die beiden jungen Maler und die jungen Mädchen, ihre Helferinnen, die Zügel vollends schießen. Nie hatte man Aert de Gelder so ausgelassen und unbefangen gesehen. Er sprang auf seinen Stuhl und sang Hochzeitslieder, bei denen die Frauen sich schamvoll abwandten, während sie doch hinter ihren Fächern und Gläsern fast noch lauter lachten als die Männer. Die Musikanten aber fielen immer wieder mit harmloseren Liedern ein; Geigen kreischten; die Bässe brummten, und die grellen Flöten sangen hoch über die Menschenstimmen hinweg: »Der Kaiser von Schweden« oder »Es war einst ein Kind« und »Es steht eine Linde in jenem Tal« und ähnliches.

Cornelia van Rijn saß mit hochroten Wangen bei den Freundinnen der Braut, die sie mit losem Geschwätz zum Lachen bringen wollten. Nie zuvor hatte sie ein solches

Ereignis mitgemacht. Die Gespräche, die Lieder und der Wein verwirrten sie. Sie begriff nicht, wieso die Mädchen und Frauen ringsum kicherten und lachten über die Lieder, die sie selbst mit Scham erfüllten. Es wunderte sie, daß Titus, ihr vornehmer, hochmütiger Bruder Titus, scherzend auf die groben Späße einging, welche die Männer über den Tisch schrien. Sie sah sich um: lauter rote, lachende entfesselte Gesichter. Ab und zu ließ sie den Blick ans untere Tischende schweifen. Dort, zwischen entfernten Verwandten und unbedeutenden Gästen, saß Rembrandt, in sich gekehrt, mit dem sonderbaren Lachen seines zahnlosen Mundes. Er hatte nicht gegenüber den Brauteltern sitzen wollen, wo ein hoher, bekränzter Stuhl für ihn bereitstand. Man hatte gefleht und gedroht, er war nicht zu erweichen. Warum er nicht wollte, sagte er nicht, aber eigensinnig hielt er daran fest, daß er sitzen wolle, wo es ihm beliebe. Von neuem bat und drohte man, bis er stammelnd zu fluchen anfing. Seufzend hatte Titus es aufgegeben und ihm seinen Willen gelassen; und nun saß er, breit und befriedigt, die Faust um einen großen Römer gepreßt, neben fremden Leuten, denen er keine Antwort gab, wenn sie ihn etwas fragten, unten am Tisch wie ein Bedienter oder ein Familienmitglied sechsten Grades. – Er wußte es selbst nicht. Ab und zu blickte er zur Spitze der Tafel hin, wo Titus und Magdalena unter der Brautkrone saßen; er ließ seine Blicke über die Wände gleiten, wo alles mit Immergrün umwunden und mit Silberlaub behangen war. Dann saß er still und schien nachzudenken, mühselig und langsam, bis ihm wieder Speisen angeboten wurden, von denen er gierig nahm, und Wein, den er becherweise trank.

Als das Fest ein paar Stunden lang gedauert hatte, war es im Raum warm und stickig geworden; Titus hatte sich zu Magdalena gebeugt und sie gefragt, ob man nicht ein Fenster öffnen solle. Gleich darauf strömte die kalte Luft der Februarnacht über die erhitzten Gesichter; man atmete freier; Lärm und Begeisterung schienen ihren Höhepunkt erreicht zu haben.

Plötzlich standen dann die Brautführer auf ihren Stühlen, klatschten in die Hände und baten um Ruhe. Aber unaufhaltsam erklang der Jubel weiter – das Zeichen war gegeben, die Braut ins Bett zu tanzen!

Türen flogen auf, und das Schlafgemach füllte sich mit Gästen. Die Musikanten standen schon neben dem breiten Bett und fiedelten und pfiffen. Der Lärm war gewaltig. Man lachte und drängte sich herbei, um zu sehen, wie Titus die Braut aus den Händen der Brautführer loskaufte und sie ins Schlafgemach trug, wo er sich schützend vor sie stellen mußte... Erst als er – so wollte es die Sitte – den Kragen abnahm und seine Kleidung aufzuknöpfen begann, machten sich die Gäste mit lauten Wünschen und Anspielungen davon; aber es dauerte noch lange, bis der letzte Gast das Haus verlassen hatte.

Die Nachfeiern waren vorbei, und Stille war zurückgekehrt. Aber Titus hustete. Niemand achtete darauf außer Magdalena. Sie dachte an das offene Fenster bei der Hochzeit, an die offenen Türen im Brautgemach. Er war heiß und müde gewesen und eben erst von seiner vorigen Krankheit genesen. Unruhe beschlich sie. Aber Titus lachte über ihre Besorgtheit und lehnte alle Angst und allen Anis, alle Kamillen und alle warmen Umschläge ab.

Das Glück der beiden dauerte schon Wochen. Abends saßen sie Hand in Hand und erzählten einander von den Jahren, da sie sich nicht gekannt hatten. Es schien fast unvorstellbar; und war es nicht, als würde erst jetzt alles gut werden?

Eines Abends, als Titus wieder von einem längeren Hustenanfall als je gequält wurde, sah er Magdalena entschlossen aufstehen.

»Jetzt hustest du schon einen Monat lang, und auf niemanden willst du hören. Ich hole Jan Swammerdam, noch heute abend.«

Titus hatte leisen Widerspruch erhoben, aber Magdalena drückte ihn in seinen Stuhl nieder und rief Aert de Gelder aus der Werkstatt, er solle Jan Swammerdam bestellen.

Es war das erste Mal, daß Jan Swammerdam und Titus einander nach der Hochzeit wiedersahen. Titus bemerkte ein spöttisches, belustigtes Funkeln in den Augen des Anatomen.

Es war, als wolle er, allein mit den Jungverheirateten, einen unsanften und unerwünschten Junggesellenscherz mit ihnen anstellen. Titus konnte ihn durch Blicke davon abhalten. Aber der Spott wich nicht aus Swammerdams Gesicht. Titus sah, daß Magdalena entrüstet errötete; sie verstand ihn noch immer nicht, den grillenhaften Naturforscher.

Jan Swammerdam hatte sich ans Feuer gesetzt und streckte die Hände der rötlichen Glut entgegen. Er sah Titus an. Der junge Mann atmete ruhig, und es war ihm nichts anzusehen. Er machte einen kräftigen, glücklichen Eindruck. Jan Swammerdam blieb nicht lange. Er klopfte Titus auf die Schultern, verneigte sich vor Magdalena und ging. Am nächsten Tag schickte er Hustensirup, den Titus verächtlich wegwarf.

Titus zuckte wohlgemut die Schultern, sooft Magdalena ihn anflehte, vorsichtig zu sein. Tief atmete er die eiskalte Luft ein, wenn sie zusammen spazierengingen. Zwar fühlte er manchmal einen kurzen Stich in der Brust, aber das kümmerte ihn nicht. Doch wenn er wieder zu Hause war und am warmen, rauchigen Kamin saß, fing wieder das lange, ermattende Husten an, das Magdalena so ängstigte. Einmal klammerte sie sich an Titus fest und umfaßte seine Schultern mit beiden Armen.

»Du mußt zum Arzt gehen, du *mußt*. Ich will es nicht länger mit anhören, ich *kann* es nicht … um unseres Kindes willen … «

Titus küßte sie lange.

»Aber Jan Swammerdam sagt, es wäre nicht schlimm.« Magdalena fuhr auf.

»Jan Swammerdam! Ich hasse Jan Swammerdam! Er hat dich nicht einmal angesehen, er hat am Feuer gesessen und unseren Wein getrunken und ist wieder fortgegangen. Sein Hustentrank, den er geschickt hatte, hat doch nichts geholfen!«

Titus gab ihren Tränen und ihrer Erregung nach, vor allem beim Gedanken an ihr Geheimnis. Er ging zum Arzt und ließ sich untersuchen.

Als er wiederkam, sah Magdalena an seinem Gesicht, daß er schlechte Nachrichten mitbrachte. Sie erwiderte seinen wortlosen Kuß mit einer ängstlichen Liebkosung. Er zog sie auf seine Knie.

»Er sagt, es sei die rechte Lunge, und vorläufig dürfe ich das Haus nicht verlassen.«

Jeden Tag besuchte ihn der Arzt, der Husten wurde furchtbar. Manchmal setzte er eine Zeitlang aus, aber beim geringsten Anlaß fing er wieder an und tat sein zerstörendes Werk.

Einmal sah Jan Swammerdam den Arzt aus der Kunsthandlung seines Freundes kommen. Er packte ihn am Ärmel und lachte dumpf:

»Nun, verehrter Blutabzapfer, wie steht's? Ein Wochenbett in Sicht?«

Der Arzt sah ihn böse an.

»Nicht nur ein Wochenbett, sondern auch ein Toter, wenn ich nicht achtgebe«, sagte er. Und mit einem verächtlichen Blick auf Swammerdams langen Mantel:

»Das will ein Arzt mit Doktordiplom sein! Bücherweisheit! Sogar ein Laie kann sehen, daß Titus van Rijn einen schweren Stand haben wird.«

Jan Swammerdam verstummte und betrat die Kunsthandlung seines Freundes. Er dachte an Titus' Krankheit vor der Hochzeit. Dumm war es von ihm gewesen, kurzsichtig und dumm zu glauben, daß es nicht wiederkommen könnte!

Titus lag im Bett. Er begrüßte ihn mit bleicher Hand. Magdalena sah ihn feindselig an, als er ins Zimmer trat und auf das Bett zuging.

Jan Swammerdam merkte, daß sie ihm mit Titus' Krankheit nicht recht zu trauen schien. Mit einer groben Bewegung ging er an ihr vorbei und schlug die Bettdecke zurück. Er betrachtete Titus scharf. »Die rechte Lunge«, sagte er dann kurz.

Titus nickte und wandte den Kopf ab. Magdalenas Augen flackerten haßerfüllt.

»Dem Arzt nachplappern kann jeder«, sagte sie kalt. »Aber helfen!«

Während Jan Swammerdam eilig in seines Vaters Apotheke zurücklief, beugte sie sich über Titus.

»Laß ihn nicht wieder herein, Liebster. Ich hasse ihn. Er hat ein schlechtes Gewissen, das fühle ich. Er hat den bösen Blick.«

Titus lächelte wider Willen und machte eine abwehrende Bewegung.

»Er ist ein Sonderling«, sagte er langsam und müde, »aber er meint es gut. Du mußt ihn nach seinem Handeln beurteilen, nicht nach dem äußeren Schein.«

Magdalena brach in Tränen aus.

»Ich hasse ihn, ich hasse ihn mit seinem strähnigen Haar und seinen schlechten Manieren! Ich mag ihn nicht wiedersehen! Sag ihm, daß er nicht mehr herkommen darf; ich flehe dich an – sag es ihm ...!«

Titus schüttelte beruhigend den Kopf.

»Du bildest dir etwas ein«, begann er.

Doch Magdalena sprang auf.

»Du ergreifst seine Partei? Gegen mich? Du liebst mich nicht! Du liebst ihn mehr als mich!?... «

Ihr Schluchzen brachte Titus zur Verzweiflung. Er wollte ihre Hand ergreifen, doch sie entzog sie ihm.

»Warum hast du mich dann geheiratet? Nicht um meiner selbst willen? Nur des Geldes wegen ... «

Titus fuhr im Bett hoch. Sein Gesicht war dunkel und streng.

»Magdalena!«

Flüchtig hob sie den Kopf und ließ ihn wieder auf die Arme sinken. Tränen strömten ihr über die Hände.

Titus glitt in die Kissen zurück und seufzte.

»Nicht jetzt, Magdalena, jetzt nicht...«

Er begann zu husten. Sofort verstummte Magdalena. Ihre Augen waren groß vor Angst und Zorn, als sie aufstand und ihm die Arznei gab, die der Arzt dagelassen hatte. Sie stützte seinen Kopf mit ihrer Schulter, während er trank.

»O Titus, Liebster, verzeih mir, verzeih mir ... Ich bin dir eine schlechte Frau; ich quäle und reize dich, während du ... Verzeih mir ...«

Er hielt ihr den Mund hin. Sie küßten sich. Behutsam trocknete er ihre Augen. Sie sahen einander an. Magdalena neigte den Kopf, Er zog sie neben sich auf die Kissen, und sie schmiegte ihr Haupt warm und dicht an das seine.

Als Jan Swammerdam wiederkam, empfing Titus ihn allein. Der Anatom wollte die mitgebrachten Instrumente auspakken, doch Titus gebot ihm Einhalt, indem er leise seinen Namen nannte.

Jan Swammerdam trat ans Bett. Titus sah seinen arglos fragenden Blick und bereute fast das Versprechen, das er Magdalena gegeben hatte; doch er riß sich zusammen.

»Ich bin dir dankbar für deine Hilfsbereitschaft, Swammerdam ... aber es ist besser, wenn du gehst ... und vorläufig nicht wiederkommst. Ich habe mit Magdalena ... mit meiner Frau ...«

Er stockte einen Augenblick und suchte nach Worten. Doch es war schon zu spät. Der Anatom war bleich geworden. Seine Augen leuchteten dunkel und wild, und er atmete rasch.

»Deine Frau? Deine Frau will mich hier nicht mehr sehen? Sag es doch, wenn es so ist – nur heraus damit! Sie kann mich nicht leiden, sie denkt, ich mache dich noch kränker ...?«

Titus wehrte ab, matt und gepeinigt. Aber Jan Swammerdam achtete nicht auf die gequälte Gebärde des kranken Freundes. Man hatte ihn beleidigt. Er griff nach seiner Tasche.

»Der böse Blick, nicht wahr?« sagte er auf einmal zornig und feindselig.

Titus erschrak: Es war derselbe Ausdruck, den Magdalena gebraucht hatte; er war peinlich überrascht von der

Scharfsichtigkeit des Apothekersohns. Halb aufgerichtet, auf den Ellenbogen gestützt, schüttelte er den Kopf. Er wollte dem anderen die ganze Sache erklären. Doch die Beleidigung war für Jan Swammerdams Selbstgefühl zu unerwartet gekommen. Hochaufgereckt, hager, mit flammenden Augen stand er da, und seine Worte fuhren schneidend durch den Raum: eine fessellose, wütende Entladung verletzter Eitelkeit.

Titus wollte antworten, ihn unterbrechen; er winkte mit der Hand, rief den Namen des anderen. Es gelang ihm nicht. Ein langer, wilder Hustenanfall folgte. Jan Swammerdam erschrak. Er verstummte. Fiebrig, schweißbedeckt lag Titus auf der Seite und hustete. Der Anatom sah sich um. Er ergriff das Glas, das noch auf dem Tisch stand; doch ehe er es Titus reichen konnte, war Magdalena im Zimmer.

Sie riß ihm das Glas aus den Händen. Das Wasser spritzte hoch. Swammerdam trat zurück und blickte reglos auf die Frau seines Freundes. Sie umschlang Titus und stützte ihn, bis der schreckliche Husten vorbei war. Als sie das Glas wieder auf den Tisch setzte, sah sie Swammerdam mit einem langen, schweigenden Blick tiefsten Hasses an. Ihre Augen senkten sich auf die Tasche. Swammerdam ergriff sie mechanisch. Dann wiesen die scharfen Frauenaugen auf die Tür.

»Geht, Swammerdam«, sprach sie langsam, mit zitternder Stimme; »Ihr seid das Unglück Eurer Freunde.«

Wie ein Stoß durchfuhr es die lange, hagere Gestalt des Naturforschers. »Das Unglück Eurer Freunde ...« Das Wort rief eine qualvolle, furchtbare Erinnerung wach: Ein Mann ringt nach Atem ... seine Augen brechen ... seine Hand greift nach dem Herzen ... das Unglück Eurer Freunde. – Er stieß die Tür auf. Er sprach kein Wort und bemerkte nicht Titus' schwachen Gruß. Er ging hinaus. Cornelia war im Laden und sah ihm verwundert nach. Auf der Straße war es dämmrig, wirbelnde Schneeflocken fielen. Swammerdam ging dahin, in der einen Hand den Hut, in der anderen die Tasche. Das Unglück Eurer Freunde ... Die

Frau hatte es gesagt. Sie konnte von Bartholijn nichts wissen. Und doch – es war, als wisse es ein jeder; als wüßten es die Dächer, die Häuser, die verschneiten, totenstillen, uralten Bäume, als schrieben es die Zweige mit Zeichen an den fahlen Himmel: das Unglück Eurer Freunde.

Jan Swammerdam ging durch die Apotheke, langsam, wie betäubt. Hut und Tasche entfielen ihm. Er stieg die Treppe hinauf, schritt durch das Kabinett mit den ausgestopften Vögeln und den aufgespießten Schmetterlingen und Käfern – und sank an seinem Arbeitstisch nieder. Den Kopf zwischen den Blättern seines entstehenden Buches, weinte er lange und aufsässig über sein verlorenes Leben.

XVIII

Der lange Spätwinter brachte helle, sonnige Tage. Eine kurze Zeit besserte sich Titus' Husten, und in der Nacht schlief er ruhig. Er verließ das Bett, schrieb Briefe, empfing Maler und machte wieder Geschäfte. Ein paarmal war er sogar, fest in seinen Mantel gehüllt, mit Magdalena spazierengegangen. Es war völlig windstill, die Luft schien wie gläsern. Die Straßen waren voll Menschen; ein jeder wollte die kühle, silberne Luft atmen. Stolz auf ihre fortschreitende Schwangerschaft schritt Magdalena an Titus' Arm dahin. Man grüßte Bekannte und Freunde. Lachen und Schlittengeklingel hingen froh in der Luft: gefrorene Seifenblasen, die leise aneinander klirrten. Eine große, bleiche Wintersonne rollte träge am Himmel dahin. Alles schien Genesung zu versprechen.

Es war, als wüßte Rembrandt um die frohe Hoffnung, obwohl niemand ihm etwas gesagt hatte. Eines Nachmittags, als Titus Rechnungen durchsah, zog er Magdalena mit in die Werkstatt. Ein geheimnisvoller Glanz lag auf seinem Gesicht, und seine Augen glommen wie kleine, schwelende

Funken. Magdalena folgte ihm verwundert und neugierig. Rembrandt suchte in einem Schrank herum und kam mit einem großen Fächer aus Straußenfedern zurück. Sie ahnte nicht, woher er das Prunkstück haben mochte, aber sie schwieg und ließ ihren Schwiegervater gewähren. Er hieß sie niedersitzen, gab ihr den Fächer in die Hand und entfaltete ihn breit über ihrem Schoß. Sie errötete lächelnd. Rembrandt summte vor sich hin und machte sich an die Arbeit. Nur einmal unterbrach er sie, um sich zu Magdalena zu wenden:

»Es wird ein Porträt für *ihn*.«

Ein schweigendes Einverständnis war zwischen den beiden, während er sie malte, an jenem Nachmittag und auch später, wenn Titus unten saß und arbeitete. Magdalena hätte den alten Zauberer küssen mögen für das Bild. Leise strahlend im Vorgefühl ihrer Mutterschaft saß sie Modell.

Je länger der Husten aussetzte, um so übermütiger wurde Titus. Der Schmerz war beinahe verschwunden. Eines Nachmittags stand er vor Magdalena, die Schlittschuhe in der Hand. Sie zitterte, aber er umschlang sie und zog sie mit sich fort zur Eisbahn. Eine Viertelstunde später glitten sie über die Gracht. Sie hatte sich nicht auf ihn stützen wollen, doch er verlangte es, und sie gab nach, aus Angst, ihre Weigerung könne ihn aufregen. Er ergriff ihre Hand und zog sie fort. Sie machten einen Umweg von einer Stunde und liefen dann zurück. Auf dem Heimweg hatten sie den Wind gegen sich. Voll Angst hörte Magdalena, daß Titus zu keuchen begann. Sie blieb stehen und wollte zu Fuß zurückgehen. Aber das ging Titus gegen die Ehre. Beinahe entrüstet lief er weiter, und sie duldete voll banger Vorgefühle, daß er sie zog. Als sie nach Hause kamen, war er müde und schweißnaß. Die Knie zitterten ihm, und halb ohnmächtig sank er auf einen Stuhl. Magdalena ging entmutigt und am Ende ihrer Selbstbeherrschung in die Küche und weinte verzweifelt.

Titus hatte es gehört und ging zu ihr. Seine Stirn fühlte sich noch feucht an, als er sich an sie schmiegte. Sie schüttelte den Kopf.

»Törichter, übermütiger Titus, sei vorsichtig; du wirst es noch bereuen.«

Er warf den Kopf in den Nacken und lächelte verächtlich. Dann wollte er sie in die Arme nehmen, doch sie gestattete es nicht.

Sie gingen zu Tisch und aßen. Titus' Eßlust war nur gering. Er ging zeitig zu Bett.

Am nächsten Tag kam der Husten wieder, erst kurz und unterdrückt, dann in krampfhaften Stößen. Magdalena holte den Arzt. Der horchte ihn ab und machte ein bedenkliches Gesicht.

»Viel zu früh ausgegangen«, sagte er und zuckte die Achseln. »Er muß unbedingt im Bett bleiben.«

Magdalena hörte den unerbittlichen Ton seiner Stimme; immer wieder klang er ihr in den folgenden Tagen im Ohr. Von Tag zu Tag wurde es schlimmer mit dem Husten. Der harte, trockene Schmerz zerriß den Körper des Kranken. Das Fieber kehrte zurück. Als Magdalena das dumpfe, tödliche Husten hörte, glaubte sie, sterben zu müssen. Aber in Titus' Gegenwart nahm sie sich zusammen mit dem letzten Mut, der letzten Verzweiflung. Manchmal sogar, wenn es Titus überfiel und sie an seinem Bett stand, konnte sie ihn noch beruhigend anlachen und ihm die Hand auf die Brust legen, als ob diese kleine Gebärde die zerstörenden Kräfte aufhalten könne ...

Totenstill wurde es im Haus. Man schlich über die Gänge und über die Treppen. Cornelia wagte beinahe nicht mehr zu kommen, weil sie kaum mit ansehen konnte, wie Titus' Kräfte abnahmen. Rembrandt tastete sich durch die Werkstatt und lauschte erschrocken und reglos, wenn Titus' Husten die tiefe winterliche Nachmittagsstille zerriß. Es war, als komme ihm allmählich zu Bewußtsein, daß es sein Sohn war, der dort unten mit dem Tod rang.

In einer funkelnden Frostnacht starb Titus. Er lag allein. Magdalena, vom Wachen erschöpft, war neben dem Bett eingeschlafen. Titus sah sie an. Über seinem Bett hing ihr neuestes Porträt: mit dem Fächer, der ihre Schwangerschaft bedeckte. Er wandte den Kopf ab. Klar und ohne Furcht dachte er nach. Er wußte, daß es nicht mehr lange dauern konnte. Sein Leben lang hatte er Angst vor dem Tod gehabt. In dieser Nacht schien alles verändert, als hätte alles, was zum Leben gehörte, seine Bedeutung verloren. Seine Frau, sein Vater, das Kind ... Was war der Tod, ein Glück oder ein Schmerz? ... Er wußte es nicht. Titus sah nur, daß der Tod zum Leben gehörte. Er wußte, daß der Weg des Lebens plötzlich eine Wendung machen mußte, in ein unbekanntes Land hinein – und daß das Gebiet, wo man mit Augen sieht, ausgedient hat. Das Leben hatte ihn steil in die Höhe getragen: jetzt übergab es ihn einem Nachfolger. Und so mußte es sein.

Mit großen Augen lag Titus wach. Einen Augenblick dachte er daran, Magdalena zu wecken, mit ihr zu sprechen. Er unterließ es. Sie mußte schlafen, Kräfte sparen; Kräfte für das Kind, das er nicht sehen würde – dieser eine Gedanke stand einen flüchtigen Augenblick scharf und schmerzlich vor seinem Bewußtsein; dann vergaß er alles wieder über dem Hinausstarren in die Nacht.

Alle Dinge waren sichtbar und deutlich, und doch schien alles unwirklich blau und bebend. Am Himmelszelt zitterte ein leuchtender Schleier: strömender Sternenstaub. Er blickte hinauf. Seltsam, daß so das Ende kam, so still und so überwältigend.

Ein stechendes und schmerzhaftes Gefühl durchbohrte seine Kehle. Der alte Husten kam zurück. Er öffnete die Lippen, um tief Atem zu holen. Da zerriß etwas in ihm. In warmen Wogen sprang das Blut in seinen Mund. Er breitete die Arme aus, und mit einem Lächeln ergab er sich der Unendlichkeit.

XIX

In den Tagen nach Titus' Tod war es Magdalena van Loo zumute, als sei sie aus einem langen, lieblichen Traum erwacht. Und wäre nicht das Kind gewesen, das sich in ihrem Schoß bewegte, so hätte sie es vielleicht geglaubt, und mit einem Lächeln weitergeträumt bis an ihren Tod. Dann hätte sie vielleicht denken können, Titus sei nie der Ihre gewesen, die drei Monate ihrer innigen Vereinigung seien nur ein Traumspiel ihrer Sehnsucht gewesen. Ihre Sehnsucht wäre ewig jungfräulich geblieben; und ewig unerfüllt hätte sie doch die Leere ihrer Jahre gefüllt. – Doch das Lebendige, das er ihr zurückgelassen hatte, erinnerte sie daran, Stunde um Stunde, daß sie wahrhaftig in seinen Armen geschlafen hatte, daß dieses kurze Glück aus ihrem Leben geschwunden war und nie wiederkehren würde – daß sie allein war!

So endete die Liebe der Magdalena van Loo.

Sie wohnte noch einen Monat in Rembrandts Haus und ging dann zu ihren Eltern zurück, erfüllt von einer tiefen Feindschaft gegen das Leben. Diese verwandelte sich in eine Feindschaft gegen die Menschen. Tagelang konnte sie allen aus dem Wege gehen, bis sie sich plötzlich wieder sehen ließ, mit jedem sprach und ihre Besucher durch peinliche, aufgeregte Erzählungen befremdete; dann wieder trieb stumpfe Schweigsamkeit sie in das stille Zimmer zurück, und niemand bekam ein Wort von ihr zu hören. – Das Leid hatte sie zu Boden geschlagen. Ihre Gedanken verwirrten sich. Mit der habgierigen Kleinlichkeit eines Wucherers brütete sie über Geldsachen. Stundenlang rechnete sie in Titus' Büchern. An der kleinsten Summe sparte sie noch. Sie vernachlässigte sich. Wer sie sah, auch ihre Eltern, erschrak über ihr ungepflegtes Äußeres und ihre schlechte Kleidung. Fortwährend lief sie zum Notar und kratzte wütend zusammen, was sie erlangen konnte. – »Alles für das Kind!« hörte man sie sagen. »Es soll später einmal keine Armut leiden, dafür will ich sorgen, denn es hat ja keinen Vater.«

Das letzte Mal, als sie in der Rosengracht erschien, stürzte sie hinauf in die Werkstatt; Cornelia war bei ihrem Vater. Sie fuhr zurück vor Magdalenas verwahrloster Erscheinung; in blinder Hast, ohne zu grüßen, packte sie Rembrandt so heftig am Arm, daß sie ihm beinahe weh tat.

»Titus' Erbteil! Für mein Kind! Mein Kind soll keinen Hunger leiden! «

Verstört sah der Meister sie an. Er erkannte sie nicht, diese liederlich angezogene Frau, die einst Prunkgewänder getragen hatte, die Hunderte kosteten. Seine Lippen bewegten sich, hilflos blickte er Cornelia an. Sie war herbeigeeilt und hatte ihn von dem wütenden Griff seiner Schwiegertochter befreit. Rembrandt murmelte etwas und lief fort. Die Frauen standen einander gegenüber, hochaufgerichtet und feindselig.

Magdalena riß ihrer Schwägerin das Geld aus den Händen, das Titus ihr und dem Kind vermacht hatte; und Cornelia blickte ihr schweigend und haßerfüllt nach, während sie den Laden verließ; beide wußten, daß die Verbindung, welche durch die Heirat zwischen den Häusern van Loo und van Rijn zustande gekommen war, zerrissen war, endgültig. Und Cornelia freute sich darüber.

Einige Monate später wurde Titus' und Magdalenas Kind geboren. Es war ein Mädchen und wurde Titia getauft. In der Rosengracht hat man es nie gesehen. – Magdalena starb ein halbes Jahr nach der Geburt.

XX

Schon in den Tagen, als Titus van Rijn und Magdalena van Loo heirateten, hat Aert de Gelder den Plan gefaßt, von seinem Meister Abschied zu nehmen.

Nach dem Tode von Rembrandts Sohn ist es im Hause einsamer geworden denn je. Die langen Abende voll träger Ruhe bedrückten den schwermütigen Schüler und verfolgten ihn mit ihren unbestimmten Ängsten bis nachts in seine Träume. Schatten von Toten gehen um; im Schlaf hört er sie flüstern. Bestimmt würde er dem Trübsinn verfallen, wenn er noch länger in dem vom Schicksal geschlagenen Hause Rembrandts blieb! Er wußte, daß sein Fortgehen eine Flucht war, und er schämte sich seiner Feigheit. Er sah Rembrandt vor sich, wie er, von Einsamkeit und Gicht gequält, ziellos durch die Werkstatt tappte, ein Gespenst seiner eigenen Größe, wenn er nicht stöhnend im Bett lag, leise vor sich hin jammernd wie ein Kind oder ein Tier. Die matt gewordenen, tränenden Augen waren nicht mehr anzusehen. Es war, als gehöre Rembrandt schon nicht mehr der Welt der Lebenden an.

Aert de Gelder hat seine Habseligkeiten zusammengesucht und eines Abends Abschied genommen von Titus' Witwe, von Cornelia und von seinem Meister, der auch ihn zum Meister herangebildet hat. Rembrandt begriff nicht recht, daß sein Schüler ihn verließ. Er hat etwas gemurmelt und schwach gegrüßt, als ob de Gelder nur zu einem kurzen Spaziergang fortginge und zum Nachtmahl wieder am Tisch sitzen würde wie immer. – De Gelder konnte es nicht mehr ertragen. Er ist hinausgestürzt und stundenlang herumgeirrt, blind und ziellos. Doch trotz seines Mitleids, trotz des Zwiespalts in seinem Innern wagte er nicht zu bleiben. Er geht zum Atelier von Suythoff und rast dort seinen Kummer aus.

Abends schickt er den anderen zur Rosengracht, um eine Kiste zu holen. Wie ein Dieb kehrt Suythoff mit der Beute zurück. Schweigend gehen sie schlafen. Am nächsten Morgen begleitet Suythoff seinen Freund zum Postwagen. De Gelder kehrt nach Dordrecht zurück, wo sein Vater Kommissar der Westindischen Kompanie ist; zurück in das helle Land der Jugend, um von der düsteren Verzauberung zu genesen, die Rembrandts Welt um ihn herum gesponnen hat.

XXI

Als Cornelis Suythoff das Haus in der Rosengracht wieder betrat und die Treppe hinaufstieg, um de Gelders Sachen zu holen, mußte er plötzlich an das Hochzeitsfest denken, das in diesem Hause vor wenigen Monaten erst gefeiert worden war.

Er hatte sich im Hintergrund gehalten – erstaunlich; aber aus seiner stillen Ecke hatte er jemanden beobachten können, dem er einst auf derselben Treppe begegnet war, die er jetzt hinaufstieg.

Rembrandts Tochter hieß Cornelia: Oft genug hatte es ihm de Gelder wiederholen müssen. Während er sich durch das dämmrige, schmale Treppenhaus schlich, war es, als stünde sie wieder vor ihm, wie er sie auf Titus' Hochzeit gesehen hatte: reifer, jungfräulicher, mit üppigeren Flechten. Sein Herz hatte dumpf geschlagen.

Er hatte den Gedanken an sie wieder verloren, als er abends schweigsam und zum letzten Male mit seinem Freund in der Werkstatt saß; und auch am nächsten Morgen, als sie zur Abfahrtsstelle der Postkutschen schlenderten und Abschiedsworte wechselten, erinnerte ihn nichts an sie. Doch als er, wieder allein, seinen Arbeitsraum betreten hatte und träge seine Pinsel wusch, ertappte er sich dabei, daß er an Cornelia van Rijn dachte.

Cornelis Suythoff hatte nie gelernt, sich selbst zu bezwingen. Auch jetzt warf er sein Malgerät weg, verließ das Haus und ging in die Stadt. Er lief durch die Kalverstraße, zweimal um den »Dam« und ging dann langsam den Burgwall hinauf. – Er dachte nicht klar und zielbewußt; aber seine Erinnerung, seine Sehnsucht waren stärker als alles andere und führten ihn zur Rosengracht.

Das Spiel wiederholte sich fast jeden Tag. Spähend wie ein halbwüchsiger Junge ging Suythoff am anderen Ufer gegenüber Rembrandts Haus entlang. Einmal sah er den Meister herauskommen und weghumpeln; aber er war schon tagelang vorbeigegangen, ehe Cornelia sich endlich hinter einem der Fenster zeigte.

Cornelis Suythoff machte rasch kehrt. Doch es war zu spät. Er hatte sie wiedergesehen: groß und blond, bezaubernd in ihrer jungen Fraulichkeit. Das Bild grub sich in seine Gedanken wie die Ätzsäure in die Linien einer Kupferplatte. Wieder zu Hause, konnte er nicht arbeiten. Nie zuvor war er so ruhelos gewesen. Zerstreut wusch er sich vor dem Essen zweimal die Hände, und als er vom Tisch aufstand, hatte er fast nichts angerührt. Abends ging er in die Hafenschenke, die er mit Vorliebe besuchte: die »Prince Mouringh« lag im Hafen, und die Schiffsmannschaft war im Weinhaus zu finden. Er trank übermäßig viel und wunderte sich, daß er nicht lustiger davon wurde. Eine beklemmende Schwermütigkeit lastete auf seiner Brust. Er ging frühzeitig fort, verhöhnt von seinen Bekannten. Wütend kehrte er ihnen den Rücken und warf die Tür dröhnend ins Schloß. Sie lachten laut. – Aber Cornelis Suythoff hätte weinen mögen. Er war betrunken, und der Himmel flatterte wie ein Segel auf und nieder. Er lehnte sich an einen hölzernen Zaun und schüttelte mißmutig den Kopf. Er wollte heute nacht nicht zu Florinde. Sie wurde alt: Sie war ja zehn Jahre älter als er und eine Allerweltsfreundin. Suythoff preßte die Hand aufs Herz und schüttelte wieder den Kopf. Sie würde seinen Kummer nicht begreifen. Jeder konnte sein Leid bei ihr abladen. Ein paarmal wiederholte er: »Ich will nicht, ich will nicht.« Er schwankte weiter, straßauf, straßab. Eine verschleierte Frau schrie leise auf, als er gegen sie prallte. Lallend rief er ihr etwas nach. Drei Straßen weiter blieb er wieder stehen. Auf einer einsamen Bleiche zwischen zwei Häusern lag Wäsche. Er nahm ein schwarzes Seidentuch vom taunassen Gras und band es sich um den Arm.

»Jetzt trag ich Trauer«, sagte er und fing wieder zu weinen an.

Vor einem Bordell blieb er stehen und durchsuchte alle seine Taschen. Er fand vier Heller und zählte sie bedächtig auf die Schwelle hin. Dann winkte er zu den erleuchteten Fenstern. Er ging weiter, und sein Körper fand blindlings den wohlbekannten Weg.

Als er dem Nachtwächter begegnete, hielt er ihn an und nahm seinen Arm. Er zeigte auf das schwarze Band an seinem Ärmel.

»Ich habe Trauer«, sagte er wieder. »Ich habe Trauer. Titus ist tot, und de Gelder ist heute morgen abgereist. Und Florinde taugt nichts. Florinde läßt sich von jedem ...«

Ärgerlich schüttelte der Nachtwächter ihn ab.

»Mach, daß du fortkommst, oder ich pfeife den Polizisten, daß sie dich ins Loch schleppen, du Luder.«

Enttäuscht wandte sich Suythoff von ihm ab und tappte weiter. Tränen standen ihm in den Augen. Noch nie hatte er die Welt so schwarz gesehen.

»Nun bin ich allein. Verlassen. Alle haben mich verlassen. Und Florinde taugt nichts.«

Er schlief im Schatten eines Vordachs auf dem Straßenpflaster, die Knie angezogen. Eiskalt, mit Schmerzen in allen Gliedern, wachte er auf. Sein Rücken war wie zerbrochen, der Kopf brummte ihm. Er biß die Zähne zusammen und schleppte sich durch die Morgendämmerung nach Hause. Dort warf er sich auf das unberührte Bett.

Als er am Nachmittag erwachte, war er nüchtern, doch wie gerädert. Zwei Tage blieb er im Bett und verfluchte sich selbst. Dann hielt er sich für genesen. Abends im »Schützenhof« lachte und sang er und spielte wie ein Toller mit seinem Rapier.

XXII

Im Frühjahr hörte Rembrandt plötzlich zu malen auf.

Cornelia, besorgt um das Schicksal ihres Vaters, kam häufig in die Werkstatt gelaufen; da sah sie ihn auf dem erhöhten Tritt sitzen, den er unter dem Fenster hatte anbringen lassen, um besseres Licht zu haben. In seinen grauen Kittel geduckt, der weit und faltig war und phantastisch wie ein Juden–Kaftan, saß er beinahe reglos und starrte vor sich hin. Palette und Pinsel lagen in seiner Reichweite. Aber der Holzrahmen vor ihm war leer.

Cornelias Unruhe wuchs, sie verfolgte alle seine Bewegungen. Zuweilen stand er auf, zog mit zitternden Fingern den Malkittel aus und stolperte die Treppe hinunter nach draußen. An die zehnmal schon hatte sie das beobachtet. Halb strauchelnd, mühsam, kam er dann nach einer oder einer halben Stunde wieder. Später blieb er auch länger aus, manchmal den ganzen Abend. Cornelia saß allein zu Hause, neben dem kalt gewordenen Essen, von unruhiger Sorge erfüllt, während das grüne Frühlingslicht in den hohen Fenstern zu nächtlichem Grau zusammenschmolz. Wenn Rembrandt dann endlich nach Hause kam, weigerte er sich, etwas zu sich zu nehmen, und ging hinauf ins Bett.

Er sprach fast kein Wort mehr und sah seine Tochter schweigend an, wenn sie verstohlen zu ihm kam, um zu sehen, ob alles in Ordnung sei. Über sein sonderbares Lachen mußte sie im stillen oft weinen. Ab und zu murmelte er etwas, das sie nicht verstand, oder er machte hilflose Gebärden; dann verfiel er wieder in sein dumpfes Grübeln, und nichts mehr schien zu ihm zu dringen.

Cornelia hatte sich in den letzten Jahren tapfer gehalten und die Schläge, die das Haus trafen, mit Fassung hingenommen. Aber jetzt war ihre Widerstandskraft erschöpft. Das entfremdete Leben ihres Vaters, das fast schon einem Absterben glich, beängstigte sie von Tag zu Tag mehr. Sie bekam Herzklopfen, wenn sie Rembrandt das Haus verlassen hörte, und ein quälendes Vorgefühl peinigte sie, solange er fort war.

Und eines Abends roch sie es: Eine bittere Luft war um ihn. Starker Branntwein. Diese Entdeckung, die seine wiederholte Abwesenheit so plötzlich erklärte, schnitt ihr ins Herz. Noch konnte sie es nicht glauben. Mit schärferen Augen beobachtete sie ihn. Doch verriet weiter nichts den Trinker in ihm. Aber sein stets längeres Ausbleiben sagte fast alles. Das also war das Ende?

Sie wollte Gewißheit haben. Einmal ging sie ihm nach. Sie sah, innerlich zitternd, wie er sich an den Häusern entlangschob, wie ein Schlafwandler: halb gebückt, mit breiten Schultern und eingezogenem Kopf, völlig weltfremd. Sie sah ihn tappend durch Straßen und Gassen gehen und endlich ein kleines berüchtigtes Weinhaus betreten.

Wie im Traum ging Cornelia nach Hause. Ein dumpfes, verzweifeltes Gefühl der Machtlosigkeit überfiel sie. Wie kam er dorthin? Wo nahm er das Geld her? Sie verwaltete doch den Rest ihres Vermögens, von dem sie gut leben konnten. Wurde er dort vielleicht von Leuten hineingeholt, die ihn trinken und erzählen ließen? Ging er etwa regelmäßig hin, der alte Zauberer, um sich auslachen zu lassen...? Sie wagte nicht daran zu denken. Ihr Vater als betrunkener Narr unter Kneipenbrüdern und hergelaufenem Volk – der Maler Rembrandt van Rijn, der Gatte der Edelfrau, der Mann, der Bilder für das statthalterliche Haus gemalt hatte...

An diesem Abend ging Cornelia weinend zu Bett. Sie schlief nicht, sondern grübelte und überlegte, was zu tun sei. So konnte es nicht bleiben – diese Schande! Immer wieder kamen ihr die Tränen vor Zorn und vor Schmerz. Aber was konnte sie allein tun? Jemand mußte ihr helfen. Ein Mann. Ihre Gedanken suchten nach einem Helfer. Die van Loos, die Coopals?... Magdalena kümmerte sich nicht mehr um sie und um Rembrandt. Und Cornelia ihrerseits haßte die reichen Blutsverwandten, für die sie stets nur ein Bastard gewesen war. Sie würden schon Mitleid mit Rembrandt haben – natürlich! – Wie man Mitleid hat mit einem kranken Hund, den man einem Diener übergibt, damit er auf ihn aufpaßt, so würden sie den verkommenen Schwager der kirchlichen Aufsicht ausliefern oder der städtischen Vormundschaft. Cornelia war voll Zorn, voll Abscheu und Feindseligkeit. Da war kein Mensch, kein einziger Mensch, an den sie sich hätte wenden können. Die van Rijns wohnten in Leiden; die würden nicht kommen. Bauern verlassen ihre Höfe nur, wenn ein Vorteil dabei zu holen ist. Niemand war da – Freunde und Schüler hatten Rembrandt seit langem verlassen.

Freunde und Schüler ...

Cornelia sah eine kleine Schar bekannter Gesichter vor sich, die alle aus der Welt der Rosengracht verschwunden waren ... Gillis de Cempenaer, Filips de Koninck, Jan Swammerdam, Aert de Gelder ...

Der letzte Name erinnerte sie an jemand anderen, an einen großen, lachenden Maler, den sie auf Titus' Hochzeit gesehen hatte; de Gelder und Titus hatten bei Tisch öfter von ihm gesprochen.

Cornelis Suythoff hieß er.

Sie kannte ihn nicht. Sie wußte nichts von ihm. Nur an sein Gesicht konnte sie sich erinnern: dunkel und männlich, mit einem runden, gutmütigen Lachen. Plötzlich wurde ihr klar: ein Mann, der so lachte, konnte nicht schlecht sein. Er war der einzige, an den sie sich wenden konnte, die letzte Zuflucht, der letzte Ausweg. Er kannte ihren Vater. Er mußte ihr helfen, Rembrandt vor den beschämenden Gängen in die Schenke zu bewahren.

Es dauerte lange, bis sie seine Wohnung ausfindig gemacht hatte. Wenn sie einkaufen ging, fragte sie überall nach ihm. Schließlich konnte der Kerzenmacher ihr sagen, wo er wohnte. Cornelia van Rijn nahm allen Mut zusammen und suchte Suythoff auf in seiner exotischen Werkstatt mit den Götzenbildern und Fischen.

XXIII

Und nun ist Suythoff Tag für Tag in der Werkstatt in der Rosengracht und überwacht Rembrandts Gänge und darf mit der Tochter des Meisters sprechen.

Er wundert sich nicht mehr. Das Spiel des Schicksals ist kühn und sonderbar, doch später ist es, als hätte es nicht anders sein können. So denkt Cornelis Suythoff, wenn er im halbhellen, viereckigen Raum bei Rembrandt sitzt und arbeitet und nach dem Meister sieht, der mit der Radiernadel mechanisch Linien und Striche zieht oder mit seinen Paletten spielt. Cornelis Suythoff und Cornelia van Rijn haben einander anfangs gemieden. Suythoff versteht nicht, was in ihn gefahren ist, seit sie zu ihm kam und ihn anflehte, ein Auge auf ihren Vater zu werfen. Er hatte Angst vor den starken braunen Augen von Rembrandts Tochter. Sie verbieten etwas; sie befehlen etwas, sie sehen das Leben reiner an als alle anderen Frauenaugen, die er gekannt hat – aber nein, denkt er, bei anderen habe ich nicht nach den Augen gesehen. Jetzt ist eine Kraft in sein Dasein gekommen, die schweigend und unbewußt seine unbändigen Taten beherrscht. Wenn er abends erwägt, ob er noch eben die Kameraden aufsuchen soll, die gewiß im »Schifferhof« nach ihm ausschauen, zögert er. Irgend etwas stößt ihn ab an diesem wüsten Kneipenleben. Mit einem innerlichen Fluch setzt er sich darüber hinweg und geht doch. – Aber schon am nächsten Tag quält ihn die Reue. Er ist dem Glanz dieser Frauenaugen nicht gewachsen. Er geht nicht mehr in die Schenken. Und er bemerkt, daß er in der Nähe von Rembrandts Tochter ruhiger wird. Cornelia weiß es vielleicht nicht; und doch ist es, als strahlen ihm ihre Augen heller entgegen bei den Mahlzeiten, die er nun auch schon in Rembrandts Haus einnimmt.

Es brauchte kein Sommer zu vergehen, bis Cornelis Suythoff sich bei der Familie in der Rosengracht eingelebt hatte. In der Werkstatt war ein Bett für ihn hergerichtet. Abends liegt er dort und lauscht, halbwach, nach den seltenen Geräuschen im Haus. In dem Bett ihm gegenüber schläft Rembrandt und schnarcht mit dem lauten Atem eines alten Mannes. Manchmal wirft sich der Meister herum; dann kracht die Bettstatt unter ihm, und es wird wieder still. – Jenseits der Wand, an der Suythoff liegt, ist Cornelias Schlafstube. Suythoff hört sie hin und wieder leise singen, ehe sie zu Bett geht. Kämme und Ketten klirren leicht, wenn sie sie ablegt. Wenn es dann still ist und der Atem des Meisters leichter geht, hält auch Suythoff den seinen an und lauscht, das Ohr an die Wand gepreßt. Er hört die Pantöffelchen auf dem Fußboden klappern oder eine weiche Bürste über das Haar hinfahren. Dann schließt er die Augen und sieht im Geiste, wie die Kleider von Cornelias jungen Gliedern gleiten. Über die Schultern fällt eine schwere, duftende Flut mit goldenem Glanz. Er stöhnt hingerissen und drückt sein Gesicht tief in die Kissen, wie er es in die Fülle dieses üppigen Haares tauchen möchte.

Da Suythoff in der Rosengracht wohnt, wandern allmählich auch seine Habseligkeiten dahin. An der Wand hängen die ausgestopften Sägefische, und Seeigel schweben an Fäden über den Köpfen der Maler. Auf einem Brett in der Ecke grinst eine chinesische Figur, aus lauter kleinen Muscheln zusammengesetzt. Und über dem Bett blitzen wieder die Waffen auf ihrem Gestell: Dolche, Haudegen, Florette, die früher schon Aert de Gelders Neid erregt hatten.

Es ist Suythoff nicht schwergefallen, Cornelias Vater nach seinem Willen zu lenken. Wenn Rembrandt unruhig wird, an den Knöpfen seines Malkittels zerrt und auch sonst merken läßt, daß er das Haus verlassen möchte, verriegelt Suythoff die Tür; Rembrandt, fügsam wie ein Kind, setzt sich wieder hin und beugt sich der höheren Macht. Nur hin und wieder kommt der alte, hartnäckige Eigensinn wieder zum Vorschein; dann schreckt ihn die entschiedene Gebärde, mit der Suythoff die Tür verschlossen hat, nicht zurück. Er hat den Kittel schon abgeworfen, brummt vor sich hin, zupft an seinem Bart und sucht nach seinem Hut. Dann gibt es für Suythoff keinen anderen Ausweg als List. Er stellt sich an die Tür, schwingt seine Zeichenkreide und sagt langsam und herausfordernd:

»Wetten, Meister, daß ich einen Mohren doch besser zeichnen kann als Ihr!«

Rembrandt spitzt die Ohren bei den nachdrücklichen, selbstsicheren Worten, denen er nur schwer folgen kann. »Mohr ... besser zeichnen ...« Langsam wird ihm der Sinn klar. Mohr – das Wort wühlt Erinnerungen auf an bunte Tage. Beflaggte Häfen. Ausländer, Seeleute. Klingen und Turbane. – Er sieht Suythoff an und kräuselt die Lippen zu einem verächtlichen Lächeln. Suythoff aber, der wohl weiß, daß Rembrandts Mohr besser ausfallen wird als sein eigener – denn er kann nur Wasser und Schiffe zeichnen –, bekräftigt seine Behauptung noch einmal.

Rembrandt hinkt durch die Werkstatt. Er sucht Kreide. Suythoff schiebt ihm Papier unter die Augen. Drückt ihm Kreide in die Hand. Rembrandt schiebt den breitkrempigen Hut aus der Stirn – sein Schatten fällt hinderlich auf das Blatt vor ihm. – Ein Mohr. Die bebende Hand sucht einen Anfang, die Kreide schwebt in einer zögernden Arabeske über das Papier. Beim Zeichnen vergißt er, daß er ins Wirtshaus wollte; vergessen ist auch die Wette. Er zeichnet den ganzen Abend lang. Die Bilder der Erinnerung bewegen sich in einem unklaren Nebel von Vorstellungen und gewinnen an Glanz und Sicherheit der Form, je mehr Blätter er damit füllt. Leise und zufrieden wie ein Tier brummt er vor sich hin. – Bald fliegen die Papiere durch die Werkstatt. Eines nach dem anderen zeichnet er voll; achtlos tritt er darauf, wenn sie zu Boden flattern. Wenn es dämmrig in der Werkstatt wird, wagt sich Suythoff wieder herein.

»Meister, es ist Schlafenszeit.«

Rembrandt nickt, kindisch gehorsam, zieht sich aus und geht zu Bett.

Ein andermal gibt Rembrandt seinen Ausgehplan nicht eher auf, bis Suythoff hinuntergeht und Gläser und eine Kanne Moselwein heraufholt. Dann lacht er kichernd, als hätte er seinen Bewacher diesmal hinters Licht geführt; und Cornelis Suythoff hat wirklich einen Augenblick das Gefühl, als habe Rembrandt ihn zum besten gehalten.

Auch Cornelia kommt in die Werkstatt. Sie ist froh, daß sich die Trinklust ihres Vaters durch ein paar Glas Wein stillen läßt. Im Dämmerlicht klingen die Kelche aneinander; rasch wird der Meister laut und lärmend; er beginnt unzusammenhängende und nur halb verständliche Geschichten zu erzählen, bis es Cornelia angst wird. Ihr gegenüber auf dem Tisch liegt Cornelis Suythoffs ruhige, breite Hand. Sie fühlt ein unaussprechbares Verlangen, die beruhigende Berührung dieser Hand auf der ihren zu spüren! Sie ist einsam, und das Verhalten ihres Vaters erschreckt sie. Aber sie wagt nicht, sich zu regen. Als Rembrandt endlich müde wird, steht sie auf und verläßt die Werkstatt. Suythoff hilft dem Meister ins Bett. Langsam lallt er sich in Schlaf.

Doch Rembrandt wird aufsässiger. Eines Abends gerät er in heftige Erregung und droht Suythoff mit der Faust, weil dieser ihn nicht gehen lassen will. Als Cornelis ihm die Treppe versperrt, sucht er ihn beiseite zu drängen. Suythoff muß Gewalt brauchen. Er stößt den Meister kräftig zurück und wirft die Tür von außen zu. Drinnen hört er Rembrandt dumpf gegen das Holz schlagen. Die Stimme des Meisters schwillt zornig an und stößt abgerissene Silben hervor. Suythoff ist über seine eigene Tat bestürzt. Er geht hinunter in das Zimmer, wo Titus und Magdalena gewohnt haben; dort sitzt Cornelia jetzt tagsüber. Er grüßt Rembrandts Tochter – sonst kommt er nie unerwartet herein – und berichtet ihr verlegen, er habe sich nicht anders zu helfen gewußt … Sie erhebt sich und sieht ihn mit großen Augen an; ein zartes Rot steigt langsam in ihre Wangen. Er denkt: Was mag sie wollen? Ist sie böse oder traurig? Sie stehen einander gegenüber. Keiner von beiden spricht ein Wort. Die Uhr tickt, sie hören den Atem des anderen. Cornelis Suythoff ist noch nie so allein mit ihr gewesen, war ihr noch nie so nah, war noch nie so verwirrt und verlegen. Er weiß nur eines, daß er sie liebt bis zur Raserei. Und während er noch denkt: Aber ich werde ja nie zu sprechen wagen, ist sein Verlangen schon weiter als er, und er empfindet Schrecken und Seligkeit – er stürzt vor ihr auf die Knie, schlägt die Arme um sie und preßt seinen Kopf an die weiche, starke Rundung ihrer Hüfte: »Cornelia … !«

Ein seltsamer Abend. Cornelis Suythoff ist hingerissen und scheu. Behutsam läßt er seine Hand – zum wievielten

Male schon? – durch die Pracht von Cornelias Haar gleiten. Und er lächelt, obwohl sie an seiner Schulter schluchzt. Das dumpfe Hinundherschreiten über ihnen hält nicht inne, doch sie hören es nicht mehr, das Wüten des gefangenen Rembrandt. Sie schauen sich, zögernd noch, suchend in die Augen. Suythoff wischt ihr die Tränen von den Wimpern. Ihr Lächeln bricht strahlend durch, und darin erzittert die Welt in neuen Farben. Die Sommernacht steigt über der Stadt auf, dunkles Blau und schwere Düfte. Sie lehnen dicht nebeneinander. Es wird spät. Er zieht sie auf seine Knie. Die Minuten laufen durch das Stundenglas. Als es Nacht wird, liegt sie in seinen Armen. Willig läßt sie es zu, daß er sie hinaufträgt. Wie sollte sie widerstreben? Er ist wie ein Befreier. Zu lange hat sie gekämpft gegen das feindselige, öde Leben, gegen die einsamen Tage. Jetzt kommt ein Mann, ein Gefährte, der kraftvoll eingreift und mit sorglosem Lachen und starken Händen dieses Leben verändert. Er hat sie begehrt, und sie hat ihn hingenommen. Sie schlingt die Arme um seinen Hals. Sie zittert nicht an seiner Brust; erst jetzt ist ihr sicher und geborgen zumute. Eine lange Spannung löst sich in ihren Küssen. Sie liebt sein wildes Haar, sie liebt seine Schultern, seine Brust. Und hat sie nicht schon lange gewußt, daß es einmal so kommen mußte, seit er bei ihnen wohnt?

... So haben sie ihre Hochzeit gefeiert, ohne Priester oder Pfarrer, im Hause eines kindischen alten Mannes, in einem schmalen Mädchenbett, das den keuschen Duft von Jahren in sich trägt. Und nun sind sie Tag für Tag zusammen. Nacht für Nacht. Weiß Rembrandt das? – Er merkt nicht, daß Suythoff nicht mehr in der Werkstatt schläft. Murmelnd und einsilbig lebt er weiter. Wochen verstreichen. Er kommt hinunter und ißt und stolpert wieder hinauf. Und sonst ...

Es ist ein winddurchwehter Augustnachmittag, als Cornelia sich auf Suythoffs Stuhllehne setzt und er den Arm um sie legt. Nachdenklich streichelt sie sein Haar. Wie vertraut ist es und wie unentbehrlich ... Er sieht sie an. Ihre

Bewegungen werden träge und reif. Suythoff ist glücklich. Draußen tönt das silberne Glockenspiel. Cornelia seufzt, und ihre Hände gleiten stiller über Suythoffs dunkle Schläfen.

Er küßt ihre Hände und zieht sie ganz auf seinen Schoß. Jetzt kann sie sprechen. Sie hat keine Angst, aber es ist so ungewohnt für ein Mädchen, für eine Frau von achtzehn Jahren.

»Cornelis, Liebster ...«

Ihre Stimme klingt verändert. Suythoff lauscht halb befremdet. Er streicht über die lange, leicht gebogene Linie hin, die von ihrer Schulter bis zum Knie läuft. Und dann hält er inne bei den Worten, die sie ruhig und stolz hervorbringt:

»Wir bekommen ein Kind, Cornelis.«

Suythoff fährt erschrocken auf. Öfter schon hat er erlebt, daß eine Frau ihm diese Nachricht mitteilte, diese schlimme Nachricht für einen Mann. Und dann gab es Verbitterung, Angst und schließlich einen grausamen Entschluß. Aber dies ist so anders.

Cornelias Antlitz leuchtet von einer tiefen, innerlichen Glut. Ruhig ist es und stolz. Die Augen blicken nachdenklicher drein und sind dunkler, wie Veilchen. »Wir« hat sie gesagt. Sie hat ihn nicht weinend oder vorwurfsvoll damit überrascht. Sie hat keine Tränen vergossen, nicht gesagt: »Deine Schuld ...« Das ist neu. Und doch – es schaudert ihn – ist er auch mit ihr nicht verheiratet.

Sie hat den kurzen Schrecken bemerkt, der durch ihn hindurchschoß. Sie kennt den Grund.

»Jetzt heiratest du mich bald, Cornelis.«

Und zu seiner eigenen Verwunderung nickt er stumm.

Cornelias große Augen leuchten in rührender Treue. Sie schmiegt sich in seine Arme mit all den wortlosen Verheißungen der Liebe, die eine Frau in diese Gebärde zu legen weiß. – Suythoff neigt den Kopf. Eine Frau ist stärker als er. Zwei klare Augen haben ihn gezähmt. Aber er ist glücklich darüber.

Jetzt spricht sie wieder.

»Rembrandt soll er heißen, unser Sohn.«

Suythoff lächelt ernst.

»Wieso weißt du, meine Frau, daß es ein Sohn werden wird?«

Sie nickt; ihre Hand liegt in seiner.

»Ich weiß es. Ich weiß es ganz sicher.«

Er wundert sich, fragt aber nicht weiter. Er küßt ihre Stirn, ihre Augen. Er denkt wieder an Frauen, die er früher kannte. Sie haben ihn angefleht, seine Gunst mit Tränen und Drohungen zu gewinnen oder zu bewahren versucht. Wenn sie von einem Kind sprachen, ist er vor ihnen geflohen, hat sich frei gemacht von ihren belästigenden Forderungen. Doch Rembrandts Tochter hat nie befohlen, ihn nie angefleht. Sie hat sich ihm gegeben mit einem solchen Vertrauen, daß sie sich der Größe ihres Geschenkes nicht einmal bewußt ist. Tiefer neigt er sein Haupt auf das ihre; er weiß, daß er alles verlieren kann, nur diese Frau nicht, die er in den Armen hält.

Sie beginnen über die Zukunft zu sprechen. Suythoff will nicht mehr allzu lange in Holland bleiben.

»Das Land ist zu klein«, sagt er, »und man ist sich gegenseitig im Wege. Niemand weiß das besser als wir Künstler. Wenn man einen Fuß vor die Tür setzt – nein, bei allem Tun und Lassen bespähen einen Hunderte von Augen. Man kann seine Flügel nicht entfalten – gleich sind ein paar gute Freunde zur Stelle und wollen sie einem stutzen. Ich habe unter den Malern keine Freunde mehr, und ich bin froh darüber. Die Ruhe dieses Landes ist zu tödlich; sie züchtet Spießbürger. Und im Ausland sieht's böse aus. Krieg ist im Anzug. Die Seefahrer riechen das Pulver in der Luft. Unsere große Zeit ist vorbei. Vondel soll im Sterben liegen. Wer soll ihn ersetzen? Asselijn oder Antonides? – Er und dein Vater, Cornelia, sind die beiden letzten Männer dieses Jahrhunderts. Vielleicht sollte ich da auch unseren Ratspensionär nennen: Er sorgt für die Flotte, gewiß, wie kein anderer Staatsmann auf der Welt. Aber es geht bergab. Noch dreißig Jahre, und wir schreiben 1700. Doch dieses Jahrhundert ist vorbei, jetzt schon. Das Leben hier wird klein und kalt. Ich muß ein großes Land haben, Cornelia, wo ich frei bin, und Menschen, die Hollands Ruhm hochhalten, wenn man zu Hause krank und alt ist. Ich will nach Indien.«

Da spürt er, wie sie eine ängstliche Bewegung macht. Er versteht sie, und seine Stimme wird weicher:

»Wir gehen nicht, solange er lebt, Rembrandt ... Wir verlassen ihn nicht, solange er uns noch nötig hat. Aber später, später – um unseres Sohnes, unseres Glückes willen –, um unserer Zukunft willen, die hier aussichtslos ist!«

Ihre Antwort klingt fest und ruhig:

»In Indien oder hier – mit dir ist das Leben überall gut.«

XXIV

Rembrandt lag unbeweglich im Bett und summte leise vor sich hin. Die Herbstsonne schien ins Zimmer, noch angenehm warm und mit wohliger Glut. Der Meister sang ein altes Liedchen; vielleicht hatte er es von Titus gehört, vielleicht von Cornelia ... Er sah sich um. Hendrickje blieb heute lange aus! Die Werkstatt lag im hellen, gelben Nachmittagslicht. Wo die Kinder blieben?

Und wo war der seltsame Maler, der ihn nie anders als »Meister« nannte, dessen Name ihm immer wieder entfiel? Und wo war Titus? So lange schon hatte er ihn nicht mehr gesehen. Ach, wie konnte er das nur vergessen! Der Junge war ja verheiratet. Aber wohnte er denn nicht hier? – Das Denken war so schwierig. Rembrandt schloß die Augen. Ich denke nicht mehr ...

Er kehrte das Gesicht zur Wand und schlummerte ein. Bald wurde er wieder wach. Das müde Gefühl in seinem Kopf war verschwunden. Er seufzte behaglich und reckte sich. War es Morgen? Er richtete sich auf dem Ellenbogen halb auf, doch die Gicht durchzuckte ihn mit scharfem Schmerz.

»Au«, sagte er leise und rieb die schmerzende Stelle.

Er zog die Nachtmütze vom Kopf und wickelte das Kopftuch um, das er tagsüber jetzt immer trug. Liebkosend glitt die Sonne über seine gekrümmten Hände. Er streckte sie zum Licht, wie zum wohltätigen Feuer eines brennenden Kamins. Wo waren die Kinder? – Späte Fliegen summten in der Lichtbahn am Fenster. Er glitt aus dem Bett und tappte langsam durchs Zimmer. Er schlug seinen Kittel um. Dann begann er, etwas zu suchen. Leinwand. Und Farbe. Nach einer Weile entdeckte er beides. Er spannte die Leinwand auf; es dauerte einige Zeit, bis es ihm gelang. Die Farbe auf seiner Palette war eingetrocknet. Er kratzte das Holz sorgfältig sauber und mischte neue Farben.

Gleich würde Titus kommen. Mit seiner Frau. Mit Magdalena van Loo. Oh, er kannte sie wohl; mehrere Male hatte er ihr Porträt gemalt. Er wollte sie würdig empfangen. Ein neues Bild wollte er seinem Sohn schenken, eine kleine Aufmerksamkeit. Er war sehr stolz auf Titus. Er wollte ihn malen, ihn, seine Frau und das Kind. Er wußte noch ganz gut, wie es hieß, Titia hieß es! Es kam ja beinahe jeden Tag und brachte ihm einen Apfel oder Kirschen oder zeigte ihm bunte Puppen und winkte mit der kleinen Hand »Guten Tag, Großvater.« Und wenn sie dann oben war, kam auch Titus bald, der so vornehm aussah wie ein Edelmann, gemalt von Moro, und er würde mit ihm reden und ihm erzählen von den großartigen Geschäften, die er machte, und von seinen Reisen, und neue Bilder würde er ihm zeigen; und dann würde Geld auf den Tisch fallen mit dem starken, frohen Klang guter Münzen, Geld für Wein und Branntwein.

Rembrandt lachte vergnügt und schnalzte mit der Zunge.

Er wollte seinen Sohn malen, ihn mit dem Porträt willkommen heißen. Es mußte schnell gehen. Sie konnten gleich hier sein. – Die Hand des Meisters warf in fieberhafter Eile ein paar Striche hin. Titus und daneben Magdalena; und vor ihnen ein leerer Fleck für das Kind.

An wen erinnerte ihn doch Magdalena? Von wem hatte sie das rötliche Haar, die vollen Lippen, die sanftgewölbten Schläfen? ... Wunderlich war es und vertraut; er kannte es ... Es war fast, als wehe der Duft eines jungen Körpers zu ihm her. Einst, als auch er jung war, hatte er eine Frau gekannt mit solch rötlichem Haar und solch warmen Lippen ...

Rembrandt fuhr sich mit der Hand über die Augen. Das herbstliche Gold glänzte verhalten über die Leinwand. Die Farben glommen in mildem Licht. Wieder hörte der Meister das Summen der Fliegen. Er schlug mit dem Pinsel nach ihnen. Sie lenkten ihn ab. Dann wandte er sich wieder dem Bild zu. Das unklare Sinnen umspann ihn aufs neue mit unsichtbaren Herbstfäden.

Er wußte nicht mehr, welche Frau er porträtierte. Erinnerungen und Träume spielten durch die Wirklichkeit. Magdalena, Hendrickje, Saskia ... Saskia. Er summte den Namen vor sich hin und wiegte den Kopf hin und her. Alles kehrte wieder. Saskia. Auf einmal verstummte er. Die Hand lag still. Saskia. Es durchfuhr ihn der alte, bekannte Schmerz bei dem Wort. Wieder strich er sich mit der Hand über die Stirn. Langsam, mühsam gruben sich die Falten tiefer. Er schüttelte den Kopf. Was war geschehen? ... Er wußte nichts mehr.

Die Wolke zog vorüber. Wieder begann er zu arbeiten. Die Farben hingen schwer und goldig an seinem Pinsel. Ein Mann – eine Frau – ein Kind. Zwei, drei Kinder. Wem gehörten sie? Er wußte es nicht. Eine Frau gebärt Kinder. Hatte Titus Kinder? – Wußte er denn ihre Namen? Jawohl: Titia, Rembrandt, Saskia ...

Er dachte nicht mehr, träumte nicht mehr. Eine übermenschliche Liebe wuchs in ihm. Er liebte die kleinen stillen Wesen auf dem Bild, die er ins Leben rief. Er liebte sie so sehr, daß ihm die Tränen kamen. Mit dem Ärmel fuhr er sich über die Augen und lachte wieder, gebrechlich, stockend. Er war glücklich. Glück tat immer weh. Ein durchdringender Schmerz, der alle Nerven erzittern läßt.

Rembrandt ist zu glücklich. Jetzt hat er sie alle wieder. Jetzt ist alles Leid wieder gut. Die Sonne scheint ihm ins Gesicht. Saskia, Hendrickje, Magdalena, Cornelia. Er selbst, Titus, die Kinder, Kinder, die gestorben sind, und nie geborene Kinder …

Der Pinsel fällt zu Boden. Rembrandt steht auf, doch er bückt sich nicht mehr. Das Bild ist fertig. Jetzt können sie kommen. Er läßt den Kittel von den Schultern gleiten, er wickelt das Kopftuch ab. Er ist müde, müde. Das Bett. Er läßt sich auf die Decken fallen. Er lacht breit, zufrieden und breit. Eine Träne tropft noch auf seine Wange. Er zieht die Decken um sich und kuschelt sich in der Wärme zurecht. Der Nachmittag vergeht. Die Sonne scheint nicht mehr herein. Dämmerung stiebt durch die Werkstatt wie graue Asche und bedeckt die Möbel. Matt glänzt das Messing, matt der Spiegel, vor dem er sich so oft gemalt hat … Jetzt können sie kommen.

O milde Nacht!

Es wurde Abend, als Suythoff und Cornelia hereintraten, um ihn zum Essen zu holen. Sonderbar still war es im Raum. Sie blieben an der Türöffnung stehen und sahen einander an.

Dann stürzte Cornelia mit einem Schrei zum Bett.

Rembrandt war tot. –

Ferne Berührung
Roman

Volker Dittrich
1951 in Fleestedt bei Hamburg geboren
Freier Mitarbeiter bei Hörfunkanstalten
1990 veröffentlichte er seinen ersten Roman »Operation Texel«.

In seinem zweiten Roman *Ferne Berührung* gelingt es Volker Dittrich aus dem Kaleidoskop eigener Erfahrungen heraus, ein Porträt der erinnerungssüchtigen Nachkriegsgeneration zu zeichnen. Eindringlich schildert der Autor die Spurensuche von zwei Menschen, die sich einander als vertrauensvolle Zuhörer gewinnen wollen - aber vorerst wenig Mut zeigen.

»Subtil fesselt Volker Dittrich seine Leser an die Geschichte von Marleen und Trautmar. … Es ist eine ›Ferne Berührung‹, … die Trautmar und Marleen austauschen, aber sie dringt gleichwohl tief ins Herz. …
Ein Roman, der überzeugend beschreibt, auf welch geheimnisvolle Weise das Vertrauen – und damit die Liebe – zu wachsen vermag.«
KÖLNISCHE RUNDSCHAU